安徽省灵璧县地方志丛书

黄 湾 镇 志

《黄湾镇志》编纂委员会　编

合肥工业大学出版社

图书在版编目（CIP）数据

黄湾镇志/《黄湾镇志》编纂委员会编 . —合肥：合肥工业大学出版社，2019.10

ISBN 978-7-5650-4651-3

Ⅰ. ①黄… Ⅱ. ①黄… Ⅲ. ①乡镇—地方志—灵璧县 Ⅳ. ①K295.45

中国版本图书馆CIP数据核字（2019）第202547号

黄 湾 镇 志

《黄湾镇志》编纂委员会 编　　　　责任编辑 孙南洋

出 版	合肥工业大学出版社	版 次	2019年10月第1版
地 址	合肥市屯溪路193号	印 次	2020年10月第1次印刷
邮 编	230009	开 本	787毫米×1092毫米　1/16
电 话	总 编 室：0551-62903038	印 张	24.5　彩 插 2.5印张
	市场营销部：0551-62903198	字 数	615千字
网 址	www.hfutpress.com.cn	印 刷	安徽联众印刷有限公司
E-mail	hfutpress@163.com	发 行	全国新华书店

ISBN　978-7-5650-4651-3　　　　　　　定价：188.00元

如果有影响阅读的印装质量问题，请与出版社市场营销部联系调换。

黄湾街鸟瞰

黄湾镇人民政府办公楼

1997年6月29日，时任国务院副总理朱镕基到黄湾粮站视察

1994年，时任中共安徽省委书记卢荣景到黄湾镇原井王村视察花生连片种植

2019年5月20日，合肥工业大学党委书记余其俊（右四），党委副书记、纪委书记陆林（右六），副校长季益洪（右三）；灵璧县县委书记刘博夫（右一）等人在黄湾镇党委书记赵晨阳（右二）、镇长胡僧（左一）陪同下到砂坝村慰问贫困户

2018年10月19日，合肥工业大学校长梁樑（中）在中共灵璧县县委书记刘博夫（左）、中共黄湾镇党委书记赵晨阳（右）陪同下调研由合工大投资建设的砂坝村扶贫蔬菜大棚项目

沱河节制闸

沱河201省道大桥

黄湾国家粮食储备库

王桥省级粮食储备库

王桥粮食储备库砂坝收储有限公司

20世纪90年代晏路粮站

灵璧县众诚服饰有限公司

灵璧县双桥聚力鞋业有限公司

植保服务工作人员在麦田作业

机械化秋收

农民精心管理大棚西瓜

双桥村蔬菜大棚基地

特色养殖

养殖良种猪

规模化养牛

扶贫户养羊

20世纪90年代黄湾街农贸市场

黄湾新大街

砂坝古会

超市一瞥

黄湾中学（市示范高中）

黄湾大风车幼儿园

黄湾中心幼儿园

阳光幼儿园

黄湾邮政支局

黄湾镇财政所服务大厅

灵璧农村商业银行黄湾支行

国家电网黄湾供电所

黄湾镇民政所

黄湾水厂

2015年12月建成的沱河砂坝大桥

沱河砂坝古渡口

黄湾镇污水处理厂

黄湾镇垃圾中转站

淮水北调工程黑泥沟王桥闸泵站

淮水北调工程黑泥沟段

黄湾镇二级综合医院

黄湾镇砂坝村卫生室

黄湾中心学校乡村少年宫

黄湾综合文化服务中心

双桥村新貌

黄湾中学艺术节

快乐童年

广场舞

丰富多彩的体育活动

王玉强书法作品

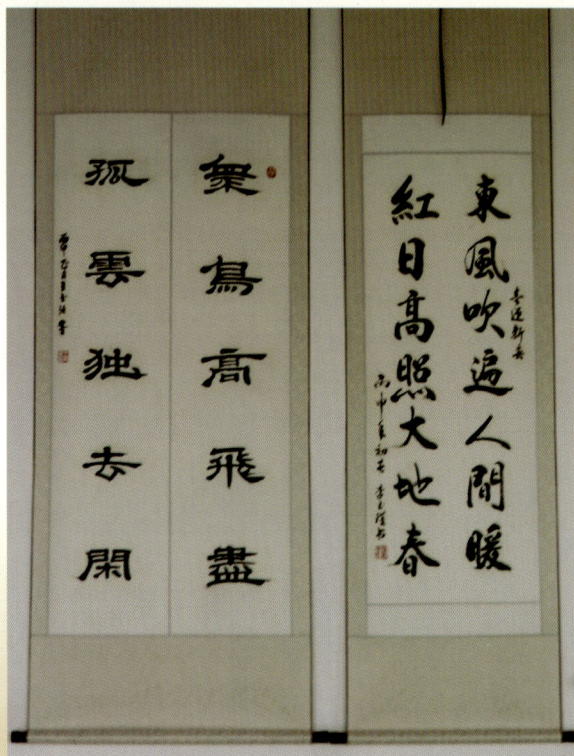

李玉瑾书法作品

石炉出土的古钱币

李振超（农民书画家）书法作品

古 匾

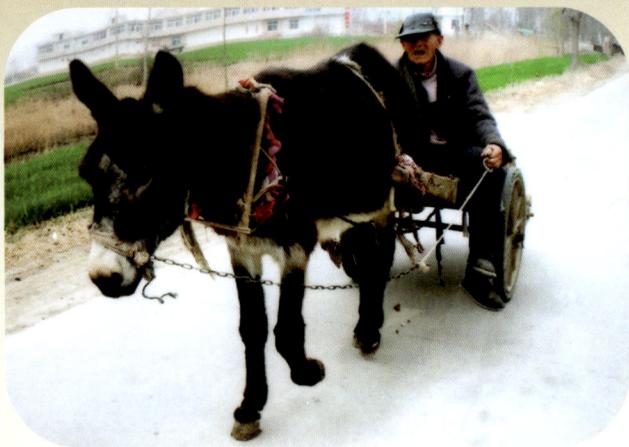

驴车

太平车（大车）

平板车

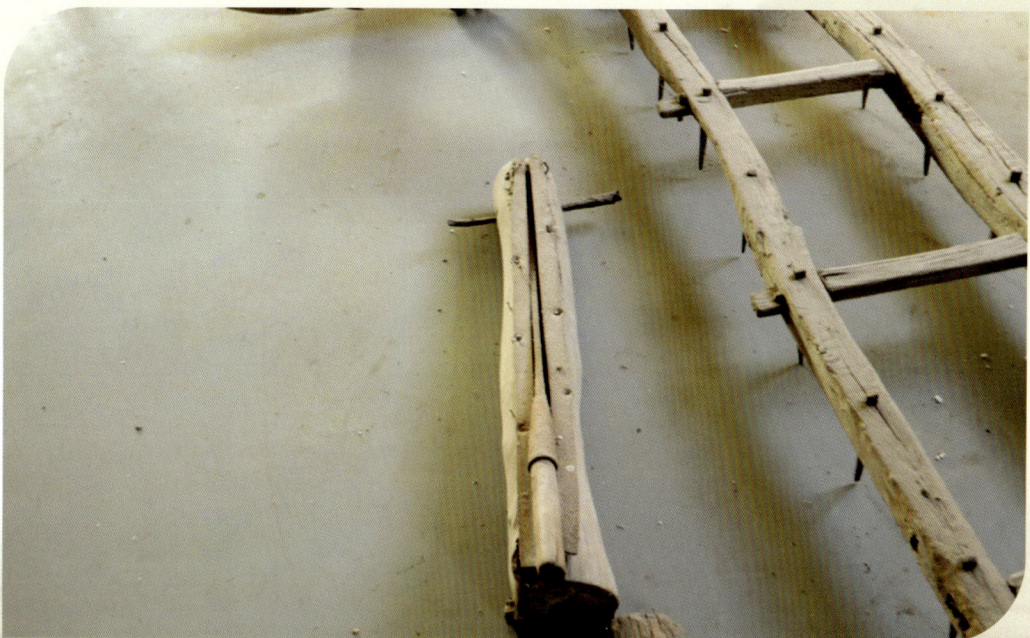

20世纪80年代以前的农业生产用具（一）

20世纪80年代以前的农业生产用具（二）

碓窝子

鼓

花轿

床　木盆　木箱子

碾　子

石　磨

清代高架床

民居客厅

20世纪五六十年代民居

20世纪80年代民居

2014年民居

《黄湾镇志》编纂委员会

（2002年4月14日）

主　任　倪宝君

副主任　张　冲

成　员　马道坡　范晓影（女）　张甫芹（女）　侯　君

办公室

主　任　刘万广

成　员　赵国栋　陈学雷

（2014年9月）

主　任　赵晨阳

副主任　王　剑　张卫杰　范晓影（女）　　唐　峰

　　　　司维永　侯宜飞　王山虎　胡业龙　朱　楼

委　员　刘万广　王建业　陈文飞

（2018年10月）

主　任　胡　僧

副主任　张卫杰　胡业龙　司维永　谭召连　仲　瑞

　　　　王成名　袁少春（女）　马　铭　郭　亮

委　员　刘万广　杨雪岩　王建业　王现理　陈文飞

《黄湾镇志》编审人员

顾　问　王　伟　灵璧县党史和地方志办公室原主任

主　审　许曙光　赵晨阳

副主审　王山虎　司维永　王成名　袁少春（女）

主　编　刘万广

副主编　许　林

编　辑　王建业　殷时春

摄　影　刘万广　鲁　兵

审定单位　灵璧县地方志办公室　黄湾镇人民政府

序

乡亲们说，2019 年是黄湾风调雨顺、喜获丰收的一年。六月的小麦，片片金黄；十月的玉米，块块橙玉；深秋的高粱挥红展艳，映霞满天……让人们真心感到五谷丰登、政通人和。

2019 年是黄湾区划建制成立 50 周年。1969 年，中共灵璧县委决定成立黄湾人民公社，驻地黄湾。

黄湾镇面积为 145 平方千米，有 130 个自然庄，河网密织，道路顺畅。古老的沱河曲转东流，20 世纪五六十年代人民激情开挖的朱砂沟、黑泥沟……缓流南北，汇溪纳渠。灵璧到省城的一级公路穿境而过，平坦宽阔的水泥路连村接舍，人们熙来攘往，蚌徐高速固镇北出口距这里仅 2000 米。黄湾，有灵璧南大门之称。

黄湾镇拥有 14 万亩耕地，土壤肥沃，勤劳的人民尽心耕耘，1969 年 10 月，砂坝村郑良六作为农业战线"红旗标兵"，受到毛主席接见。家庭联产承包责任制实施后，农业生产更是欣欣向荣。1997 年 6 月 29 日，时任国务院副总理朱镕基到黄湾考察夏粮收购、农民减负工作，总理殷殷为民情怀，至今感动着这方百姓。

黄湾镇有 5.3 万人口，这里的人民传承家风、倾心教育。中学、小学校园内书声琅琅，老师们呕心沥血、薪火相传，好学向上蔚然成风，复旦大学、清华大学、宿州学院……全国各大中专院校都有黄湾农家子弟。工厂企业、机关军营……不乏黄湾优秀才俊。乡民纯朴，仁爱尚善，王翠平、李玉斗、赵莹莹等人的事迹被人们口口相传。

黄湾镇有 1400 余名中共党员、镇村干部，党的十九大以来，他们认真学习贯彻习近平新时代中国特色社会主义思想，在县委、县政府的坚强领导下，抢抓机遇，坚韧苦干，奋力实施了 300 余千米水泥道路新修、2 条重要街道改建、2.5 万亩高产田整治等一批民生工程；努力完成了 4 个贫困村出列、1100 户脱贫攻坚任务；大力推进了生态环境保护、农村人居环境整治行动，现在天蓝水绿，木秀花香。同时，党的建设、治安维稳、医疗卫生等方面也取得了显著成绩。

此书历经十多年编写，编纂委员会成员遍查史料，务求真实；广访乡贤，搜罗遗珍。本书全面翔实地反映了这里的人民奋斗发展的历史，相信对未来定会有重要启示作用。承蒙合肥工业大学出版社帮助出版，实为幸事。

我到黄湾工作 5 周年了，寒来暑往，春天，田间舍头，杏花、桃花灼灼绽放；秋季，宅前屋后，柿子、石榴红满枝头。我相信，有党的坚强领导，这里的人民永远家家幸福、事事如意。

黄湾镇党委书记　赵晨阳

2019 年 10 月 9 日

凡　　例

一、本志以马克思列宁主义、毛泽东思想、邓小平理论、"三个代表"重要思想、科学发展观、习近平新时代中国特色社会主义思想为指导，坚持辩证唯物主义和历史唯物主义观点，存真求实，详今略古，力求思想性、科学性、资料性相统一。

二、本志记述内容，上限起于事物开端，下限止于2014年末，个别事物根据需要，下延到搁笔。

三、全志采用述、记、志、传、图、表、录等方式，以志为主，内容记述采取横排竖写，章节体平列设志，一志为一章，按章、节、目、子目层次设计编写。

四、文体采用语体文、记述体、书面语，述而不论。使用国家统一公布的简化字。在纪年方面，1949年10月1日前，采用历史纪年法，其后采用阿拉伯数字书写的公元纪年法。

五、黄湾公社、黄湾区、黄湾镇名在文中第一次出现用全称，以下简称"全社、全区、全镇"或"社、区、镇"。

六、一事多处记述的，以一处详述、他处略述的方法予以处理。

七、数字用法按照《关于出版物上数字用法的试行规定》使用。在计量单位方面，中华人民共和国成立前沿用旧制，中华人民共和国成立后采用国家法定计量单位。

八、《人物传》坚持生不立传的原则，以本籍正面人物为主。对在本地工作过并有重要业绩的客籍人物亦立传。《人物简介》收录副县（团）级以上者，荣立二等功者，参加战争荣立三等功者，县级以上商会会长、企业家，受到表彰的国家级、省级作家，书画家协会会员，国家级运动员等。《人物名录》收录正科（营）级，参加解放战争、抗美援朝战争人员，副高级职称、高级技工以上者。

九、本志资料来源于县志、年鉴、各部门志、县党史和地方志资料室、县档案局及各局委等部门档案室的文档图书资料，其次是村上报资料及调查农户中的资料、家族姓氏中的族谱、长者口述。说法不一、单位统计不一的，则采用并存的方式予以处理。

目　　录

概　述

一

黄湾镇隶属灵璧县，位于灵城西南 20 千米处。1969 年，撤区划大公社，将韦集区所辖的陆集、晏路 2 个公社划出合并组建黄湾人民公社。1979 年 12 月，设黄湾区并辖 5 个人民公社。1992 年 2 月，设黄湾镇至今。黄湾镇东与向阳乡、韦集镇相连，南与固镇县濠城镇、石湖乡、仲兴乡隔河相望，西、北与娄庄镇、灵城镇毗邻。黄湾镇面积为 145 平方千米，地处北纬 33°20′56″ 至 33°30′6″，东经 117°22′59″ 至 117°32′7″。地势平坦低洼，海拔为 19.8～21 米。至 2014 年来，辖 14 个行政村，总人口达 52573 人（男 27817 人、女 24756 人），其中非农业人口为 2030 人，2014 年，土地详查耕地面积为 14.58 万亩。

黄湾镇属北温带季风气候区，气候温和湿润，四季分明，日照较长，年平均降水量达 852.4 毫米，地表水和地下水藏量丰富。土壤耕层厚而肥沃，是各种农作物生长的良好基础。地势平坦，是大力发展农业机械化得天独厚的条件。

二

在漫长的封建社会里，黄湾人民群众深受剥削和压迫之苦，过着食不果腹、衣不遮体、度日如年的艰苦生活。反剥削和反压迫的怒火在黄湾人民心中早已燃烧。1931 年秋，中共灵璧独立区委派员到境内组织人们进行反剥削反压迫斗争。当年在秋收季节组织 1500 余名贫苦大众，在老户朱家、砂坝、龙水一带抢收地主、劣绅的庄稼。抢收的成功，更加激发了人民的反剥削斗志。1931 年末，境内龙水段成立了第一个中共党组织，即龙水段党支部，李焕学任党支部书记。从此，黄湾境内开始了有领导有组织的反抗剥削阶级的斗争。在抗日战争和解放战争时期，黄湾人民配合八路军、解放军打击日本侵略者和国内反动势力。1942 年 12 月 3 日，在境内民兵配合下，八路军某营对晏路口伪保安大队的一个中队发起进攻，2 个多小时战斗结束，俘虏保安大队长张耀先及百余名伪军。1943 年夏收期间，为了保护群众顺利收获成熟的庄稼，中共大山区委抽调民兵，组成护卫队，在晏路口周围村庄同群众共同抢收小麦。收完后，伪军数十人赶着马车前来抢粮，早有准备的民兵及群众迅速对其进行包围，瞬间伪军全部被俘。另有小董庄反击战、高桥阻击日伪军、大山抗日斗争等 10 多次抗击日伪军战斗。1948 年 12 月 25 日，灵城上空飘扬着五星红旗，至此，黄湾境内战火消失。

在社会主义革命和社会主义建设中，黄湾涌现出一批英模人物和有志之士，有法学家，科学家，医学家，国家级体育运动员，省级、国家级劳动模范，三八红旗手等共 12 人。在教育、科技、经济等领域中，被评定为高级职称的有 76 人。有的为保卫国家、保卫人民生命财产献出生命，载入烈士英名录的有 12 位，其中有 3 位在抗美援朝战争中牺牲，遗体至今还葬在异国他乡。

三

黄湾位于大雨大灾、小雨小灾、无雨旱灾、易涝易旱的区位，是县内较贫困的区域之一。中华人民共和国成立后，在县委、县政府的正确领导下，黄湾以农业为基础，大力发展国民经济建设，人们生活逐步改善。特别是党的十一届三中全会召开以后，黄湾坚持改革开放、以经济建设为中心，境内人民为大力发展农业，信心百倍地加强农业基础建设，治理河道，开挖中小沟，打井灌溉，建立排灌站，农业生产逐步好转，粮食产量不断提升。在实行土地承包责任制后，黄湾更是日新月异，其坚持改革，开拓进取，依据实际大刀阔斧地调整产业结构，农业经济收入、人民的物质文化生活水平发生了翻天覆地的变化，实现了历史性的跨越。

农业崛起。1971 年，全社粮食耕种面积为 125056 亩，亩均产量 114.6 斤，总产量为 7167.15 吨。1981 年，粮食耕种面积为 177610 亩，亩均产量 406 斤，总产量达 36504.6 吨，是 1971 年的 5.1 倍。1988 年，粮食耕种面积为 195761 亩，亩均产量 526 斤，总产量达 51515 吨，比 1982 年增长 41.1%。1992 年，粮食耕种面积为 162035 亩，亩均产量 880 斤，总产量达 71289 吨，比 1988 年增长 38.4%。2011—2013 年，粮食产量时增时减。2013 年粮食耕种面积为 161410 亩，亩均产量 901 斤，总产量达 72703 吨，仅比 1992 年增长 2%。2014 年，粮食耕种面积为 181368 亩，亩均产量 959.9 斤，总产量达 87047 吨，比 2013 年增长 19.7%。2014 年的粮食总产量是 1971 年的 12.14 倍，2014 年也是中华人民共和国成立后粮食产量最高的年份。

黄湾人民坚信，粮食增产增收是党的政策带来的，人民群众要奋力拼搏，大兴农田水利建设、改良土壤、科学种田、引进推广优良品种、防治作物病虫草害侵蚀。粮食产量大踏步的提升，实现农业机械化是必不可少的途径。1971 年，全社农用拖拉机有 11 台，手扶拖拉机有 3 台，农用动力机械有 21 台，柴油机有 21 台。1988 年，大中型拖拉机有 17 台，小型拖拉机有 2374 台，农用排灌机械有 144 台，农用载重汽车有 37 辆。2014 年，全镇农机总动力达 185400 千瓦，大中型拖拉机有 540 台，小型拖拉机有 9500 台，大型收获机械有 570 台，实现了耕、播、收、运、脱粒、防治病虫草害全程机械化，为农业发展打下坚实基础。

随着农业大发展，黄湾人民对国家贡献的粮食日趋增加。20 世纪 80 年代以前，国家向农民实行计划收购粮食。1992 年，全镇向国家出售粮食 664.3 万公斤；1995 年，向国家出售粮食 1042.1 万公斤，比 1992 年增长 56.9%；1998 年，向国家售粮 1190.25 万公斤，比 1995 年增长 14.2%；2008 年，向国家售粮 1900.0 万公斤，比 1998 年增长 59.6%；2014 年，向国家售粮 3796.6 万公斤，比 2008 年增长 99.8%。黄湾镇不仅是产粮大镇，也是售粮大镇。

农业崛起有力促进了养殖业的大发展，1971 年是黄湾公社建社后的第一年，全社共有大牲畜 3343 头，且全为役用；羊有 399 只，家禽总量为 6428 只。1981 年，全区共有大牲畜 9177 头，是 1971 年的 2.7 倍；生猪年末存栏 9908 头，羊年末存栏 5380 只。2008 年，牛出栏 800 头，年末存栏 2019 头，其中能繁殖的母牛有 670 头，此时养的牛不再是使役，而是作为商品出售；羊出栏 7336 只，存栏 2990 只，能繁殖的母羊有 1980 只；猪出栏 2426 头，年末存栏 5208 头，能繁殖的母猪有 770 头；出售家禽 23.52 万只，年末存栏 8.42 万只，肉产量为 310 吨，其中鸡出栏 22.2 万只，年末存栏 8 万只。2014 年，全镇生猪出栏 39710 头，年末存栏 21020 头；羊出栏 20813 只，年末存栏 13040 只；牛出栏 2021 头，年末存栏 1781 头；家禽出栏 38 万只，年末存栏 22 万只。养殖业的发展既增加了农民收入，也满足了市场需求。

市场繁荣。中华人民共和国成立初期，物质匮乏，市场冷清，境内仅有砂坝、晏路 2 个小集市。1970 年，设黄湾公社后，建设黄湾街，后在张龙村红星村设集市。每个集市均设有专业商贸市场，其中黄湾街有 2 个较大的超市。市场内农业生产所需要的机械、化肥、种子、农药、石油等应有尽有，人们生活所需的各类肉食品、各式服装、各种小型车辆等遍布市场。

四

卫生事业在改革中完善。中华人民共和国成立前和中华人民共和国成立初期，境内缺医少药，1970 年 3 月，筹建黄湾公社卫生院，2009 年，更名为黄湾镇中心卫生院。2014 年，黄湾镇中心卫生院设外科、内科、中医科、妇产科、口腔科、检测化验、中西医药房等 16 个科室，有在编职工 56 人、自聘专业技术人员 11 人，其中高级职称的有 2 人、中级职称的有 6 人、初级职称的有 59 人。此院是镇内医疗设备齐全、医术水平较高的医院。2014 年，门诊量达 92580 人次，其中住院 2231 人次。全镇 14 个村，村村建卫生室，镇里有专门的部门对村医生进行资质、职称、学历等项考核，其中，学历情况是：大专以上学历的有 6 人、中专学历的有 39 人、高中毕业的有 3 人；职称情况是：执业医师有 2 人、执业助理医师有 11 人、执业护士有 1 人、乡村医生有 34 人。镇、村两级医疗机构已形成规模。

教育质量在改革中提高。中华人民共和国成立前和中华人民共和国成立初期，境内仅开办小学，1958 年秋，建晏路中学开办。1989 年，建普通完全中学，称黄湾中学，位于黄湾街南侧。2014 年，全镇有完中 1 所、完小 5 所、初小 5 所、教学点 6 处、公办幼儿园 4 所、民办幼儿园 2 所。1950 至 1956 年，在校小学生不足 1300 人，占适龄儿童入学率的60%左右，1992年开始抓"两基"教育，到1996年，适龄儿童入学率达100%。1958年，晏路初中开始招初中学生，当年招生不足200人。1972年，在校初中生为170人，2004年在校初中生为4126人。2014年，在校初中生为671人。1971年，在校高中生为128人，2004年，在校高中生为1436人，2014年，在校高中生为1126人。黄湾中学在教学改革中，采取特色教育办法，依学生的特长，顺势而为，取长补短，在不放松文化课教育的同时，另辟蹊径，分流教学，效果明显。2012年到2014年，考取专科以上的人数占毕业生总人数的72%以上，比2000年的26.7%上升45.3个百分点。1999年至2014年，有17人被复旦大学、同济大学等重点大学录取。因教育事业飞速发展，镇内人民文化水平大大提高。2014年，全镇高中以上文化水平的有3711人，其中大学本科以上学历的为867人，平均每万人中高中以上文化水平的有762人，平均每万人中大学本科以上学历的有178人。

文化事业繁荣。中华人民共和国成立后，文化机构逐步健全，随着政权机构的演变，公社、区、镇均设建文化站、广播放大站、电影放映站、广播电视站等。大队、村、公社、区、镇层层组建业余文艺宣传队，每逢节日、农闲时节活跃在集市和村庄。演出的节目既有歌颂党的政策的，宣传群众中的好人好事的，也有传统剧目。黄湾镇的文学创作、书法绘画在全县乡镇中崭露头角，镇内有县作家协会主席、市作家协会副主席、中国作家协会会员、中国书画家协会会员、安徽省书法家协会会员等，还有词曲作家以及安徽电视台、中央电视台节目主持人。

五

财政收入增加。1995年，全镇财政收入为273万元，2003年，财政收入为418.7万元，是1995年的1.5倍，2014年，镇财政收入为561.2万元，加上上级财政下拨各类补助款，共计690.48万元，比2003年增长64.9%。财政收入的增长，为改变农业生产条件和提高农民生活水平奠定了基础。财政经费由保工资、保运转向保民生工程建设上转移。从2005年开始，逐步发放涉农补贴，补贴项目有种植粮食、推广优良品种、购买农机具等10多种，当年补贴192万元。2014年，发放各项补贴2503.2万元。因有财政补贴，镇村公路建设也不断升级，由泥土路、砂礓路、石子路到修铺水泥路。2014年，镇通村、村与村相通的水泥路有575条，环村的水泥路有55条，长83.97千米，人们出行十分便利。镇委、镇政府对弱势群体十分关心，全镇五保户人口为276人，其中集中供养的为95人，分散供养的为181人，低保对象户为2053人，镇相关部门每月将相应的补贴款打入他们的个人账户，使他们生活有保障。

农民收入不断增加，生活质量大大提高。中华人民共和国成立前，镇里的人普遍缺吃少穿，外出讨饭的年年皆有。中华人民共和国成立初期，人民生活虽有好转，但因农业生产基础条件差，加之水旱灾害频繁，农民收入不高，仍很贫苦。直到1971年，全社人均收入约为66元，扣除集体费用后，平均每人收入约为34.9元。党的十一届三中全会召开后，实行改革开放，农村推行土地承包责任制，这极大地调动了农民生产积极性。到 1985 年，人均纯收入约为 386 元，约是 1971 年人均收入的 11 倍。1988 年，人均纯收入约为 612 元，约比 1985 年增长 58.5%。1995 年，人均纯收入约为 1108 元，约比 1988 年增长 81%。2014 年，人均纯收入约为 7894 元，约是 1985 年人均纯收入的 20.5 倍。农民收入的增加，提高了农民生活质量。首先改变居住条件，农民纷纷拆除草房，盖瓦房、盖平房、建楼房。由中华人民共和国成立前后人均住草房面积不足 7 平方米，到 2014 年人均住房建筑面积达 33.5 平方米。20 世纪 90 年代开始，农民家中开始装固定电话，到 2003 年有 3400 部固定电话，后逐步改固定电话为移动电话。到 2014 年，全镇有 15200 余人有手机。20 世纪 80 年代中、后期，农民出行多数是步行，2010 年后，农户家中逐渐购进三轮车、摩托车、电瓶车、轿车等。近 10 年来，空调、彩电、冰箱、洗衣机、炊具等源源不断进入农家。人们在满足生产和生活消费的同时，把余钱存入银行，1995 年，全镇个人存款为 742 万元；2003 年，全镇个人存款为 1510 万元，约是 1995 年的 2 倍；2014 年全镇个人存款为 1.3 亿元，户均存款为 1.9 万元，创历史新高。

黄湾巨大的变化，有力地证明了党在农村实行的一系列方针政策无比正确，顺民心、合民意。在党的十八大路线指引下，黄湾坚持改革开放，锐意进取，其明天一定会更加美好。

大 事 记

明

洪武六年（1373年）开始，从山西省曲沃县、洪洞县一带迁入的移民在砂坝、宋河等地定居。

明初，全县置4乡，共33个保，辖内先后属韦里保和沱河保。

嘉靖十六年（1537年），全县并为南、北、中3个乡，辖内属中乡，设韦里保、沱河保。

万历五年（1577年），通往黄湾境内的灵固路修通。

万历七年至九年（1579年至1581年），连续三年夏、秋旱，乡民以树皮、草根充饥，多人饿死、病死。

万历十七年（1589年），刘沟庄人刘继善捐资，在砂坝南沱河上增建5孔砖桥，灵璧至九湾、蚌埠人车畅通。

万历二十一年（1593年），大陈圩（今张龙村）陈子时出任河南四品巡抚。

万历四十二年（1614年），复修灵固路，黄湾境内在原路面的基础上增土三尺，路两侧开挖护路水沟。

清

顺治十三年（1656年），全县置3个乡，由40个保改为24个里，境内属沱河里。

乾隆八年（1743年），灵璧县城至晏路、砂坝、刘集、九湾、蚌埠土路再次修复。

乾隆十二年（1747年），知县苏一圻召集民工，开挖自高（家）桥起，东至泗县境，长约20华里的小草沟（今北沱河）。

乾隆二十年（1755年），砂坝桥坍塌，知县邵谦吉倡捐款重建砂坝砖桥。

道光二十七年（1847年）7月1日，灵璧知县朱甘霖制匾题字赠双桥村前陈庄陈子时的后裔——陈姓族人。

咸丰八年（1858年）9月12日，任乾、李允二人率捻军进驻柯家湖（现称柯湖）。

同治十三年（1874年），张集起日逢集，张庄改名张集。

中华民国

民国三年（1914 年）

李集起日逢集，集日定农历四、九逢集。

陆圩子起日逢集，改名为陆集。

民国九年（1920 年）

桑圩（今属固镇县石湖乡）人田景明捐资在龙水段沱河上兴建五孔石桥。

民国十一年（1922 年）

经黄湾境内的灵固路再次整修。

民国二十年（1931 年）

秋，中共灵璧独立区委（县级）委员田恒修组织"秋收起义"，他带领 1500 多人的队伍向境内老户朱家、砂坝、龙水一带抢收地主、劣绅的庄稼，救济百姓。

年末，龙水段（今龙水庄）成立中国共产党党支部，其是镇境内最早成立的党支部，李焕学任书记，受中共灵璧独立区委（县级）领导。

民国三十年（1941 年）

3 月，苏鲁豫支队第一大队 200 人进驻韦集、晏路。

8 月，中共宿灵县委在沱河以北建立大山区，辖晏路等 11 个乡，县委任命田恒修为晏路乡指导员，是辖内设立最早的基层政权。

民国三十一年（1942 年）

8 月，驻固镇日、伪军经砂坝桥偷袭正在小董庄休息的八路军，八路军伤亡惨重。

9 月，八路军四师第一旅进驻晏路、韦集、单圩。

11 月，伪军徐荫堂一营入驻沱河。

12 月 3 日，八路军十一旅三十一团第一营攻打晏路口伪据点，俘伪大队长张耀先和部下百余人。

年底，泗五灵凤县置灵南区，中共灵南区委成立，辖 11 个乡，境内辖砂坝乡。

民国三十二年（1943 年）

秋，为堵截日、伪军车辆队伍过沱河进灵南烧杀抢掠，沱河集石桥、龙水段桥、砂坝七孔古桥，被中共灵南区委组织民兵扒毁。

民国三十三年（1944 年）

是年，沱河设立国民乡政府，陈桥庄的陈尚宝任乡长。

9 月 10 日，中共宿灵县委调县总队到沱北、大山一带痛击来犯之敌。

冬，县南区队歼灭驻在孙二郎庙（今大孙庄）的日、伪军。

民国三十四年（1945 年）

8 月，大山区队在晏路口北高桥对从县城出逃的日、伪军开展伏击战，缴获枪支子弹等军用物资。

9 月 5 日，设灵南区，辖韦集、砂坝、陈园等 10 个乡。

秋，晏路、砂坝、瓦庙设立国民乡政府，辖内国民乡政府增至 4 个。李云超（砂坝）、陈尚保（瓦庙）、吴立志（沱河）、胡子文（晏路）分别任 4 个乡的乡长。

民国三十五年（1946 年）

7 月，灵南区长、区大队大队长李化民在大山南陆集王庄北部，在掩护群众突围时中弹壮烈牺牲，年仅 27 岁。

民国三十七年（1948 年）

11 月 25 日，灵城第二次解放，灵璧县国民政府彻底垮台，砂坝、晏路、沱河国民乡政府也同时垮台，主要人员外逃。

同月，砂坝、三桥、朱圩等村的陈守楚、陈守祥、陈长耀、郑良关、李广先、陈尚保等 20 余名国民党地方官员，随蒋介石部去中国台湾，大多数都与家庭保持联系。

11 月，设中共大山区委、中共灵南区委。晏路乡划属大山区。

民国三十八年（1949 年）

9 月 30 日，设立中共韦集区委，驻地在苏圩，辖 16 个乡。境内晏路、陆集两乡隶属韦集区。

中华人民共和国

1949 年

10 月 1 日，境内干群隆重庆祝中华人民共和国成立。

1950 年

春，李集乡人民政府成立，柯李集改称李集，曹长怀任乡长。秋，砂坝乡人民政府成立，张岐山任乡长，陈德文任指导员。

7 月，中国共产党灵璧县韦集区委员会成立，辖境内晏路、陆集、高桥 3 个乡。

10 月 29 月，韦集区分设韦集和沱河区，沱河区辖境内陆集、晏路、砂坝、李集、陈圩、宋河 6 个乡。

1951 年

4 月，陈守堂、赵玉凤、柯增学、柯永芝、徐帮彩、李西后、刘仕政、徐从仁、陈义路、刘才政等 30 余名青年自愿报名参加抗美援朝，区、乡干群举行隆重欢送仪式。

7 月，全区进行土地改革。

同月，区乡全体干群开展抗美援朝大捐献活动。

11 月 15 日，沱河综合治理工程开工，境内长 19.55 千米。次年 1 月竣工。

1952 年

2 月，砂坝、晏路、陈圩 3 个乡土地改革结束。划地主成分 56 户、富农 34 户、中农 877 户、贫农 668 户、小土地出租者 41 户。雇农、贫农、中农分到田地。大批贫农进入基层领导班子。

2 月，各村成立互助组，开展互帮互助活动。

春，晏路粮站兴建，占地 13232 平方米，建仓库房，储粮容量达 85 万公斤。

3月，晏路乡赴朝鲜志愿军连长周化友、排长魏明后、副班长周玉奎在朝作战中牺牲。

3月10日，北沱河整治工程开工，境内7.73千米。

5月5日，全区各乡组织民工参加潼河峰山切岭工程施工，至20日完成春季工程计划。

1953年

3月8日，区、乡开展《中华人民共和国婚姻法》宣传月活动。

11月，推行粮食统购统销政策，粮食购销由国家粮站统一经营。

1954年

秋，李集乡人民政府撤销，砂坝乡人民政府成立。

年底，全区兴办初级农业生产合作社。

1956年

2月，李集村李文彬被省政府授予治淮劳动模范，参加省劳动模范大会，与省委书记曾希圣、省长黄岩合影留念。

5月，李焕芝任韦集区委书记，辖内晏路、砂坝、陆集3个乡，乡设党总支部。

秋，原兴办起的初级社互助组，又分批转入高级农业合作社。

1957年

2月26日，韦集区与浍河区合并（称沱河区），李焕芝任书记。辖境内陆集、晏路、砂坝3个乡。3个乡的党总支部委员会改为乡党委会。

9月，乡干部参加县委组织的"大鸣大放"，一批干部被错划为"右派"，定为"四种人"。1978年，经甄别后恢复工作。

1958年

春季，全区开展小庄并入大庄，办公共食堂，每人每天定量八大两白干面，全庄人吃一锅饭。

县政府决定在黄湾设财贸农场，开始兴建居民区。

9月17日，全县区、乡、镇撤销，化小乡为大乡，设晏路乡。

同月，县政府决定，创办晏路初级中学。

1959年

年末，首卷油印《韦集区志》记载境内砂坝、晏路、陈圩3个乡的历史资料。

1960年

黄湾财贸农场划属大山林场，成立黄湾分场，主要培育当地宜植的枫杨等树苗。

1961年

12月20日，区建制恢复，设立韦集区，划大公社为小公社，设立晏路、陆集2个人民公社，属韦集区。

是年，推行责任田，即"包产到队，定产到田，责任到人"。

1962年

7月，连续的阴雨和大暴雨，境内沱河、北沱河洪水顶托，排泄不畅，全社粮食减产严重。

1963 年

春，晏路至韦集砂石公路修通，是境内第一条砂石路。

3 月，晏路、陆集公社开展向雷锋同志学习活动。

同月，区、社在部分村开展社会主义教育运动试点工作。

是年，原外出人员逐渐返乡。

1964 年

12 月，县派工作队进驻各大队，开展社会主义教育运动。

1965 年

秋季，设固镇县，境内王桥、彭庄、西刘、大刘、小刘庄从沱河大队划出，设王桥大队。

1966 年

11 月，晏路公社、陆集公社组织劳力，奔赴新汴河水利工地施工。

1968 年

10 月，大郑生产队队长郑良六被省革命委员会授予"劳动模范"荣誉称号。

1969 年

春，省团校部分干部下放到双桥大队劳动锻炼。

9 月 6 日，红星大队入伍的孙长杰出席铁道兵"三代会"（活学活用毛主席著作积极分子、四好连队、五好战士代表），孙长杰为五好战士代表。10 月 11 日 17 点，孙长杰在人民大会堂受到毛泽东主席的亲切接见。

9 月底，晏路、陆集 2 个公社合并，组建黄湾公社，挂牌"灵璧县黄湾人民公社革命委员会"，王学成任公社革命委员会主任。

10 月 1 日，大郑生产队队长郑良六参加中华人民共和国成立 20 周年庆典活动。11 日，郑良在人民大会堂受到毛泽东主席、周恩来总理等党和国家领导人的亲切接见。

10 月 1 日，灵璧县黄湾供销合作社挂牌成立。

12 月底，黄湾供销社建成棉布、小百货、文具、大百货、针织品、副食品、烟酒糖 7 个商品门市部。

年底，朱怀良、刘景信出席省第九次党代会。

1970 年

1 月，中共灵璧县委决定撤销中共晏路公社、陆集公社党委会，设立中共黄湾人民公社委员会，王建杰任书记。

春，首批上海、蚌埠和灵城下放的知识青年到部分生产队插队落户，参加集体生产劳动。到 1978 年，下放知识青年大多数通过招工、招干、参军、招生返回城市。

同年，全社各大队办合作医疗，选招一批"赤脚医生"到村卫生所任卫生员。

1971 年

3 月，年凤尧任中共黄湾公社党委书记。

4 月，黄湾公社卫生院建成，四合院式，占地 9100 平方米，瓦房建筑面积为 240 平方米，总投资为 4 万元，设内科、外科、妇产科 3 个科室并开诊。

1972 年

春，灵璧县党的基本路线教育工作队进驻黄湾部分大队。

1973 年

春，黄湾公社粮站建成并开始营业。

3 月 2 日，大郑生产队被评为地、县"农业学大寨"先进生产队，并奖励手扶机、脱粒机各 1 台。

5 月 3 日，全社不同程度遭受冰雹袭击，灾情严重的村庄小麦颗粒无收。

11 月，尤孝德任中共黄湾公社党委书记。

1974 年

春，县财政局组成工作队进驻庙李村。

8 月，公社民兵指挥部成立，隶属公社人保组。

1975 年

3 月，苏开祥任中共黄湾公社党委书记。

秋，省电力局局长陈端峰带领省路线教育工作队进驻黄湾公社。省医学院党委书记王仆带领医学院工作队同时进驻。公社成立路线教育领导小组，陈端峰任组长、王仆任副组长、公社党委书记苏开祥等为成员。

10 月，公社办电指挥部成立。同月，峨黄砂石路铺通，全社发动干群用平板车、马车上山拉石头建变电所。

1976 年

1 月 8 日，周恩来总理逝世，全社干群自发举行悼念活动。

4 月，由韦集至黄湾 35 千伏高压输电线路架通，总长为 6.68 千米。

5 月 1 日，变电所建成，高、低压输电线路架通到黄湾街，晚上 19 时，全社机关单位供电。

9 月 9 日，毛泽东主席逝世，公社在办公室设灵堂，各大队干群举行吊唁活动。

10 月，公社召开欢庆粉碎"四人帮"（王洪文、张春桥、江青、姚文元）反革命集团大会。

1977 年

1 月，公社选拔部分知识青年参加县路线教育工作队，进驻县直有关单位。

同月，高田大队党支部书记高德刚任中共灵璧县委常委。

1978 年

3 月，徐长平任中共黄湾公社党委书记。

5 月，大山林场移交淮北矿务局管辖，以黄湾分场为基地，筹建绿肥良种场。

9 月，灵璧县税务局黄湾税务所设立。

1979 年

12 月，区建制恢复，黄湾设区。中共灵璧县委决定：撤销中共黄湾公社党委会，成立中共黄湾区党委会，下辖中共砂坝、晏路、大山、红星、黄湾 5 个人民公社党委会。

同月，社内部分大队开始把生产队规模缩小，原自然庄大生产队分为数量不等的生产小队（有的称生产组）。

1980 年

1 月，徐长平任中共黄湾区委书记，杨同富任副书记、区长。

春初，砂坝公社首次推行土地分到生产小组，把原生产队的土地分到多个小组。税收、提留、债务分解到各组人均平摊，多是家族的兄弟结成一组。

4月，砂坝公社乔元生产队推行不上碌子包产到户（不用碌子脱粒的一家一户都能完成种收的花生、山芋等作物）。

1981年

春季，全区推行土地承包到户生产责任制。灵固路由泥结碎石路改修为沥青柏油路面。

3月，砂坝公社轮窑厂建成投产。

6月，庙李大队朱守诚、朱守忠、吴建国三户各向国家卖粮超万斤。7月1日《人民日报》二版头条发表《三户农民喜卖万斤粮》的通讯。8月，全区召开大会，对朱守诚等三户产粮大户进行表彰，各奖"永久牌"自行车一辆，中央人民广播电台头条广播、安徽日报头版发表《三户老农骑"永久"》长篇通讯。

1982年

1月，邢成三任中共黄湾区委书记。

春，朱守诚被评为全省百户产粮大户，由县委书记徐振宾带队参加省委、省政府召开的表彰大会。

4月，全区5个公社农业技术推广站设立，经县农业局统一考试，每个公社择优录用2名农业技术员。

4月，区配计划生育区员、各公社配计划生育干事各1人。

1983年

6月，全县农村机构改革在黄湾区试点，县农工部工作队驻区，所辖的5个人民公社改为5个乡，43个大队改为43个行政村，生产队改为村民小组。

秋，黄湾绿肥良种场改为小麦和大豆良种场。

1984年

春，各乡财政所成立，乡配两名财会人员，由县财政局、人事局统一招聘。

4月，尚学强任中共黄湾区委副书记、区长。

9月，黄湾乡撤销，改为镇建制，属乡级镇。

11月，井王村井学荣被评为全省产粮大户，出席省表彰大会。

1985年

春，上海武警总队战士高建（砂坝村人）不顾个人安危跳进黄浦江救出1名落水女青年，荣立三等功1次。

4月，全区粮食统购改为合同定购，定购品种有小麦、大豆、玉米，区、乡粮站和乡村干部入户落实粮食定购合同任务。

秋，小型手扶机、四轮机等农业机械普及到一部分农户，牵引两铧犁、铁耙。

1986年

9月，黄湾区公所决定联合投资在王桥村北部（原农场）筹建轮窑厂，总投资18万元，立项为重点工业。

1987年

春，中共灵璧县黄湾区纪律检查委员会成立。

4月，李成连任中共黄湾区委书记。

秋，王桥18门轮窑厂建成并开始试产。

11月，杨树荣任中共黄湾区委副书记、区长。

1988年

春，县政协副主席、畜牧兽医师郑良忠带领县科委人员，到砂坝村养殖黄牛较多的刘沟、新庄进行人工培植牛黄技术试验，获得成功。

4月，县外贸局在晏路村征用废地26.8亩，建立灵璧县对外贸易公司晏路办事处。

1989年

春，黄湾中学由晏路街迁至黄湾街。

2月20日，井学荣被评为全国售粮模范，出席国务院召开的全国百户售粮表彰大会，受到田纪云、陈俊生、罗干等国家领导人接见。4月初，著名书画家张建中为井学荣作画，并题词留念。

3月25日，黄湾供销社大楼竣工，并开始营业。江苏泗洪、四川等地商业单位嘉宾前来祝贺。地区供销社主任李泽白在庆典大会上讲话。

4月，黄湾区下辖的5个乡、镇始设人大主席职务，乡、镇人大主席团挂牌办公。12月，张怀宗任中共黄湾区委书记。

1990年

春，地委委员、宣传部部长孙育海，《拂晓报》副总编江荣福带领地委工作队进驻黄湾区，开展社会主义教育工作。

4月，由地区文联副主席杨春谱曲的歌曲《爱黄湾，唱黄湾》，向中、小学生及农民教唱。

5月1日，全区举办歌咏大赛，共有300多名演员登台演唱。地委委员、宣传部部长孙育海出席。地区电视台摄像制作专题节目。

1991年

6月，全区遭受特大洪涝灾害，八成粮田受灾，三成绝收，沿沱河北部的王桥、炉店、龙水、大郑、砂坝等村多户庄稼绝收。地区领导、农业局领导驻区指导抗灾。

10月初，上海、北京等地捐来大批棉衣、被服。全区各乡镇成立救灾物资发放站。

1992年

2月，撤区设镇，砂坝乡、红星乡、晏路乡、黄湾镇合并组建黄湾镇。大山乡划入娄庄镇，原武圩村划入向阳乡。

同月，中共灵璧县委撤销中共黄湾区委员会，成立中共黄湾镇委员会、中共黄湾镇纪律检查委员会。张怀宗为中共黄湾镇委书记。

3月，镇办大豆粉厂建成投产。

4月，黄湾镇农村合作经济管理站成立。

11月9日，镇召开一届一次人代会。张怀宗当选人大主席、刘焕才当选镇长。

秋，黄湾供销社职工刘爱梅被省政府授予"劳动模范"荣誉称号。

1993年

春，黄湾供销社大楼实行承包经营，职工分流。

3月，黄湾规划所挂牌成立。

5月，镇委、镇政府在宿城召开大豆粉销售新闻发布会，地委委员、组织部部长孙育海出席。

5月17日，省长傅锡寿来井王村视察农业工作，后向全省推广该村调整种植业结构、连片种植花生做法。

6月，地委副书记吴立义联系井王村创建小康村工作。该村被列为首批地、县创建小康示范村。

9月，镇委、镇政府出台《关于在全镇开展创建小康村的实施意见》。

9月，供销社造纸厂建成投产。

11月，中共黄湾镇委第一次党员代表大会召开，选举产生中共黄湾镇第一届委员会和中共黄湾镇纪律检查委员会。张怀宗当选镇党委书记、刘培灿当选镇纪委书记。

1994年

3月，地区建设委员会派专业人员到黄湾镇对黄湾街建设进行近期（至2000年）和远期（至2020年）的总体规划。

7月1日，刘万广采写的《粮价调后第一磅》在《人民日报》二版头条发表，县政府召开表彰会进行特殊奖励；年底，此作品获全省好新闻一等奖、宿县地区特等奖。

7月20日，省委书记卢荣景到井王村视察，表扬该村种植业结构调整取得的成绩，号召在全省推广。

8月，税务体制改革，原黄湾税务所撤销，分别设立黄湾国税所和黄湾地税所。

1995年

秋季，全镇开展土地二轮承包，在秋收之前已调整好承包土地。

10月，供销社造纸厂因污染严重，被中央电视台曝光，后停产关闭。

1996年

5月1日，毛泽东汉白玉雕像在镇政府大院落成。

6月18日—7月21日，全镇连续降7次暴雨、大暴雨。累计降雨775毫米，受灾面积达8.2万亩，绝收4.1万亩。

1997年

3月22日，镇召开第二次党的代表大会，应到代表90人，实到代表86人。任兴文代表党委作报告，唐凯作纪委工作报告。任兴文当选镇党委书记，唐凯当选镇纪委书记。

3月30日，镇召开二届二次人代会。

4月13日，国家教委中国陶行知研究会会长丁丁到黄湾镇桥头私立小学进行考察。

20日，桥头私立小学校长张立凯赴北京参加国家教委、中国教育电视台召开的民办教育动态研讨会。

5月，红星村党支部书记张朝龙被省政府授予"劳动模范"荣誉称号。

6月，黄湾国税所撤销，设立黄湾国税分局。

6月29日，中共中央政治局常委、国务院副总理朱镕基到黄湾粮站和井王村考察粮食收储和农村工作，提出要用保护价收完农民家中的余粮，不能叫群众种粮吃亏。

10月，灵璧县公安局黄湾责任区刑警中队在晏路街挂牌办公。

是年，经省政府验收、国家教委复查批准，全镇实现"两基"达标。

1998年

3月25日，镇召开二届三次人代会。

6月1日—3日，全镇平均降雨140～170毫米，小麦受灾严重，靠近沱河的村庄出现水捞小麦。

8月12日—17日，全镇普降大暴雨，粮食作物大面积受灾。

9月，经县政府批准，黄湾物价所在黄湾镇挂牌成立，许林任第一任所长。

12月，刘万广采写《副总理送来及时雨》通讯，荣获全国第四届"大地之光"征文三等奖、全省一等奖。

同月，红星村党支部书记张朝龙被选为省第九届人大代表。

1999年

1月11日，镇召开三届一次人代会。

春，镇政府拨款32万元，在原烟站西侧筹建法庭办公楼。

6月，灵南粮食购销分公司在晏路挂牌成立。

8月，黄湾中学刘明海参加高考，以598分名列全县第二名，被复旦大学录取。

10月，全镇筹集资金修铺晏山路，年底柏油路面铺通。

2000年

2月，灵璧县环保局黄湾环保所挂牌成立。

3月28日，镇召开三届二次人代会。

5月初，灵璧县移动分公司在镇开通移动数字基站。县联通分公司在镇架设联通发射塔。

7月，全镇落实税费改革政策，农民负担进一步减轻。

9月18日，国家投资1300多万元，黄湾国家粮库工程在黄湾粮站大院破土动工。市、县领导和负责工程的国家粮食部门领导人出席开工庆典仪式。

11月1日零时，全国开始第五次人口普查，经过入户普查后，全镇总人口为44831人，其中男性为23327人、女性为21504人。

2001年

2月，黄湾中学被评为省级电化教育一类达标学校。

3月，镇召开三届三次人代会。

春，全镇33个行政村并为22个，村组干部由564名减为264名，村民组不再设村民组长职务，由村干部兼职。

4月，镇成立村级财务管理中心，与镇农经站合署办公。

2002年

1月29日，镇委召开第三次党代会。79名党代表出席大会，崔庆凯当选镇委书记，冉昊当选纪委书记。

2月，镇召开四届一次人代会。

4月，镇委、镇政府决定开展《黄湾镇志》编纂工作，并成立编纂委员会，倪宝君任主任，张冲任副主任，刘万广任办公室主任、主编。

4月，县土壤肥料站实施土壤定位监测，黄湾镇被列为土壤定位监测点。

7月，黄湾法庭与韦集法庭合并，挂牌"灵璧县人民法院黄湾人民法庭"。

9月，由供销社提供厂房、场地，县棉麻公司投资经营的"黄湾轧花厂"建成并投产。

年末，中国农业银行灵璧县支行黄湾营业所撤销，人员调县行，业务由邮储支行代办。

2003年

1月，县委决定倪宝君任中共黄湾镇镇委书记。

4月4日，镇召开四届二次人代会，李林松当选镇长，陶成武当选人大主席。

5月1日，镇防治"非典型肺炎"指挥部成立，下设办公室，王桥设"抗非"检查站，逐人为入境的人员体检、量体温。

6月25日—9月5日，全镇连降大雨、暴雨、大暴雨。沱河、北沱河和大、中沟全部外溢。受灾面积达10.5万亩，成灾面积为8.76万亩，绝收面积为6.46万亩。重灾村庄有22个，重灾户有2358户，水毁房屋1567间，倒塌房屋42间，造成直接经济损失达5000万元以上。

9月，爱婴医院在镇中心医院挂牌成立。

10月1日，黄湾南北两条大街（医院南、供销社北）铺上柏油。总投资达80万元，总长为860米，柏油厚度为7厘米。

12月，黄湾中学第三幢教学大楼主体工程竣工。

12月，供电所营业大楼竣工。

12月，黄湾中学顺利通过市级农村示范高中的评估验收，晋升为市级示范高中。

12月，财政所农业税征收大厅竣工并投入使用。

2004年

5月，由国家财政补贴的柯湖片被县列为农业综合开发项目区。治理面积为2.82万亩，投资1000万元。

7月2日，镇召开四届三次人代会。

11月，全镇组织万余名劳动力参加柯湖片农业综合开发项目区水利治理工程。

12月，全镇完成柯湖片农业综合开发项目区中、小沟开挖疏竣工程。

2005年

2月25日，经县政府批准，全镇行政村由22个调整为14个，村级规模进一步并大。庙李与龙水合并，村名为庙李村。胡桥村、李集村与晏路村的高、田、徐三个自然庄合并，村名为胡桥村。晏路村与井王村、徐巷村的大周庄合并，村名为晏路村。柯湖村与徐巷村合并，村名为柯湖村。张龙、艾李、井栏村合并，村名为张龙村。

3月14日，镇召开四届三次人代会，补选赵天明为副镇长。

3月24日，宿州市财政局在开展保持共产党员先进性教育活动中，组织党员干部来柯湖村农业综合开发区参加义务植树活动。

4月20日，全镇开展第六届村民委员会换届选举工作。6月，全镇村级"两委"

换届选举结束。

7月30日11时20分，突遭强龙卷风袭击，36分钟降暴雨65毫米，风力为8~9级，砂坝一带达10级以上。倒塌房屋193间，损坏房屋248间，折断电线杆62根，刮倒输电线路1.5万米，刮倒树木1000余棵，折断成材树木160棵，农作物受灾面积达7万亩；造成直接经济损失3600.2万元。

8月2日至3日12时，强降暴雨，沱河和北沱河外溢，受淹作物面积达6万亩。

8月10日，镇直15个党支部共213名共产党员参加第二批保持共产党员先进性教育活动。

9月，全镇3万亩花生进入收获高峰，因受雨淋，花生霉变、生芽严重，损失20余万公斤。

10月，全镇生猪市场价格下滑，每斤降至2.9至3元。

11月23日，市委常委、宣传部长王子宜带领市计生委、体育局、文化局、教育局、新华书店单位领导，到黄湾镇慰问受灾群众。共向灾民捐款6万元，争取农民建房专用资金3万元，捐赠过冬衣物694件。

12月初，全镇开展保持共产党员先进性教育活动，各单位、各村800余名党员参加教育活动。

同月，黄湾至朱圩村大朱庄东（韦集界）4.5千米水泥路铺修竣工，这是全镇第一条通往村组的水泥路。

年末，黄湾国税分局撤销。

2006年

春，黄湾地税所撤销，地税业务由韦集地税分局负责。

4月6日，黄湾镇召开第四次党代会，实到代表76人，大会选举倪宝君、李林松、张冲、王玉友、范晓影（女）、王军、司维永为中共灵璧县黄湾镇第四届委员会委员。

5月—12月，全镇开展村级债权债务清理，清理村级债权1078.12万元、债务1361.31万元。

6月7日，黄宋路（8900米）、朱圩路（2600米）、林场路（4200米）3条通村公路获准立项，并于年底全部竣工。

7月26日，胡桥村、三桥等村部建设获准立项，于年底竣工并投入使用。

2007年

4月30日，中共灵璧县委决定李林松任黄湾镇镇委书记、晏金两任副书记。

5月9日，镇召开五届一次人代会，李林松当选镇人大主席团主席，赵申为副主席，晏金两为镇长，侯宜飞、苏学文、赵天明为副镇长。

5月28日，柯湖村发生一起因非法安装使用改制水压锅炉导致1人死亡、1人受伤的事件。

6月21日，镇召开2006年度考评奖惩兑现大会，王桥村、单营村、晏路村分别获计生、综治、党建年度第一名。

7月—8月，全镇遭到严重洪涝灾害，沱河、北沱河洪水外溢，沿河村庄受灾严重，大面积粮田积水，干群奋力抗灾，开展自救。

11 月，镇卫生院院长王浩被评为全省优秀乡镇卫生院长。

12 月 24 日，新农合农民自筹资金在全县率先完成，全镇约 4 万农民参加新型农村合作医疗。

2008 年

2 月，镇卫生院院长王浩被评为灵璧县首届十大新闻人物。

3 月，镇内生猪价格持续上涨，每斤涨到 9.5 元。

3 月底，全镇第七届村民委员会换届选举工作结束，23636 名选民参加选举，14 个村产生新一届村民委员会。

3 月 31 日，全镇村党支部换届选举结束，选举产生新一届村党支（总支）部。

4 月，黄湾兴农北街水泥路面建成并投入使用。

4 月 19 日，镇召开五届二次人代会，补选朱艳（女）为副镇长。

5 月，李振超书法作品在"2008 年中国奥运年奖·赠奥书画长卷作品评选大赛"中荣获二等奖。

5 月 14 日起，全镇广大干群向汶川灾民捐款 22 万余元，捐衣物近 1 万件。

5 月 17 日，全镇召开"察民情、解民忧、顺民心、保民安"党员干部动员大会。

5 月 17 日，黄中学生自发组成志愿队为汶川募捐，合计收到师生和社会人士向汶川灾民的捐款 9 万余元。

5 月 19 日 14 时 28 分，黄湾中学 5600 名教职工、学生集中在校园内隆重举行仪式，沉痛悼念在汶川地震中遇难的同胞。

6 月 15 日，全镇党员缴纳特殊党费 10 余万元，支持四川汶川抗震救灾工作。

7 月，庙李村宋凯被选为 2008 年北京奥运会中国体育代表团皮划艇运动员。

8 月 3 日，灵璧县委常委、宣传部部长刘利（女）和副县长马杰（女）带领供电系统志愿者服务队到庙李村看望参加 2008 年北京奥运会运动员宋凯的亲属，并送电视机 1 台。

9 月，黄湾中学高考本科达线 116 人。

12 月，在晏路新建的黄湾人民法庭办公楼落成。

2009 年

4 月 4 日，镇召开手足口病防治专题会议，研究部署手足口病防治工作。

8 月 8 日，镇五届人大三次会议召开，赵申作人大工作报告，晏金两作政府工作报告。

8 月 13 日，黄湾人民法庭迁往晏路街办公。

9 月 1 日，黄湾土地复垦工作启动，涉及砂坝村、朱圩村、双桥村、红星村、张龙村、宋河村，复垦土地面积达 390 亩。

9 月 18 日，全镇"深入学习实践科学发展观活动"全面开展，活动历时 6 个月。

12 月，晏路村周恒被中国作家协会书记处会议审议批准为中国作家协会会员。

12 月 3 日，黄湾镇人民武装部被省政府、省军区评为征兵工作先进单位。

12 月 12 日，王桥粮油物流中心破土动工，总投资达 1800 万元。

2010 年

春，由镇纪委组织，全镇开展"三资"清理工作。9 月，"三资"清理结束。对清理后的资产、资源、资金分别登记、核实、公示、确认。建立村级"三资"委托代理服务监管中心，委托代理服务监管中心设在镇财政所，由镇纪委书记主管，财政所长、监管中心主任共同监督村级经费收支。

5月9日，镇召开五届四次人代会，赵申代表镇人大主席团作人大工作报告，晏金两代表镇政府作政府工作报告。

6月4日，镇内遭到龙卷风和连降暴雨袭击，70%小麦倒伏，减产严重，使小麦推迟近10天收获。

6月，镇内农机大量外流，农民收麦一机难求，大面积成熟小麦严重缺乏机械收割。镇政府急速采取措施，为农民外调机械入镇助收，对外来收麦的农机，每台每天补助500元。

8月8日，甘肃舟曲发生特大泥石流灾害，全镇干群向灾区捐款20余万元。

8月，黄湾中学高考本科达线167人。

9月1日零时，镇卫生院首次推行药品零差价。

9月，镇中心卫生院医疗体制改革圆满完成。经过竞聘，全院共有58人获准上岗。村级医疗室改制完成，国家投入81.76万元资金在全镇14个村建14个卫生室，新增床位72个，通过资质考评，全镇有58名合格村医生。

11月，镇内遭遇罕见的秋、冬两季连旱，造成十多万亩小麦受旱。

12月，全镇地税业务划归娄庄地税分局负责。

2011年

3月，位于黄湾中学南部的"灵南商贸城"开工兴建，计划总投资1.2亿元。

4月8日，镇第五次党代会召开，实到代表68人，选举产生了新一届党委会。

5月20日，镇第五届人民代表大会第五次会议召开，张冲当选为镇人大主席。

8月24日，全镇第八届村民委员会换届选举工作全面结束。

9月，全镇土地复垦面积为330亩。

10月，征兵工作开始，到12月底结束，向国家输送新兵若干人。

冬季，黑泥沟治理开工，总投资1700万元。

12月1日，沱河闸重修工程正式开工。市、县水利局概算总投资1760.9万元，中标合同价1641.35468万元，完工结算为1657.163万元。2012年4月30日工程竣工，10月12日通过验收。

2012年

5月21日晚，黄湾中学教师陆荣飞为保护学生被歹徒砍成重伤，急转到徐州医院抢救。省委书记张宝顺、省长李斌分别对陆荣飞保护学生受伤的事迹作出批示。副省长谢广祥到医院看望。教育部发来慰问信。

5月25日，镇六届一次人代会召开，实到代表70人，大会选举晏金两为镇人大主席，许曙光为镇长，侯宜飞、谢化苗、朱楼为副镇长。

2013年

2月底，沱河治理，市、县指挥部和省水安公司工程人员进驻黄湾镇。第一期工程从沱河闸到濠城闸。3月20日，沱河治理镇内段全部开工。12月，大型机械化施工的沱河治理镇内段工程全面竣工。

3月，镇城管执法中队成立，招聘15名环卫工人，朱怀南任队长。

5月21日，镇六届二次人代会召开，实到代表68人，镇长许曙光代表镇人民政府作政府工作报告。

6月26日21时，柯湖村柯增华事迹被编成话剧《石乡党魂·柯增华》，在北京国家大剧院首次公演。市委常委、宣传部部长何志中，县委常委、宣传部部长刘利，镇委书记晏金两以及柯增华亲属出席观看。

7月31日，黄湾中学教师陆荣飞被评为"全省十大教育新闻人物"。

9月，征兵工作结束，向国家输送新兵11人。

10月，胡桥村朱军发明一种治疗腰椎间盘突出的外敷中药散剂，获中华人民共和国国家知识产权局发明专利证书。

11月，灵璧供电公司35千伏黄湾517线路44至107号段全铁塔供电线路开工，总投资为707万元，全线长11.76千米，建铁塔61基，采用导线185平方毫米钢芯铝绞线。

12月，"三线三边"整治办公室成立，全镇"三线三边"整治全面开展。

2014年

5月，全镇午季禁烧秸秆工作全面开展，召开小麦收割、打捆现场会，使一批先进农业机械推广到户，全体干部包到村组，责任落实到人。6月，市、县派70名禁烧工作队员进驻到村，实行包到组，严防火点发生。

7月，经过王桥村、张龙村、宋河村和大山林场的淮水北调工程全段开工，全长为13.5千米，工程概算总投资为1.2亿元。

9月，黄湾中心幼儿园在黄湾中学大院内建成并投入使用。

9月底，第九届村民委员会、村党支部同步换届选举工作结束，14个村选举产生党总支部12个、党支部2个、村民委员会14个。

10月，镇党政主要领导人进行调整，许曙光任党委书记；赵晨阳任党委副书记，主持政府工作。

11月，周恒长篇小说《喇叭》荣获安徽省首届长篇小说精品创作工程第三名。

12月，峨黄水泥路开工铺修，长为7.5千米（王桥段为2.8千米），宽为6米，总投资为580万元。

12月，晏路大地服饰规模以上企业申报成功。

12月，灵璧县黄湾镇政协工作委员会正式挂牌。

12月，胡桥村被省市列为美丽乡村建设示范村。

12月底，砂坝大桥开工建设，工程预算资金为600万元。

第一章　建　制

黄湾镇从明朝始,一直隶属灵璧县。明初设沱河保、韦里保（韦集）,辖内分属韦里保和沱河保。嘉靖十六年（1537年）,全县设南、北、中三个乡,辖内属中乡,仍设韦里保、沱河保。抗日战争和解放战争时期设灵南区,辖内属灵南区。1949年9月30日,设韦集区,辖内属韦集区。1957年2月,设沱河区,辖内属沱河区。1958年9月17日,晏路人民公社设立。1961年12月,设韦集区,划大公社为小公社,设晏路和陆集2个人民公社。1969年9月,在撤区建大公社中,将韦集区所辖的陆集、晏路2个小公社划出,合并组建黄湾人民公社,辖22个生产大队。1979年12月,设区划社,设黄湾区,辖黄湾、砂坝、晏路、陆集（1980年7月更名为红星）、大山5个人民公社。1983年6月,5个人民公社改为5个乡。1984年9月,黄湾乡改为黄湾镇。1992年2月,撤区并乡,黄湾镇、砂坝乡、红星乡、晏路乡（除武圩村外）合并组建黄湾镇,辖34个行政村。2014年,全镇共14个行政村,138个村民小组。

第一节　地理概况

黄湾镇位于灵璧县城西南20千米处,地理坐标为:北纬33°20′56″至33°30′6″,东经117°22′59″至117°32′7″;东邻韦集镇,南与固镇县濠城、石湖、仲兴三个乡镇隔沱河相望;西、北与娄庄镇、灵城镇毗连。南北纵14.5千米,东西跨17.4千米,全镇集体土地总面积为11805.61公顷,总面积为145平方千米。南到固镇县22千米,西到宿州市80千米。

境内属淮北平原,地势低平,大面积较平,小面积蝶形低洼,构成了“大平小不平”的地貌特征。历史上形成有名的洼地村落有柯湖、赵洼、孙湖、杨湖等,一片片蝶形、盆形、洼地明显。镇内地势西北倾高,东南倾低,坡降比为1:7300～1:10000。海拔为19.8～21米,最高海拔是红星村西部和王庄,为21米。晏路海拔为20.3米,黄湾街周围海拔为20.2米,砂坝村属全镇最低之地,海拔为19.8米,镇境地形系沱河、北沱河冲积平原,由西北向东南倾斜,其坡降比为1:10000左右,高差为2米左右,沿河地势较高,河间地势低平。地表水系呈南北走向,主要河流有南、北沱河和灵西运河;地下水位分浅层、中层和深层。气候温和湿润,雨量充沛,日照时间长,地下水资源丰富,属季风气候区,四季分明,冬秋多吹西北风和偏西风,气候干燥、寒冷、降水少;夏季,多吹偏南风和东南风,全年各月平均风速为3.4米/秒;气温高，降水量大而且集中在夏季，秋季次之，春季较少，冬季最小，历年平均降雨量为 852.4 毫米，最大降水量为 1151.8 毫米，最小降雨量为 611.2 毫米。秋季，气压开始上升，气温逐渐下降，雨量减少。春季，天气冷暖变化无常。春秋两季气温变化明显。3 月—5 月，气温回升较快，平均升温 12.5℃；9 月—11 月，气温下降明显，平均降温 12.8℃。镇内四季开始日期分别是：春季 3 月 26 日，计 61 天；夏季为 5 月 26 日，计 111 天；秋季为 9 月 16 日，计 58 天；冬季为 11 月 11 日，计 135 天。

镇内平均初霜日期为 10 月 28 日，平均终霜日期为 4 月 2 日；历年最早初霜日期为 1971 年 10 月 11 日，最晚终霜日期为 1961 年 5 月 4 日；平均无霜期为 209 天，最长无霜期为 237 天，最短无霜期为 179 天。年平均日照时数为 2191.3 小时。

镇内农田耕地保护面积较大，土壤肥沃，主要土壤多系砂礓黑土、砂礓黄土，还有分布不均的白淌土、青黄土、青白土等。砂礓黑土在全镇分布面积最大，土层较厚。张龙片土层厚度在 30 厘米左右。沿沱河线多系砂礓黄土，砂坝片土层在 25 厘米左右。青黄土结构较好，颜色青黄，土质较肥。20 世纪 80 年代后，逐步实行科学施肥，土壤得到深耕和改良，肥力、保水肥和抗灾害能力不断提高，逐步适应农业机械化和集约化经营。

第二节 政区设置

一、乡、保、里

明朝初年，全县置 4 个乡，33 个保，辖内属沱河保、韦里保。

明嘉靖十六年（1537 年），全县并为南、北、中三个乡，辖内属中乡，设沱河保、韦里保。

清初，全县政区建制沿明制，改设 3 个乡，保改里，全县 40 个保改设为 24 个里，设沱河里，辖内属沱河里。

清康熙年间复明制，置中、南、北 3 个乡，原 40 个保，改设为 40 个里，辖内属中乡，仍设沱河里、韦里。此建制直至民国八年（1919 年）。

二、区、保、甲

民国二十一年（1932 年），设区、保、甲建制，区下设乡镇。民国二十二年（1933 年），乡镇改为保、甲。民国二十四年（1935 年）5 月，全县改置 3 个区，设联保、保、甲建制。

抗日战争和解放战争时期，泗五灵凤县人民政府曾在灵璧南部置灵南区；宿灵县人民政府在县西部置沱河区、大山区。辖内东部属灵南区；西部属沱河区；北部属大山区。

民国二十六年（1937 年），县公署改称"县国民政府"，国民政府县以下行政建制实行区、乡、保、甲制。民国三十四年（1945 年），县国民政府分别在晏路、砂坝、沱河设立国民乡政府。年底，增设国民瓦庙乡政府。乡以下设保、甲建制。

中华人民共和国成立前夕，灵璧县人民政府将全县划为 13 个区，辖内属灵南区。

民国三十八年（1949 年）8 月，全县置 12 个区，境内属灵南区，后属沱河区。

三、区、乡、社、镇

1. 区建制

1949 年 9 月 30 日，辖内属韦集区。1950 年 11 月 1 日，全县由 11 个区增至 12 个区，将韦集区划为韦集、沱河 2 个区。镇内西部属沱河区，东部属韦集区。1957 年 6 月，设韦集、浍河区（原沱河区改浍河区），区下设砂坝、晏路、陆集 3 个乡，砂坝、晏路属韦集区，陆集属浍河区。

1980 年，区级建制恢复，划大公社为小公社，全县设 13 个区，黄湾大公社改置黄湾区，辖砂坝、晏路、红星、大山、黄湾 5 个公社。1983 年 6 月，全县农村机构改革在黄湾区试点，人民公社建制取消，区、乡（镇）村建制恢复。黄湾区下设砂坝、红星、大山、晏路、黄湾 5 个乡。1984 年 9 月，黄湾乡改为黄湾镇（乡级镇），隶属黄湾区，其他 4 个乡建制不变。1986 年底，全区共设 5 个乡（镇），43 个村，256 个村民小组，173 个自然庄，总面积约为 180.05 平方千米。表 1-2-1 为 1986 年黄湾区行政区划一览表。

表 1-2-1　1986 年黄湾区行政区划一览表

乡　镇	行政村	户数（户）	人口数（人）	耕地面积（亩）	区域面积（平方千米）
晏路	大孙　高圩　魏巷　武圩　单营　井王　晏路　大周　高田　大杨（10 个）	1494	7521	29739	33.80
砂坝	大朱　庙李　戴圩　龙水　大郑　砂坝（6 个）	1277	6533	21198	34.75
红星	彭刘　沱北　宋河　红星　陆集　张集　艾李　陈圩　柯湖　王庄（10 个）	1813	9441	32554	43.75
大山	淹州　赵范　杨集　山东　大山　方家　峨山　山西（8 个）	1733	8992	28781	31.75
黄湾	胡桥　王桥　李集　三桥　炉店　柯巷　石炉　双桥　姚桥（9 个）	1619	8160	27391	36
合计	43	7936	40647	139663	180.05

2. 乡建制

1950 年初，李集乡设立。秋，设立砂坝乡。

1950 年 10 月，辖内设砂坝、晏路、陈圩、李集、宋河、陈圩 6 个乡。

1958 年 9 月 17 日，全县区、乡、镇撤销，划小乡为大乡，设晏路乡。

1983 年 6 月，乡（镇）村机构恢复，黄湾区下设砂坝、红星、大山、晏路、黄湾 5 个乡。

3. 公社建制

1958 年秋，实行政社合一体制，全县 17 个乡改为 17 个人民公社。晏路乡改为晏路人民公社。

1960 年 3 月，全县 17 个人民公社撤并为 14 个人民公社。撤销晏路公社，其所辖区域分别并入沱河、韦集 2 个公社。

1961 年 12 月，设区，划大公社为小公社，辖区设晏路、陆集 2 个公社。

1969 年，区建制撤销，划小公社为大公社，陆集、晏路 2 个公社撤销，设黄湾人民公社。全社辖井王、徐圩、李集、双桥、王桥、晏路、庙李、三桥、张集、宋河、龙水、陆集、砂坝、单营、柯湖、沱南、高田、胡桥、陈圩、峨山、红星、代圩 22 个生产大队（峨山、沱南 2 个大队，原属大山乡，1992 年，撤区并乡后划为娄庄镇）。

1969 年黄湾公社使用的办公桌

1980 年，划大公社为小公社，黄湾区下辖晏路、砂坝、黄湾、红星、大山 5 个人民公社管理委员会。管委会设主任 1 名，副主任 1~2 名。

4. 镇建制

1992 年 2 月 27 日，黄湾区撤销，设黄湾镇。原辖大山乡划入娄庄镇。晏路乡武圩村划入向阳乡。镇辖红星、砂坝、黄湾、晏路 4 个乡（镇）。全镇共 34 个行政村。镇建制直到 2014 年。

1992 年黄湾镇行政区划图

黄湾镇会议室（2014 年）

四、村、组建制

1. 村建制

1949 年 9 月，设区、乡、村建制，乡以下设村。

（1）初级农业合作社

1955 年，乡以下村级办农业初级合作社，下设生产小组。

（2）高级农业合作社

1956 年，在初级社的基础上，合并组建高级农业生产合作社，设管理委员会，下设生产队。

（3）生产大队管理委员会、革命委员会

1958 年秋，公社下设生产大队管理委员会。

1969 年 9 月，设立黄湾人民公社革命委员会，公社下设生产大队革命委员会。全社设 22 个生产大队革命委员会，设主任和副主任及委员，一般由 5~7 人组成。

1980 年，区建制设立后，下设 5 个公社。全社设 43 个生产大队管理委员会，设主任 1 名、副主任 2~3 名、委员 2~3 名。

（4）村民委员会

1983 年 6 月，区、乡（镇）村建制恢复，村管委会取消，设村民委员会。大队管理委员会改为村民委员会，设主任 1 人、副主任 2 人、委员 3~5 人。村民委员会建制直到 2014 年。

2. 村民小组建制

（1）互助组

1951 年，村以下设互助组，其目的是互帮互助。互助组实行出勤记工，夏、秋收后算账，收益归己。这为后来设生产小队建好基础。

（2）生产小组

1955 年，初级社下设生产小组，设组长、会计、保管员、妇女组长、读报员和技术组长各 1 人。

（3）生产队

1956 年，高级社下设生产队，实行集体经营，评工记分，按分取酬。设队长 1 名、副队长 1~2 名、会计 1 名、队委会委员 2~3 名，一般都是妇女队长和会计为队委会委员。

（4）生产小队

1958 年，在生产队基础上，下设生产小队，以小队为集体核算单位，实行出工记分，按照劳动工分多少参加夏秋两季分红。

1980 年，全区推行大包干到户生产责任制，生产小队集体经济组织解体。

1983 年 6 月，区、乡、村、组建制，生产小队的行政事务职能被村民小组所取代。全镇 214 个生产小队改为 214 个村民小组。

2014 年，全镇共设 138 个村民小组，由村两委干部实行包组责任制。表 1-2-2 为 1992 年黄湾镇行政区划一览表，表 1-2-3 为 2014 年黄湾镇行政区划一览表。

表1-2-2　1992年黄湾镇行政区划一览表

行政村名	村民组（个）	户数（户）	人口数（人）	耕地面积（亩）	所辖自然庄（个）
大郑	6	269	1364	4144	6
砂坝	5	251	1311	3210	6
代圩	7	184	955	3301	6
大朱	11	186	1015	3156	2
庙李	7	226	1178	4484	4
龙水	6	169	920	3045	5
晏路	8	291	1319	3846.2	4
位巷	3	104	642	2356.83	2
井王	5	184	938	3898.5	1
高田	5	124	686	2762.4	3
高圩	4	94	622	1882.5	1
单营	3	153	1025	3711.2	3
大孙	3	87	538	2629.65	1
大杨	3	71	364	1729.4	1
大周	4	105	574	2054.9	1
胡桥	14	285	1618	4969.2	7
姚桥	4	128	718	2223.2	4
双桥	8	220	1279	4288.2	4
李集	3	100	544	2268.9	3
三桥	3	157	861	3122.8	3
炉店	6	186	994	3657.6	3
王桥	9	167	992	2790	7
柯巷	14	209	1181	3819.4	4
石炉	3	109	642	1880.3	3
彭刘	8	92	420	1227	2
沱北	9	234	1302	3395	6

（续表）

行政村名	村民组（个）	户数（户）	人口数（人）	耕地面积（亩）	所辖自然庄（个）
张集	5	206	1157	3628.5	4
艾李	3	118	623	1991	3
陈圩	8	169	931	3296	4
柯湖	5	146	824	3395.7	4
陆集	5	218	1125	5300	6
宋河	8	307	1585	4312	7
红星	10	273	1414	7089.4	7
王庄	1	60	336	900	1
合计	206	5882	31997	109765.78	128

表1-2-3　2014年黄湾镇行政区划一览表

村　名	户数（户）	人口数（人）	耕地面积（亩）	村民组（个）	所辖自然庄名称
砂坝	765	3659	7100	11	郑园、小陈、刘沟、新庄、砂坝、乔园、蒋李、小郑、小蒋、小董、大郑、大董
朱圩	768	2885	7861	8	小傅、小潘、戴圩、大陈、小陈、前朱、老户朱、后小朱
庙李	678	3129	7500	8	薛桥、叶庄、晏庄、庙李、龙水、姚庄、周王、小李
三桥	773	3075	7084	10	魏巷、前贺、炉店、陈桥、蒋庄、张庄、小钱、后贺
王桥	575	2489	4554	8	西刘、彭庄、王桥、小李、小陈、小刘、大刘、贺桥、后陈
双桥	731	2756	5516.6	6	五里、双桥、前陈、后陈、西柯、姚桥、新姚、瓦庙
张龙	1212	5621	11490	15	张集、后王、小张、大陈圩、徐沟、小赵、西张、前王、小田、艾李、前李、后李、小代、旗杆陈圩、井栏陈、新红星街
胡桥	1100	4110	8866	13	高庄、徐庄、田庄、桑庄、程庄、胡庄、柯庄、新胡、新柯、葛沟、潘桥、李集、小陈
柯湖	846	4148	8724	17	小张、龙头张、柯湖、小苏、王桥、赵洼、石炉、东柯、徐圩、柯巷、后柯

村 名	户数（户）	人口数（人）	耕地面积（亩）	村民组（个）	所辖自然庄名称
宋河	465	2407	4890	8	陈圩、卜陈、宋河、封庄、李庄、殷庄、顾庄
陆集	487	2463	5300	6	葛宅、陆集、董王、廖庄、魏庄、王庄
晏路	1073	5384	12000	9	晏路街、大奚、张庄、郑庄、大杨、郭庄、井王、大周
单营	827	4168	10180	12	小罗、单营、孙湖、大孙、魏巷、小金、高圩
红星	484	2417	9526	7	前张、大张、陈圩、骆庄、西张、小孙、小田、红星街

注：此表由各村委会统计，土地是承包土地面积，人口为承包土地人口。

第二章 政党 政权 群团

第一节 政 党

一、党组织建设

1929年5月，戴文生在全县成立第一个中共党小组后，9月，派党员到砂坝一带发展党员。戴文生到龙水段（庙李村龙水庄）发展李焕学入党，李焕学根据戴文生的安排到砂坝、老户朱发展党员。经戴文生、李焕学等人介绍，龙水段等村庄于民国二十年（1931年）10月共发展党员7人，经过中共灵璧县独立区委（县级）批准，龙水段党支部成立，是镇境内成立的第一个中共党组织，李焕学为党支部书记。1931年底到1932年，镇辖内成立2个中共党支部，即龙水段（现庙李村）党支部和旗杆陈圩（现张龙村）党支部。1942年底，建立中共灵南区委（驻址韦集），设立中共砂坝乡党支部，砂坝是全镇党的基层政权中建立最早的乡级政权。

1945年9月5日，灵城解放，设中共灵南区委，辖砂坝乡。1949年9月30日，设中共韦集区委，1950年10月29日，设立中共沱河区委，辖境内陆集、晏路、砂坝、李集、陈圩、宋河6个乡，建立6个党支部。1956年5月至1957年2月，设中共韦集区委，辖晏路、砂坝、陆集3个乡，乡设党总支部。1957年，3个乡总支部改为3个乡党委会。

1958年秋，中共晏路人民公社委员会成立。1961年12月，设中共晏路、陆集两个公社委员会。1970年1月，成立中共黄湾人民公社委员会。1979年12月，设中共黄湾区委，下设砂坝、晏路、红星、大山、黄湾5个公社党委会，辖43个大队党支部，区直6个党支部。1983年，5个人民公社改为5个乡，43个大队改为43个村，5个公社党委会改为5个乡党委会，43个大队党支部改为43个村党支部。1984年9月，黄湾乡改为黄湾镇，黄湾乡党委会改为黄湾镇党委会。1992年，撤区并镇，建立中共黄湾镇委员会至2014年底，全镇共设39个党支部，14个党总支部，共有党员1588名。表2-1-1为1931—1949年黄湾地区党组织建设统计表。

表2-1-1 1931—1949年黄湾地区党组织建设统计表

党组织名称	隶 属	起止时间	区 域	书 记	副书记
党支部	灵璧独立区委	—	龙水段党支部	李焕学	—
灵南区委	灵璧县委	—	大山、晏路、沱河	申传义	梁继广

（续表）

党组织名称	隶　属	起止时间	区　域	书　记	副书记
灵南区委	灵璧县委	1945.9—1946.9	砂坝	卢绰如	—
大山区委	宿灵县委	1945.9—1945.10	大山、晏路、沱河	石文秀	组织部长　王化民
大山区委	灵璧县委	1948.1—1949.9	大山、晏路、陆集	杨秉国	崔振华
韦集区委	灵璧县委	1949.10—1950.7	大山、晏路、陆集	崔振华	—

1979 年黄湾区砂坝公社、乡旧址

二、党组织人员更迭

1. 区、乡、公社党组织和书记、副书记名录

1950 年 11 月，韦集区分设韦集、沱河 2 区，沱河区委辖陆集、晏路、砂坝、李集、高桥、罗桥、陈圩、大山、宋河等 12 个乡党支部。表 2－1－2 为 1949—1959 年韦集区党组织情况统计表。表 2－1－3 为 1950—1966 年黄湾党组织情况统计表。

中共沱河区委员会（1950.11—1955.12）

书　记：徐增华（1950.11—1952.12）

　　　　陈耀品（1953.1—1953.12）

　　　　刘青云（1954.1—1955.12）

副书记：陈耀品（1950.11—1953.1）

　　　　刘国锦（1951.12—1953.7）

　　　　杨　光（1953.7—1955.12）

　　　　王修田（1955.2—1955.12）

表2-1-2 1949—1959年韦集区党组织情况统计表

年 度	入党人数（人）			党员数（人）			党支部数（个）
	男	女	小计	男	女	小计	
1949	2	0	2	26	1	27	3
1950	4	0	4	30	1	31	3
1951	8	2	10	39	3	41	4
1952	5	1	6	44	3	47	4
1953	9	1	10	52	5	57	16
1954	17	4	21	69	9	78	16
1955	38	6	44	107	15	122	16
1956	245	33	278	352	48	400	16
1957	0	0	0	352	48	400	16
1958	109	22	131	461	70	531	16
1959	244	33	277	705	103	808	17

注：镇内属韦集区所辖。

表2-1-3 1950—1966年黄湾党组织情况统计表

组织名称	书记	任职时间	副书记	任职时间	隶 属	驻 地
晏路乡党支部	魏振祥	1949.1—1950.7	—	—	韦集区委	晏路街
陆集乡党支部	袁万胜	1949.1—1950.7	—	—	韦集区委	陆集
晏路乡党支部	万炳坤	1950.11—1952.10	—	—	沱河区委	晏路
李集乡党支部	顾怀斌	1950.11—1953.2	—	—	沱河区委	李集
砂坝乡党支部	位振香	1950.11—1952.10	—	—	沱河区委	砂坝
宋河乡党支部	陈德文	—	—	—	沱河区委	宋河
陈圩乡党支部	—	—	—	—	沱河区委	陈圩
晏路乡党总支部	叶从夫	1955.12—1957.2	—	—	韦集区委	晏路
李集乡党支部	蒋贤继	—	—	—	沱河区委	李集
砂坝乡党总支部	李元华	1955.12—1957.2	—	—	韦集区委	砂坝
陆集乡党支部	魏守华	1956—1957.2	—	—	韦集区委	老陈圩
陆集乡党委	龚守法	1957.2—1957.6（兼）	—	—	沱河区委	老陈圩
晏路乡党委	解波	1957.2—1957.6	—	—	沱河区委	晏路
砂坝乡党委	唐洪帮	1957.2—1957.6	—	—	沱河区委	砂坝
晏路公社党委	李焕芝	1958.9—1959.6	—	—	灵璧县委	晏路
晏路公社党委	杨光	1958.9—1959.8	王广金	1958.9—1959.4	灵璧县委	晏路
晏路公社党委	金承生	1959.6—1959.8（兼）	解道德	1959.8—1960.3	灵璧县委	晏路

（续表）

组织名称	书 记	任职时间	副书记	任职时间	隶 属	驻 地
晏路公社党委	—		吴宗元	1959.3—1959.6	灵璧县委	晏路
晏路公社党委	贺万利	1961.12—1966.2	—	—	灵璧县委	晏路
陆集公社党委	王店文	1961.12—1966.2	—	—	灵璧县委	旗杆圩
晏路公社党委	贺万利	—			韦集区委	晏路街
陆集公社党员	王泗季	—		—	韦集区委	陆集

1969年1月至2月，经宿县地区革命委员批准，将全县原11区共53个公社调整为19个人民公社，1970年1月，黄湾公社党委会成立。

中共黄湾人民公社委员会书记：王建杰（1970.6—1970.12）

年凤尧（1971.3—1973.6）

尤孝德（1973.11—1975.3）

苏开祥（1975.3—1978.3）

徐长平（1978.3—1979.12）

副　　书　　记：吴学平（1971.11—1976.12）

傅振英（女）（1973.11—1976.10）

王彦民（1976.11—1979.12）

王怀山（1976.11—1979.12）

高德刚（1978.7—1979.2）

李东灵（1978.10—1979.12）

许备伦（1978.12—1979.8）

1979年12月，黄湾公社改为区，下辖砂坝、晏路、大山、红星、黄湾5个公社。1983年6月，全县农村机构改革在黄湾区试点，所辖的5个人民公社改为5个乡。

中共黄湾区委员会书记：徐长平（1980.1—1982.1）

邢成三（1982.1—1987.4）

李成连（1987.4—1989.12）

张怀宗（1989.12—1992.2）

副　　书　　记：杨同富（1980.1—1982.2）

任公达（1980.1—1984.4）

高德刚（1982.1—1982.10）

汤敬印（1982.10—1987.11）

尚学强（1984.4—1987.11）

李成连（1985.7—1987.4）

张怀宗（1987.4—1990.1）

杨树荣（1988.7—1990.1）

李　朋（1988.7—1991.2）

张贤进（1990.1—1992.2）

王化甲（1990.1—1992.2）

王学习（1991.8—1992.2）

1984年，黄湾乡党委改为黄湾镇党委。表2-1-4为1980—1992年黄湾区辖公社（乡、镇）党委书记名录。

表2-1-4　1980—1992年黄湾区辖公社（乡、镇）党委书记名录

公社（乡镇）	驻　地	党委书记	任职时间
黄湾	黄湾	刘景信	1980.1—1987.4
		周洪亮	1987.4—1989.3
		武士法	1989.3—1992.3
红星	张集	王彦民	1980.1—1984.5
		韦庆彬	1984.5—1987.4
		魏振从	1987.4—1989.3
		朱树夫	1989.3—1990.10
		韦庆彬	1990.10—1992.3
砂坝	砂坝	高德刚	1980.1—1982.1
		陈华文	1982.1—1987.4
		韦庆彬	1987.4—1989.3
		周洪亮	1989.3—1991.2
		刘一超	1991.2—1992.3
大山	大山	王怀朋	1980.1—1984.5
		陈　奎	1984.5—1989.3
		周知礼	1989.3—1992.2
晏路	晏路	王成全	1980.1—1987.4
		郑桂松	1987.4—1990.3
		汤敬传	1990.3—1992.3

2. 中共黄湾镇党组织及书记、副书记、委员名录

1992年2月，中共灵璧县委决定撤销中共黄湾区委员会，晏路、红星、砂坝、黄湾4个乡（镇）合并，成立中共黄湾镇委员会、中共黄湾镇纪律检查委员会。

中共黄湾镇委员会书记：张怀宗（1992.2—1994.11）

任兴文（1994.11—1997.6）

杨荣秀（1997.6—2000.1）

姜德光（2000.1—2001.1）

崔庆凯（2001.1—2003.1）

倪宝君（2003.1—2007.4）

李林松（2007.4—2011.3）

晏金两（2011.3—2014.4）

许曙光（2014.4—2014.9）（主持工作）

（2014.9—2016.6）

赵晨阳（2016.7—2017.11）（主持工作）

（2017.11— ）

副　　书　　记：叶振亮（1992.3—1994.8）

刘焕才（1992.3—1994.4）

戴文龙（1992.3—1994.11）

强　勇（1994.4—1994.8）

张殿臣（1994.6—1994.8）

汤敬传（1992.2—1995.12）

张有元（1995.12—2000.1）

徐化民（女）（1995.12—1997.1）

金国爱（1994.8—1998.3）

余新峰（1998.3—2000.1）

朱永立（1995.12—1998.2）

汤义军（1997.1—2000.1）

李林松（1998.3—2000.1）

李先宏（2000.1—2002.1）

张佰瑞（2001.1—2006.4）

倪宝君（2000.1—2003.1）

陶成武（2000.1—2003.1）

张　冲（2002.1—2011.5）

李林松（2003.1—2007.5）

冉　昊（2005.4—2006.3）

王传宝（2003.3—2005.4）

王玉友（2005.4—2006.4）

晏金两（2007.4—2011.3）

许曙光（2011.3—2014.9）

王　剑（2011.5—2015.5）

赵晨阳（2014.9—2017.11）

张卫杰（2015.5—2017.12）

仲　瑞（2015.1— ）（专职扶贫）

胡　僧（2017.8— ）

委　　　　员：赖玉琢（1992.3—1997.3）

刘培灿（1992.3—1994.11）

韦庆彬（1992.3—1996.3）

张安龙（1992.3—1995.6）

陈　奎（1995.6—1995.12）

唐　凯（1995.12—1998.11）

张　跃（1996.1—2002.1）

陆亚东（1996.2—1998.2）（下派）

马道坡（1997.3—2003.3）

戴长桂（1997.3—2002.1）

唐怀超（1998.11—2000.1）

王　鹏（2000.1—2001.1）

范晓影（女）（2002.1—2014.7）

王　军（2002.1—2007.7）

冉　昊（2002.1—2006.3）

张朝龙（2002.1—2005.3）（挂职）

杜玉龙（2003.3—2005.2）

李财金（2003.3—2006.3）

司维永（2003.3—2005.3）（挂职）

（2005.3—2016.5）

侯宜飞（2007.4—2017.3）

唐　峰（2007.7—2016.3）

朱　艳（女）（2007.12—2011.3）

王山虎（2011.4—2016.1）

胡业龙（2011.4—2017.1）

谭召连（2016.3—2017.2）

王成名（2016.3—　）

马　铭（2016.3—　）

袁少春（女）（2016.3—　）

郭　亮（2018.9—）

表2-1-5为1992—2014年黄湾镇基层党组织一览表。

表2-1-5　1992—2014年黄湾镇基层党组织一览表

年　度	组织类别	合　计	其　中					文化结构		党员总数（人）
			镇直单位支部（个）	镇机关支部（个）	教育支部（个）	村级支部（个）	非公有制支部（个）	初、高中（人）	专科以上（人）	
1992	党支部	63	8	8	13	34	—	504	65	956
1993	党支部	62	8	8	10	36	—	509	70	963
1994	党支部	62	8	8	10	36	—	532	81	994
1995	党支部	51	7	7	5	32	—	548	105	1044

（续表）

年 度	组织类别	合 计	其 中					文化结构		党员总数（人）
			镇直单位支部（个）	镇机关支部（个）	教育支部（个）	村级支部（个）	非公有制支部（个）	初、高中（人）	专科以上（人）	
1996	党支部	32	7	4	3	18	—	561	137	1115
1997	党支部	43	7	4	3	29	—	612	169	1194
1998	党支部	47	7	4	3	33	—	691	190	1220
1999	党支部	47	7	14	3	23	—	710	200	1230
2000	党支部	47	7	14	3	23	—	722	215	1224
2001	党支部	48	7	15	4	22	—	750	228	1256
2002	党支部	47	4	15	5	22	1	795	225	1265
2003	党支部	47	4	15	6	21	1	843	231	1287
2004	党支部	44	4	15	6	18	1	897	234	1358
2005	党支部	42	4	17	6	14	1	906	237	1343
2011	党支部	49	12	2	6	26	3	1061	233	1504
2012	党支部	50	12	2	6	26	4	1125	242	1522
2013	党支部	51	12	2	6	26	5	1294	251	1545
2014	党支部	53	12	2	6	26	7	1290	298	1588

注：全镇设党总支部14个，其中，教育总支部1个、非公企业总支部1个、村级支部12个。镇机关支部在2011年之前和镇直部分单位支部在一起统计，后单统计镇政府内党支部数。

2014年7月25日，镇党委按照县委安排，在全镇开展村党组织换届选举工作。9月28日，换届结束，换届情况见表2-1-6。表2-1-7为2016年黄湾镇直单位和个私协会、民营企业党支部换届情况。表2-1-8为2018年黄湾镇村党（总）支部委员会换届情况。

表2-1-6 2014年黄湾镇村党组织委员会换届情况

村 名	组织类别	书 记	副书记	委员人数（人）
砂坝	党总支部	郑四化	—	2
朱圩	党总支部	朱修武	—	2
庙李	党总支部	晏金明	—	2
三桥	党总支部	陈长品	—	2
王桥	党总支部	刘爱芹（女）	—	2
晏路	党总支部	周 飞	—	2
胡桥	党总支部	薄伟建（第一书记） 胡长山	柯庆华	4
柯湖	党总支部	沈秀民	张秀云（女）	3

（续表）

村　名	组织类别	书　记	副书记	委员人数（人）
双桥	党支部	陈长勇	—	2
单营	党总支部	赵怀聪	孙德云、罗次广	3
红星	党总支部	刘云	—	2
陆集	党支部	魏学敏	—	2
宋河	党总支部	李学英	—	1
张龙	党总支部	赵祥春	陈长红	3

表2-1-7　2016年黄湾镇直单位和个私协会、民营企业党支部换届情况

单位名	书　记	副书记	委员人数（人）
国土支部	胡恒敏		2
农口支部	徐艳（女）	张庆凯	3
建筑协会支部	张伟		2
财政所支部	王现理		2
老干部支部	杨勇		2
黄湾中心校总支部	张赵	张允虎	3
个私协会支部	朱付彬		2
老户朱小学支部	赵新利		2
黄湾中心小学支部	张继峰		4
晏路小学支部	李海燕		2
红星小学支部	孟雪峰		2
鹏达粮食仓储物流公司支部	赵飞		2
黄湾镇轮窑厂支部	崔治伟		2
供销社支部	魏民		2
黄湾中学支部	刘云虎		2
王桥省级粮库支部	李兴灵		2
计生办支部	田恒达		2
中心卫生院支部	张建		2
食品站支部	岳伟		2
供电所支部	耿震		2
派出所支部	赵炜		2
黄湾国家粮库支部	任飞	李瑞生	3
大郑节能砖厂支部	柯西平		2
阳光幼儿园党支部	王梅		2

表2-1-8　2018年黄湾镇村党（总）支部委员会换届情况

序号	行政村党组织	书记	副书记	委员		
1	砂坝村党总支	徐荣兰	刘安杰	董从灵	郑崇举	郑良军
2	朱圩村党总支	朱怀南	朱修元	朱怀乐	陈义仁	王　杰
3	庙李村党总支	李西均	何阳春	李　斌	李　超	姚　春
4	王桥村党总支	赵天明	—	李少华	刘建华	闵圣龙
5	三桥村党总支	张　伟	丁晓艳	陈长品	张金会	贺新利
6	胡桥村党总支	刘晓玄	柯庆华	程仁利	田朝东	代长春
7	柯湖村党总支	柯永柱	张秀云　柯永干	柯永高	张玲玉	
8	张龙村党总支	胡玉璧	王　克	张浩周	李玉友	艾　训
9	晏路村党总支	刘爱梅	—	张　永	奚成立	王现进　周克亮
10	单营村党总支	姚　旺	孙念奎	罗次广	孙德云	陈　胜
11	红星村党总支	孙念佑	陈玉玲	张　跃	张学庆	张朝水
12	双桥村党支部	陈　勇	—	张桂珍	陈　亚	
13	陆集村党支部	魏学敏	—	田云玲	李现武	
14	宋河村党支部	苏　城	—	殷连生	宋加全	

三、党员代表大会

1993年11月14日，中国共产党黄湾镇第一次代表大会召开，张怀宗代表镇党委会向大会作工作报告，刘培灿向大会作纪律检查委员会工作报告，大会选举张怀宗为黄湾镇党委书记，选举刘培灿为镇纪委书记。

1997年3月22日，镇召开第二次党代会，应到代表90名，实到代表86名，任兴文代表党委会作工作报告。大会选举产生中共黄湾镇第二届委员会和中共黄湾镇纪律检查委员会。选举任兴文为黄湾镇党委书记，选举唐凯为纪委书记。

2002年1月29日，镇召开第三次党代会，出席代表79名。崔庆凯当选为镇党委书记，冉昊当选为镇纪委书记。

2006年4月6日，镇召开第四次党代会，应到代表78名，实到代表76名，大会选举倪宝君、李林松、张冲、王玉友、范晓影（女）、王军、司维勇为中共黄湾镇第四届委员会委员。倪宝君为镇党委书记，范晓影（女）为纪委书记。

2011年4月8日，镇召开第五次党代会，实到代表68人，大会选举晏金两为镇党委书记，范晓影（女）为纪委书记。

2016年3月27日，镇召开第六次党代会，大会应出席代表101人，实到代表98人，许曙光同志代表中共黄湾镇第五届委员会作工作报告，胡业龙同志代表中共黄湾镇纪律检查委员会作工作报告。大会选举产生新一届中共黄湾镇委员会，许曙光当选为书记，赵晨阳、张卫杰当选为副书记，侯宜飞、胡业龙、谭召连、马铭、袁少春、王成名当选为委员。胡业龙、张海威、孟婷婷3位同志当选为黄湾镇纪律检查委员会委员，胡业龙为中共黄湾镇纪律检查委员会书记。大会选举许曙光、赵晨阳等16名同志为黄湾镇出席中国共产党灵璧县第十三次代表大会代表。

四、黄湾镇纪律检查委员会

1. 机构人员

1987 年，中国共产党黄湾区纪律检查委员会成立。1990 年各乡（镇）党委建立纪律委员会，区、乡（镇）配备专职纪检干部。1993 年 11 月，镇第一次党代会选举产生中共黄湾镇纪律检查委员会，设书记 1 人、副书记 1 人、委员 3 人，下设监察室、纪检办公室两块牌子，合署办公，纪委副书记任监察室主任。2014 年，镇纪委设书记 1 人、副书记 2 人、委员 3 人、办公室工作人员 1 人。

中共黄湾区纪委书记：任怀凤（1990.7—1990.12）

中共黄湾镇纪委书记：刘培灿（1992.2—1994.11）

唐　凯（1995.12—1998.11）

唐怀超（1998.11—2000.1）

王　鹏（2000.1—2001.1）

倪宝君（2001.1—2002.1）

冉　昊（2002.1—2006.3）

范晓影（女）（2006.4—2016.3）

胡业龙（2016.4—　）

2. 廉政建设

按照《中国共产党章程》《中国共产党纪律处分条例（试行）》《中华人民共和国行政监察法》的规定，对基层党组织和国家机关、人民团体及事业单位的管理人员，执行党的路线、方针、政策进行检查、监督。加强党风廉政建设和反腐败制度建设，查处违法违纪案件，纠正不正之风，保持党的先进性和纯洁性。自 2010 年以后，发放学习教育资料 1000 多本，组织收看反腐录像和电视 20 余场。抓廉政勤政建设。在重点开展宣传教育的同时，在全镇推行村财镇管，帮助各村建立阳光公示，健全廉政勤政各项规章制度，选配好监督委员。有效开展"三资"清理工作。

镇纪委认真做好群众来信来访接待和各类案件查处工作。从 2000 年以后，共受理各种案件 51 件，立案查处 43 件，14 名党员干部受到处理，其中撤销党内职务 6 人，处分违纪党员 3 人。纠正行业不正之风，对中小学收费情况进行检查，及时纠正部分学校乱收费现象。对群众举报村级财务进行清理，理顺村级账目，还给群众一个明白。

第二节　政　府

一、机构设置

中华人民共和国成立之初，韦集、沱河设置，属于县政府派出机构。1950 年，韦集和沱河区设正副区长各 1 人，民政、财粮、建设、公安、文教办事员以及办公室秘书、农会主任各设 1 人。下辖乡，设乡长、助理员、财粮员各 1 人。

1958年，撤区设社，成立晏路人民公社，辖今镇内部分区域，设主任1人，副主任2~3人，武装部长1人，民政、财粮、公安、文教办事员等各1人。

1970年1月，成立黄湾人民公社，挂牌为黄湾人民公社革命委员会，设主任1人，副主任2~3人，人保、政工、生产组各设组长1人，副组长1~2人。设民政、"五七"办公室（负责上山下乡知青工作）、教育、贫协（贫下中农协会）、水利、办公室秘书、办事员各1人。

1979年12月，黄湾区公所设立，设区长1人，副区长2~3人，秘书、武装部长、民政、科技、教育、林业、劳动人事、计划生育等各设区员1人。乡镇人民政府设正副乡（镇）长2~3人，秘书、武装部、计划生育、财粮员各设区员1人，财政所设区员2人。

1992年，撤区设镇，设镇长1人，副镇长4~5人（科技、企业副镇长各1人），秘书、民政、企业、农业、计生主任、综治办、科技、林业等各设区员1人。

2014年，设镇长1人，副镇长3人，秘书1人，综治办1人，下设农业技术指导站、财政所、林业站、水利站、农机管理站、民政所、社保所、土地管理所、文化站、中心校、城乡规划建设所、计生办等镇政府职能机构。

二、组成人员

1942年至1949年9月，区、乡人员名录如下。

灵南区区长：卢锡球（1942.12—1943.3）

　　　　　　杨瑞堂（1943.4—1944.5）

　　　　　　郭仁勇（1944.5—1944.12）

　　　　　　李　跃（1945.8—1945.9）

副 区 长：马宜伦（1943.4—1944.5）

　　　　　　蒋魁玉（1944.9—1944.12）

砂坝乡乡长：徐善、马翠、赵玉振、戴照亮

大山区区长：沙　川（1948.11—1949.9）

副 区 长：欧家良（1948.11—1949.9）

　　　　　　戴文生（1948.11—1949.9）

　　　　　　郭景臣（1948.11—1949.9）

晏路乡乡长：田学林

张集乡乡长：朱香廷

陆集乡指导员：袁万胜

表2-2-1为1949—1966年行政机构人员名录。

表2-2-1 1949—1966年行政机构人员名录

姓　名	行政机构	职　务	任职时间	隶属、驻地
田学林	晏路乡	乡长	—	韦集区　韦集街
沈继美	陆集乡	乡长	—	韦集区　韦集街
柯云清	陆集乡	乡长	—	沱河区　旗杆陈圩

（续表）

姓　名	行政机构	职　务	任职时间	隶属、驻地
贺新功	陆集乡	乡长	1951.2—1953.2	沱河区　旗杆陈圩
李志彬	陈圩乡	乡长	—	沱河区　旗杆陈圩
叶从夫	陆集乡	乡长	1952.8—1955.12	沱河区　旗杆陈圩
杨文英（女）	晏路乡	乡长	1951.1—1953.2	沱河区　旗杆陈圩
赵家祥	晏路乡	乡长	—	沱河区　旗杆陈圩
马增亮	砂坝乡	乡长	—	沱河区　旗杆陈圩
韩子建	砂坝乡	乡长	—	沱河区　旗杆陈圩
曹长怀	李集乡	乡长	—	沱河区　旗杆陈圩
朱香亭	宋河乡	乡长	1949.1—1950.11	沱河区　旗杆陈圩
贺新功	李集乡	乡长	—	沱河区　旗杆陈圩
陆彩修	陈圩乡	乡长	—	沱河区　旗杆陈圩
郑良洪	高桥乡	乡长	—	沱河区　旗杆陈圩
张天朝	宋河乡	乡长	—	沱河区　旗杆陈圩
王元勋	宋河乡	乡长	—	沱河区　旗杆陈圩
骆明楼	晏路乡	乡长	—	韦集区　韦集街
徐安凤	陆集乡	乡长	1955.12—1957.2	韦集区　韦集街
刘振胜	砂坝乡	乡长	1955.1—1957.12	韦集区　韦集街
楮庆同	陆集乡	乡长	—	沱河区　旗杆陈圩
叶从夫	晏路乡	乡长	—	沱河区　旗杆陈圩
张万金	砂坝乡	乡长	—	沱河区　旗杆陈圩
张敬伦	晏路公社	主任	1958.9—1960.3	韦集区　韦集街
赵春亭	陆集公社	主任	1961.12—1966.5	韦集区　韦集街
张贤信	晏路公社	主任	1961.12—1966.5	韦集区　韦集街
李树功	晏路公社	主任	—	韦集区　韦集街
管怀玉	晏路公社	主任	—	韦集区　韦集街

黄湾人民公社革命委员会人员名录如下。

主　　　任：王学成（1969.6—1970.9）

　　　　　　年凤尧（1970.9—1971.3）（代理）

　　　　　　吴学平（1971.11—1976.12）

　　　　　　王彦民（1976.12—1979.12）

副　主　任：金允英（1969.6—1974.12）

　　　　　　吴西印（1969.6—1972.4）

　　　　　　陈秀兰（1969.6—1973.2）（女）

吴学平（1971.1—1971.11）

王凤臣（1971.4—1974.12）

王学习（1971.12—1979.12）

王怀山（1973.10—1976.11）

王成全（1973.11—1979.12）

张兴玉（1975.11—1976.9）

冯长金（1978.11—1979.11）

刘景信（1979.9—1979.12）

1979 年 12 月至 1992 年 2 月黄湾区公所区人员名录如下。

黄湾区区长：杨同富（1980.1—1982.2）

任公达（1982.2—1984.4）

尚学强（1984.4—1987.11）

杨树荣（1987.11—1990.1）

张贤进（1990.1—1992.2）

副　区　长：李东灵（1980.8—1984.9）

张怀宗（1984.9—1987.4）

张　民（1984.10—1987.11）

叶振亮（1989.1—1992.2）

朱士臣（1989.3—1991）

郑桂松（1990.5—1992.2）

姜德光（1991.10—1992.2）

1980 年 1 月至 1983 年 6 月，辖 5 个人民公社管委会，见表 2-2-2。

表 2-2-2　1980—1983 年人民公社管委会情况统计表

公社管委会	驻　地	主　任	任职时间
黄湾	黄湾	范国光	1980.1—1980.5
		朱怀顶	1980.5—1983.6
红星	红星	朱士学	1980.1—1982.1
		韦庆彬	1982.1—1983.6
大山	大山	韦庆彬	1980.5—1982.1
		吕耀廷	1982.1—1983.6
砂坝	砂坝	陈华文	1980.1—1982.1
		朱士学	1982.1—1983.6
晏路	晏路	汤敬斋	1980.1—1983.5

1983 年 6 月，5 个人民公社改为乡。1984 年 9 月，黄湾乡改为黄湾镇，见表 2-2-3。

表 2-2-3 1983—1992 年黄湾乡（镇）情况统计表

乡（镇）政府	乡（镇）长	任职时间
黄湾	朱怀顶	1983.6—1984.5
	杨玉侠（女）	1984.5—1984.9
	李敏前	1984.9—1987.4
	武士法	1987.4—1989.3
	张儒民	1989.3—1992.3
红星	韦庆彬	1983.6—1984.5
	徐友朋	1984.5—1987.4
	李敏前	1987.4—1989.3
	张训建	1989.3—1992.3
大山	吕耀廷	1983.6—1987.4
	徐友朋	1987.5—1989.3
	杜兴立	1989.3—1992.3
砂坝	朱士学	1983.6—1984.5
	周洪亮	1984.5—1987.11
	徐云玲	1987.11—1989.3
	李敏前	1989.3—1992.3
晏路	郑桂松	1983.6—1987.4
	汤敬传	1987.4—1989.3
	杨 勇	1989.3—1992.3

1. 黄湾镇人民政府

1992 年 2 月撤区并乡，黄湾镇人民政府成立。在 1992 年 11 月 9 日，镇第一次人民代表大会前，成立黄湾镇人民政府筹备工作组。

黄湾镇人民政府筹备组组长：刘焕才（1992.2—1992.11）

副　　　　　　组　　　　　　长：姜德光（1992.2—1992.11）

戴文龙（1992.2—1992.11）

强 勇（1992.2—1992.11）

黄 湾 镇 人 民 政 府 镇 长：刘焕才（1992.1—1994.4）

张殿臣（1995.3—1996.1）

金国爱（1996.1—1998.3）

余新峰（1998.3—2000.1）

李先宏（2000.1—2000.10）（主持工作）

（2000.10—2002.2）

倪宝君（2002.2—2003.1）

李林松（2003.1—2007.5）

晏金两（2007.5—2011.5）

许曙光（2011.5—2012.3）（主持工作）

（2012.3—2014.9）

赵晨阳（2014.9—2015.3）（主持工作）

（2015.3—2018.10）

胡　僧（2018.10—　）

副　　镇　　长：姜德光（1992.11—1994.4）

戴文龙（1992.11—1994.8）

强　勇（1992.11—1994.8）

张有元（1992.11—1995.12）（科技）

单　敏（1994.4—1997.1）

张安龙（1994.4—1999.1）

黄　奇（1995.8—1998.6）（科技）

汤义军（1996.1—1997.3）

王言玺（1995.12—1999.12）

吕瑞莲（女）（1997.3—2007.5）

程学宝（1997.3—2001.3）

奚德用（1997.4—1999.4）（挂职）

董丙武（1998.6—2001.2）（科技）

苏学文（2001.3—2012.3）

赵　武（2001.3—2003.4）

王　鹏（2001.3—2003.4）

杜玉龙（2003.4—2005.3）

马　力（2003.4—2007.5）

胡洪军（2004.6—2006.6）（科技）

赵天明（2005.3—2007.10）

王玉友（2006.3—2007.3）

侯宜飞（2007.5—2016）

朱　艳（女）（2007.11—2011.3）

谢化苗（2012.1—2015.9）

朱　楼（2012.3—2017.5）

司维永（2016.5—　）

谭召连（2017.3—　）

2. 人民武装部

1950 年 9 月，韦集区设立人民武装部，设部长、副部长、干事各 1 人。1958 年，晏路人民公社成立，设武装部长、副部长各 1 人。1961 年 12 月，晏路公社设部长 1 人，陆集公社设部长 1 人。1970 年 1 月，设立黄湾公社人民武装部，设部长、副部长各 1 人。1979 年 12 月，社改区建制，区设武装部长 1 人，下辖砂坝、晏路、红星、大山、黄湾 5 个武装部，各设部长 1 人。

1992 年，镇建制后，设立黄湾镇人民武装部，设部长、副部长各 1 人。2014 年 10 月，镇委书记兼任武装部政治教导员。

黄湾公社人民武装部部长：朱学堂（1970.1—1978.3）

张　民（1978.4—1979.12）

黄湾区人民武装部部长：张　民（1979.12—1987.9）

刘焕谋（1987.9—1989.2）

赖玉琢（1989.2—1992.2）

黄湾镇人民武装部部长：赖玉琢（1992.2—1997.3）

戴长桂（1997.3—2001.1）

王　军（2001.1—2007.7）

王山虎（2007.7—2011.4）（副部长主持工作）

（2011.4—2016.1）

马　铭（2016.2—　　）

政　治　教　导　员：许曙光（2014.10—2016.6）

赵晨阳（2017.1—　　）

三、镇政府

明万历年间，灵（灵璧）固（固镇）公路，虽经两次修筑，至民国期间，公路沿线弯曲多，每千米有 2～3 处，黄湾所在之处是各弯道之首。此地原地名为"小黄庄"，后得名"黄拐弯"。历史上"黄拐弯"人居稀少，形成荒野，是一片荒草湖地；1958 年，县政府在此组建财贸农场，初建居民区，开荒种粮，收获甚微；1960 年，划属大山林场，名为黄湾分场（现为黄湾绿肥场），主要是培育当地宜植的树苗，效益不佳；20 世纪 60 年代中、后期，县农业部门选派干部和科技人员在原址筹建绿肥良种场至今。

1969 年，撤区并社，择该处设置大公社，因此处地势低洼，每年入夏积水不断，故将"黄拐弯"的"弯"字加三点水即"湾"，取首尾二字，挂牌称"灵璧县黄湾人民公社"。后社直机关单位及学校、医院、商贸、粮站等部门陆续迁入，择农历一、三、六、九为逢集日，至此，黄湾的政治、文化、经济等开始发展和兴旺。

1969 年，成立黄湾人民公社，社址选定在现农商行后面，老灵固路南侧 50 米处。仅建南北两排青砖、青瓦木质结构房屋 20 间，四合大院，建筑面积约为 400 平方米，成为公社工作人员的住房和办公两用房。其中，还有广播室、柴油机发电等用房三间。办公室设在前排，共 3 间，召开干部和群众会议都是在院里树下进行。后建 5 间会议室，用以召开基层干部会议，当时条件艰苦，参会人员都是席地而坐。1975 年，公社党委决定，每个大队到山上采石头，建起石基、砖墙、瓦顶的大会堂，为召开大型会议和文化娱乐活动提供场所。后多届党委、政府对大会堂进行维修，对南北两头进行扩建，成为全镇最大的会议、文化活动中心，可容纳 300 多人。现在大会堂改建为商业楼房。

1982 年，区公所向农户筹集民兵训练费、提留款，在西街北侧（现在镇政府办公室），建起 9 间上下两层小楼房，面积有 200 余平方米，上层为枪库和民兵值班室，下层为区公所办公用房、区主要领导人住房兼办公房。1983 年，区公所从东边原公社建的砖瓦房办公室搬入枪库楼房办公。后又分别在大院东侧建派出所、法庭的两层办公小楼，1992 年，改为计生办和计生服务所办公用房。2006 年 11 月，镇政府采取置换方式，在汽车站北侧新建计生办、服务所，镇府东侧楼被开发商向社会大众出售，在大院西侧建起 5 间二层会议楼。

1996 年，镇政府建前排三层门面楼和西侧派出所办公楼，一层向社会大众出售为商铺，二、三层为镇工作人员办公和住宿之处，并设有农经、综治、统计、林业、社保、档案室等部门办公室。同年 5 月 1 日，镇委、镇政府在镇政府大院的办公室前立起毛泽东汉白玉雕像，供人们缅怀。至 2019 年，镇委、镇政府仍在此办公。

第三节　人民代表大会　政治协商

一、人民代表大会

镇人大代表由选民直接选举产生，每届代表大会的代表任职期限为 3 年。2004 年，《中华人民共和国宪法》修正案将乡镇人大任期从 3 年改为 5 年，与县级人大任期一致，县、镇人大同步换届选举。镇人大每 5 年进行一次换届选举，届内每年召开一次镇人大代表例会。1998 年，县人大常委会制定了《灵璧县乡镇人大换届选举实施方案》，任命各乡镇选举委员会组成人员，集中培训乡镇选举委员会组成人员和工作人员。镇人大每年召开一次人民代表大会例会，听取并审议人大、政府、财政三个报告，代表向大会提交议案以及依法选举镇人大、镇政府人员等。从 1992 年 11 月 9 日召开镇一届一次人民代表大会开始，到 2018 年已召开了七届人大代表会议。

1992 年 11 月 9 日，镇召开一届一次人民代表大会，大会应到代表 83 名，实到代表 79 名。大会采取无记名投票方式选举出张怀宗为人大主席，刘焕才为人民政府镇长，戴文龙、强勇、姜德光为副镇长，张有元为科技副镇长。

1994 年 4 月 30 日，镇召开一届三次人民代表大会，强勇代表镇政府向大会作政府工作报告，强勇当选为镇长。

1995 年 3 月 25 日，镇召开一届四次人民代表大会，张殿臣作政府工作报告，并当选为镇长，叶振亮作人大工作报告，并当选为人大主席。

1997 年 3 月 30 日，镇召开二届二次人民代表大会，金国爱作政府工作报告，当选为镇长。

1998 年 3 月 26 日，镇召开二届三次人民代表大会，张安龙作政府工作报告，余新峰当选为镇长。

2000 年 3 月 28 日，镇召开三届二次人民代表大会，张安龙作政府工作报告，李先宏当选为副镇长（主持政府工作）。

2001 年 3 月 17 日，镇召开三届三次人民代表大会，李林松当选为人大主席，李先宏当选为镇长。

2002年2月28日，镇召开四届一次人民代表大会，出席代表56名，会议选举产生第四届镇人大主席团和镇人民政府。李林松当选为人大主席团主席，倪宝君当选为镇长。

2003年4月4日，镇召开四届二次人民代表大会，陶成武当选为人大主席，李林松当选为镇长。

2005年3月14日，镇召开四届四次人民代表大会，实到代表47人，李林松作政府工作报告，陶成武作人大工作报告，赵天明当选为副镇长。

2007年5月9日，镇召开五届一次人民代表大会，出席代表70名。会议选举产生黄湾镇第五届人大主席团和镇人民政府。李林松当选为镇人大主席，赵申当选为副主席；晏金两当选为镇长，侯宜飞、苏学文、赵天明当选为副镇长。

2008年4月9日，镇召开五届二次人民代表大会，补选朱艳（女）为镇政府副镇长。

2012年5月25日，镇召开六届一次人民代表大会，实到代表70名，大会选举许曙光为镇长，侯宜飞、谢化苗、朱楼为副镇长。

2015年5月8日，镇召开六届四次人民代表大会，应到代表58名，实到代表50名，侯宜飞作政府工作报告，唐峰作人大主席团工作报告，大会选举王剑为人大主席团主席，赵晨阳为镇人民政府镇长。

2016年5月5日，镇召开六届五次人民代表大会，实到代表74人，赵晨阳代表人民政府作政府工作报告，王剑作人大工作报告。司维永当选为人民政府副镇长。

2017年1月6日，镇召开七届一次人民代表大会，赵晨阳当选为镇人民政府镇长，张卫杰当选为镇人大主席，谭召连、朱楼、司维永三人当选为副镇长。

2018年5月26日，镇召开第七届人民代表大会第二次会议，实到代表76人，副镇长谭召连作政府工作报告，张卫杰作人大工作报告，王现理作财政工作报告。

二、人大工作

1. 人大代表选举

以行政村（按人员划定）为选区，以选民多少划分若干选民小组。镇选举委员会，根据各选区人口分配代表名额，选区协商提名和充分讨论确定候选人名单，召开选举大会，大会以选区为单位召开，采取无记名投票方式，差额选举，选出镇人民代表大会代表。第一届人民代表大会全镇共选出镇人大代表83名，第六届人民代表大会共选出镇人大代表58名。

2. 黄湾镇人大主席团

1989年4月，黄湾区下辖5个乡镇始设人大主席职位，见表2-2-4。

表2-2-4 黄湾镇人大主席团情况统计表

乡镇名	职务	姓名	任职时间
黄湾镇	人大主席	刘景信	（1989.4—1992.2）
红星乡	人大主席	魏振从	（1989.4—1990.1）
		朱树夫	（1990.1—1992.2）

（续表）

乡镇名	职 务	姓 名	任职时间
大山乡	人大主席	吕耀廷	（1989.4—1992.2）
砂坝乡	人大主席	徐云玲	（1989.4—1992.2）
晏路乡	人大主席	韦庆彬	（1989.4—1990.1）
		王成全	（1990.1—1992.2）

1992 年 2 月，建镇后，乡镇按照法律设立人大主席团。11 月 9 日，镇召开一届人大会议选举镇人大主席团主席 1 名，属正科级，下设办公室。

黄湾镇人大筹备工作组：组 长 张怀宗（1992.10—1992.11）

副组长 任怀凤（1992.2—1992.11）

2007 年 5 月，赵申当选为镇人大副主席，设人大副主席 1 名，副科级，组成人大办事机构，组织指导开好每届人民代表大会。2014 年，黄湾镇设立人大主席团，设人大主席 1 名。

黄湾镇人大主席团主席：张怀宗（1992.11—1994.4）（兼）

叶振亮（1994.4—2001.3）

李林松（2001.3—2003.1）（兼）

陶成武（2003.1—2006.3）

倪宝君（2006.3—2007.5）（兼）

李林松（2007.5—2011.5）（兼）

张 冲（2011.5—2012.3）

晏金两（2012.3—2013.9）（兼）

王 剑（2015.3—2017.1）

张卫杰（2017.1— ）

3. 代表工作

1998 年，镇人大主席团按照县人大常委会统一部署，组织部分县、镇人大代表对镇直机关及派出所等单位进行评议，在全体选民和代表中产生较好的反映。

2005 年 6 月，镇人大主席陶成武带队，组织 12 名县、镇人大代表，开展全镇食品卫生视察和执法检查工作，以黄湾街为重点，检查卫生院、食品站等单位。

2010 年，按照市人大常委会部署，组织人大代表开展"听百案"活动，镇人大主席团组织 14 名代表，到黄湾法庭旁听离婚案、财务纠纷案审理，并对审判案例进行评议。

附：黄湾镇出席安徽省人民代表大会代表

四 届（1973—1978） 郑良六

九 届（1998—2002） 张朝龙

十二届（2013—2017） 陆荣飞

三、政协工作

20世纪50年代至70年代，区、乡、社的政协、统战不设专职人员，其工作由1名副职分管。

1987年5月至1992年2月，黄湾区设政协工作委员会，设1名专职统战区员，兼做政协工作，刘景信任政协副组长兼统战区员。1992年2月，镇设立政协工作委员会，孙德峰任政协副主任，兼做统战工作。

1997年12月，乡镇政协工作委员会更名为政协联络组。镇委副书记张有元为联络组长，兼做统战、政协工作。2000年1月，设专职政协联络组组长1人，属正科级，倪宝君任联络组组长。

2001年，宣传委员兼职统战委员，称"宣统委员"，同时又是县政协委员，兼做政协工作。2002年1月，乡镇机构改革，撤销乡镇政协联络组。

2014年，设宣统委员1名，共有县政协委员5人：司维永、侯君、刘云、朱士为、崔宝华。司维永任宣统委员，兼做政协、宗教工作。年底，县在乡镇设立政协工作委员会，挂"灵璧县黄湾镇政协工作委员会"牌。

2018年，镇设政协工作委员会组织委员王成名兼做政协工作，共有政协委员5人。

第四节　群众团体

一、工会

1970年，黄湾公社在教育、卫生、供销、粮站设立工会组织，并成立职代会。

1992年，镇设工会，工会主席属副科级。2000年，县委、县政府成立新建企业工会组建工作领导小组，并下发《关于在乡镇和乡镇企业中组建工会组织的意见》。1989年至2003年，镇工会工作委员会主任享受同级党政副职待遇。

2010年后，在民营企业建立工会组织，晏路大地服装社配备专职工会主席。

2014年，黄湾镇工会委员会挂牌设立，镇委组织委员唐峰任镇工会委员会主任，负责村级和民营企业工会工作。镇直黄湾中学、中心校、粮食公司、供销社、绿肥场、医院、粮食大库等单位建立工会组织、职代会组织。按照工会法规和章程，正常开展各项活动，维护职工合法权益。

二、农民协会

抗日战争时期，灵南区设农民救国会。1950年，全区、乡建立农协会。据《韦集区志》记载，砂坝乡共有农协会农民代表76人，农协委员会委员11人，农会会员1244人。晏路、陆集2个乡共有农协委员会14个，会员1998名。1973年，县召开第二次贫下中农代表大会，黄湾公社郑良六等代表出席，后各级贫下中农代表会，改名为贫下中农协会（称贫协会）。黄湾公社成立贫协会，配1名专职干部，郑良洪任公社、区贫协会主任。1982 年后，贫协组织相继撤销。

三、共青团黄湾镇委员会

1951 年，晏路、砂坝、陆集乡设立共青团支部，1959 年，共设团总支部 18 个，发展团员 1102 个。1970 年 1 月，黄湾公社设团委会，配专职团委书记 1 名，各大队设建团支部，配专职团支部书记 1 人，享受副职待遇。

1992 年后，镇、黄湾中学设立团委会，各村设团支部，配专职团支部书记 1 人。2014 年，全镇共有团委会 2 个、团支部 17 个。

2018 年，设团委 2 个、团支部 18 个，其中村级 14 个。

四、妇女联合会

中华人民共和国成立初期，区、乡、社设立妇女联合会，土改中，砂坝乡妇代会有代表 41 人，乡妇联委员 9 人，设专职妇联主任 1 名，晏路乡妇代会有代表 66 人。1970 年，大队设妇委会，配妇女主任 1 名，生产队设妇女队长 1 名。1980 年，黄湾区下辖 5 个公社、乡都配专职妇联主任 1 名。大队、村配专职妇代会主任 1 名，享受副职待遇。镇、村妇联会组织广大妇女开展"双学双比"竞赛，开展"五好家庭""五好媳妇""致富女能手""三八红旗手"等评先活动，关心留守儿童和关爱下一代工作，受到社会一致称赞。每年"三八节"组织评选活动，召开妇女代表大会，党委、政府主要领导到会祝贺。到 2014 年，20 多人被评为省、市、县、镇"三八"红旗手，50 多户被县、镇评为"五好家庭"。

五、残疾人联合会

1996 年 5 月，黄湾镇残疾人联合会挂牌办公，残联理事长由政府办公室主任兼任。2010 年 9 月，黄湾镇成立残疾人联合会，傅春永任理事长。2012 年，全镇从残疾人中配 1 名残联专职委员。2013 年，各村都配有 1 名残联专职委员，确保从镇到村都有专人负责残疾人工作。同时决定，各村由会计负责，做好本村内残疾人各项服务工作。2008 年，镇残联积极在全镇开展白内障患者筛查，帮助部分白内障患者重见光明。2012 年，为精神残疾人申请药补款，使二级以上精神残疾人领取到药补款。同时还输送部分残疾人参加县就业技能培训，维护了残疾人的合法权益。至 2014 年，全镇共有一至四级持证残疾人 1200 人，其中一级残疾人有 200 人，二级残疾人有 600 人，三级残疾人有 300 人，四级残疾人有 100 人。其中，享受国家一级生活补贴的有 50 人，享受二级生活补贴的有 300 人，享受三级补贴的有 100 人。享受一至三级低保待遇的有 450 人。

第三章 人 口

明朝时期本地人口稀少，洪武五年（1372 年），明政府实施向所辖地方移民计划，先后从山西曲沃、洪洞等地移入人口。民国时期镇内人口发展较快，开始向外区、县迁出。从 20 世纪 60 年代到 70 年代末，全社人口发展进入高峰时期。1990 年后，人口自然增长得到有效控制。到 2014 年，全镇户籍人口总数为 52573 人。

第一节　人口结构

一、人口数量

中华人民共和国成立前，镇内人口资料缺失。1949 年后，人口统计逐渐规范，乡、村每一年实行人口年报制度。1954 年后，国家进行了六次全国人口普查工作，经过普查以及每年计生和公安人口年报，全镇人口的基本状况见表 3-1-1。

表 3-1-1　黄湾公社、区、镇人口总量表

年　份	总户数（户）	人　口（人）			其中非农业人口（人）
		合计	男	女	
1970	3067	15669	8116	7553	—
1981	8254	41220	21038	20182	—
1986	8275	44246	22600	21646	1353
1987	8572	45798	23274	22524	1380
1988	9111	56766	23726	33040	1385
1989	8788	48331	24508	23823	1446
1990	10317	53980	27208	26772	1499
1991	8197	41532	20966	20566	1580
1992	7845	42376	21590	20786	1653
1993	7951	43452	21931	21521	1714
1994	8251	43952	22533	21419	1793
1995	8564	44460	22562	21898	1948
1996	8671	44935	22962	21973	1982

（续表）

年 份	总户数（户）	人 口（人）			其中非农业人口（人）
		合计	男	女	
1997	8993	45429	23275	22154	2111
1998	8916	45907	24186	21721	2126
1999	8916	45478	23206	22272	2319
2000	10848	47108	24159	22949	2144
2001	11091	47565	24505	23060	2155
2002	11289	47910	24729	23181	2188
2003	10308	48152	25205	22947	2199
2008	11256	49701	25773	23928	2212
2009	11560	49923	25617	24306	2294
2010	11676	50460	25927	24533	2447
2011	11738	47319	24322	22997	2525
2012	11861	46713	24769	21944	2579
2013	11989	49795	26491	23304	2631
2014	15981	52573	27817	24756	2030

注：1970—1991年是社、区人口，1992—2014年是全镇人口。部分年份数据缺失。

二、人口变动与分布

1. 人口变动

人口变动，分人口自然变动和机械变动。1980年以前，因行政机构变化频繁，人口自然变动资料缺失，2005年以前，人口机械变动资料缺失，见表3－1－2和表3－1－3。

表3－1－2 黄湾区、镇部分年份人口自然变动统计表

年 份	出生人口（人）	出生率（‰）	死亡人口（人）	死亡率（‰）	人口自然增长率（‰）
1981	462	11.21	176	4.27	6.94
1986	720	16.27	197	4.45	11.82
1990	1572	29.12	235	4.35	24.77
1995	763	17.16	223	5.02	12.14
2000	344	7.30	257	5.46	1.74
2005	140	2.93	58	1.21	1.72
2010	531	10.52	497	9.49	1.03
2011	657	13.88	104	2.12	7.33
2012	642	13.74	257	5.50	8.24
2013	749	15.04	310	6.23	8.81
2014	786	15.51	219	4.32	11.19

表3-1-3 2006—2014年黄湾镇人口迁移统计表

年 份	迁入（人）	迁出（人）
2006	161	354
2007	215	427
2008	305	432
2009	303	424
2010	332	393
2011	304	395
2012	330	451
2013	382	394
2014	260	382

2. 人口分布

全镇人口分布分为非农业人口和农业人口，非农业人口多数居住在黄湾街，农业人口多分布在各村庄，见表3-1-4。

表3-1-4 黄湾镇部分年份村庄人口分布统计表

年 份	总人口（人）	面积（平方千米）	人口密度（人/平方千米）
1986	44246	164.4	269
1990	50993	164.4	310
2000	47108	135	348
2004	45485	135	336
2008	49701	135	368
2009	49923	135	369
2010	50460	135	373
2011	47319	135	350
2012	46713	135	346
2013	49795	135	368
2014	52573	135	389

三、民族、姓氏构成

1. 民族

全镇人口基本是汉族，在第五、六次全国人口普查中，少数民族只有53人，分别是回族、布依族、壮族、拉祜族等民族。其中，两个民族混合的有47户，占总户数的0.84%；三个民族混合户为1户。这些少数民族人民均为女性，大多都是20世纪80年代以后从云南、四川等少数民族地区嫁入本地的，也有一部分是近年来少数民族女性与镇内在外务工、经商的男性结婚而迁入本地的，主要分布在砂坝、朱圩、庙李等村。

2. 姓氏

全镇人口有118个姓氏，其中陈姓人口占多数，有7000人左右，为镇内大姓，镇东、南、西、北均有诸多陈姓村落分布。李、张姓人口次之，村落分布也较广。其余姓氏都相对集中一地或数地，少数未能形成村落的姓氏则居其他姓氏村落之中，个别冷僻姓氏多为外来人员，具有较大的迁徙性。据入庄进户普查，全镇有下列姓氏：丁、卜、马、牛、毛、尹、尤、王、万、方、邓、井、从、韦、孔、叶、冯、艾、史、白、左、石、冉、刘、田、朱、汤、吕、李、孙、纪、许、华、乔、关、邵、杨、陆、沈、陈、宋、吴、寿、苏、闵、杜、花、辛、张、余、邱、岳、范、卓、单、金、周、罗、郑、孟、武、郭、胡、段、赵、姚、柯、娄、卻、贺、骆、侯、殷、耿、倪、贾、徐、高、晏、姜、桑、席、奚、钱、唐、欧、顾、陶、梁、曹、龚、盛、闫、崔、黄、萧、姬、温、葛、彭、韩、蒋、程、董、傅、路、谢、雷、赖、解、谭、廖、霍、薛、潘、魏、戴、穆。

第二节　人口管理

全镇计划生育工作始于1973年，20世纪80年代人口出生率居高不下，1993年以后，人口出生率稳中有降，进入21世纪，已向低生育水平过渡。

一、机构设置

1. 计划生育办公室

1973年，黄湾公社开始宣传计划生育工作。1979年，区、乡配备计划生育专干，并确定一名副职干部分管计生工作。1979年，黄湾公社设计划生育协助员，杨玉侠任公社计生干事。1980年至1984年4月，区设计划生育区员，各公社设计划生育干事。区、公社成立计划生育工作领导小组，区、社书记任组长，分管副书记任副组长。1992年，镇成立计划生育办公室，设主任1人，工作人员4人。2014年，设主任1人，工作人员6人。

2. 计划生育服务所

1992年以前，全区节育手术服务均由县计生服务站和区卫生院承担，由区、乡、村统一组织，在春、秋两季开展"突击月"活动。1992年以后，镇建计生服务站，其人员由县人事和计生委分配、镇政府聘用相结合组成。1995年以后，计生服务站改为计生服务所。1992年至1994年春，计生服务所开展妇检等服务。2003年至2008年，服务所有工作人员3人，设所长1人。2014年，编制2人，设所长1人。

1992年以前，村级确定一名副主任抓计划生育工作。1992年，全镇村级配1名计生专干，负责全村计划生育工作。从1994年起，在村级建立计划生育服务室、妇检室、人口学校。1995 年，配女保健员，协助镇计生服务所人员从事育龄妇女妇检和发放避孕药具等工作。同时，各村利用人口学校对育龄人群进行计划生育政策、优生优育和"五期"知识宣传教育。

黄湾镇计划生育办公室

二、计生政策

1981 年 11 月，国家提出要"限制人口数量，提高人口素质"，具体要求"晚婚、晚育、少生、优生"，实行计划生育的享受政策性奖励。

1973 年 10 月至 1981 年 6 月，规定无多孩生育，从 1984 年 11 月以后，凡新婚生育一个孩子的，须持结婚证到计划生育部门办理生育证。第一个子女为非遗传性残疾，不能成为正常劳动力的可安排生育二孩。从 1988 年 12 月 1 日起，夫妻双方均为农业户口，只生育一个女孩的，间隔 3 年安排生育第二个孩子；夫妻一方为独生子女的、残疾军人和因公致残人员等级在二等乙级以上的、农村男到有女无儿家落户的（适应于姐妹中一人）再婚夫妻一方只生育一个孩子及另一方未生育过的人员可生育第二胎，但必须经所在单位上报县计生委，审核后发给生育证，持证生育。从 20 世纪 90 年代到 2014 年，政策比较稳定。

20 世纪 90 年代，对领取独生子女光荣证的夫妇，每月发给独生子女保健费，独生男孩的保健费为 5 元，独生女孩的保健费为 6 元，发至 14 周岁。1999 年 6 月，不分男孩女孩每月发给独生子女保健费 5 ~ 15 元，发至 16 周岁。从 2004 年开始，对农村计划生育户，发给奖励扶助金，每人每年 600 元。其中，独女户发给 720 元。2009 年，独生子女户和两女户发给奖励扶助金，每人每年 720 元，其中，独女户发给每人 840 元。2011 年，发给独女户的奖励扶助金增加 20%，无工作单位持独生子女证的夫妇，从

2011 年 3 月由财政拨款，每户发保健费 20 元。2005—2010 年，对独生子女每年进行一次免费健康检查，就医者免收挂号费并给予优惠。对两女户实施绝育措施的夫妇予以奖励，始于 2008 年 10 月，奖励 3000 元；2009 年奖励 4000 元；2010—2011 年，奖励 4500 元。

三、计生管理

1. 目标

1986 年到 1992 年，区对乡下达年度出生人口控制数，每年春、秋抓两次突击月活动。从 1993 年开始，镇委、镇政府同村和镇直单位层层签订人口目标管理责任书，其内容主要为：人口政策符合率，节育措施及时率、落实率，出生、节育统计上报准确率，计划生育政策法规宣传到户率等。从 2003 年开始，责任书内容增加流动人口计生管理、治理出生婴儿性别比例失调问题等。2004—2014 年，镇委、镇政府不仅同村签订人口目标责任书，同时还与卫生院、派出所等镇直部门签订责任书，根据其职责，抓好人口管理工作。

2. 建档

建立育龄妇女档案，掌握生育、节育情况。20 世纪 80 年代，区分村建立育妇卡片，内容：夫妇年龄、结婚时间、生育子女和节育措施。从 1992 年开始，镇、村对育龄妇女分别建档。村（居）建立常住人口登记簿、育龄妇女登记簿、孕情监测登记簿、村级计划生育统计台账，台账内容：结婚、怀孕、出生、节育、人口变动（迁出、迁入、死亡）、处罚领证、生育指标。除常住人口登记簿和育龄妇女登记卡外，其余簿卡均每年更换一次。镇同村建立相应的账、簿、卡。每月 5 日前村专干到镇集中审核，填写上月发生的各类信息。从 1998 年以后，镇计生办配备微机，村与镇、镇与县计生委建立信息中心三级联网，可查询育龄妇女各种信息。

3. 查孕

1994 年以前，没有实行孕情监测制度，从 1994 年开始实行孕情监测。2002 年，每年孕情检查 6 次，每 2 个月查一次。2014 年，计生办、计生服务所按时到村开展孕情检查，每年孕情检查 4 次。

4. 治假

计划生育工作存在的问题：人口出生少报，计划外生育瞒报；节育措施多报，男、女绝育实施假手术；不按政策安排生育指标；非法进行胎儿性别鉴定和选择性的终止妊娠，这些引发严重的社会问题。1994 年，开始发现假生育证、假手术证明、假数据等，因此引起重视。2004 年 4 月—10 月，按照县计生委的统一安排和部署，镇里组织计生办配合县计生委人员，进行一次大清理，清理年份是 1992 年至 2003 年，清理后，发现一些村出生漏报、长效节育措施未落实的有 147 人。

5. 流动人口管理

20 世纪 80 年代流动人口数量甚少，从 1991 年开始，镇内开始有大批劳动力向外流出，主要流向南方长三角、珠三角等地。2000 年以后，也有大批流入镇内务工经商人员，镇政府、计生办不断采取有效措施，强化对流动人口的管理。按照《灵璧县关于流动人口和计划生育工作管理办法》（以下简称《办法》），镇计生办按照《办法》对流动人口建档，填报"流动人口登记簿""已婚育妇卡片""避孕节育报告单""婚育证明"，对已婚孕妇定期孕检、环检，以流入地及用工单位管理为主。流入境内的育妇，谁用工、谁管理。镇计生办定期对外来务工的重点厂进行调查，确定服务人数和对象，做好避孕检查，免费发放药具等，见表3-2-1、表3-2-2。

表3-2-1　黄湾镇部分年份育龄妇女结构统计表

年　份	总人口数（人）	育龄妇女人数（人）	占总人口（%）	已婚育龄妇女	
				人数（人）	占总人口（%）
1981	41220	8656	21.00	5823	14.13
1986	44246	9863	22.20	6305	14.25
1990	53980	10764	19.94	8395	15.55
1995	44460	10237	23.03	7048	15.85
2000	47108	10518	22.33	7896	16.76
2005	47765	14396	30.14	8864	18.56
2010	50460	15509	30.74	8679	17.20
2011	47319	15606	32.98	8659	18.30
2012	46713	15032	32.18	8641	18.50
2013	49795	15290	30.41	9162	18.40
2014	52573	15346	29.19	11537	21.94

表3-2-2　黄湾镇部分年份已婚育妇生育统计表

年　份	已婚育妇人数（人）	未　生		一　孩		二　孩		三孩及以上	
		人数（人）	%	人数（人）	%	人数（人）	%	人数（人）	%
1980	4336	651	15.01	1006	23.20	1157	26.69	1522	35.10
1986	6305	765	12.13	1594	25.28	2139	33.93	1807	28.66
1990	8395	1275	15.19	1954	23.27	2488	29.64	2678	31.90
1995	7048	447	6.34	1318	18.70	1863	26.43	3420	48.53
2000	7896	317	4.01	1903	24.10	2244	28.42	3432	43.47
2005	8664	329	3.80	2505	28.91	2641	30.48	3189	36.81
2010	10716	684	6.38	3566	33.28	3485	32.52	2981	27.82
2011	10868	678	6.24	3737	34.39	3688	33.93	2765	25.44
2012	10836	746	6.88	3907	36.06	3855	35.58	2328	21.48
2013	11476	1046	9.11	3994	34.80	4279	37.29	2157	18.80
2014	11537	1031	8.93	4106	35.59	4430	38.41	1970	17.07

第三节　宣传与服务

一、宣传

1. 宣传形式

1975年10月，从下乡和回乡知识青年中抽出20余人，公社成立计划生育工作宣传队，文化站牵头，吃住在公社，自编自排计划生育文艺节目，宣传计划生育政策，宣传本社内实行计划生育的情况，巡回各大队、生产队进行演出。同时，公社和大队广播站每日安排计划生育专题节目，向群众宣传。20世纪80年代后，区、镇、村均建立人口学校，并逐步配备了桌、椅等电教设备，室内悬挂计生工作政策标语、知识挂图、书籍等，不定期组织干部、群众到校学习。1994年开始，黄湾中学增设人口与青春期教育课。2000年后，重视在县以上媒体宣传本镇计划生育工作成果。此后，县以上媒体每年采用镇内计生稿件在百篇左右。2014年，省、市媒体采用35篇，被《安徽农网》评为先进单位。

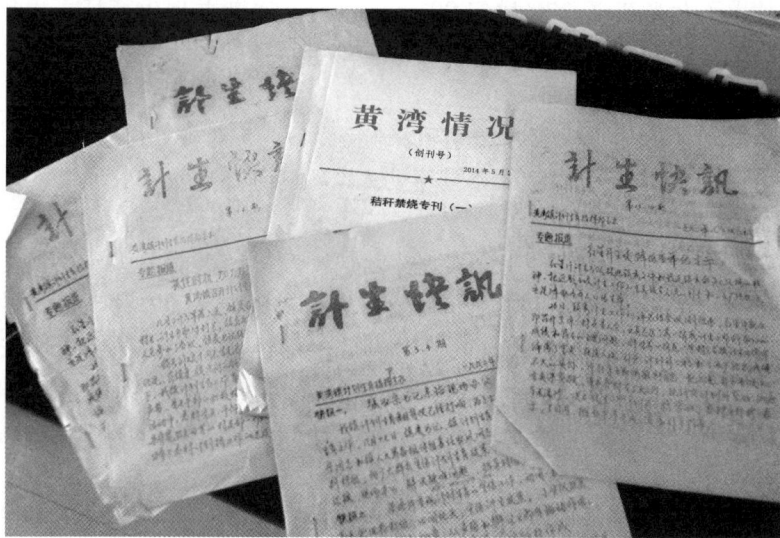

黄湾镇办刊宣传

2. 宣传内容

计划生育工作宣传始终坚持重点宣传生育政策、计生科技知识以及区内、镇内实行计划生育工作先进单位和先进个人。1980年9月25日，中共中央发表了《关于控制我国人口增长问题致全体共产党员、共青团员的公开信》（以下简称《公开信》），区委在礼堂召开全区党员、团员及全体区、社、大队、小队干部会议，宣传《公开信》，把《公开信》印发给全体干部。从区到公社、大队层层举办培训班，全区培训骨干100余人。1987年7月11日"世界人口日"、1988年7月1日"亚洲30亿人口日"、1989

年 4 月 14 日 "中国大陆 11 亿人口日",在这几个人口日期间,镇政府都召开不同的会议,反复宣传人口与经济的关系。

1991 年 5 月 12 日,中共中央、国务院下发《关于加强计划生育工作,严格控制人口增长的决定》。1998 年 10 月 30 日,《安徽省计划生育条例》颁布实施 10 周年,镇政府召开镇、村全体干部会议,组织宣传车 2 辆,在全镇各村庄巡回宣传,并在主要道路口悬挂过路横幅标语,向广大群众发放宣传材料 1000 多份。2001 年 12 月 29 日《中华人民共和国人口与计划生育法》(以下简称《人口与计划生育法》)颁布,为了更好地宣传、学习、贯彻落实《人口与计划生育法》,镇委、镇政府决定开展宣传月活动,成立宣传《人口与计划生育法》领导小组,组长由镇政府分管计划生育工作的负责人担任,成员由文化、计生、司法、宣传、团委、妇联等单位负责人组成。组织宣传车,从黄湾街到各村进行入户宣传。宣传月期间,全镇村村设立宣传点,发放宣传材料 1500 余份,优生优育知识宣传单 500 余份,悬挂过街、过路横幅标语 45 条。

二、服务

1. 办证

1979 年以前,未对实行计划生育户办理任何证件,仅发放避孕药、避孕套。1979 年开始办理独生子女光荣证。20 世纪 90 年代以后,逐渐办理生育证、生殖保健服务证、流动人口婚育证和独生子女父母光荣证。2000 年以后,计生证件办理全部免费,镇计生办提供多种优质办证服务。

2014 年,镇计生办为 194 人办理生殖保健证,为 75 对夫妇办理生育证,为 46 个家庭办理独生子女光荣证,为 87 人办理流动人口婚育证。申报和发证率均达 100%。

2. 奖扶

2004 年以后,国家实行计划生育家庭奖励扶助政策,其对象为 "四类" 家庭。镇政府组织人员逐村逐户调查,以村为单位公布奖扶对象,至无举报为止,由镇计生办填表,镇政府再次审核后,报县政府审批。2005 年,经县核查后,全镇奖扶对象有 10 户,共 13 人。2014 年,全镇被县计生委确认的计生奖扶对象有 60 户、特扶的有 1 户、手术并发症的有 1 户,都按照国家规定的类别、档次和标准,采取 "一卡通" 及时足额发放奖扶补助金。

2014 年,全镇对已婚育龄妇女进行生殖健康检查 334 人,妇科病检查 1350 余人,发放避孕药具 100 余套,孕妇保胎检查 220 余人,查出患疾病的 120 余人。

第四节　婚姻　家庭

一、婚姻

清朝时期,实行封建包办婚姻制度,男女没有选择自己配偶的自由。

民国时期买卖婚姻盛行,乡村地主和大富户可以凭借财势娶 "三房四妾",而小户人家常常娶不起媳妇，因而出现了"童养媳"（从小无法养活，送婆家养大后成为儿媳妇）、"等郎媳"（丈夫长期在外、女的在家长期等待）、"亲做亲"和"亲换亲"等现象。

1950年5月1日，《中华人民共和国婚姻法》（以下简称《婚姻法》）颁布实施，规定男女平等，婚姻自由，一夫一妻，废除包办、买卖婚姻，严禁重婚纳妾、领抱童养媳，禁止早婚和近亲结婚，支持寡妇再嫁，适婚年龄为男20周岁、女18周岁。

1953年2月，全区、乡掀起宣传贯彻《婚姻法》热潮，在区、乡开展结婚登记。20世纪60年代，适婚的男性多于女性，男青年求婚难的现象普遍存在，订婚要"彩礼"、要求盖好房子等一度盛行，给男方造成一定的经济负担。

1972年后，一些求婚难的男青年自愿到有女无男的人家入赘，群众叫"招亲"。20世纪70年代，一些多男儿家庭娶媳妇难，一度出现"两换亲"或"三换亲"的现象。男女双方家中的姐或妹，交换嫁给对方男儿家，这叫两换亲。但是，由于有的年龄差距大、品貌不配，换成亲后，又出现家庭不和，发生分裂。"三换亲"又多一层关系，往往都是在亲朋好友或亲属关系中进行三换，即三角形交换：甲方女嫁给乙方男，乙方女嫁到丙方男，丙方女再嫁到甲方男。"两换亲"和"三换亲"在20世纪80年代以后逐渐消失。1980年，国家颁布新《婚姻法》规定：男22周岁、女20周岁方可结婚，后又进行修改，使这部新法律进一步完善。

20世纪90年代以后，大批男女青年外出务工经商，女青年嫁到省外较多，但也有较多的男性娶回外地女，使镇内男女青年的婚嫁里程和范围扩大。2014年，全镇结婚登记领证率达100%。

二、家庭

1949年前，家庭是封建家长式的管理办法，男子是一家之主，承担家庭义务，管理和支配家庭一切财产，继承家庭遗产和祖传技艺；女子是家庭的附属，只有姓氏，没有名字。在社会活动中，男子是家庭的代表，被列为"户主"，承担着各种社会义务，家庭结构以大家庭为主，数代同堂成为一个家庭兴旺的标志。1949年后，国家不断强化对《婚姻法》的宣传贯彻，男女平等，越来越多的妇女走出家门，参加生产劳动和经济建设，经济上能够独立自主，其家庭和社会地位也随之发生变化，男女有对财产的共同支配与继承权，妇女有了自己的名字，和男子一样参加各种社会活动。随着社会所有制的变革和生产力发展，四世同堂的大家庭逐步解体，一夫一妻的小家庭逐渐增多，子女婚后时间不长，都与大家庭分开，自立门户，独立营生，家庭越来越小。"六普"中（第六次全国人口普查），全镇每户平均人数为3.54人。

1. 家庭户规模

1970年之前，镇境内为晏路、陆集2个公社，家庭户资料缺失。1人户"五普"为278户，"六普"为956户。2到4人户迅速增加，一般是1对夫妻2个子女，8人以上的户比例大幅下降。因此，小家庭户增多成为一种发展趋势，见表3-4-1。

表 3 - 4 - 1　家庭户规模统计表

2010 年			2014 年		
户规模	家庭户数（户）	占总户数（%）	户规模	家庭户数（户）	占总户数（%）
1 人户	956	8.94	1 人户	789	4.94
2 人户	2155	20.15	2 人户	2930	18.33
3 人户	2467	23.07	3 人户	5203	32.56
4 人户	2628	24.57	4 人户	4090	25.59
5 人户	1457	13.63	5 人户	1698	10.63
6 人户	675	6.31	6 人户	886	5.54
7 人户	239	2.23	7 人户	273	1.71
8 人户	90	0.84	8 人户	87	0.54
9 人户及以上	28	0.26	9 人户	20	0.13
—	—	—	10 人户及以上	5	0.03

2. 家庭户责任与素质

全镇家庭户仍保持着家庭固有的特征，承担着社会生产，赡老哺幼，教育子女，生活消费，参加镇、村公益事业建设，落实各级政府部署的任务。随着经济发展，家庭中的劳动量、负担量也越来越重。

现代家庭中暴露出的主要矛盾是：家庭经济收入不平衡，勤俭持家原则不统一，外出务工、经商与家庭照顾的矛盾发生，出现影响子女教育和婚姻破裂问题。外出务工能给家庭增加收入，也同时给家庭带来问题，离婚率偏高，在外二婚、三婚不断增多。还有自愿结合的临时夫妻上升率不断走高，其分布远又过于零散，计划生育很难掌控，子女教育更是受到严重影响。从 20 世纪 80 年代开始，按照县里安排，在全镇妇女和家庭中开展争创"五好个人"和"五好家庭"活

中国好人李玉斗

动。公安和司法部门对农民进行普法教育，开展遵纪守法光荣户"评选活动"。2000年以来，计生部门每年都坚持开展"婚育新风进万家"教育，对新婚小家庭进行计生法规教育，组织育龄夫妇参加学习培训，不断推动全镇"五好"家庭、文明家庭、和谐家庭的创建，使全镇每个家庭的政治素质不断提高。

1995 年起，由镇妇联组织广大妇女开展"双学双比"和评选"五好媳妇""五好家庭"活动，每年在"三八"节评选表彰。2013 年，柯增华、陆荣飞被评为"安徽好人"。

2014 年夏，全镇开展评选"十佳农机手"活动，全镇共评选出 10 名，并进行表彰。2015 年 12 月，张龙村青年农民李玉斗捐献造血干细胞使江苏一位患者获得重生，被评为"宿州好人""安徽好人""中国好人"。敬老院院长刘景平被县民政局推荐为全省 2013—2015 年度"十大孝星"候选人。

第四章 农 业

中华人民共和国成立前和成立初期，黄湾境内粮食亩产不逾百斤。到20世纪80年代初，亩平均产量已翻番，此后，国家制定了一系列农业发展的政策方针，大大调动了广大农民的生产积极性。实施农田水利建设，普及科学种田、农作物病虫害知识，引进优良品种，粮食产量逐年上升。1970年，黄湾置公社，1971年，全社粮食面积为125056亩，单产为114.6斤，总产量为7167.15吨。党的十一届三中全会后，实行土地承包责任制。1981年，粮食面积为177610亩，单产为406斤，总产量为36504.6吨，总产量约是1971年的5.1倍。2014年，粮食面积为181368亩，单产为959.9斤，总产量为87045吨，总产量约是1981年的2.4倍，2014年也是历史上粮食产量最高的年份。

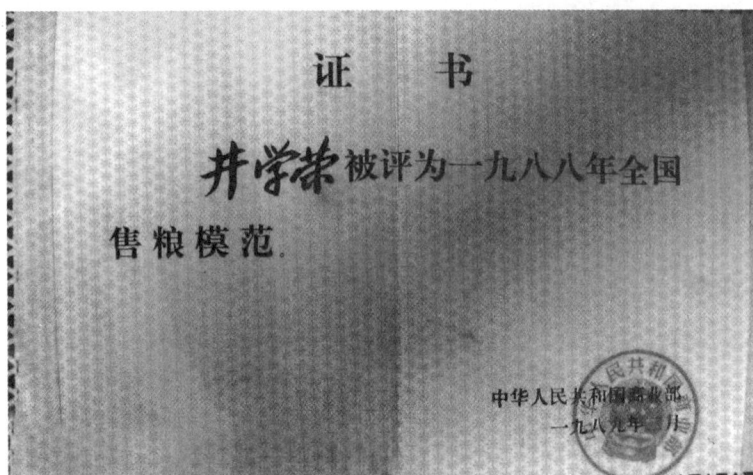

证　书

井学荣被评为一九八八年全国

售粮模范

中华人民共和国商业部
一九八九年二月

获奖证书

第一节　土地使用制度改革

中华人民共和国成立前土地属于私有。1951年实行土地改革，随着社会主义体制的建立，土地所有权、经营权不断改革，直至实行国有土地和集体所有土地。

一、土地私制

中华人民共和国成立前土地属于私有制，1951年7月，国家实行土地改革。在土地改革中，按照人均占有土地，划分阶级成分，为地主、富农、上中农、中农、下中农、贫农、雇农 7 个阶层。土地改革前，境内地主人均占有土地 14.2 亩，富农人均占有土地 8.8 亩，中农人均占有土地 5.3 亩，贫农人均占有土地 2.5 亩，雇农人均占有土地 1.02 亩。在土改中全部没收地主土地，其中，砂坝乡没收地主土地 206 亩，陈圩乡没收地主土地 536 亩，晏路乡没收地主土地 956 亩，平均分配给贫农和雇农，土地仍然暂为私有。1955 年上半年，办农业生产初级社，农民入社实行土地分红制，土地由农业社统一经营，农民在初级社里进行各种劳动，收益统一分配，土地计四成，劳动力计六成，夏季预分，年终决算，逐年清账。

二、土地集体经营

1958 年，成立人民公社，10 月 1 日晏路人民公社设立。人民公社实行政社合一，兼政权与农业生产经营管理于一体。人民公社实行"三级所有、队为基础"的农业经营管理制度。生产队为基本核实单位，生产资料和生产工具为生产队集体所有，由生产队统一管理，农民原有土地由生产队统一经营，收益由生产队统一分配。社员参加集体生产劳动，实行评工记分，按劳取酬，夏、秋预分，年终结算的分配办法。其土地经营方式延续到 1980 年。

三、土地承包经营

党的十一届三中全会后，实行土地承包经营，砂坝公社首先在部分生产队设立土地分到小组和不上碾子（不用脱粒的作物）包到户的生产责任制试点。1979 年，砂坝公社实行土地包到户的生产责任制，牲畜、农具、仓房等集体财产全部分到户。1980 年，全区 5 个公社大部分生产队实行大包干到户生产责任制。

1981 年，全区全部推行大包干到户生产责任制，即土地经营权的责任制，土地只有使用权，承包期为 15 年，以合同形式明确土地发包和承包到户的权利和义务，明确承包户要保证完成上缴给国家的合同定购粮和农业税、集体提留、公益建设等项。从此，土地由生产队集体经营在全区解体。

1995 年，全镇对农户承包土地进行第二轮调整，实现人均承包土地趋向均衡化。其调整政策是：承包期 30 年不变。以第一轮发包土地的生产队为调整范围，统一丈量面积，按照符合政策规定的实有人口平均分配土地，添人添地、减人减地，核实二轮土地承包人口，调整承包土地，各村民小组（原生产队单位）对每块田地统一丈量、统一编号，采取抓阄按号排序调分土地，签订土地承包合同。

四、土地流转经营

2003 年以后，农民外出务工、经商的人越来越多，镇内土地流转经营开始兴起。2008 年，党的十七届三中全会制定了农村土地流转经营政策，加强了土地流转经营管理和服务，有效推动了全镇土地流转经营进程。到 2014 年，全镇土地流转经营的有2.1 万余亩，流转经营农户有 2600 余户，主要流转经营形式如下：

（1）单季无偿流转。这种流转在全镇各村较为普遍，家庭部分劳动力或全家外出务工、经商户，承包土地每年只种一季小麦，收后即返城务工、经商，夏收后土地无偿转让给亲邻种植，待秋收后，返回种麦。

（2）有偿流转。全年在外务工、经商户所承包的土地转嫁给他人包种，原承包人按沃土、瘠田收取转包户费用，费用多少，由双方商量而定，转包期1到5年不等。

（3）建农场或合作社。从2009年开始，按照政府提倡的适度规模经营的形式，使有条件的农户建立家庭农场或专业合作社，揽包农户的土地经营。2014年，全镇已建立各种家庭农场、合作社31户，一般流转承包经营土地都在百亩以上。朱圩村原村党总支部书记陈志于2009年建立"灵南生态生产合作社"，合作社转包农民土地500余亩种植大蒜、黑小麦等作物。张龙村赵祥春、单营村孙念奎、晏路村大杨庄杨建军等转包农民土地，办家庭农场，粮食种植面积都在100至400亩。张庆凯成立"灵璧县裕农林业专业合作社"。

附　晏路村小郑庄土地流转简介

晏路村小郑庄设东、西两个村民组，东组有30户，125人，承包土地511亩；西组有40户，167人，承包土地484亩。全庄共有70户，292人，995亩耕地。村、组干部与"灵璧县东风养殖有限责任公司"联系，邀请该公司法人代表邵奇到小郑庄考察，洽谈土地转包事宜。2014年9月，该公司与全庄70户签订土地流转合同书，东风养殖公司以每年每亩1000元的价格租包全庄所有耕地，年租金在每年5月底前一次性付清给农户。合同签订租包期为5年。同时在夏、秋两季，群众可参加公司劳动，另获得报酬。

第二节　种植业

清代和民国时期，镇内种植的作物有小麦、大麦、高粱、玉米、山芋、黄豆、绿豆、芝麻、花生、烟叶等。由于土质瘠薄，易涝易旱，广种薄收，有的年份只种不收。从20世纪80年代以后，不断调整种植业结构，粮食和经济作物产量稳步增长。到2014年，小麦、玉米总产量创历史最高，小麦总产量为36235吨，玉米总产量为50754吨。

一、粮食作物

1. 小麦

1949年前，镇辖内低洼地和湖泊地多，涝灾严重，小麦收后夏季遭到水患，秋季水退后再种小麦，一般亩产量有七八十斤。

中华人民共和国成立初期，小麦仍然是广种薄收。1958年，全区小麦亩产最低只有42.8斤。1959年，全区小麦亩产为48.5斤。

20世纪70年代初，小麦亩产为100斤左右。1992年到2003年，小麦播种面积在6万亩至6.8万亩。2011年至2014年，小麦播种面积在7万亩至8万亩。1992年全镇小麦总产量为 18021 吨，平均亩产 265 公斤。从 1993 年到 2014 年，因受严重自然灾害影响，仅 1996 年、1998 年、2000 年平均亩产量不足 300 公斤，其余年份平均亩产量均在 300 公斤至 400 公斤。2014 年，小麦亩产 452 公斤，是历史之最。1992 年小麦播种面积为 68000 亩，占耕地总面积的 61.29%，2014 年，小麦播种面积为 80250 亩，占耕地面积的 72.56%，其面积居各种作物播种面积之首。

冬小麦田间管理

2. 玉米

20 世纪 80 年代以前，镇内玉米种植面积不大，且分散，缺统计资料。1981 年，全区玉米种植面积为 6941 亩，单产 439 斤。1992 年，全镇玉米种植面积为 17454 亩，占耕地面积的 15%。从 1992 年至 2014 年，除 1997 年、1998 年、2000 年玉米种植面积不足 2 万亩外，其余年份玉米种植面积均在 2 万亩以上。2012 年起，玉米种植面积上升到 8 万亩。2014 年玉米种植面积为 100651 亩，占耕地面积的 91.010%。亩产量，从 1995 年到 2014 年，除 2000 年、2003 年不足 400 公斤外，其余年份均超过 400 公斤。其中，1995 年、2014 年平均亩产超千斤，2014 年平均亩产为 1008 斤，是历史之冠。

3. 大豆

中华人民共和国成立前，镇内种的豆类多为小黑豆，亩产量一般在三四十斤。中华人民共和国成立后，种大豆逐渐增多，但品种和种法依然沿袭中华人民共和国成立前。1958 年，全区大豆亩产 44 斤，1959 年，全区大豆亩产 87.05 斤。1970 年，大豆亩产量为八九十斤。1980 年前，全区是一个模式的一麦一豆种植法。1981 年，全区大豆种植面积为 33120 亩，亩产 140 公斤。1988 年，全区大豆种植面积为 55909 亩，亩产 143 公斤。1992 年，大豆种植面积减少，全镇大豆种植面积为 26935 亩，亩产 126 公斤，总产 3391 吨。1994 年，大豆严重减产，种植面积为 34200 亩，亩产为 39 公斤，总产 1334 吨。2000 年后，大豆种植面积逐步减少。2013 年，全镇大豆种植总面积为 797 亩，总产 104 吨。2014 年，大豆种植面积为 467 亩，总产 58 吨，零星种植。

4. 山芋

20 世纪 80 年代以前，山芋种植面积仅次于小麦种植面积，因为小麦产量低，山芋产量高，当时人们的生活主食为山芋。社会流传民谣："山芋稀饭，山芋馍，离开山芋不能活。"1970 年前后，山芋种植面积占耕地面积的 70% 左右，人均山芋种植面积为 1 亩左右，亩产 500 斤以上，最高达到千斤，可供一人全年口粮。20 世纪 80 年代以后，随着市场经济的变化，产业结构不断调整，到 1992 年，山芋种植面积为 30690 亩，占耕地面积的 27.75%，山芋已退出主食行列，由麦面粉、大米取代。据县统计局资料显示，2001 年，全镇山芋种植面积仅有 2000 亩，占耕地面积的 1.8%，2014 年，群众只零星种植山芋。

2014 年，全镇杂粮种植作物有芝麻、大豆、豇豆、红小豆、黑豆、绿豆、高粱、蚕豆等，但大都是零星种植，见表 4-2-1。

表 4-2-1 黄湾镇粮食生产统计表

年 度	小 麦		玉 米		大 豆		山 芋		其他杂粮		总 计 (吨)
	面积 (亩)	总产 (吨)	面积 (亩)	总产 (吨)	面积 (亩)	总产 (吨)	面积 (亩)	总产 (吨)	面积 (亩)	总产 (吨)	
1992	68000	18021	17454	4102	26935	3391	30690	8450	4940	476	34440
1993	68000	21253	19520	7710	29580	3556	28057	9791	—	—	42310
1994	68000	21080	20850	3208	34200	1334	3000	9180	—	—	34802
1995	63000	21095	35000	17500	18000	2340	15000	900	—	—	41835
1996	63000	13200	30000	13500	10000	1400	30000	19500	—	—	47600
1997	63000	28372	17000	7055	35000	4633	17630	8647	—	—	48707
1998	66340	14672	18000	7786	30150	2294	10420	2882	—	—	27634
1999	60000	22500	20000	9500	15000	2000	14760	7380	—	—	41380
2000	68257	17715	12000	4393	27500	3050	17000	8712	—	—	33870
2001	60000	19154	30580	15119	51050	5047	2000	1021	—	—	40341
2002	60000	18342	40000	19739	20000	2959	5000	500	—	—	41540
2003	60000	18268	40000	6690	20000	957	5000	189	20000	1000	27104
2011	78590	33008	68500	29102	5000	750	—	—	—	—	62860
2012	78590	33008	68486	29277	5000	752	—	—	—	—	63037
2013	80250	34260	80263	36364	797	104	—	—	—	—	70728
2014	80250	36235	100651	50754	467	58	—	—	—	—	87047

注：县统计局资料。

二、经济作物

1. 花生

镇内人们习惯性种植花生，1971 年，花生种植面积为 2062 亩，亩产 85 斤。1981 年，花生种植面积为 21560 亩，亩产 352 斤。1992 年，全镇花生种植面积为 26215 亩，占耕地面积的 23.7%。1999 年，花生种植面积增加到 115000 亩，占耕地面积的 98%，黄湾被列为省、市、县产"花生之乡"。省、市计委规划在黄湾建皖北花生大市场。从 2000 年开始，花生种植面积逐渐减少，到 2014 年，花生播种面积为 20401 亩，占耕地面积的 18.44%。花生播种面积不稳定，其因主要是市场调控。

花生加工

2. 棉花

中华人民共和国成立前镇内棉花都是零星种植，是自种自用。解放初期，植棉面积很少，产量低。20世纪70年代，实行计划种植，政府每年向生产队下达植棉任务，大的生产队棉花种植面积为70~80亩，小的生产队棉花种植面积为50~60亩。队队成立棉花专业队，培养棉花技术员，对植棉超产有奖励。20世纪80年代以后，计划经济向市场经济转轨的过程中，棉花种植面积不稳，植棉少。20世纪90年代，镇政府推行规模连片植棉，先后在井王和柯湖等村，建立植棉基地，连片植棉100多亩，一般亩产籽棉在300多斤，收入为1000多元，效益较好。2000年，全镇植棉2000亩。由于市场行情好，各村植棉面积较大。从2008年起，棉花种植面积陡然下降。2013年，镇内植棉只有500亩（含西瓜套种）。

20世纪90年代黄湾轧花厂

3. 油菜

镇内种植油菜始于1982年，当年部分群众从南方引进小油菜试种，因投资小，腾茬早，菜籽及时出售，为夏收夏种备好资金，打油和换油可供家人常年食用，一般户种植1至4亩，有的户种10亩左右。到1999年，全镇油菜种植面积发展到3万亩，亩均单产250至300斤，收入在300元左右。2002年以后，外出务工、经商者不断增多，加之油菜无法使用机械化收割脱粒，油菜种植逐渐减少。

4. 烟叶

镇人在中华人民共和国成立前就有植烟习惯，他们利用房前屋后的空地零星栽植。中华人民共和国成立后，各级政府注重发展烟叶生产，从县到乡村设立专门管理机构，把多植烟、植好烟看成是增加"四收"，即国家税收、当地财政增收、集体和农民增收。1971年，全社烟叶种植面积为128亩，亩产110斤。黄湾被县列入产烟区之一，从此，县每年向社、大队、生产队下达烤烟生产计划，为售烟集体和个人奖励化肥和其他物资，如为建烤房提供木材、煤和资金。到1981年，烟叶种植面积增加到2185亩，亩产238斤。为提高产量，供销社、烟站和县烟草公司经常派技术员到乡村、生产队、群众家中指导育烟苗、田管、烘烤技术。1997年后，烟叶种植面积减少，2002年，取消植烟计划，见表4-2-2。

表4-2-2　黄湾镇部分年份烟叶生产统计表

年　份	种植亩数 （亩）	烟站收购数 （万斤）	亩产量 （斤）	亩产值 （元）	财政收入 （万元）	建烤房奖补 （万元）
1997	500	21.6	330	1100	11.3	2.45
1998	550	20.5	350	1050	11.4	1.1
1999	600	21.2	300	1100	10.6	—
2000	500	21.1	360	1080	11.00	—
2001	380	20	330	1000	8.5	—
2002	90	15	300	1100	7.8	—

注：烟站收购数含境外出售。

5. 蔬菜

中华人民共和国成立前，农家种植蔬菜是为了自食，多余的上市场出售。蔬菜种、苗繁育都是农家自选自育，其品种老化，产量很低。但大头葱育种是镇内一大特色产业，龙水等村有着悠久的繁育大头葱种的历史，中华人民共和国成立以来没有间断过，秋季栽下葱头，次年夏季收籽，每亩产葱籽100斤以上。20世纪80和90年代，龙水村葱种面积在100多亩，每斤获利10元到20元。

1984年，区长尚学强带队，组织各乡负责农业生产的副乡长、农技员到砀山县参观学习大棚蔬菜种植技术。回来后，各乡组织部分农户示范种植大棚菜。晏路乡小罗庄在农技员罗刚的带领下，3年时间，发展十几户种棚菜。到2014年，小罗庄家家不仅种大棚菜，还将蔬菜良种秧苗向外销售，既种蔬菜又育种苗。小罗庄种植大棚蔬菜的有30户，棚菜面积达100余亩。农户种植棚菜年收入超过2万元。

　　至2014年，种植的蔬菜有地瓜、辣椒、大葱、麻叶白菜、洋葱、菊花心、芹菜、黄瓜、番茄、韭菜、红萝卜、白萝卜、胡萝卜、茄子、生姜、大蒜、高梗菜、冬瓜、南瓜、茭瓜、腊菜等品种。全镇种植蔬菜及食用菌5345亩，产量达9751吨。①叶菜类种植面积为515亩，产量达953吨，其中，芹菜种植面积为30亩，产量达43吨；菠菜种植面积为552亩，产量达519吨。②白菜类种植面积为1072亩，总产量为1841吨，其中，大白菜种植面积为946亩，产量达1862吨。③甘蓝类种植面积为533亩，产量为352吨。其中，卷心菜种植面积为200亩，产量达318吨。④根茎类种植面积为704亩，产量为1821吨，其中，红白萝卜种植面积为149亩，产量达413吨；胡萝卜种植面积为1006亩，产量为1362吨。⑤瓜菜类种植面积为195亩，产量为470吨，其中黄瓜种植面积为156亩，产量为415吨。⑥豆类（菜用）种植面积为1063亩，其中，四季豆种植面积为205亩，产量为284吨；豇豆种植面积为692亩，产量为1029吨。⑦茄果类种植面积为810亩，产量为1744吨，其中，西红柿种植面积为536亩，产量为1240吨。⑧葱蒜类种植面积为613亩，产量为1006吨，其中，大蒜种植面积为429亩，产量为683吨。

　　黄湾镇部分年份棉花和油料（花生）生产统计表见表4-2-3。

表4-2-3　黄湾镇部分年份棉花和油料（花生）生产统计表

年 份	棉 花		油料（花生）	
	面积（亩）	总产（万斤）	面积（亩）	总产（万斤）
1992	5046	20.6	26215	367.0100
1993	1687	4.6	27920	572.4
1994	6951	5.5	46800	764.2
1995	3000	9.3	64000	1249.3
1996	—	—	85000	1790.2
1997	—	—	65000	1783.7
1998	—	—	71833	965.00
1999	—	—	115000	2890.0
2000	450	2.61	90532	2468.8
2001	2000	10.00	100300	3131.0
2002	—	—	100000	2108.2
2003	—	—	90000	1430.4
2011	500	2.5	32800	1337.0
2012	500	2.7	32800	1337.9
2013	—	—	20031	835.9
2014	—	—	20401	483.1

第三节　农技推广

20 世纪 50 年代开始，区、乡设立农业技术推广站，20 世纪 60 至 70 年代，社队成立农科队，生产队成立农科组，逐步引进和推广优良品种，传授科学种田、农作物病虫害防治等科学知识，促使粮食产量不断提高。

一、推广机构

1. 灵璧县黄湾镇农业技术推广站

黄湾镇农业技术推广站建于 1971 年，隶属县农业局，配站长 1 人、技术员 3 人，拥有试验地 10 亩。1982 年春，砂坝、大山、红星、晏路、黄湾 5 个公社成立农技推广站，站长由公社副职干部兼任，县农业局组织统一考试，共招聘 10 名农民技术员，每个公社分配 2 名农民技术员。区农技站负责对各公社农技站进行技术指导、良种推广、科技培训等项业务。1992 年，撤区并镇，乡（镇）农技站撤销，设建镇农技站。2002 年，镇农技站"三权"归镇政府领导。2003 年，并入农村经济技术指导站。2013 年春，县农委出资 48 万元，在黄湾东街葛沟新区购买 2 间三层 200 多平方米的商品房，作为农技站办公楼。

2. 黄湾公社农科队

1975 年，县政府下发大办"四级农科网"（县、公社、大队、生产小队）文件，要求公社和大队建农科队、生产小队建良种繁育田，大、小队各设 1 名农业技术员。为指导好各大队科学种田，提供学技术、良种繁育场所，公社在小学校址上建起黄湾公社农科队，属社办农科队，隶属公社领导，农技站进行技术指导。有住房和办公室等活动场所，拥有小四轮机 1 台、耕牛 2 头、试验田 40 余亩。公社统一拨给口粮和经费，设队长 1 名、会计 1 名、技术员 2 名、队员 18 名，都是下放知识青年和农校社来社的毕业生（推荐上大学，中专生，国家不包分配），其主要任务是落实县农科部门下达的农技推广、科技培训示范基地建设、新良种试验繁育等。1979 年，实行土地承包到户生产责任制后，农科队撤销。

3. 大队农科队

1975 年，在大办四级农科网的高潮中，全社 22 个大队都办起农科队，实现"四有"：有人员、有试验田、有推广项目、有活动经费。其试验田面积大小不一，多的有六七十亩，少的只有四五十亩。大队管委会主任或副主任兼农科队长，设副队长 1 人、会计 1 人、农业技术员 3 到 5 人、队员 5 到 6 人，主要任务是落实公社下达良种试验和良种繁育任务，为各生产队繁育优良品种，指导生产队实行科学种田。井王农科队试验田有 80 多亩，属先进农科队。1980 年，公社农科队撤销后，随着大包干生产责任制的全面推广，大队农科队也被撤销，留下的试验田变为村集体土地，现仍然属各村集体所有，都包租给农户耕种。

二、优良品种引进与推广

小麦。中华人民共和国成立初期，全区、乡播种小麦主要品种是"红花麦""碧马

1号""内乡1号""小白麦"等。20世纪70和80年代，经县科技部门引进的新品种有"丰产3号""百农""西安8号"等。"博爱74-22"自1985年引进后，到1988年是全区当家品种，占小麦总种植面积的80%。20世纪90年代到2000年，陆续引进"豫麦18""皖麦44、46""徐州24""郑麦9023""内乡188""皖麦19"（原名皖宿8802）等品种。一般田块亩产可在400公斤左右，高产田块亩产可达500公斤。2000年至2014年，种植品种在不断淘劣选优。2014年，县政府为全镇农民统一采购的小麦优良品种有"良星66""济麦22""淮麦29""连麦2号""山农19号"。2005—2014年黄湾绿肥良种场小麦良种繁育统计情况见表4-3-1。

表4-3-1 2005—2014年黄湾绿肥良种场小麦良种繁育统计表

年 份	小麦（品种）	面积（亩）	平均单产（斤/亩）	总产（万斤）	镇内推广（万斤）
2005	皖麦19 皖麦52	1042	1050	110	110
2006	皖麦19 皖麦52	1042	1000	105	105
2007	烟农19	1042	1050	110	110
2008	烟农19	1042	1100	115	115
2009	烟农19	1042	1000	105	105
2010	周麦22	942	1100	105	—
2011	周麦22	942	1100	105	—
2012	周麦22	942	1100	105	—
2013	连麦2号	942	1150	110	—
2014	连麦2号	942	1250	118	—

大豆。中华人民共和国成立前后，种植的大豆多为小粒黄、小黑壳、小油豆，产量低。20世纪70和80年代，推广"跃进5号""五河大白壳""71-1黄壳"。2003年以后，大面积推广"鲁豆4号、10号""徐州9号"。2004年，小面积试推"71-1号"。2014年，全镇大豆属零星种植。

花生。中华人民共和国成立初期，全镇种植的传统花生品种是百日成小花生。1986年后，全镇调整种植结构，花生种植面积不断扩大。种子部门和个体经营户大量调入花生新品种。"鲁花系列1号、8号、9号、11号、14号"等成为当家品种。2003年至2014年，镇引进花生良种"鲁花14号、16号、18号、20号、22号""9616""花育17"等。1999—2003年黄湾绿肥良种场部分农作物产量见表4-3-2。

表4-3-2 1999—2003年黄湾绿肥良种场部分农作物产量统计表

年 份	小 麦			大 豆			花 生		
	面积（亩）	单产（斤/亩）	总产（斤）	面积（亩）	单产（斤/亩）	总产（斤）	面积（亩）	单产（斤/亩）	总产（斤）
1999	850	750	637500	850	250	212500	—	—	—
2000	850	750	637500	850	200	170000	100	500	50000
2001	850	800	680000	850	200	170000	200	700	140000

（续表）

年 份	小 麦			大 豆			花 生		
	面积（亩）	单产（斤/亩）	总产（斤）	面积（亩）	单产（斤/亩）	总产（斤）	面积（亩）	单产（斤/亩）	总产（斤）
2002	600	750	450000	600	200	120000	50	50	2500
2003	600	700	420000	600	100	60000	150	500	75000

棉花。20世纪70和80年代引进的品种有"皖棉71-5""岱字15号、16号"等。2000年后，引进推广的新品种有"保铃棉""双抗W-8564""皖棉13号""国抗棉1号"等。2012年引进的棉花品种有"皖杂40""国抗1号""双抗棉"等转基因抗虫棉系列。

玉米。中华人民共和国成立初期，全区种植的玉米品种主要有"小粒黄""大马牙"，单产很低。1995年开始，镇内引进"西玉3号""登海1号"等。2000年后，推广"农大108""郑单956""掖单2号""掖单22号""登海9号""掖单4号""郑单958号""豫玉22号"等，其中，"豫玉22号"面积最大。2000年至2014年，主要品种有"郑单958""鲁单50""鲁单981""掖单4号"等，玉米良种覆盖率达100%。

从2005年起，国家对良种实行补贴，小麦、玉米每亩补贴10元，水稻、棉花每亩补贴15元。

山芋。中华人民共和国成立初期，黄湾栽植的山芋都是老品种——团型白皮山芋（群众称"团蛋"）。20世纪70年代，主要品种为"胜利百号"和"一窝红"。1980年以后，引进"徐薯18"，此山芋品种产量高，后成为当家品种。

三、耕作制度

（1）一年一熟制。新中国成立前，镇内因地势低洼，十年九涝，基本是"大雨大灾、小雨小灾"。在耕作制度上多属"一麦制"。小麦收获后，进入梅雨季节，遍地积水，作物无法播种，待水退后种小麦。

（2）麦、豆两熟制。中华人民共和国成立初期，地势高、土壤肥沃的村庄实行麦、豆两熟制。

（3）两年三熟制。20世纪60年代，区、社推行两年三熟制，即种小麦、黄豆和（春）玉米，或种小麦、花生和春山芋。20世纪70年代，两年三熟制得到推广和大面积发展，有的不再留冬闲地，改种越冬绿肥，增加土壤肥力。1985年至1990年，全区推广两年三熟制，（春）玉米—小麦—花生（或春山芋、棉花），烟叶—小麦—黄豆。2003年，推广（春）花生—小麦—玉米（或大豆），春（西瓜套棉）、秋种或留茬次年种点春花生。农户还采取套种、间种。麦套种秋菜，留行套种西瓜，瓜再套种棉花，或山芋、花生、玉米等。花生套种玉米、芝麻，烟叶套种山芋。大豆与玉米、芝麻间（混）种。2014年，种植的是花生、小麦、玉米，是两年三熟作物。

四、施肥

中华人民共和国成立前，镇内种植业施肥都是以人、畜粪尿为主。解放后，农民广积肥、种绿肥、推广使用多元素化肥，各种农作物产量不断提高。

1. 农家肥

农家肥指人、畜粪尿。此种肥含氮、钾、碳、氢、氧、钙、镁、硫、铁等作物生长所需的元素，适宜多种作物生长。厩肥是指农民使用的传统肥料，用垃圾、麦糠、作物秸秆、杂草、宅墙土等垫入猪、羊、牛等家禽、兔圈中，清出后，再经过一段时间沤制，或堆成大堆，待稍干后即可使用。20 世纪 70 至 80 年代，生产队和农户特别重视这种厩肥，而且积得多，用量大，全靠农家肥提升产量。

2. 土杂肥

镇内的土杂肥是以农家房前屋后的杂草、烂泥、树叶、墙土等为原料，积于垃圾坑中沤制而成。

3. 高温堆肥

20 世纪 80 年代初，实行高温堆肥，在七八月高温季节，把村庄中的垃圾及烂秸秆、烂麦糠、青棵杂草等物堆在一起，泥巴封闭，待秋种时使用。

4. 绿肥

镇内历史上有种植绿肥的习惯。苕子是传统的粮肥兼用作物，在作物播种前或生育期内，将绿肥翻掩作基肥或追肥，效果较好，但不普遍。2014 年开始推广秸秆还田。

5. 化肥

化肥是速效肥，有氮、磷、钾肥及复合肥，1969 年镇内开始使用。1994 年到 1995 年，镇在敬老院内办复混肥厂。1992 年到 2003 年，使用的化肥有磷肥、尿素、碳铵。复合肥主要有磷酸二铵、磷酸一铵、磷酸二氢钾以及机械合成的混合肥。2014 年后，含氢、磷、钾复合肥有花生专用复合肥，玉米、小麦专用复合肥等。

五、技术推广

1. 山芋窖

1970 年，黄湾公社组织农技推广站，针对小土窖储山芋种易坏烂的现象，向各生产队推广山芋种大温室储藏法。1972 年，每个生产队建保温防渍山芋大储窖。实行科学储种，大大降低了山芋种的坏烂率。

2. 地膜

1984 年，区、乡农技站在黄湾镇试点，向广大农民推广地膜覆盖技术。主项为农膜盖花生，每个乡推广 100 亩左右。1986 年，全区推广 2000 余亩。1992 年，花生覆盖地膜的面积占总面积的 70%。2014 年后，种植花生基本都使用地膜覆盖技术。

3. 棚蔬

1984 年秋，全区农技员赴砀山学习大棚蔬菜种植技术。返回后在 5 个乡建 5 个示范推广点，向广大群众推广大棚蔬菜生产技术。小罗庄试点 2 亩、砂坝村乔园试点 1 亩，黄湾四周等村和重点户种植大棚蔬菜 5 亩。1985 年，5 个乡共种植大棚蔬菜 20 亩，棚菜种植品种主要是辣椒、西红柿等。1992 年，棚菜种植面积发展到百余亩。至 2014 年，大棚菜生产村村都有，单营村有 100 多亩。

4. 病虫害防治

镇内农作物主要害虫为小麦吸浆虫、大豆食心虫、棉铃虫、蟋蟀等。20 世纪 70 年代以前，防治病虫害的办法不多，防治虫害的办法多为人工捕捉，防治草害多为人工铲除。1980 年前后，出现使用"六六六"防治虫害的方法。1986 年以后，防治小麦吸浆虫的新型农药甲基异柳磷取代了"六六六"粉。1995 年以后，防治各种作物出现不同的病虫害，选择不同的农药；采取除草剂消灭草害。1990 年，区、乡农技站根据作物及杂草类型，选用不同的除草剂进行化学除草。1995 年，大豆除草剂大面积推广。2000 年，乙草胺在春、夏农田中推广使用。2010 年以来，小麦、玉米田除草剂用量大，到 2014 年，推广使用乙草胺，重点在花生田、玉米田使用。

无人机喷药

5. 精量播种

1992 年秋种，农技部门和地、县农机局在红星村召开现场会，示范推广精量播种机械使用技术，把小麦每亩撒播 50 斤以上改为机械精播种 20 斤左右，每亩节种 30 斤左右。全镇每季节省小麦良种 240 万斤，年增产 300 多万斤。后来逐步对芝麻、玉米、大豆、油菜等作物进行精播推广。

2014 年夏种，全镇推广种、肥精准同播法，既免耕，还同时完成种、肥同播下地，节省劳力和成本投入，播种面积为 4.6 万亩。

第四节　养殖业

农民素有家畜、家禽和渔业的养殖习惯。畜禽和渔业养殖开始由小到大，逐步走上了商品经济和规模经营轨道。养殖业经历了大起大落和稳步提高的过程。2014 年，全镇养殖合作社有不少，养殖大户有百余户。

规模化养牛场

一、管理机构

镇兽医站建于 1971 年 1 月，挂牌为"黄湾公社兽医站"，设站长、副站长各 1 人。1973 年，更名为"畜牧兽医站"，隶属县畜牧兽医总站。1980 年，撤社设区，更名为"黄湾区兽医站"，同时，又分别在 5 个乡（镇）建兽医站。1992 年，撤区建镇，更名为"黄湾镇兽医站"。2003 年，乡镇事业单位体制改革，镇兽医站设编 2 人，并入镇农村经济技术服务站。2012 年，县畜牧局下拨资金 24 万余元，在原晏路乡政府拖拉机站旧址征地建了 5 间两层畜牧兽医站办公楼，建筑面积为 210 平方米。

二、畜禽养殖

1. 牛

镇内饲养大牲畜品种有黄牛、马、驴、骡等。1958 年，从外地引进水牛。中华人民共和国成立初期牲畜均是家庭饲养。合作化后，由集体饲养。1980 年，土地承包到户，牲畜分到户饲养。农民按承包土地面积饲养牲畜，一般户饲养 1 至 4 头不等。1981 年，砂坝公社 1277 户养牛 2970 头，民谣称："一家一锒牛，耕地不用愁，一家 2 锒牛，3 年住高楼。"1985 年后，农业生产逐步实现机械化，役用牲畜饲养量逐渐下降。1990 年，饲养驴、马、骡已少见，骡在 1997 年绝迹，马在 2000 年绝迹。2014 年，全镇养驴仅有两头。2000 年以后，养畜由役型向商品型转化，出现了养牛大户和专业合作社。2014 年，陆集村李强、张龙村艾静办养牛合作社，饲养西门达尔良种牛，年末存栏 200 多头。2014 年，全镇出栏黄牛 2021 头，牛肉产量达 283 吨，年末存栏 1718 头。

2. 猪

农民素有养猪的习惯，1980 年以前，一般农户养猪都是拴养，1 头或 2 头。2000 年以后，出现养猪专业户，柯湖村成立养猪协会，农户养猪 40 至 50 头的有 32 户，其中近百头的有 3 户。2014 年，全镇生猪出栏 37910 头，猪肉产量为 3412 吨，年末存栏 21020 头，繁殖母猪 2310 头，繁育仔猪 56333 头。

3. 羊

羊是传统养殖项目。20世纪60年代，区、乡从新疆引进细毛绵羊养殖。20世纪70年代后绝迹。2000年以后，全镇养山羊户增多，属粗放式饲养，白天赶放，晚上关圈，其品种是小山羊和波尔山羊。

2010年开始，一部分务工人员回乡创业，建养殖大棚，办养殖场养殖湖羊。以麦草秸秆和花生、玉米秸秆为饲料。至2014年，全镇养殖湖羊的专业户有19户，总数为13040头。全镇当年出栏20813头，羊肉总产量为291吨，能繁母羊4167头。

养殖湖羊

4. 禽

镇内家禽养殖品种有鸡、鸭、鹅、鸳鸯、鸽子等，以养鸡为主，鸡成为镇人必养之禽。全镇养鸡品种有草鸡、淮南鸡、三黄鸡、清脚麻、九斤红、罗曼、肉杂等。2000年到2005年，三桥村每户饲养500至1000只鸡以上的有7户。2014年，有鸡孵化场1家，孵化良种鸡2万余羽，蛋鸡养殖总量有15万只。镇内养鸭、鹅、鸽面广，量少，另有饲养长毛肉兔和金耳毛兔的。

2014年，全镇家禽出栏38万只，年末存栏22万只，禽肉总产量646吨，其中，肉鸡全年出栏32万只，肉产量285吨。年末存栏19万只，蛋鸡年末存栏17万只，鸡蛋产量2140吨。

5. 水产养殖

1980年至2014年，镇政府组织对汪塘进行改造，建大杨窑厂养鱼场，可养水面为300亩。王桥、井王、红星等村养鱼塘总面积达500余亩。沱河水面在2014年度以股份制形式分段开发养螃蟹。至2014年，全镇水产养殖面积达3500亩，由于受水灾，水产养殖受到较大损失，总产为250万斤，养殖品种有鲢、鲫鱼、鳙鱼、螃蟹等。

沟塘养鹅

三、畜禽疫病防治

镇内畜禽传染病：马鼻疽、牛气肿疽、牛流行热、牛炭疽、猪瘟、猪丹毒、仔猪副伤寒、鸡瘟、鸡新城疫等。

寄生虫病：焦虫病、牛肝蛭病、混睛虫病、疥癣、猪蛔病、猪肺丝虫病等。

内科病：马、骡结核病、胃肠炎、反刍兽前胃病等。

外科病：风湿症、足烂病、四肢病等。

中毒病：甘薯黑斑病中毒、农药中毒等。

产科病：难产、胎衣不下、母畜不孕症等。

幼畜疫病：白痢、软骨病、犊牛新蛔虫病、热射病等。其中，以传染病最烈。

2000年到2014年，镇开展动物防疫活动，防疫员与养殖户签订《无害化处理承诺书》《畜产品质量安全承诺书》等。

划分防疫员责任区，防疫员和规模养殖户签订防疫工作责任书，按照免疫程序规范做好疫苗注射工作。防疫档案与二维码耳标、免疫证明一致。每月26、27、28日，及时更新动物免疫情况。对散养户饲养的畜禽定期进行消毒，确保全年无重大动物疫情发生。对被抽检到的养殖场（户），按照《动物疫病免疫抗体监督技术规范》做好采样、运输、记录等，防疫人员如发现疑似重大动物疫情要及时报告。

四、品种改良

1981年，区兽医站在院内建黄牛人工冷冻配种和良种猪配种2个站。1983年，在晏路和砂坝建黄牛人工冷冻配种站。1992年，部分冷配站停办。晏路因没有经费投入，冷配站由张成虎承包经营至今。区、乡开办黄牛冷配业务后，黄牛冷配，产下的西门塔尔良种牛1.8万余头。建站30多年来，共配良种猪2万余窝。2014年，全镇对黄牛品种进行改良，引进夏洛来、西门达尔两种，共450头，良种牛年末存栏400头。生猪品种改良有大白、长白、独鲁克，共2600余头。表4-4-1为2014年黄湾镇养殖重点户统计表。

表4-4-1 2014年黄湾镇养殖重点户统计表 （单位：头、亩、只）

村 名	姓 名	养殖项目	养殖数量	年末存栏
晏路	杨建军	母猪	25	100
	杨友为	母猪	20	80
	杨磊	母猪	24	90
	邵奇	母猪	200	240
	王现友	母羊	70	110
	王现佩	母羊	48	70
	王久灵	鱼	25	—
	刘兴灵	鱼	130	—
	徐静	鱼	100	—
胡桥	朱琳	鱼	50	—
陆集	李祥	母羊	140	160
	陆春光	牛	25	35
	陆建	母羊	110	150
王桥窑厂	陈义好	鱼	20	—
单营村	孙宜利	母猪	30	100
	孙宜桂	鸡	2000	1600
朱圩	朱修利	母猪	25	80
庙李	叶茂华	母猪	18	70
	李荣成	鱼	100	—
三桥	陈义乐	母猪	25	100
王桥	刘永飞	鱼	50	—
	闵圣龙	鱼	80	—
砂坝	郑桂聪	母猪	18	80
	刘安原	河蟹	100	—
	李国云	牛、羊	67	50
	刘克	羊	150	200
	李宝璧	羊	30	60
	刘飞	牛、羊	70	87
宋河	陈义祥	羊	100	140
	李友会	母猪	60	100
	李友林	母猪	50	90
双桥	陈道荣	母猪	80	100
	陈义开	牛	20	15
张龙村	艾静	牛	170	170

附 李强养牛合作社简介

陆集村李强,高中文化,2011年外出务工,在上海奶牛场打工期间学会了养牛管理、疾病防治等技术后,于2013年春节返乡创业。创办"灵璧县开源养牛专业合作社",当年投资200多万元,建牛舍1500平方米,占地面积为2000多平方米。首批从吉林、辽宁购回西门达尔、夏洛来的良种牛为80头。到2015年春季,养牛存栏达160头,其中,良种母牛为120多头。2015年春节前夕,其以每斤13.5元的价格出售36头牛,每头牛重1600斤,一头牛卖2万多元,总收入达72万元。李强采取青储和干储饲草的办法进行饲养,2014年夏季储存小麦秸秆,秋季,总储玉米秸达400吨,以保障全年有充足的饲草。

第五节 林 业

中华人民共和国成立前和中华人民共和国成立初期,辖内林木稀疏。20世纪70年代以后,林业生产渐趋转好。后政府提出"四旁"植树,林木覆盖率逐渐增加。2000年以后,林业生产有了较大的发展。

裕农苗木育林基地

一、管理机构

20世纪50至60年代,区、乡无林业管理服务机构。1980年,黄湾区建制,设1名林业技术员。1985年后,区设林业区员1人。1992年,镇建制后,设林业站。2004年,县对乡镇林业站实行合并,设黄湾林业站,编制3人,属事业单位,负责黄湾、韦集、向阳3个乡镇林业生产,至2014年。

二、育苗

中华人民共和国成立前，镇内群众植树多靠移植野生树苗，或插条，或分根繁育，或采种播种，品种有柳、榆、椿、刺槐、皂角树、扁柏、桑等当地的乡土树种。1970年以后，公社境内的大山林场和黄湾分场开始大面积自建苗圃，大山林场开办林业技术学校，大队派员参加学习，而后各生产队建1块至3块育苗小圃，面积不等，大片五六亩，小片二三亩。

1978年，引入大官杨树种，大队集中在道路旁、沟塘旁栽植。1980—1982年，黄湾区经县林业局从河南省、宿迁、砀山等地引进泡桐、法桐、意大利杨进行育苗，大官杨开始进入淘汰期。1992年以后，涌现出一大批育苗大户，少的育苗1~2亩，多的育苗7~10亩，多为速生意杨品种。从2000年开始，育苗户又培育意杨107等系列速生品种。至2005年育苗面积达115亩，总育量为36万余株。

2011年7月，成立"灵璧县裕农林业专业合作社"，自筹资金100多万元，通过土地流转、承包租赁、社员土地入股等方式，在三桥村获得570亩土地使用权。引进繁育法国梧桐60亩，冬季引进国槐、高杆女贞、紫薇等苗木。当年底，共栽植国槐30多万株、高杆女贞2万多株、栾树1万株及鸡爪槭、日本樱花、紫薇、红叶石楠等近10万株。

三、营造

1. 河堤绿化

1957年，在县林业局组织指导下，群众在北沱河、沱河堰、朱砂沟、戈沟、姚沟、黑泥沟坡坝上栽植刺槐树。1963年大水灾，沟、河附近砂坝、大郑、三桥、王桥、龙水、高圩、井王等村庄群众因缺柴把刺槐树砍光当柴。次年春季，刺槐根又重新出芽。由于刺槐耐贫瘠性能强，长势旺盛，河、沟堤堰上又新生刺槐，仅六七年又长成10米高左右的树，重新形成了绿化带。

1980年，全区境内沟、河堰上刺槐都分到户所有。因刺槐树生长期长，经济价值低，逐渐被意杨代替。到1995年，刺槐树已基本绝迹。

2001年以后，镇委、镇政府出钱采购速生意杨树苗在沟、河堤堰上进行种植，后一些村对堤堰上的树木进行了拍卖。

2. 道路绿化

黄湾于1957年开始对灵固公路两旁进行绿化，全长10多千米，树种为法国梧桐。1975年，公社统一对灵固路旁成材树进行伐旧更新。1985年，区委在灵固路部分路段栽植法国梧桐。1992年以后，区、乡每年春季，集中人力、物力，以灵固路为中心，辐射三南路、黄砂路、晏山路、黄宋等路段进行绿化，实行统一购苗，分村绿化、管护。

1999年，开展"万里绿色长廊"绿化，全镇对北起高桥、南到沱河大桥的省道（灵固路）两侧进行拓宽绿化。在两旁拓宽植树8行（一边4行），打穴标准为1米见方。2000年春，共栽植意杨树1.9万株。

2003 年，对灵固路再次进行拓宽绿化，栽意杨 3.2 万株。同时对晏路、黄湾境内的市、县、镇公路进行绿化，栽植意杨树 8 万余株。

2013 年和 2014 年两个春季，全镇结合"三线三边"整治工程，在灵固路重点地段植栽风景树，建风景带，从晏路到胡桥 201 省道两侧，栽植女贞树苗 2 万株。

道路绿化

3. "四旁"植树

20 世纪 70 年代，四旁植树品种为刺槐、泡桐、大官杨、柳、椿、楝、枫杨等。街道和主要道路两旁栽植法国梧桐，道路两侧多栽植泡桐、意大利杨、大官杨，河、沟沿岸多栽柳树，农民的房前房后多栽泡桐、榆、椿。

人居环境整治

2000 年以后，全镇宣传贯彻"谁栽谁有，树跟地走"的林业生产政策，极大地调动群众"四旁"植树的积极性。各村农户"见空插针"多栽树，出现了中华人民共和国成立以后最大范围的植树品种更换，人们栽种的品种多为生长快的意杨树。至 2014 年，村村栽种的品种仍以意杨树居多，其他树种次之。

镇内没有成片果园，农民仅在房前屋后或庭院栽植果树，品种有柿、杏、梨、桃、樱桃、粟子、苹果、葡萄、山楂等。

四、管护

1970 年，公社成立护林领导小组，配护林员。各大队同时组建护林队，各生产队指定专人管理。社、队都在片林、堤林和主要交通道路口建护林房，竖立护林宣传牌。用红漆写上《护林公约》，落实"一三五"制度，即：毁坏一棵树，包栽活三棵，罚款五元钱。20 世纪 80 年代以后，"四荒"分到户或是拍卖，树木由个人管护。

2000 年春，高圩、大孙拍卖北沱河堰林地，两段约 200 亩，一次拍卖 15 年的使用权，是全镇"四荒"拍卖的开端。2001 年，柯湖村对沟堰进行拍卖。2002 年，朱圩村对朱沙沟堰拍卖、张龙村对黑泥沟堰拍卖。到 2014 年，全镇已拍卖河、沟堰、堤 3008 亩，植树 19 万余株。

镇林业管理站组织人员对群众已成片栽植的树木进行丈量，发给林权证，保障其合法权益不受侵犯。到 2005 年，农户自发退耕植树 1.05 万亩（河、沟、堰旁较多），营造片林 2000 余亩，登记建档。对购买"四荒"植树户颁发林权证 115 份。1992—2014 年黄湾镇林业生产情况见表 4-5-1。

表 4-5-1 1992—2014 年黄湾镇林业生产一览表

年　度	造林面积（万亩）	植树数量（万株）	育苗面积（亩）	树木总蓄量（万方）	蓄方总价值（万元）
1992	1.04	3.5	15.0	4.6	1840
1993	1.22	3.8	12.0	4.71	1884
1994	1.31	3.2	18.0	4.77	1908
1995	1.34	5.6	12.0	4.86	1944
1996	1.36	2.7	27.0	5.01	2004
1997	1.390	2.8	35.0	5.19	2076
1998	1.40	4.3	28.0	6.2	2480
1999	1.45	5.2	85	6.3	2520
2000	1.50	5.8	102.0	7.01	2804
2001	1.60	6.0	75	7.68	3072
2002	1.65	4.5.	85	7.9	3160
2003	1.79	2.5	50	10.6	3840
2004	0.15	2.8	15	4.2	2010

（续表）

年 度	造林面积 （万亩）	植树数量 （万株）	育苗面积 （亩）	树木总蓄量 （万方）	蓄方总价值 （万元）
2005	0.08	3	21	4.5	2250
2006	0.07	2.8	18	5	2500
2007	0.08	2	30	5.5	2750
2008	0.12	3	15	5.8	2900
2009	0.07	1.2	20	6.6	3300
2010	0.09	3.3	35	7.5	3750
2011	0.15	3	20	8.2	4100
2012	0.05	2.5	60	8.8	4400
2013	0.18	2.2	40	9.2	4600
2014	0.15	2.3	330	10.5	5250

注：1992—2003 年，是全镇林田累计面积。2004—2014 年，是当年植树造林面积。

第六节　农业机械

1949 年以前，镇内无农业机械，中华人民共和国成立后，农业机械开始引进投入农业生产。1970 年，晏路拖拉机站购进大型拖拉机用于农田作业，各生产大、小队开始购买农业机械。1985 年以后，农民家家购买小四轮拖拉机。2000 年以后，农民开始购买大型联合收割机。到 2014 年，拥有农业机械总动力 185400 千瓦，其中小型拖拉机有 9500 台，中大型拖拉机有 540 台，大型收获机械有 570 台。

一、管理机构

黄湾农机站前身是黄湾公社拖拉机站，始建于 1965 年，隶属于原晏路公社，1972 年，迁址至黄湾西街南侧，占地 20 亩，拥有"东方红-54""东方红-75"耕地拖拉机 8 台，运输机和汽车 4 台，主旨为各大队、各生产队提供耕地、运输服务。实行生产责任后，机站倒闭，人走机废。1979 年，县农机局在原机站挂出"黄湾区农机管理站"牌，赵新芝任站长，共有正式和聘用职工 8 人。1992 年，改为"黄湾镇农机管理站"。2003 年，乡镇事业单位机构改革，设编 2 人，并入镇农村经济技术指导站。2010 年，黄湾镇农机管理站独立设站，迁址到晏路街租房办公，增设"黄湾镇农机推广中心"，挂两个牌子，属一个机构，编制 2 人。至 2014 年，全镇农业机械总动力为 185400 千瓦，拖拉机拥有量为 10040 台，其中，大、中型拖拉机有 540 台，小型拖拉机有 9500 台，大型收获机械有 570 台，农机修理网点有 10 个，农机具配件经营部有 3 个，农机专业合作社有 7 个，综合机械化水平达 92%。

1. 农机培训

农机推广中心自2010年设建以来，每年都把组织好农机跨区作业作为"三夏"工作重头戏，开展4项服务，即送检上门、组织县农机监理人员深入农户、合作社集中检审和送检上门等便民服务活动、农机技术培训。组织农机大户、农机合作社中的农机手进行培训，以提高农机手操作驾驶、检修保养、故障排除、安全生产等技术，提高机手综合能力；抓好机具检修、配件供应。充分发挥农机维修网点作用，组成专业技术服务队，巡回检修，确保机具性能稳定，及时投入"三夏"作业；免费发放跨区作业证。2014年夏，农机站与全镇和外来农机手签订《禁止焚烧秸秆保证书》300余份。发放《灵璧县农机跨区作业指南》500余份，为外来作业农机手提供全县夏收信息服务，每台收割机必须安装秸秆切碎器，秸秆割茬控制在10厘米以下，确保不焚烧秸秆，确保颗粒归仓。

2. 购机补贴

宣传购买农机补贴政策。每年5月份利用农民赶集机会，在集镇上设立农机购置政策宣传咨询台，向全镇群众宣传购买农机的补贴政策。2014年，在各集市发放资料图片500余份，宣传资料千余份，现场解答群众各种提问80多人次。组织农机购置宣传车，在全镇巡回宣传。为方便群众购机，机站工作人员主动联系经销商送货上门，提供技术指导，保证货源供应。至2014年，共补贴农业机械115台，购机补贴总资金达283万元。

3. 农机具推广

每年利用"三夏""三秋"现场会，以点带面抓好新农机具、新技术推广工作。除党、政部门领导人参加指导外，还特邀农机大户、合作社和部分有购机意向的农户参加现场会，经过现场演示和观摩，促进小麦、玉米联合收割配秸秆粉碎机，小麦联合收割配秸秆打捆机，秸秆捡拾打捆机等新机具在全镇农业生产中的普及和运用。向农户开展秸秆综合利用、土壤深松、免耕施肥播种（玉米穴播）作业宣传，加快实施新型玉米增产种植模式推广。2014年"三夏"，全镇召开小麦浅割，秸秆打捆、免耕，一次性完成玉米施肥，穴播新机具和新技术推广现场会四次，现场推广购买小麦秸秆打捆机16台、玉米穴播机14台（套），实现全镇"三夏"禁烧秸秆零火点。

二、农机具引进

1. 农用拖拉机

中华人民共和国成立前和中华人民共和国成立初期，镇内农田作物收种动力是以牛、马、骡、驴家畜为主。1965年，晏路拖拉机站成立。1970年，国营晏路拖拉机站下放公社管理。1972年，拖拉机站迁址黄湾街，有"东方红-54""东方红-75"等型号拖拉机8台。全社22个生产大队农用拖拉机仅有3台，143千瓦；手扶机仅有6台，66千瓦。1975年起，公社农科队购进小四轮拖拉机1台，大郑生产队购进手扶机、脱粒机各1台，各大队先后购买了大马力运输拖拉机。1980年至1986年，实行土地承包到户责任制后，四轮、手扶拖拉机纷纷开进农家。全区家家拥有四轮拖拉机，其型号有"泰山-12""安徽-12""江淮-12"等。1992年，农民开始第二批更换四轮拖拉机。大都是购买"中州-18""黄山-22""黄山-25""时风-20""时风-25"等马力大的四轮机。2008年，农户开始第三轮更换农业机械，主要购买大、中型马力的拖拉机，牵引5铧犁深耕土地，牵引旋耕机械，深耕、旋翻土地，实现耕层深无窝垡。用大马力牵引先进的播种机械，一次性完成旋耕、播种、施肥和镇压。随着国家对购买大型农机械给予补贴政策，全镇农民大力配套先进农业机械。2014年，在开展秸秆禁烧的"三夏"中，向群众推广与大型拖拉机相配套的秸秆打捆机、秸秆粉碎机、先进的玉米播种机等。采取先使用、后付款的办法，促使许多农户购买，这是第四轮更换农机热，现已形成村村庄庄都有耕种、收获的大型机械专业大户，这既解决了自己承包土地的耕种，还外出作业，增加了收入。现每耕旋一亩地收费40~45元，一次性完成旋、播的每亩收费60元；收获一亩小麦、玉米收费45~50元。

秸秆粉碎还田

2. 排灌机械

1970年以后，全社部分生产队开始购买柴油机，使用排灌动力机械。1974年，全社拥有排灌机械515马力，动力机械24台。1975年通电后，电动机开始在排灌工程中使用，先后建三桥、井王电灌站。多数农民排灌仍用四轮、手扶机械做动力，配套水泵、塑料胶管进行排灌。

3. 耕作机械

清朝和民国时期，镇内农民进行农业生产都是刨地、挖地和用木制小犁，用人力牵引，耙地用小木耙靠人力完成耕种。中华人民共和国成立初期，仍然靠人力"三拉"（拉犁、拉耙、拉耩）进行生产。20世纪50年代，基层政府重点抓畜力发展，但畜力特别弱小，仍得靠人力配合畜力的"三拉"。20世纪70年代，农民不仅"三拉"，还拉太平车运输、拉石磙子打场。1970年，晏路拖拉机站用"东方红"链轨拖拉机牵引四铧犁、五铧犁到生产地开始耕地作业。自1972年开始，圆盘耙用于农业作业。1980年，土地承包到户后，为了不误农时，快速完成承包的土地耕种，家家户户快速养殖大牲畜，实现一家一犋牛进行农业生产。实行家庭联产承包责任制两三年后，农户粮丰钱增，农民开始购买小型拖拉机悬挂两铧犁耕地，挂铁耙耙地。1985年以后，家家实现小手扶、小四轮农田耕作。2000年以后，农业、农机部门提倡推广土壤深松，国家对购买大型农机给予补贴，60、80、90型大马力拖拉机购进农户家里，一次性完成深松旋耕田间作业。2014年，全镇采取深松旋耕作业面积达100%。

4. 播种机械

耧子，是沿用时间最长的播种农具，由"三条腿"木、铁组成。1973年起，部分生产队开始使用马拉播种机。1986年，全镇开始推广机械播种。1990年，机械播种占总播种面积的50%，四轮机与播种机配套不普及，有些农户小而全种植法仍用畜力拉耧子。从2000年开始，全镇机播率普及。从2008年开始，多功能播种机开始在全镇推广使用，单项播种机，种、肥同耧机械，全功能一次性完成旋耕、播种、播肥、镇压机械得到普遍使用，多数农户也还保留使用原有四轮机相配套的玉米、小麦播种机械，其机械播种率达100%。

5. 收获机械

1975年，县政府首次奖给大郑生产队脱粒机一台，以柴油机为动力脱粒小麦。各生产队还是采用人用镰刀割麦的方式收获小麦，除大郑生产队外，其他生产队小麦脱粒还是用牛拉石磙。

1981年，砂坝公社党委从怀远县引进小麦割晒机5台。1985年以后，全区小麦割晒机和四轮机配套普及。1992年，外地中型联合收割机进入镇内收割小麦。从2000年开始，部分农户买回中型联合收割机。到2003年，全镇共有中型联合收割机29台。2014年，拥有大型联合收割机400余台，这不仅满足了镇内农户收小麦需求，收割机还外出作业，增加了农户收入。从2009年开始，推广联合收获玉米机械。到2014年，玉米收割机增至近100台，多种玉米脱粒机普及村户。摘花生机得到普及，起花生机开始推广使用。全镇共有小麦、玉米收获大型机械570台。

小麦联合收割机

6. 运输工具

中华人民共和国成立前，辖内常用农用运输工具多为木制独轮车和木制四轮大车（俗称太平车）。中华人民共和国成立初期，仍用独轮车、太平车。

从 20 世纪 60 年代开始，生产队使用人力胶轮车、平板车，逐步淘汰木制独轮手推车。扒河、扒沟还用独轮胶轮车。1966 年，各生产队开始使用两轮马车。从 1972 年起，公社拖拉机站使用拖拉机挂拖车，从事乡村运输。1975 年，全社生产队中的运输机械总计 72 马力。1980 年，各生产队农用运输仍靠四轮大木车、马车、平板车。实行家庭联产承包责任制后，小四轮拖拉机和汽车进入农家，农用运输世代靠人力、畜力的现象逐步得到改变。2014 年，全镇农用运输基本全部使用四轮车、汽车、三轮动力车、三轮电瓶车等。

7. 加工机械

1974 年以前，农户粮食脱粒、磨面粉、棉花轧花、弹棉花等，均靠人力和畜力完成。

花生加工机械

从 1975 年开始，部分先进生产队开始购进柴油机、小钢磨，用柴油机带动小钢磨，加工面粉和饲料。但大多数生产队磨面还都是靠石磨加工，谷物加工依靠石碓。

1978 年以后，各村基本通了电，村村办起了面粉加工点，用电动机带动面粉机械，实现加工面粉不出村、不出庄。

1985 年，区、乡、村开始筹办粮油加工厂。区、乡和四集都建起了粮油加工厂（点）。

从 2000 年开始，农民所需要的面、米和养殖所用的饲料基本都到市场购买，家庭加工面粉已无存。

8. 基建机械

1949 年至 1992 年，兴修水利和村庄道路等全靠人力挖、拉、抬来完成。1995 年，红星村采取股份制的办法组织农民入股，购买推土机、铲土机、挖掘机、铲运机、轧路机、开沟机和开沟犁等机械，不仅满足本村基础设施建设需要，还到外地承包工程。1997年，崔保华改装一台挖掘机，用于窑厂和四周村庄水利建设。从2000年开始，镇内农户开始独资和合资购买挖掘机，配套自卸翻斗车，从事本地农田兴修水利建设以及村庄道路建设。2013年，参加沱河治理的机械有19台（套）。2014年，全镇拥有农田基本建设机械70余台（套），见表4-6-1。人力锹挖、肩抬扒河、沟、塘已成为历史。中小沟治整、汪塘改造和西部的淮水北调、三南路铺修等工程，全部实行大型挖掘机作业。

表4-6-1　2010—2014年黄湾镇农业机械拥有量统计表

年　份	农机总动力（千瓦）	小型拖拉机		中、大型拖拉机（台）	大型收获机械（台）	国家补款（万元）
		台数	千瓦			
2010	144560	9170	101100	325	280	90
2011	150690	9200	101430	380	311	110
2012	161330	9350	103080	410	390	124
2013	174506	9440	104016	480	460	160
2014	185400	9500	104130	540	570	283

附：传统加工面粉及谷物类用具

　　磨，俗称石磨，选择坚韧的石料开凿成圆形，直径约60厘米，上下2扇，上扇厚（高）约14厘米，下扇厚约16厘米。上下2扇接合部均有齿，一般15齿排成一组，约8组120个齿，齿排列整齐有序，呈放射状。上扇在圆心两侧开凿2孔，每孔直径5至6厘米，群众叫磨眼。分大、小眼，两孔距离为3厘米，作加工面粉粗、细之用。上扇和下扇圆心各凿一个孔，上扇装铁圈，下扇装铁轴，作旋转之用。下扇固定在直径1.1米左右的圆盘上，群众叫磨盘。磨盘大部分是木质的，少数为石质。磨盘固定在用土坯垒成的基座上，距离地面高约60厘米。上扇对称2侧边缘各开凿1个孔，孔直径约3厘米，栓绳，叫磨系，用于固定磨棍，棍上系绳，驴拉或人推。20世纪80年代中期以前，是镇内广大农民加工各种面粉唯一的工具，后被机械加工面粉所代替，今无存。

　　石碓，俗称碓窝。碓窝规格不等，但大小差别不大，需选用坚韧的石料加工而成。一般高40至45厘米，底部直径约为25厘米，顶端直径约为30厘米，凿成圆柱形状。从顶端中心点再画出直径20厘米的圆，沿圆的边线凿出圆内的石块即成碓窝。窝底距顶端20至25厘米左右，窝上口大、下口小，均为圆形，外部、内部表面圆滑，特别是窝内，无凸凹、无划痕。另配碓头，碓头仍由坚韧石料凿成，小于碓窝内径。碓头为圆形，上端平面，从平面中心凿孔，安上木把即成。两者结合可加工谷物。20世纪80年代以前，是加工大米、小米、高粱、玉米、山芋干等五谷杂粮的唯一用具，还可加工一些食用的农副产品和中药材。今农村一些零星的、小型的食用品以及中药材仍使用碓窝加工。

石 磨

第七节 农田水利建设

镇境内地势低洼，易涝易旱。历史上是县境内贫穷之地。中华人民共和国成立后，疏通河道以及开挖中、小沟，加强农田水利基础建设，大大改造了农业生产条件。从20世纪80年代起，黄湾逐步成为灵璧县产粮大镇。

一、管理机构

1970年，黄湾公社设水利员1人。1980年，建"黄湾区水利管理站"。1983年，由县水利局投资在黄湾街西侧建6间砖木结构走廊房为办公房和住房，占地1000平方米，编制3人，其中，站长1人，工作人员2人。1984年，开办涵管厂，招聘组建一支建桥施工队。1992年，更名为"黄湾镇水利管理站"。2003年，事业单位人员精减，多数人员被精减下岗，编制2人。

二、河、沟治理

1. 沱河

沱河，古称浍水。1951年冬，由永城、濉溪、宿县、灵璧4个县分段治理。灵璧县组织民工61699人，县指挥部设在砂坝、蒋李庄。沱河是全镇排涝泄洪的主要河流，镇内上起宋河村卜庄，下迄砂坝村刘沟庄，经宋河、张龙、王桥、三桥、庙李、砂坝6个村，境内长19.55千米。1951年11月15日开工，次年1月20日竣工。治理后河段水深 3.6 米，堤距 410 米，下游砂坝、大郑、龙水段堤距在 140 至 150 米，边坡比为 1∶2，堤顶宽 4 米。沱河集下游流量为 120 立方米/秒，排洪流量为 369～359 立方米/秒。沱河经过治理后，排水能力提至"五年一遇"标准。1966 年，黄湾和娄庄两地民工 1500 余人，实施沱河度汛复堤工程，当年 5 月 5 日开工，5 月 20 日完工，修筑堤防段面顶宽 4 米，内外坡比为 1∶3，堤顶高 2.218 米至 2.455 米。沱河经治理后，充分发挥了排涝、灌溉功能。

2013 年春，省政府决定拓宽沱河两岸，2013 年 1 月 28 日工程正式启动。3 月 10 日动工，其治理段上游从沱河集闸至下游濠城闸，北岸是黄湾镇和韦集镇境内。设计防洪标准为"五年一遇"，镇内经王桥、三桥、庙李、砂坝 4 个村，治理土方为 140 万立方米，综合治理长度为 17.782 千米。采取沿原河道切滩开挖疏浚，两边开宽距离不等，局部弯道抹角，以使河道顺畅，水流平顺，挖河切滩弃土向两侧老堤均匀堆放。河道治理工程总投资为 1975.95 万元，中央补助 40%、银行贷款 30%、省级补助 10%、市县配套补助 20%。

实行机械化施工，动用大型挖掘机 66 台，自卸大型拉土机 300 余台。到 11 月底竣工，完成土方 279.5 万立方米。

2. 北沱河

北沱河，昔称小草沟，镇内西从大孙西至高圩，东到井王庄东北处韦集界。清乾隆十二年，小草沟淤塞，几无河形，知县苏一圻召集民夫拓浚河道。竣工后，泄水甚畅。民国二十年，淮、浍、沱等水泛滥成灾，国民政府救济委员会下令，大筑淮、浍、沱堤防工程。北沱河自草沟集起，上至王庄南，两岸同筑堤坝，约束漫流，保障田舍。

1951 年 5 月，县治淮总队组织北沱河沿岸的本地民工清除河床中的土坝、芦苇等阻水物，使河水畅流。1953 年，宿县专区治淮指挥部组织民工 9600 余人，于 3 月 10 日开工，对陆家沟一段进行疏浚。北沱河排水区施工，在灵固路以下（现井王庄以东），在原北沱河道进行疏浚；灵固路以上从平地新开挖河道，在大俞家附近穿越汴河堤，与小黄河相接。共完成土方 792037 立方米，构成小黄河与北沱河贯通一系。

北沱河流经镇内 7.2 千米，大孙、高圩、单营、晏路、井王是受益大的村庄，可供井王两个电管站灌溉用水。

3. 大沟

明朝和清代，黄湾境内只有四条沟，北沱河流域有小草沟，沱河流域有葛沟、姚沟、刘沟（砂坝村）。四条沟弯曲窄浅，且年久失修，水患频繁。中华人民共和国成立后，开挖四条大沟：朱沙沟、孙周沟、娄宋沟、黑泥沟。

（1）小草沟（又称草河，现称草沟），形成于清代，又窄又浅。上游从娄庄镇韩庄、田集以东，经张庄、兖周、李圩娄家、方家庄，经镇内红星村小田以北，到单营村高圩汇入北沱河。民国时期，至井王庄东北接韦集界入泗县境内。民国时期因开挖北沱河和修灵固路，小草沟从高圩改扒入北沱河，致使现在草沟的东终点至高圩庄。小草沟历史以来就是娄庄镇和黄湾镇北部排涝主沟。清朝时期，从小田到井王弯曲特别多，小田庄以上沟宽 3~5 米，高圩以西 5~10 米，高圩到井王以东 15 米。小田东 1 千米处，是有名的三岔沟（草沟、田堰沟、姚沟）。

乾隆十二年（1747 年），知县苏一圻召集民夫开挖高家桥至井王东北到泗县境的草沟下游。民国年间，红星村小孙庄人孙祥斋，任国民政府副县长（当地又称局长），发动群众两次对草沟加深、拓宽 2 米多。1952 冬至 1953 年春，区、乡组织民工对草沟进行加深、拓宽，弯道取直。沟深 3.5 米，宽 20 米。

1955 年，县派郑良红乡长（砂坝村人）带领民工平地开挖河滩，取名叫"群山圩"，专挡山水，西至杨集南部，东至小田北湖，深 2~3 米，宽 10~15 米，直通草沟，解决 2 万多亩农田排涝。

1976 年，黄湾公社组织民工对草沟（社内段）全面清淤。2012 年，娄庄镇再次组织群众对上游进行清淤。2012 年，对入村境内的草沟再次疏浚，实现疏浚后的下游闸、桥、路相配套。

2014 年，草沟宽 20 余米，深 3.5 米，水深 1.3 米，流入镇内的红星、单营两个行政村，全长 4 千米。

（2）葛沟，据《灵璧县志》清代疆域图中标记，清代叫葛家沟。清代和民国时期异常弯曲、浅。中华人民共和国成立后，区、乡（镇）党委、政府多次组织民工对葛沟进行开宽疏浚，清淤取直，修建桥闸，筑堤固基，疏通两侧中小沟、田头沟，成为镇中部除涝抗洪的一条主沟。全长 11.2 千米，沟面宽 54 米，深 3.5 米，水面宽 18 米，属由北向南沱河流域水系。南北建桥 10 座，建庙李闸一座。

（3）姚沟，清代叫姚家沟，距黄湾西街 0.75 千米。明末清初，第一次开挖此沟，位于姚庄西侧，上游发源于柯家湖，经双桥五里张庄穿越灵固路，过陈桥、贺桥汇入沱河，是黄湾中部排涝的主要大沟。1957 年冬，韦集、沱河两社组织民工消淤拓宽。1996 年，镇政府组织劳力进行消淤疏竣。2004 年冬，县、镇在开展治理柯湖片农业综合开发工程中，机械化施工拓宽加固，修建中小桥涵等项配套工程，其在 2005 年夏季严重的洪涝灾害中，发挥出极大的作用。现沟总长 10.7 千米，沟面宽 73 米，深 3.5 米，水面宽 23 米，南北建桥 9 桥，建闸一座。

（4）刘沟（史称刘沟涯），是明朝时期就形成一条大沟，据《刘氏宗谱》记载：始祖刘朝用在明朝洪武七年（1374 年），从山西平阳府曲沃县奉旨迁来，在沱河北岸的一条大沟西涯建庄农耕，距今已有 600 多年。大沟无名，刘姓建庄后，沟从人姓，叫刘沟涯庄。20 世纪 50 年代，刘沟涯庄设立生产队时，区、乡改称"刘沟生产队"，由此改称刘沟。

刘沟东属韦集镇，沟西只流经镇内的刘沟一个村民组地段，上游从韦集镇西部丁李村，下游经陈园、王楼庄，到刘沟地界止，南汇入沱河，镇辖内流经 1 千米（刘沟庄），为 2 个镇排涝农田约 3000 余亩。此沟处在镇东南最边界，也是全镇海拔最低之处，利用砂坝街以东，乔园、刘新庄、郑园庄和韦集邻边的王楼等村庄田地排涝，经过北支沟、庄前沟向刘沟流入，汇入沱河，排涝田面积达 1000 余亩。至 2014 年，上游沟深 2 米左右，入河南段为 3 米左右，沟口上游为 20 余米，下游为 25 米，最宽地段近 30 米。

明代形成的刘沟涯

（5）朱沙沟，原是灵固路（灵璧至晏路、朱圩、砂坝桥，入固镇）西侧的一条小路沟，弯且浅。1951年春，砂坝、晏路2个乡组织人力开挖朱沙沟，挖一条5米宽的排水小沟。1957年春，对朱沙沟进行加深拓宽，北从大朱北，南到砂坝街，全长6千米，加深至2米左右，加宽至6米左右，可排除下游两侧农田积水。20世纪70年代，先后组织3次民工对朱砂沟进行取直、清淤等项整治。1980—2012年，区、镇采取分段治理的办法，对朱沙沟上、中、下段面进行清淤、除坝、取直等项整治，已成为镇东部排渍泄洪的主沟。沿沟南北有5个村受益，受益农田近2万亩。沟面宽58米，南北总长12.5千米，流向由北向南，水面宽18米，深3.5米，部分水深4米。南北修建中型桥梁9座，建砂坝闸和高圩小型节制闸两座。

（6）孙周沟，北从红星村小孙庄、南到周王庄汇入沱河。1976年，黄湾公社党委决定开挖此沟，组织全社劳力，人工平地开挖，奋战一个冬春后全部竣工，经红星、柯湖、王桥、双桥、黄湾街、李集、庙李庄西到周王庄，汇入沱河。2004年冬，县、镇对此沟再次整治，机械化施工，从黄湾街西姚桥向北拓宽加深，解决红星、柯湖、双桥东部三个村除涝问题。现沟面宽42米，深3.5米，水面宽18米，总长6.2千米，建9座桥梁。

（7）娄宋沟，1975年10月，按照县水利局规划设计，黄湾公社组织万余名民工，将工程任务包干分到大队、生产队，采取以生产队为单位，统一吃住，统一上工，统一质量标准的方式，由生产队统一集粮、出钱、开伙，按劳力记工分，人工从平地开挖娄宋沟（当时被称为灵西运河）。上从二支圩（群众称排序的第二条沟道）至沱河，长5千米，沟面宽40米，沟底宽20米，沟底高程4米，堤顶宽25米，迎水坡坡比为1∶3，背水坡坡比为1∶1，堤身高2米。队队都是锹锨切挖，独轮车推土，全社总完成土方60万立方米，于1976年3月底全部完工。南北建一闸一桥。

（8）黑泥沟，曾叫李家沟，位于沱河集东北角，起源于峨山南，从宋河小李家庄通过。因沟中淤泥都是黑色的，故被称为黑泥沟。此沟始挖于明末清初，最早发源于宋河村小李庄。后挖通娄庄镇娄南沟，南流入沱河。中华人民共和国成立后，区、社、镇曾多次组织劳力对黑泥沟进行清淤、加深、拓宽,不断提升其排水除涝能力,现成为镇西部排涝泄洪主要大沟,总流长 9.1 千米,沟面宽 78 米,深 3.9 米,水面宽 29 米,南北建 6 座桥 1 座闸。

黑泥沟

4. 开挖中沟

全镇历史形成的洼地较多,盆形洼地村庄面积大小不等。中华人民共和国成立后,历届党委、政府十分重视根治洼地。1950 年至 1980 年,区、社采取分散与集中相结合的办法,集中开挖中、小沟。先后开挖井王南部、西部和东部中沟,大朱西部中沟,单营南、红星中部红线河,陆集、砂坝大郑北部,薛桥北部等中沟百余条,实现中、小沟与大沟,大沟与两河相通。

5. 疏通小沟

1965 年以后,社、队抓农田防涝防渍,在低洼田块疏通小沟,即开挖田间沟、地头沟(田头沟),每 20 米左右挖一条,宽 1 米,取土补平洼地,称"抬田"。从 1969 年底至 1978 年,建设农田林网化,县委派员进行指导,社、队组织实施,在砂坝大队进行试点。规划每个方块面积为 100 到 300 亩,根据地形或多或少达到防涝防渍的目的,经过一个冬春的奋战,方块田框架已形成,即一沟一渠一路。田间沟通田头沟,田头沟通小沟,小沟通大沟,大沟通河道,低洼水可顺利排出,形成沟相通、路相连、田成方、林成网的格局。实行家庭联产承包责任制后,虽然田块有所改变,但排水系统仍发挥作用,加之每届党委、政府每年冬、春大抓农田水利建设,粮田涝渍问题基本解决。

6. 分片治理

(1)井王片治理。1994 年春开工,1995 年冬竣工,维修排灌站 1 处,修筑干、支、斗渠 194 条,开挖疏浚中、小沟 157 条,建中沟桥 17 座,小沟桥 244 座,防洪涵洞 1 座,配套渠系建筑 473 座;共完成土方 47 万立方米,砌石 6177 立方米,混凝土 1890 立方米,总投资 121.8 万元,其中,国家补助 50 万元,周转金 25 万元,村自筹资金 46.8 万元,改善除涝面积 1.125 万亩,改善灌溉面积 0.3 万亩,新增灌溉面积 0.71 万亩,新增旱涝保收面积 0.795 万亩。

（2）柯湖片治理。2004年11月，对柯湖片2万亩易涝中低产田进行治理。项目区：北起红线河，南到三南路，东自黄魏路，西至三南路，南北长5.7千米，东西宽3.3千米，总面积为18.8平方千米（约2.82万亩），其中，耕地面积为2.0万亩，涉及红星、陆集、徐巷、柯湖、双桥等5个行政村，共2536户，人口11272人。以村为单位，异地施工，互相监督，统一放样，统一验收，严格标准，注重质量，重奖严罚。2004年11月26日开始上工，动用大型施工机械24台，中小型机械130台套，日上工人数达8200余人。至2004年12月底，共疏浚中沟6条，长21.55千米，开挖疏浚小沟108条，长59.6千米，完成土方69.4万立方米，打树穴12.4万个。建大沟桥2座，中沟桥25座，修小沟桥、涵147座，修砂石路4条，治理项目区庄庄通砂石路，打机井200眼。2万亩洼地实现旱涝保收田。国家投资1000万元，镇和各村筹集300余万元。

（3）单营、晏路片治理。2012年，镇委、镇政府科学规划，配合县土地局对单营、晏路2个村开展农田整治，实施对2个村的沟、路、渠、桥涵闸基础配套建设。单营村完成4道4米宽水泥路建设5900米，疏浚大沟2条、中沟16条、田间沟42条，建大桥3座、中桥9座、涵桥（闸）82座。晏路村疏浚中沟2条、田间沟45条，建小涵桥、板桥78座，修铺4米宽水泥路6条，总长8000米。到2014年，2个村已整治农田1万余亩。

7. "一事一议"农田水利建设

全镇从2009年开始，推行村级公益事业"一事一议"财政奖补试点。至2014年，共疏浚大沟5条、中沟32条、小沟204条，建大桥3座，中桥9座，田间沟板桥、涵桥闸297座，见表4-7-1。

表4-7-1 2009—2014年实施"一事一议"农田水利建设统计表

村 名	年 份	疏浚和开挖沟（条）				修建桥涵（座）			
		大沟	中沟	小沟	小计	大桥	中桥	沟板桥、涵桥闸	小计
宋河	2013—2014	0	0	8	8	0	0	4	4
砂坝	2011—2015	0	3	10	13	1	3	22	26
三桥	2012—2014	0	2	9	11	0	0	16	16
柯湖	2014	3	3	15	21	0	0	0	0
朱圩	2009—2014	0	0	3	3	0	1	0	1
红星	2011—2013	0	0	11	11	0	0	19	19
晏路	2010—2013	0	3	45	48	0	0	78	78
庙李	2010—2014	0	1	30	31	0	0	26	26
张龙	2013—2014	0	0	7	7	0	0	17	17
胡桥	2011—2014	0	3	12	15	0	1	20	21
双桥	2013—2015	0	1	12	13	0	0	13	13
单营	2011—2014	2	16	42	60	0	8	82	90

8. 井灌

1949 年以前，无灌溉农田。1952 年，旱情严重，政府号召打井抗旱，各村庄打一批土井。1966 年，使用大锅锥打井，每口井一般深 30～50 米。1970 年，每个大队组建打井队，推磨式到各生产队打机井。1971 年，全社有机井 52 眼。1980 年实行家庭联产承包责任制后，有的机井被毁坏。1990 年以后，不仅清淤洗刷老机井，还筹资打新井。用四轮机做动力，一天可打一眼 30 米左右的井。1995 年，全镇打井专业户有 6 个，2014 年底，全镇灌溉机井有 600 余眼，其中当年打井 38 眼，灌溉面积占耕地总面积的 98% 左右。

三、基础建设

1. 闸、站

（1）砂坝闸，其位于砂坝街西侧的朱沙沟上，始建于 1978 年春，1979 年 6 月 26 日竣工。由县水利局设计并施工，桥面宽 9 米，长 20 米，1 孔，孔长 5 米，孔宽 4 米，闸底高程为 10.5 米，桥面高程为 4 米，安装钢筋混凝土平面板梁式闸门一扇，高 4 米，蓄水位为 3 米，库容蓄水量约 2300 立方米，工程总投资 6 万元，闸门起闭不灵。1979 年，建砂坝电灌站，装机 2 台，容量 60 千瓦，后失修。

（2）庙李闸，其位于庙李村小学西北处 50 米的葛沟上，始建于 1958 年。1976 年 7 月，县水利局投资进行二次修建，到 10 月底竣工，建 1 孔，孔宽 3 米，桥面宽 6 米，桥面高程为 4 米，安装混凝土平面板梁式闸门一扇，高 4 米，闸门起闭不灵。闸库蓄水深 2.5 米左右，库容水量为 2000 立方米。

（3）陈桥闸，其位于三桥村陈桥庄西约 30 米处的姚沟上。1958 年，该村投资投劳建此闸。1975 年至 1978 年，村集中 30 名能工巧匠，各生产队备料出工，在县、社水利部门的帮助下（县水局利拨部分款）建此闸。闸底高程为 11.6 米，桥面高程为 4.5 米，1 孔，孔宽 4 米，闸门为钢筋混凝土平板梁一扇。蓄水深 2 米左右，闸塘库水容量为 2100 立方米。建陈桥电灌站，装机 1 台，容量 55 千瓦，设备无存。

（4）大刘闸，其位于王桥村大刘庄西 200 米处，黑泥沟下游沱河入口处，建于 1978 年，竣工于 1979 年春季，由县水利局设计，黄湾公社负责施工。县水利局拨款 20 万元和专项水利粮，王桥村集中百余名修闸专业队，奋战一年多竣工。2 孔，孔高 8 米，单孔宽 4 米，闸底高程为 15 米。闸门为钢筋混凝土板梁式，宽 4 米，高 4 米，桥面高程为 5 米，宽 7 米，长 35 米，闸、桥南北建基础宽 45 米，正常水深 3 米，库容蓄水量为 1400 立方米。由于年久受淤严重，闸受损，泄洪流量下降。

在南水北调工程中进行重建，2016 年春竣工。

（5）宋河闸，其位于宋河小学西北约 0.5 千米的娄宋沟上，始建于 1977 年。1979 年 12 月 20 日竣工，闸跨空 6 米，桥面宽 7 米，长 20 米，1 孔，闸门宽 6 米，钢筋混凝土平面板梁闸门一扇，闸底至顶高 22 米，正常蓄水深 2.8 米，库容总量为 3200 立方米。闸工程由县水利局设计和施工，县水利局投资 10 万多元。建宋河电灌站，装机 2 台，容量 60 千瓦，无存。

（6）沱河闸，其是镇内最大的一座闸，位于王桥村大刘庄西南 300 米处的沱河上。

始建于 1958 年 3 月,由县水利局设计并施工,同年 6 月竣工。桥面宽 5 米,5 孔,单孔宽 4 米。孔高 6 米,闸底高程为 15.5 米,桥面高程为 21.5 米。闸门为钢筋混凝土平面板梁式,装有手摇卷扬机 5 台。提升力为 5 吨,正常蓄水位为 19 米,库容量为 289 万立方米,控制面积为 669.7 平方千米,设计流量为 2000 立方米/秒,排洪流量为 3600 立方米/秒,工程总投资为 12 万元。

因河道拓宽,效益不高,2010 年市、县规划拆除重建。

2011 年 12 月 1 日,市、县水利部门对沱河闸的重建工程正式开工,概算总投资为 1760.9 万元,重建工程为世行贷款项目,采取最低价中标,中标合同价为 1641.35468 万元,完工结算为 1657.163 万元,追加投资 15.80832 万元。

新建沱河闸共计 7 孔,单孔净宽 7 米,总净宽 49 米,闸底板高程为 14.4 米,整体式闸室,采用闸墩中间分缝,将闸室分成 3 孔一联和 4 孔一联布置。闸室岸墙为钢筋混凝土空箱式结构,箱顶为预制盖板,空箱的上游侧布置桥头堡,桥头堡为框架结构。进出口采用钢筋混凝土扶壁式翼墙与河岸连接。闸出口处设挖深式消力池,钢筋混凝土式结构。消力池下接 40 米长的海漫。在闸室上游侧齿墙下,布置了一道多头小直径水泥土截渗墙。空箱岸墙、扶壁式翼墙基础采用水泥土粉喷抗搅拌桩加固。工作闸门为露顶式平面定轮钢闸门,启闭机为 QP-2X250KN-7.5 手电两用卷扬式启闭机。闸上游侧公路桥设计荷载标准为公路-Ⅱ级。

沱河集闸为中型开敞式水闸,工程等别为Ⅲ等,主要建筑物为 3 级,次要建筑物为 4 级,临时建筑物为 5 级。该闸控制流域面积为 667 平方千米,排涝标准设计为"五年一遇",排涝水位为 19.05 ~ 18.90 米,排洪水位为 19.98 ~ 19.78 米,排洪流量为每秒 528.0 立方米,设计蓄水位为 19.0 米。该闸重建工程于 2012 年 7 月 30 日竣工,2012 年 10 月 12 日通过验收。

(7)"井王一号"排灌站。1976 年,井王村发动群众每人拉石头 3800 斤,县水利局投资 7 万余元,在该村东北建电灌站,配有 2 台 55 混流水泵、2 台 5 千瓦电机,可灌溉全村 85% 的耕地。

(8)"井王二号"排灌站。1993 年,县黄淮海开发办公室拨款 20 多万元,在井王村西北、灵固路高桥东南处建第二个排灌站。建管理房 5 间,站房设 2 台直流水泵,配电盘、变压器、补偿器各 1 个,可浇灌井王和晏路村的部分耕地。

2. 桥梁

(1)大沟桥

1982 年,由县水利局设计,区水利管理站组织施工,在朱沙沟上南北建桥 4 座,在黑泥沟建中桥 4 座。孔径 15 ~ 20 米,桥面宽 3.4 ~ 4 米。草沟下游高圩建桥 1 座,孔径 10 米。娄宋沟陈圩建桥 1 座,孔径 24 米,桥长 42 米,孔高 5 米,桥底高程为 5.5 米,桥面高程为 1.3 米,路面宽 4 米。

1983 年,在葛沟、周孙沟、新姚沟、老姚沟上建桥梁。其中,葛沟建桥 1 座,孙周沟建桥 5 座,新姚沟建桥 3 座,孔径为 10 ~ 24 米。贺桥建桥 1 座,孔径 15 米。老姚沟张庄东建桥 1 座,孔径 10 米。位巷建桥 1 座,孔径 6 米,建高圩小闸,孔径 1.5 米。

1984 年,建新姚沟、草沟 2 座桥,孔径 12 米。

1985 年，建草沟和草沟改道桥 2 座，孔径 10～12 米。1987 年，建李集桥 1 座，孔径 12 米。

（2）中沟桥

1982 年，建中沟桥 103 座。其中，红星乡建桥 27 座，砂坝乡建桥 17 座，大山乡建桥 19 座，黄湾镇建桥 15 座，晏路乡建桥 25 座。

1983 年，建 42 座。其中，晏路建 7 座，红星建 8 座，黄湾建 12 座，砂坝建 11 座，大山建 4 座。

1984 年，建 22 座。

1985 年，建 18 座。

1986 年，建 36 座。

1982—1986 年，建中沟桥 284 座，其中，晏路乡建 59 座，黄湾镇建 43 座，砂坝乡建 98 座，红星乡建 52 座，大山乡建 32 座。

1992—2000 年，加固改造危桥 23 座，新建中、小桥 276 座。

2005—2014 年，镇委、镇政府抓柯湖、胡桥、晏路、单营等片的大、中、小桥涵水利配套建设。

四、防汛抗旱

1. 防汛

1952 年 8 月 23 日至 9 月 8 日，全区连降 3 次暴雨，其中 8 月份降雨量达 276.5 毫米，沱河最高水位达到 19.96 米。境内各条大河均漫滩遍溢。区、乡干部到村，组织全体劳力挖土筑坝，抢修险段，抢救了一部分田块里的禾苗。

1954 年，从 7 月 2 日开始，全区连降暴雨，雨量达 706.3 毫米，沱河最高水位达 20.51 米，最大流量为 224 立方米/秒。乡村组织 5000 多名民工，集中木桩、蒲包、芦席等对南北两沱河大堤险工险段实行日夜看守，水势得到了控制，人、畜没有伤亡。

1982 年 7 月，按照县委紧急电话会议要求，提前为防洪工作做好准备，拆除堵坝，加固南北沱河堤防险段。填塞龙水段、炉店段缺口 20 余处。7 月 20 日—31 日，虽又连降暴雨，但全区安全度汛。

1991 年，全区遭到特大洪涝灾害，区、乡党委、政府配合地、县派抗洪工作队，组织近万名民工，集中木棒、化纤口袋，成立民兵抢险分队 10 个，对南北两沱河险段进行加固，对境内 5 条大沟进行清障，有效地保护了部分农田和群众财产。

2003 年，从 6 月 25 日开始，镇内连降大雨、特大暴雨，到 7 月 20 日，沱河水位超过 21 米，各大沟、中沟沟水外溢。镇委、镇政府组织镇直工作人员，吃住在村，组织广大干群抗击洪灾。镇主要领导带领船只，对姚沟芦苇等杂物进行清障。镇工作人员全体出动，并组织突击小分队，冒雨扒掉小钱庄阻水土桥，调用挖掘机，连夜消除灵固路两侧水坝墙百余处，保住部分地里的庄稼。井王村抢修电灌站开始排水，使灾情减到最低程度。

2018 年 8 月 18 日的大雨，是几十年来雨量最大的一次。

2. 抗旱

1959 年 6 月 10 日至 8 月 29 日，出现大旱。特别是七、八月份严重缺雨，气温达

38℃~40℃，日蒸发量为9.5~11毫米，造成禾苗卷叶、甚至枯黄，有的田块已干死。全社紧急动员，火速掀起抗旱高潮。男女老少齐上阵，盆端桶抬，动用所有水车，保住了部分禾苗。

1962年1月—3月，仅降雨9.1毫米，小麦受旱严重。加上连刮8次7级以上大风，风沙危害严重，地面蒸发量较大，造成早麦枯黄萎亡，晚麦不出苗。全区火速动员干群投入抗旱，队队打土井，不仅浇了小麦，还带水点播高粱、玉米、瓜菜等作物。

2013年8月，全镇持续38℃~40℃高温，近一个月基本没有下雨，大面积玉米受到严重的干旱。镇委、镇政府及时发动广大群众抗旱，农户增购抗旱设备，采用四轮机牵引水泵，使80%的玉米得到及时喷灌和漫灌，秋季玉米仍获得好收成。全镇80263亩玉米，总产量为36364吨。

附：淮水北调

淮水北调是国家重点工程，南从淮河引水北调到萧县（省内工程）。镇内工程有娄宋沟、小龙沟、黑泥沟3条大沟，从王桥大刘闸进入，经张龙、宋河等行政村，全长13.5千米。其中，娄宋沟长3千米、小龙沟长3.5千米、黑泥沟长7千米。工程包括3条大沟疏浚和扩挖整堰，拆除重建宋河闸、小龙沟口闸、黑泥沟大刘闸3座，新建黑泥沟闸1座，中、小沟口涵桥16座，拆除重建红星桥等7座桥梁。工程总投资1.2亿元，于2014年3月开工，于2016年4月竣工。

第八节 农业机构

中华人民共和国成立后，上级政府开始在辖内社、区、镇设立农业管理和服务机构，其机构已充分发挥职能作用，有力推动农业发展，促进村队集体和农民增收。其他机构已在各节记述，此节记述有六个。

一、灵璧县国土资源局黄湾国土资源管理所

黄湾国土资源所，始建于1987年4月1日，称"黄湾区村镇规划矿山土地管理所"。同时，区公所在5个乡（镇）建立村镇规划矿山土地管理办公室，由副区长、副乡（镇）长分管，设1名土地规划管理员。区、乡机构成立后，随即逐村逐户丈量宅基地，向农户颁发宅基地证书。全区5个乡（镇），共颁发宅基证书1140户，有争议的150余户待发证。1992年3月，撤区建镇后，改为黄湾镇土地管理所，有4间瓦房作为办公和活动室。当年，经县人事局统一考试，招聘5名土地管理员。从1995年开始，土管所办公条件逐步改善，在原址上建起偏房、前房和楼房。1997年，投资20余万元，建280平方米的两层办公楼。2004年，改为"黄湾国土资源管理所"。2009年，定编7人。2014年，在编人员为7人。

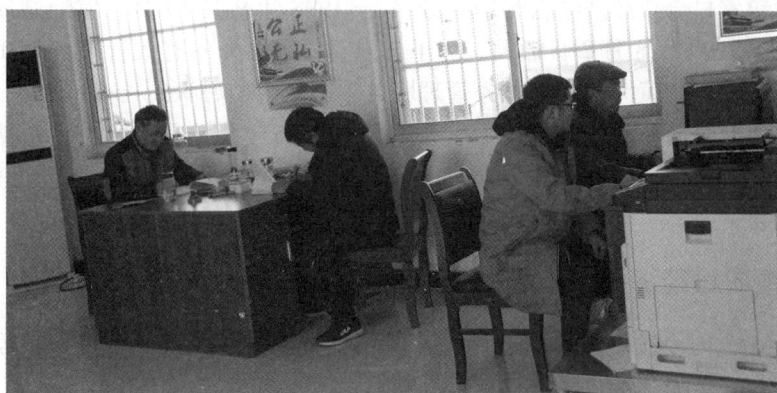

黄湾国土资源管理所办公室

二、灵璧县黄湾绿肥良种场

灵璧县黄湾绿肥良种场属国营良种场，隶属县农业委员会，原为大山林场下设分场，始建于1958年，有国有土地1308亩。1978年，大山林场交淮北矿务局，以分场为基地，于10月筹建绿肥良种场，场内设后勤、科研、机务3个组，下设2个生产大队，配干部4人，固定职工有19人。场部置有拖拉机2台，耕牛5头，主要任务是培育苕子、柽麻、田莆等绿肥种子，兼营小麦、花生、大豆良种。1983年，因农民分包土地后不种绿肥，该场转产小麦和大豆。1985年，实行家庭联产承包责任制后，以组或户为单位承包，即包种植面积、包产量、包成本、包利润、包集中用工，生产小麦、大豆良种。20世纪90年代以后，该场曾多次进行土地承包调整，采用统一供种、统一繁育、统一销售，按承包亩数上缴场里承包费的办法，不断提高了效益，保障了场里正常运转和人员工资。2014年，全场共有正式和临时工98人，设正、副场长各1人，工会主席1人。2010年以后，实行第三轮转产，主项繁育小麦良种，夏季种玉米。

三、灵璧县种子公司黄湾分公司

灵璧县种子公司黄湾分公司始建于1985年，隶属县种子公司，建有5间种子销售门店和种子储存大库，共有4名职工，设经理1人。2003年，有5名职工，其中中级职称的有3个。公司推行承包经营，设两个良种门市部，常年向全镇农民销售大批量花生、玉米、小麦、大豆、棉花、油菜和各种瓜、菜良种。2005年以后，由于种子市场放开，该公司走向萧条，仍然实行承包经营。2009年，全镇个体种子经营户增多，因种子分公司经营不善，宣布解散，人员分流，地点、单位和资产现存。

四、黄湾镇农村合作经济经营管理服务站

1980年，全县统一招考农经员，黄湾区设经营管理站。1985年，县农委、人事局统一招考录用区农经员，黄湾区聘用4人。区农委成立后，经管员属农委办事人员。1992年春，撤区建镇后，区农委撤销，经县编委和人事局行文，设立农村经营管理站，

挂牌"黄湾镇农村合作经济经营管理服务站"。1998年9月19日，农经站成立农村合作基金会，于1999年8月2日撤销。为了加强对村级财务的有效管理，2001年春，镇政府在农经站成立"黄湾镇村级财务管理服务中心"，两块牌子，一个机构，主要职能是对村级各项提留款和财务进行统一管理，培训提高村会计业务水平，帮助合作经济组织提高经济效益。2003年，镇农经站撤销，人员精简，保留编制2人，并入镇农村经济技术指导站。

五、黄湾镇农村经济技术指导站

2003年，县对乡镇事业单位进行机构改革，把农技、农机、兽医、农经四站并为一站，更名为"黄湾镇农村经济技术指导站"，编制10人，其中农机2人、兽医2人、农经2人、农技4人，在镇政府三楼挂牌设立办公室，后另立办公。兽医站在晏路征地新建工作站，农机站在晏路租房挂牌，农技站也在黄湾东街葛沟小区购房建起新站，现黄湾镇农村经济技术指导站编制机构仍然存在。

六、灵璧县烟草公司黄湾烟站

1970年，黄湾供销社设建后，设建烟叶收购点。1980年，黄湾烟站从供销社划出，隶属灵璧县烟草公司，建黄湾烟站，设有办公室、职工住房、烟叶收购储藏大库，设站长1人，烟叶收购员、评级员、保管员、会计等6人，挂牌"灵璧县烟草公司黄湾烟站"。1983年，设建"砂坝烟叶收购分站"，其主要职能是：宣传和落实国家及各级政府关于烟叶生产政策，做好向农民兑现奖扶物资，指导农民育好烟苗、田管、建炕、烘烤和评级收购等项服务；引导生产队、农户植烟发展农村经济、增加区、镇财政收入等。2002年，灵璧县烟叶种植计划取消。2004年，黄湾烟站停止烟叶收购业务，人员撤回县公司。

第五章　镇村规划与建设

1949 年以前，镇内集市与村庄没有统一规划，均是自然形成的道路和村庄。农民居住散乱且拥挤，住房是土墙草顶，狭窄矮小，漏雨裂缝的危房居多。村庄互通的道路是不足 3 米宽的土路。

中华人民共和国成立后，随着农村经济的发展，镇内的集镇和各村庄建设有了很大的变化。特别是党的十一届三中全会后，拓宽了街道，兴建了瓦房、平房和楼房，增添了公共设施，架通了高低输变电线路，兴办了工业、商业区，发展了文化、教育和医疗卫生事业。2005 年以后，镇政府实施"村村通"和"一事一议"奖补优惠政策，村庄普遍修通了水泥路，群众出行畅通无阻。

第一节　镇村建设

一、规划管理机构

20 世纪 80 年代初，区、社、乡未设管理机构。1985 年后，区、乡、村设一名副职干部分管宅基地报批和新村庄选址新建工作。1987 年 4 月 1 日，设"黄湾区村镇规划矿山土地管理所"，对全区建房进行有效管理。1993 年，经县人事劳动部门统一考试，择优录用一批乡镇建设规划员。设"黄湾镇规划所"挂牌办公，属自收自支事业单位，编制 2 人，设所长 1 人。规划所设立后，先后对黄湾街及辖内 4 个农贸集市和各行政村发展制定出规划图。税费改革后，2003 年，取消农村各项收费项目，规划所人员报酬不能兑现，办公缺经费，规划人员自动脱岗。

2012 年至 2014 年，县住建局、黄湾镇政府加强对镇规划所人员配备和领导，设所长 1 人，镇聘 2 人。规划所在镇委、镇政府领导下，明确职责，开展农村困难户危房改造、空壳村庄迁址改建等工作。2014 年，按照镇政府的安排，配合土管部门，对一部分村庄进行拆迁，重新规划新村庄。在稳步推进美好乡村建设中，经过规划、选址、勘验、测绘，确定一个工业园区、一个中心社区以及晏路、砂坝、张龙、单营四个卫星定点社区。其中，中心社区和单营卫星社区规划设计工作已完成。规划所从 2013 年开始，结合"三线三边"环境整治，对镇内 201 省道两侧进行重点整治，对违章搭建、违法建筑责令停工或强力拆除，共停建 4 处，拆除 11 处。

二、集镇规划与建设

1. 黄湾街

1995 年，镇政府邀请宿县地区建设委员会对黄湾街进行规划。经勘察对黄湾街规划进行总体布局和设计近期规划和远期规划。近期：1995 年至 2000 年，人口控制 6 万人，面积 2 平方千米；远期：2000 年至 2020 年，人口控制 8.5 万人，面积 3.5 平方千米。以老街为依托向南发展，适当向西、向东发展，其中，以向南发展为主，并对公共设施、市场建设、工业、仓储、街道、供排水、绿化等绘制出"一图一书"，即《黄湾街建设规划图》《说明书》，镇政府对图放大宣传，并行文下发。

1969 年，黄湾人民公社建制时，建有 10 多间小土窑烧的灰砖建起的瓦房。公社机关 10 多名干部，每人一间，既是办公用房，又是生活住房。

1971 年，公社对黄湾街建设进行规划，主要是东西街，首先安排供销社、医院、农行、信用社、邮电支局、拖拉机站、工商、税务等单位位置，分设在主街西侧连建。各单位按照规划，建起了砖木结构的营业室、办公室和职工住房。

1973 年到 1980 年，随着迁入黄湾街的单位增多，公社、区分别对小学、粮站、变电所、供电所、联中等单位进行规划。但仍然是拓宽拓长东西街（西从姚桥东至供电所）。从此，就形成了各单位区域布局。

1985 年始，黄湾街部分单位开始拆除门面瓦房，兴建商品营业楼和办公楼房。1989 年 3 月，供销社投资 65 万元在主街中心点建供销大楼，成为黄湾街最大的商贸大楼、购物中心。从 1991 年开始，单位开始建楼房，许多个体工商户筹集资金，在规划的街道两侧建起一幢幢商住一体化的平房、楼房。

2000 年，建主街段下水道。2001 年，镇委、镇政府对黄湾街再次规划和扩街，开通小学南侧禽蛋市场街、粮食大库东侧农贸街、供销社至食品站西的纺织工业品街。为实现扩街规划，镇委成立黄湾街建设指挥部，对违章搭建拆除，共拆除街面瓦房 150 余间，占街乱搭乱建 50 余间。

2002 年，镇政府统一组织对黄小南街、粮库东街、供销社北街宅地，实行分段公开、公平竞标拍卖。激发更多在外务工、经商人员参与黄湾街建设，很快三街宅地被争购一空，购宅地 110 多户。各户按照统一规划、统一标准、统一竣工时间，纷纷筹建三街商住一体楼房。

2003 年底，黄湾街经过两年建设，新建 3 条街道，形成 3 纵 2 横的交通格局，新建房屋全部是平房和 2 层以上楼房，一次性吸纳百余户农民进住黄湾街。后分两期为 3 条新街道铺修柏油和水泥路，修筑下水道，为经营户提供良好的经营和生活环境。在 3 年中，建成了"井"字形街道，面积（含胡桥）2.5 平方千米。黄湾街水泥路面 1.5 万多平方米，主街下水道 3000 多平方米。东西大街安装路灯，街内 2 侧和灵固路建绿化带，建有农贸大棚市场，可容纳 150 个摊位。为保持秩序井然，组建城管执法中队，招聘 15 名环卫工人，街面垃圾得到了及时处理。

2018 年，黄湾街改建工程，东西总长近千米，宽 35 米，重点进行路面、人行道、绿化带以及地下水管网建设。解决街道拥堵及污水难排问题，总投资一千多万元，实现了街道畅通、街道两旁绿化、路灯亮化，2019年3月，大街重建全部竣工，见表5-1-1。

黄湾街

表5-1-1　黄湾街道建设概况一览表

街（路）名称	结构	宽（米）	长（米）	面积（平方米）	方向、起讫点	建街道时间
小康街（主干）	水泥	11	1298	14278	东西 东葛沟桥—西周孙沟桥	1971年5月
胜利街	水泥	9	738	6642	南北 南灵固路—北财政所	1996年10月
状元街	水泥	11.5	213	2449.5	东西 东灵固路北侧—中学西南桥	2009年
步行街	水泥	10	341	3410	东南西北 东南供销社—西北—财政所北侧	2002年
禽蛋市场街	水泥	8	321	2568	东西 东菜市街—西烟站	2002年
菜市场街	水泥	22	708	15576	东西 南灵固路—北老灵固路	1997年和2002年
新政府街	水泥	11.5	428	4922	东西 东葛沟—西灵固路	2010年
派出所街	水泥	3.5	378	1323	东西 东葛沟—西灵固路	2011年

2. 砂坝集

清朝期间叫砂礓坝集（砂礓坝街），南北街，坐落在沱河堰边，宽七米之余，长百余米，东西两侧农户建草房五六十间。街道四周开挖圩沟，南、北两门建数米高的营门，日开夜关，并有守卫，防盗防侵。清末至民国初年，县府批准农历初一、初六逢集，1984年，乡政府又增加农历初四、初八2个集日。1949年后，乡政府设驻。1983年，砂坝乡政府制定规划：从原老街向北迁0.5千米，扩建南北街，街道30米宽，长1000米。统一规划调整用地，沿街建医院、供销社、信用社、烟站、兽医站、联中、粮站等单位。形成"十字口"街面，乡政府对蒋李庄迁出大堰，向北一华里朱砂沟西侧扩建。乔元庄在"十字"路口以东向北、东扩建。到1990年春，经过8年的建设，砂坝街已建成"十字"形大街。1992年春，砂坝乡政府撤销。2001年以后，供销社、信用社、原乡政府房地产先后拍卖，购买者纷纷建起平房或楼房。2007年，砂坝北街和东西街铺水泥路。到2014年，砂坝、桥园群众在街道上建楼房户150户，建楼房151座。南北街扩建1100多米，东西街从蒋李到桥园800多米。2014年冬，砂坝街南段水泥路铺修竣工。2015年8月，村委会对砂坝街实施路灯亮化工程，南北和东西街安装了路灯。东街的乔园至刘新庄水泥路铺修竣工。

3. 晏路集

明朝万历五年，灵璧县城至固镇道路修通，距灵城南10余千米，有条歧路通往韦集，此处形成"三岔路口"。明末清初，晏姓族人在此搭庵卖茶、卖稀饭，人称"晏路口"。过路客商随能喝到稀饭，民间流传"晏路口稀饭——走到就盛（成）"和"晏路口稀饭——现成"。后来，周、石、郑、张、奚、任等姓氏人家先后迁入居住，形成村庄。清末县府批准逢集，择农历初五、初十逢集，时起称晏路集。后又拟定每年农历三月二十为逢会日。20世纪80年代初，晏路乡政府又增加农历初二、初七为集日。原集市一条街，建在老灵固路南侧，南北长100多米、宽七八米。灵固路改道后，街道改建在路西侧，为东西街，长270米，宽25米，形成"工"字形。2001年，晏路村委会投资，为主街道铺柏油，长270米，宽9米，厚3.5厘米。给经营户提供了良好的经商市场环境、宜居环境，增加了集日人流量，成为镇东部商品市贸和物流中心。到2014年，晏路街和灵固路东西两侧均建有2至3层楼房。

4. 红星集（张龙）

该集是设建红星公社以后，于1980年建的集。原红星公社、乡政府先后建联中、信用社、供销分站、粮站、乡办面粉厂和敬老院等企、事业单位。1984年，起日逢集。20世纪90年代铺砂石路。2005年，铺3.5米宽水泥路。原乡政府和粮站等门面房拍卖后，街上建楼房。至2014年，街道总长200多米，宽30米。集日商品上市段面百余米，成为镇西部农副产品交易和商品物流中心。

5. 红星村集

红星村集是1992年撤区并镇后新建的小集市。1998年秋，安徽省人民政府拨款500万元，用于洪涝灾害后新农村建设的重建工程款。村委会请县城建局对红星村进行规划，规划在原村部东侧的南北大道两旁建设新农村（红星街）。统一规划、统一标准、统一组织施工，建成了住宅和经营一体化的楼基平房183间。少数户建两层小楼房，大多数一次性建四合院。街道 35 米宽，1500 余米长，铺修了水泥路和下水道。1999 年，起日逢集，10 天 4 个集日，集日商品上市人流段长约百米，上市商品主要是群众生活用品。2014 年，原街两侧平房封顶成楼房。经营户 30 多户，居住总户 126 户，人口 570 人，命名为"红星街"。主要有服装加工、手工饰品加工、成品油销售、粮食收购、饲料青贮、农资销售、商品小超市、通信网点等项经营。有完小、幼儿园、卫生室各 1 所。

三、村庄规划与建设

中华人民共和国成立后，镇内的村庄建设随着农村经济状况好转而发展。基层政府开始对乡村建设进行规划。1953 年，各村把无法居住的军烈属规划到新设地点建房，把长期居住在河边、湖边受水害的群众规划到地形高处建房，但仍都是土墙小草房。60 年代中后期，随着农村人口增多，大队和生产队为房屋无法居住的农户划出新宅地建房，不少村出现了小新庄。1982 年至 1986 年，区、乡村采取统一规划建新村。砂坝、红星 2 个乡，以扩建集市为依托，带起周边村建设。全区 5 个乡（镇）所在地，统一规划，建粮站、供销社、医院、完小、联中、信用社等单位。街道和村庄实现砖瓦结构的新集区、新农村。从 1985 年起，区公所按照县布置，在区、乡、村建立乡村建设规划领导机构，区、乡确定 1 名副职干部分管乡村建设工作，村由村委会主任抓。区为各乡、村制定行政村、自然庄发展方向、用地布局及规模、道路绿化和公用设施等方面的近期和远期总体规划，绘制出村庄现状图、总体规划图、建设规划图和工程路线图，并附有说明书。

20 世纪 70 年代民居民宅

1994 年，全镇在实施小康村创建中，镇委、镇政府成立了小康村创建领导小组和办公室，组织规划、土管、医院等单位，对各村建设小康村统一规划，结合创建小康村和新农村建设，帮助各村绘制出近期和远期规划图和说明书。卫生部门负责小康村改水改厕专项规划。

1998 年始，镇内部分富裕户开始拆除瓦房，建楼基平房、四合院。少数户建起楼房。从 2004 年开始，随着"村村通"兴修水泥路的实施，从镇到村采取"一事一议"的办法大修水泥路。农民纷纷聚集到水泥路主道旁，兴建楼房。朱圩村庄庄修通水泥路，并建起农民公园。

至 2014 年，全镇平均每户住房达 4.15 间，人均住房建筑面积为 33.52 平方米。

四、建设队伍

中华人民共和国成立前，镇内没有专业建筑队伍，一般民房都是家主邀请乡间泥水匠施建。20 世纪 80 年代初，镇内农民建房请村内外有技术的泥水匠活泥垒墙、架梁苫顶。村里和学校公益建房，由大队统一向生产队派工，每个生产队派出建房技术人员参建，报酬由生产队记工分。1975 年，黄湾公社综合厂组建第一支建筑队，主要在黄湾街承包建筑工程。1980 年至 1985 年，随着农村经济发展，乡村集体和农户建石基砖瓦房兴起，山东、河南等地的建筑队进入境内承包工程。1985 年以后，家家都建瓦房，经过外地建筑人员带领，镇内的一大批青壮年也热爱上了建筑行业。在黄湾南部和韦集南部从事建筑较早的是徐春，其带领几名青年在大城市建筑工地上学习扎钢筋和垒砖墙技术，返回村里组织并迅速发展起一支 50 余名工人的建筑队，在黄湾、韦集街和村庄承包建砖瓦房工程。还有一批批青壮年，先后学会了用石头垒基、用砖砌墙、用水泥和石灰粉墙等项建房技术。到 1995 年，全镇建筑队 11 个，不仅在本地为单位和农户建房，还外出揽工程。

1995 年以后，建筑队的人员建筑技术有了很大提高，建筑工具和设备越来越先进，开始承包平房和楼房施工工程。2000 年，村村都有建筑队。2014 年，全镇有 40 余支建筑工程队，建筑人员 2600 多人。

附　胡桥村美好乡村建设简介

胡桥村位于黄湾东街的灵固路两侧，辖 10 个自然庄，1061 户，3880 人，耕地面积 8860 亩。2015 年被省、市列为美好乡村建设示范村，已建成居民住宅楼 200 套，在建 120 套。建绿化带 1100 平方米，实现全村组组通水泥路，总长 6900 米。新建胡桥到黄湾街 3000 米亮化工程，装 60 盏路灯。新建板桥 5 座、涵管桥 22 座。新建 3000 平方米农民活动广场，场内设有体育器材、绿化、亮化、走廊等。绿化苗木 1000 棵，自来水厂一座，户户用上自来水，家家装上有线电视。在保持原始风貌的基础上，胡庄、葛沟的 3 个水塘共计 10 亩已进行景观整治。胡桥村按照上级政府制定的美丽乡村建设规划，进一步加大环境整治和村容美化建设，建成生态、文明、和谐、美丽的乡村。

胡桥美丽乡村一瞥

第二节　道路建设

1949年以前，镇内交通落后，只有乡村土道2条。1963年，区里修建晏路到韦集砂石公路。20世纪70年代末，全社乡村土道公路网建成。20世纪80年代乡级修砂礓路。20世纪90年代，村级开始修铺砂石路。2005年到2014年，村庄修通水泥路。

砂坝至魏巷路

一、道路

清朝和民国期间，境内乡村道路是又短又窄的土路，大都是独轮车和人行的弯弯曲曲羊肠小道，晴天尘土飞扬，雨天泥泞难行。主要交通工具有牛车（木制四轮）、太平车、小独轮车。境内主要土道路有两条：第一条是县城至固镇，入境内从高桥至晏路到沱河桥，总长 10.5 千米，今灵固路；第二条是县城到砂坝桥。清乾隆八年（1743年），知县用公款修通从灵璧县城经晏路、砂坝桥、刘集至九湾、蚌埠的土路。境内晏路到砂坝 8.5 千米。

1. 省道

灵（璧）固（镇）路（S201），二级公路。北起江苏省铜山县房村镇，向南进入灵璧县境，经下楼、尤集、尹集、杨疃至县城。自灵城镇，经七里、高桥、晏路、黄湾，到沱河集入蚌埠市固镇县，镇内从单营村界到王桥村沱河桥，长 10.5 千米。2015年底，对 S201（现 S224）省道进行改建，按一级公路双向四车道标准分两期实施。一期工程从高桥至晏路街 1.8 千米，于 2016 年底竣工。二期晏路街至王桥 9.8 千米于2017 年 6 月启动，总投资 1.9 亿元，建设工期 2 年。到 2019 年 6 月已完成基层施工，途经 17 座涵桥，其中 12 座全部竣工。

2. 县道

（1）敦（集）马（店）路

墩马路原称"三南路"。镇内晏路到大山，称"晏山路"。1985 年，晏路乡组织全乡群众铺修通此路，是路面宽 4 米、全长 18 千米的砂石路面（含当时大山乡内路段）。1999 年，镇政府在县交通局的指导下，组织群众备土，筹备石料。县投资 180 万元，全镇集资 180 万元，总投资 360 万元。县交通局派技术人员指导施工，到 2000 年底，铺通 18 千米的柏油路面，基层厚 17 厘米，宽 5 米，路面用沥青渣油铺设，厚 3 厘米，宽 4 米，是全镇第一条镇建柏油路。2014 年春，县交通局再次对此路铺修水泥路面，宽 6 米，厚 20 厘米，镇境内路面总长 7 千米。

（2）晏韦路（晏路至韦集）

1963 年，韦集区组织晏路公社干群，铺修晏路到韦集砂石公路，从晏路村境内，通往大杨庄东韦集镇界，长 2.3 千米，后多次维修。20 世纪 90 年代以后，加宽补修柏油路面。全长 7.5 千米，路基宽 10 米，柏油路面宽 4 米，路基厚 3 厘米。

3. 镇村公路

（1）修土路

中华人民共和国成立前，镇境内的主要土路有三条，即大山到高桥、高桥到砂坝桥、高桥到沱河桥。中华人民共和国成立后，随着韦集区、晏路乡、砂坝乡、宋河乡、陈圩乡、陆集乡（社）粮站和供销社以及中、小学校的设建，区、乡、社、村抓乡村公路建设。20 世纪 50 年代，乡村公路建设结合兴修水利，采取一沟一路的办法，沟挖成，路修好。先后挖沟修晏路至砂坝、晏路至韦集、陆集至陈圩等，能排涝的主干土道公路。

1970 年，黄湾人民公社重点抓公社至大队公路网建设。以黄湾街为中心，向全社22 个生产大队修垫土路，修通黄湾—朱圩—龙水—陈圩—魏巷—张集—宋河等入村公路。

1980 年以后，每年以乡为单位，利用冬、春农闲时机，大力开展兴修水利与乡村道路同步建设。实现一路两沟和"四好"（修好路、挖好沟、栽好树、架好桥）建设目标。1984 年，区、乡、村和自然庄四级公路网实现全覆盖。

（2）铺修砂石路

1985 年开始，各乡村制定修砂石路计划，乡级财政所每年预算修路提留款资金。各乡、镇计划铺修通乡至黄湾街的主干砂石路。有的乡采取统一备料，有的乡把修石路的段面分给村、组、户，发动群众拾砂礓、备碎石、砖头，分户堆放在段面上。到 1992 年，大山、红星、砂坝 3 个乡修通到黄湾街主干砂石路。

从 1996 年开始，镇政府对修路款在"三提五统"中列出单独收取、专款专用，采取镇财政与国家补助相结合的办法，到 2000 年，共铺筑峨黄路、黄宋路、黄砂路、黄龙路、黄魏路、三桥村南北路、井王村到灵固路 200 多华里的砂石路面。其中，红星村率先在全镇把砂石路铺到农户门前。2002 年，镇政府使用县拨给的 30 万元扶贫开发资金，重新铺修黄龙路。2003 年 11 月 10 日，镇政府组织对黄湾到红鹰桥长 6.5 千米的路面再修工程，总投资 22 万元，共用石料 5700 余方，到 12 月初，全部竣工。2003 年底，全镇 21 个村环村砂石路铺到庄占 95％。井王、大杨、朱圩等村把砂石路铺修到农户家门前。

（3）峨（峨山）黄（黄湾）路

1970 年，峨山大队隶属黄湾公社，从峨山到黄湾街开始修铺土路，部分路段和靠山近处修铺砂石路。1975 年，公社对全程路面统一铺修砂石路。1992 年，对峨黄路再次维修。2005 年，在实行"村村通"工程中，又一次整修砂石路面。2014 年，县交通局规划实施铺设水泥路面，宽 6 米，厚 20 厘米，起至娄庄峨山头，向南经陆集、张龙、双桥，折向东至黄湾街，全长 10 千米。

（4）"村村通"水泥路

2006 年 4 月，省、市、县发布加强村级公路建设实施意见，改善村级通行条件，明确规定行政村铺设水泥路（简称村村通）。道路标准：水泥混凝土标号 C30、厚度 18 厘米，路面宽不得少于 3.5 米，每千米水泥路投资 23 万元，其中，国家补助 12.5 万元，其余由市、县、乡镇集资。

镇政府按照省、市、县政府所部署的实施"村村通"工程总要求，按照上级通过卫星摇杆所确定的路线，对全镇主干道水泥路进行科学规划。

黄湾南街汽车站至大朱东韦集镇界，开铺第 1 条水泥路，采取向南从朱圩到砂坝，再向西至龙水，折往北铺修。到 2009 年，共计完成 10 条主干水泥路铺修任务，除灵固路沿途村外，全镇东、西、南、北、中所有行政村都实现"村村通"水泥路，见表 5－2－1。

表 5－2－1　2005—2015 年黄湾镇"村村通"一览表

年　份	公路名称	起讫点	全长（千米）	路宽（米）	路基厚（厘米）	路面性质
2005	黄朱路	黄湾至大朱东	4.5	3.5	18	水泥
2006	朱砂路	大朱至砂坝	3.5	3.5	18	水泥
2007	砂龙路	砂坝至龙水庄	5	3.5	18	水泥
2007	黄龙路	李集北至龙水	5	3.5	18	水泥
2007	位孙路	位巷至大孙	2.5	3.5	20	水泥
2006	黄宋路	宋河至三南路	7.2	3.5	18	水泥

（续表）

年　份	公路 名称	起讫点	全长 （千米）	路宽 （米）	路基厚 （厘米）	路面 性质
2008	黄位路	黄湾至小金庄南	5	3.5	18	水泥
2009	金位路	小金庄至敦马路	1	4	18	水泥
2009	金红路	小金南至红星街	2.5	3.5	18	水泥
2006	三王路	三南路至王庄	4	3.5	18	水泥
2015	三南路	陆集北至黄湾街	7.5	6	20	水泥
2015	陈王路	双陈至王桥	2.8	4.5	20	水泥

注：2015 年春至 2019 年春，全镇修建乡村水泥路 210 千米。

（5）"一事一议"集资和捐资修村庄道路

从 2009 年始，村庄修水泥路纳入"一事一议"开展（市、县制定民生工程项目），即：受益的村庄采取群众集资和财政奖补相结合，激发群众参与修路积极性。群众集资后选出代表参与管理和质量监督，群众不仅集资，还义务出工参与管理，见表 5-2-2。同时，许多村、组还倡导捐物捐款修路。胡桥村王成远捐资近 4 万元修通桑庄至程庄南侧砂石路。砂坝村在柬埔寨经商的刘忍，2013 年一次性捐款 5 万元，帮助刘沟大庄和新庄铺通水泥路。2014 年，张龙村艾明、艾敬、艾闯三兄弟合伙捐资 5 万余元，修通艾庄到红星街 2500 米的砂石路。阳光幼儿园是一家民办幼儿园，出资 5 万余元，为柯湖村铺修 1.5 千米砂石路主干道。

到 2014 年，全镇共修环村水泥路 55 条，总长达 83873 米。朱圩村水泥路铺通到群众家门口，为全镇通水泥路率最高的村。

表 5-2-2　黄湾镇实施"一事一议"村庄水泥路建设统计表

村名	修水泥 路数 （条）	总长 （米）	宽度 （米）	平均 厚度 （米）	一事一 议筹资 （万元）	国家 补助 （万元）	总投资 （万元）	起讫 时间
双桥	1	1300	3.5	0.18	—	—	2.7	2011—2012
宋河	2	2150	3～3.5	0.18～0.20	4.75	11.20	15.95	2013—2014
砂坝	5	3160	3	0.18	—	—	—	—
陆集	4	7700	3.5	0.18	3.5	87	91.5	2010—2012
三桥	2	5500	3.5	0.18	45.08	99.00	144.08	2011
柯湖	3	10283	3.5	0.18	19.214	—	—	—
胡桥	5	7300	3.5	0.18	14.8	147.3	162.1	2012—2014
朱圩	10	11600	2.5～3	0.18	16.5	—	—	2007—2014
红星	4	5330	3.5～4	0.18	—	—	—	2011—2013
单营	4	5450	4	0.18	—	—	—	2013
晏路	8	13500	3.5～4	0.18	9	356	365	2009—2013
王桥	2	2400	4～6	0.18	—	—	—	—
庙李	3	3500	3	0.18	4.9	8.2	13.1	2009
张龙	2	4800	3.5	0.20	—	13	13	2006

二、镇内桥梁

北沱河大桥

表 5－2－3　2015 年黄湾镇公路桥梁统计表

道路名	桥　名	跨河沟名	桥类型	桥全长（米）	孔数及单孔跨径（个、米）	桥面净宽（米）	载重（吨）	备　注
灵固路	沱河西桥	沱河	钢混双曲拱	90	3、25	8	15	1966 年加固
	沱河东新桥	沱河	钢混	111.5	4、19.5	12.9	15	2002 年始建
	入沱桥	黑泥沟	钢混平板梁	78.3	3、25	13.3	15	2002 年始建
	老灵固路王桥	黑泥沟	钢混	32.7	3、10	6.6	6	1966 年始建
	钱庄桥	姚沟	钢混平板梁	23.3	1、12	15	15	2003 年重建
	老灵固路五里桥	姚沟	钢混	20	3、6.4	7	5	1966 年始建
	敬老院前桥	孙周沟	永久式钢混平板梁	21.1	1、12.2	15.4	15	2003 年重建
	胡桥	葛沟	钢混平板梁	21.1	1、11.7	15	15	2003 年重建
	高庄北桥	朱砂沟	钢混平板梁	21.1	1、11.7	15	15	2003 年重建
	高桥东新桥	北沱河	为灌注桩工型桥梁	65.6	3、19	7	15	2003 年始建
敦马路	单营桥	朱砂沟	钢混平板梁	23	1、5.5	7	10	2013 年始建
	孙湖桥	葛沟	钢混平板梁	14	1、5.5	7	10	2013 年始建
	位巷桥	草沟	钢混平板梁	17	1、9	6.8	10	2013 年始建

（续表）

道路名	桥名	跨河沟名	桥类型	桥全长（米）	孔数及单孔跨径（个、米）	桥面净宽（米）	载重（吨）	备注
魏黄路	位巷桥	东西沟位巷西	曲拱桥	14	2、3.6	7.1	6	集体修建
	小金西小桥	东西沟	石拱	5	1、4.3	5.5	5	20世纪80年代始建
	小金西南小桥	东西沟	石拱	3	1、5	5	5	20世纪80年代始建
	后柯北小桥	东西沟	水泥混	6	1、4	5.3	5	—
	后柯南小桥	东西沟	水泥混板梁	7	1、4	6	5	2001年加固
	柯巷前小桥	东西沟	水泥混	5.1	1、1	7	5	涵桥
黄宋路	小戴东小桥	三南路边沟上	石拱	8.1	1、1.2	5.3	5	—
	红鹰桥	黑泥沟	石拱	26.9	3、19.3	6.7	7	1977年始建
	张集北小桥	东西沟	石拱	6	1、3	4.1	3	20世纪80年代始建
	小封东小桥	南北沟	石拱	6.5	1、2	4.2	3	—
峨黄路	新姚庄东桥	周孙沟	单曲拱	21	1、11.4	10.4	8	—
	姚桥	姚沟	石拱桥	22	2、6.6	6	7	20世纪70年代加固
	后陈东小桥	南北沟	钢混	15	2、4	6.3	5	—
	后陈北小桥	东西小沟	水泥混结	9	2、1.5	4.5	5	—
	董王北小桥	东西沟	石拱	10	1、4	4.2	5	—
黄龙路	李集北中桥	李集北沟	钢混板梁	20	1、9	6	10	2011年始建
	李集南小桥	南沟	石拱	9.3	1、4	4.5	5	20世纪80年代始建
	庙李北小桥	北沟	单曲拱	8.4	1、2	5.7	5	20世纪80年代始建
	龙水东桥	葛沟	单曲拱	19.5	1、7.2	4.5	7	20世纪80年代始建

（续表）

道路名	桥　名	跨河沟名	桥类型	桥全长（米）	孔数及单孔跨径（个、米）	桥面净宽（米）	载重（吨）	备　注
黄朱路	潘桥	葛沟	钢混	19.5	1、13	4.7	8	加固
	老户朱西北小桥	南北沟	水泥混凝	6	1、4	6	5	加固
	老户朱桥	朱沙沟	钢混	21	1、9	5.2		加固
	老户朱东小桥	东小沟	水泥混结	9.6	1、1	5.2	4	涵桥
朱砂路	老户朱庄中小桥	东西小沟	水泥石混	9	1、5	4	4	20世纪80年代始建
	老户朱南小桥	东西沟	涵管	4	1、1	4	3	20世纪80年代始建
	村部后小桥	东西沟	水泥混结	3	1、1	4	—	—
	乔园三支圩小桥	东西圩沟	水泥混结	4	1、1	4	—	—
	二支圩桥小桥	东西圩沟	涵桥	4	1、1	4	—	—
	砂坝街（闸）桥	朱砂沟	钢混结构	20	1、5	9	6	1979年始建

三、镇、村客运

1951年12月，县汽车站成立。次年初，县城至固镇通车，途径晏路。由一辆日产"尼桑"货运汽车改为客运，每次载客30人，上午发往固镇，下午返回，晴通雨阻，半年后车坏停运。1958年，购买国产30座位客车一辆，每日上午发往固镇，下午返回。晏路公社设汽车站，配售票员1人，是镇内开设最早的汽车站。

1970年，黄湾公社成立后，黄湾设招呼站。1992年以前，灵璧到黄湾、晏路、沱河桥方能乘车。

1995年春，砂坝村客运户董尚元首次开通砂坝至黄湾、灵璧县城班车，上、下午各一次。

2000年春，宋河至黄湾客运开通，镇西北最偏僻的农民去黄湾可乘客车。晏山柏油路整修拓宽，大山至灵璧、晏路有客运班车。

2002年，镇内公交车有3辆，线路是灵璧—黄湾、灵璧—砂坝，6名员工每天早晚两次发往砂坝，并运营至韦集陈元村，晚上住宿陈元或砂坝。

2004年，开通灵璧—沱北（张龙）线路，两辆班车。2008年4月，灵璧—陆集、灵璧—张集的3辆农线客车通车。2010年，开通灵璧—王桥、灵璧—宋河两辆班车。2014年始，黄湾至灵璧班车10辆，隶属新国线集团，为"新国线黄湾农班车队"股份制经营企业，共有职工 24 人。夏季，每日开往灵城早上第一班开车时间：5 点 40 分，下午末班：18 点 10 分；冬季，早第一班开车时间：6 点 10 分，下午末班：17 点 40 分。2014 年，全年输送乘客 60 万人次，总收入 250 余万元。

附：砂坝桥原委

沱河，古称洨水，当地人们在洨水上筑一砂礓坝，汛期，河水上涨，砂礓坝淹没在水中，群众称"水漫桥"。清乾隆八年（1743 年），由灵璧县城通往刘集、九弯途经砂礓坝，建 5 孔桥，叫砂礓坝桥。乾隆二十三年（1758 年），县内共 9 座桥，其中有砂礓坝桥，后倾圮。清光绪十年（1884 年），刘沟涯庄人刘梦松捐资在原桥北端加建 2 孔，成为 7 孔桥，称砂坝桥。传说，当地群众捐资为修桥者立碑纪念，现碑无存。抗日战争时期砂坝桥遭到毁坏，后改为渡口到 2015 年。

2014 年底，在原砂礓坝桥旧址上重建砂坝桥，由市、县水利局组织施工，横跨沱河，桥长 240 米，12 跨，单跨 20 米，桥面宽 6.5 米，总宽 7 米。桥梁结构为钢筋混凝土注桩，桥面为预应力钢筋混凝土牢板结构，总投资 600 万元。2015 年 12 月建成并通车。

砂坝桥是一座古桥，砂坝桥北设庄和集，民国时期设乡，中华人民共和国成立后，人民政府所设置的乡、公社、大队、村等行政机构及企事业单位，大多取砂坝桥前二字命名。

第三节　电力　邮政　通信

一、电力

1949 年前，全境无电。1970 年，黄湾公社广播站用 20～25 匹马力柴油机组牵引发电，供广播站一日三次开机播音。1975 年，省委派省电力局局长陈端锋带着电力局直属单位人员，进驻公社开展社会主义路线教育期间，讨论制定全社架设供电线路、筹建变电所。1976 年春季，公社党委、革委会成立办电指挥部，大队成立办电领导小组。省、县社会主义路线教育工作队全体成员齐参与，全社干群齐上阵。公社办电指挥部组织备运材料、架线施工，组织各大队拉石头建供电所。省电力局无偿援助大量有关设备器材。地区、县和周边地区的供电部门，在省电力局的统一协调下，于 1976 年 4 月 28 日，架通了由韦集变电所到黄湾街 35 千伏的高压输变供电线路，总长 6.68 千米，架 61 根高压线杆。1976 年 5 月 1 日晚，黄湾街通电。

1. 黄湾供电所

1976 年 5 月，黄湾供电所设建，设所长 1 人，刘金言任所长，配农电工 3 人。2003 年，供电所共有职工 28 人。2014 年，全所职工 27 人，其中，供电所设管理人员 4 人（含技术安全员、用电管理员等），会计员 3 人。供电网覆盖全镇各个村庄，户通电率达 100%。2014 年，供电所占地面积 1.5 万平方米，建筑面积达 2230 平方米。2003 年 12 月，供电营业大楼建成并投入使用，占地总面积为 750 平方米，建筑面积为平方米，见表5-3-1。

表5-3-1 1992—2003年黄湾镇电力供应统计表

年　度	年度供电总量（度）	农户生活用电量（度）	农户加工业用电（度）	镇村工业用电（度）	农户用电价格（元）	年度电费收入（万元）	配电变压器数（台）
1992	2333740	1442008	164510	75605	1.15	115	50
1993	2433620	1492000	183523	777214	—	120	54
1994	2564650	1532015	202723	807214	—	112	58
1995	2703650	1562080	221323	830215	—	131	65
1996	2823650	1585000	2406100	850315	—	143	75
1997	2953650	1604950	260623	884315	0.92	155	84
1998	3093650	1629840	279623	904300	0.92	175.2	87
1999	3213650	1659938	297823	924344	0.91	183.5	88
2000	3353650	1680020	319323	956100	0.87	195.42	90
2001	3516800	1699948	339100	980344	0.73~0.84	207.33	90
2002	3661350	1719948	351323	1010344	0.73~0.84	234.23	90
2003	3612400	1895000	380050	1210045	0.73~0.84	235.15	90

2. 黄湾35千伏变电站

黄湾35千伏变电站的前身是黄湾变电所，坐落在黄湾东街201省道北侧，占地4亩，与黄湾供电所同时成立于1976年5月，同黄湾供电所一个机构，挂两块牌子。1990年设"黄湾变电所"，设编4人。2009年，县供电公司投资，对变电设施进行更新改造。35千伏进线由灵璧变58#开关出线，全长23.7千米，导线型号为LGJ-70，进线刀闸编号511#。35千伏母线为单母线不分段，主变2台，容量8150千伏安。

3. 线路整改

1976年下半年，高低压线路向各大队架设，采取以大队为单位，统一筹资、统一备料、统一施工。钱、物由各大队向生产队筹集，大队、生产队组织人力挖坑眼、拉运和竖立电线杆。到1978年，全社各大队通电。1985年，各乡（镇）成立农电管理站，农电管理站负责领导各村农电工，主责是收取电费、供电线路维修等。

1990年到1996年，供电线路老化，私拉乱接、偷电现象时常发生，还曾出现人员和牲畜因触电而死、伤的现象。

1996年，全镇开始供电整改，以台区（每台变压器所服务的辖区）为点进行整改，其资金由台区内群众筹集，群众选出代表管理资金，参加整改，全程监督，材料与账目公开。这使一些断电、常停电的村庄得到整改，恢复了正常供电。2000年以后，村庄台区整改，由供电所上报县公司审批，资金由国家投入。2003年底，全镇高压线路总长 110.99 千米，低压线路 186 千米，共有变压器 90 台，其中村集体 76 台，单位和个人专用 14 台。

2004 年，全镇整改台区已达 100%，电价由原来的 1 元多钱每度，降到 0.55 元每度，实现同网同价。整改后，为群众减轻负担 113.94 万元，见表 5 - 3 - 2。

灵璧至韦集再到黄湾变电所 35 千伏线路架设于 1976 年，由于用电负荷量增长，原线路老化，事故频繁发生，已远远不能满足现在用电需求。2014 年初，县公司投资 800 万元，从灵璧架设 35 千伏线路至黄湾变电所，结束了全镇用变电单条线路供电的现状，为群众用电提供了有力保障，见表 5 - 3 - 3。

至 2014 年，县公司共投入 3000 余万元，对黄湾供电所进行台区升级再整改，全镇整改台区占总台区 80% 以上。高压线路总长 112.7 千米，低压线路总长 264.5 千米，公用变压器 105 台，专用变压器 24 台，见表 5 - 3 - 4。

2014 年，全镇全年总供电量 1480 万度，其中，农民生活年用电 1283 万度。

表 5 - 3 - 2 1996—2003 年黄湾供电所整改统计表

| 整改年份 | 整改台区数（个） | 投入资金（万元） | | | 占总台区% | 降低电损（度） | 每度降价（角） | 全年农户减负（万元） |
		农户集资	国补资金	小计				
1996	4	5.74	2.4	8.14	0.05	1200	0.8	18
1997	3	6.21	3.8	10.01	0.039	1100	0.7	8.76
1998	1	1.4	0.7	2.1	0.013	90	0.4	2.4
1999	20	46.41	230.4	276.81	26.31	3400	0.34	28.56
2000	11	42.84	54.8	97.64	14.47	1280	0.35	18.48
2001	11	18.15	107.80	125.95	14.47	1400	0.29	13.98
2002	18	32.4	364.1	396.5	23.68	2800	0.11	14.256
2003	8	13.87	296.4	310.27	10.52	1140	0.11	9.504

表 5 - 3 - 3 2004—2014 年黄湾镇电力供应一览表

| 年 份 | 年供电总量（万度） | 农户用电（万度） | | | | 年电费收入（元） | 配电变压器数（台） |
		生产	生活	养殖	加工		
2004	216	15	174	5	22	1231200	69
2005	221.5	10	185	7.5	19	1262550	74
2006	274	14	215	9	36	1561800	79
2007	291.5	16.5	230	5	40	1661550	81
2008	600	17	527	6	50	3420000	84
2009	765	20	685	5	55	4360500	86
2010	780	24	682	6	68	4446000	88
2011	800	30	681	11	78	4560000	92

（续表）

年　份	年供电总量（万度）	农户用电（万度）				年电费收入（元）	配电变压器数（台）
		生产	生活	养殖	加工		
2012	900	45	750	16	89	5130000	94
2013	1380	52.5	1238.5	14	75	7866000	97
2014	1480	66	1283	22	109	8436000	105

表5-3-4 2004—2014年黄湾镇电力整改状况一览表

整改年份	供电基础设施			整改投入金额			降电损耗（度）
	高压线路（千米）	低压线路（千米）	变压器台数（台）	农户集资（万元）	国家补助（万元）	总　计（万元）	
2004	79.5	140.5	69	2.4	11.2	13.6	1002
2005	77.2	146.2	74	1.6	79	80.6	1250
2006	82.1	152.8	79	1.2	98	99.2	1380
2007	84.6	158.9	81	—	125	125	1989
2008	89	188.9	84	—	188	188	1909
2009	91	204.6	86	—	198	198	2450
2010	92	214.6	88	—	279	279	3468
2011	99	225.4	92	—	300	300	5600
2012	101.4	238.4	94	—	480	480	6000
2013	105.6	256.4	97	—	560	560	6120
2014	112.7	264.5	105	—	850	850	7250

二、黄湾邮政支局

1. 机构设置

民国二年（1913年），镇内设晏路、砂坝邮政代办所和邮政信柜。邮差每5日巡回一次，办理邮件交换。1962年，县邮政局在晏路设立邮政代办处。1970年，设立黄湾邮电支局，设支局长1人、电话总机话务员1人、晏路设分机话务员1人、设电话安装及维修线路员1人、营业员1人、投递员2人。1998年8月，邮政和电信一分为二，分设黄湾邮政支局和黄湾电信支局（至2014年）。邮政支局共有职工8人，设支局长1人，储蓄、邮政营业员等4人，投递员2人。

2. 主要业务

1970年，黄湾邮电支局设建后，直到1980年，主要开展电话业务，黄湾设总机，晏路设分机，各大队和社直各个单位都安装电话。总机话务员用电话发电报，其他主要业务有汇款，设邮件、电报、办理平信、挂号信，包件、报刊发行等业务。

1980年以后，增加开设旅社，在5个乡镇开设报刊发行代办点，设立邮箱。

1993 年以后，增设邮政储蓄业务。设报刊、图书销售窗口。

2000 年以后，增加化肥等商品销售、快件专递，代办理各种商业保险，代收电费、通信费等，在部分村级设立邮政代办点。

包件。包裹和快递小包由 100 克重起计费，快递小包限重 500 克，其费率比普通包裹多收 50%。2014 年，包裹每 100 克重计费涨至 5 元，全年办理出口包裹外寄 158 件，收到进口包裹投递 386 件。

汇款。2014 年，共办理出口汇票 146 张，收入 0.32 万元。共收到进口汇票 378 张，支出为 24.2 万元。

报刊发行。2014 年，全镇全年共订阅报刊 632 种，其中，报纸 202 种，共 87600 元；杂志 430 种，共 31900 元，订阅报刊总额 11.95 万元。订阅的党报数量分别是人民日报 49 份、安徽日报 156 份、拂晓报 346 份，三级党报总订量 551 份。中央、省级党刊 234 份，比 2013 年上升 124 份。

揽储。1993 年开展储蓄业务，黄湾邮政支局下设邮政储蓄支行，开设 3 个营业窗口。2013 年，揽储定期存款 6800 万元，活期存款 8450 万元，代卖各类保险 465 万元。总存款 1.5250 亿元。2014 年，吸储总额达到 1.83 亿元，比 2013 年增长 1.20%，活期余额为 9660 万元，比上年增加 0.72%，定期余额为 8640 万元，比上年上升 0.48%，定期占比 52%。名例全县乡镇第 5 名。

投递。1984 年，全区 5 个乡（镇）面积大，投递路程远，采取乡级投递线路承包给农民代办员投递，后又招聘部分农民投递员。2014 年，支局有投递员 2 人，每日报纸邮件 120 件左右，全镇农村投递线路为 2 条，单程长度 130 千米，每日人均投递量为 60 件，人均投递单程为 65 千米，投递深度均是交到客户家中。甲级专递件，均是随到随送达到客户手里。2014 年，送大学入学通知书 342 份，误差率为零，及时送达率为 100%。

电报。1970 年，邮政支局用电话向县邮电局传发电报业务。1985 年，正式办理电报业务，出口电报由话务员汉字翻译成电码，利用电话向外地传递。进口电报由县邮电局报房传来电码，再由话务员译成汉字，投递员送到收报人手中。1990 年以后，由于电话、手机大普及，电报量越来越少，1999 年，电报业务停办。

2014 年，为在编人员发放工资 936 万元，离退休代发工资 128 人，共 368 万元，给 310 位"七老人员"发放生活补助费。为 60 岁以上代发养老金 6857 人，共 37.71 万元，代收缴纳的社会养老保险金 32.18 万元。

三、通信

1. 黄湾电信支局

1969 年以前，晏路公社邮电支局设电话总机。1970 年，黄湾公社邮电支局设电话总机，装电话 40 余部，各大队和社直单位安装电话，晏路设分机。1998 年 8 月，成立黄湾电信支局，县电信局投资 200 万元，装备程控数字交换机，架通到各村电话线路，装机容量 500 门，装机费用为 1000 元/门。2000 年至 2003 年春，县电信局对镇内程控电话进行扩容，投资 125 万元，全镇各村、自然庄均架通电话线路，并开展来电显示和其他一系列服务，镇直一些单位还开展电话传真业务。二次装机开通 2900 门。至

2003 年底，全镇装机 3600 余户，其中农户家装机 3400 门，来电显示用户 2600 户，开通"168""121""96800"等各种信息服务。2005 年以后，随着手机普及，固定电话使用量越来越少，但安装电脑宽带用户越来越多。到 2014 年，全镇程控固定电话由 2003 年的 3600 余户，减至 500 户，多数属单位固定电话。

至 2014 年，电信支局建两间共三层的办公楼，共有职工 5 人。设支局长 1 人、营业部经理 1 人、宽带装修 2 人。黄湾街开设电信卖场 2 家、电信专营店 2 家，在村级开便利店 11 家，专营人员 15 人。全镇电信设施累计总投资近 1 亿元。宽带线路累计投资4500 万元，固定电话累计总投资 2500 万元，建 18 个接入网及 AG 点，累计投资 1500万元，电信铁塔 6 个，累计投资 1000 万元，支局设备及办公楼累计投资 500 万元，见表 5-3-5。

表 5-3-5　1996—2014 年黄湾电信业务统计表

年　份	电话用户（户）	宽带用户（户）	手机用户（户）	开通移动号段	人均月消费（元）	年业务收入（万元）
1996	200	—	—	—	100	2
1997	300	—	—	—	95	2.85
1998	600	—	—	—	90	5.4
1999	800	—	—	—	37.5	3
2000	1500	—	—	—	30	4.5
2001	2100	—	—	—	31.4	6.6
2002	2600	—	—	—	30	7.8
2003	3300	—	—	—	25.1	8.283
2004	3500	—	—	—	28	
2005	3800	30	—	—	30	
2006	4500	60	—	—	30	—
2007	5800	70	—	—	30	120
2008	6500	80	100	—	30	140
2009	6200	120	300	189 和 133	30	160
2010	5500	200	800	153 和 180	30	180
2011	3000	400	1800	181 和 177	30	200
2012	2000	600	2000	—	30	220
2013	1200	700	2200	—	30	230
2014	500	800	2500	—	30	240

2. 移动

县移动分公司于 2000 年在镇内建移动发射塔，开通 135、136、137、138、139 手机信号。2005 年底，开通 134 信号。2003 年，镇内使用移动通信信号的用户有 2130 余户。2002 年 7 月，开办移动营业部。2006 年至 2014 年，开通 150、151、152、158、159、187、188、147 手机信号。

移动在 14 个村基站覆盖率为 100%，截至 2014 年，黄湾街、三桥、宋河、双桥村已经开通 4G 信号，见表 5-3-6。现黄湾移动营业部在镇辖内设立的移动网点 10 家，其中黄湾街道 8 家，晏路、红星村各 1 家。2011 年，黄湾移动开通宽带业务。到 2015 年 2 月底，晏路移动宽带开通。在建的移动宽带有三桥、红星、胡桥、庙李、砂坝村。

表 5-3-6　2008—2014 年黄湾移动业务统计表

年　份	手机用户数（户）	宽带用户数（户）	开通位号数	人均月消费（元）	年业务总收入（元）
2008	4200	0	158	25	105000
2009	5300	0	—	30	159000
2010	5560	0	147	25	139000
2011	5700	0	—	25	142500
2012	5890	100	188	20	117800
2013	6010	220	184	25	150250
2014	6700	280	0	30	201000

3. 联通

2000 年，黄湾镇建设第一座移动通信基站，至 2003 年，全镇联通用户为 1500 户，2006 年为 2600 户。至 2014 年底，全镇联通用户为 6000 户，见表 5-3-7。

至 2014 年，联通在黄湾镇投资总额约 1000 万元。其中，建设 2G、3G 基站 7 座，铺设固网、移网传输通信光缆 200 千米，租赁营销中心办公楼、办公设备、营业场地等，设经理 1 人，主管和工作人员 3 人。

表 5-3-7　2000—2014 年黄湾镇联通业务统计表

年　份	手机用户数（户）	开通位号数	人均月消费（元）	年业务总收入（元）
2000	200	131	5	15000
2001	400	—	8	40000
2002	1000	—	10	100000
2003	1500	130	11	198000
2004	2000	—	13	312000
2005	2300	—	16	441600
2006	2600	—	17	530400
2007	3000	132	17	612000

年 份	手机用户数（户）	开通位号数	人均月消费（元）	年业务总收入（元）
2008	3600	—	20	864000
2009	4000	—	22	1056000
2010	4500	—	22	1188000
2011	4900	—	23	1352400
2012	5300	—	25	1590000
2013	5800	—	27	1879200
2014	6000	—	30	2160000

第六章 工商业

1949年以前，镇内工业以手工业为主，各种匠铺、槽坊遍布村、街。中华人民共和国成立后，镇内工业企业经过了大起大落再提高阶段。至2014年底，全镇共有企业121个，其中股份制企业8个，规模以上企业1个，个体商业遍及各村庄。

红星村服装厂

第一节 乡村工业

一、管理机构

1976年以前，区、乡工业无专设管理机构。1976年3月，公社成立综合厂，公社党委指派专人负责综合厂工作，并从村选派人员任厂长、副厂长、会计等职务。1980年6月，成立区企业办公室，区公所由一名副区长分管企业办。原综合厂解体，部分成员转入企业办公室。企业办公室设主任、副主任、主管会计和出纳会计共4人，隶属区公所和县乡镇企业局。1984年，区辖5个乡成立企业办公室。1992年，建镇以后，镇企业办公室人员部分是县人事部门安排分配的大专生，办公室主任由镇分管人员兼任。1999年以后，企业办力量不断减弱。2003年，在乡镇机构改革中，企业办公室被撤销。

二、集体工业

三桥大队办工业。20 世纪 50 年代，开始兴办工业，当时大部分是手工业。1954 年，砂坝和庙李村成立铁、木业社。1965 年至 1968 年，三桥大队先后办起采石厂、黄盆窑厂、砖瓦厂。1993 年转产筹办砂轮厂。从江苏扬州聘请技术员，从云南购进所需石料，所生产的产品销售省内外，供不应求，生产不足两年，盈利 10 多万元。因多种原因，于 1974 年底关闭。

晏路铁木业社。1958 年，手工业管理局与晏路公社合办晏路铁木业社，生产铁、木产品，兼经营维修业，共有职工 20 多人。全社所需的农具、农家生活用具大都由铁木业社提供。铁木业社产销两旺。1971 年，黄湾公社对铁木业社进行改造，主要经营木工业。1980 年以后，开办电锯木材加工，木业社经营进入兴盛时期。1992 年，撤区建镇后，社有职工 18 人，以木工业、木材加工经营为主，仅能维持职工生计。因欠农行黄湾营业所贷款本息 5 万多元，卖掉电锯等资产还贷而倒闭。

陆集大队柳编厂。1978 年春，陆集大队党支部在陆集庄创办柳编厂，从江苏请技术员，村里 10 多名编织技术人员入厂工作。编织产品有笆斗、簸箕、小吊篮、小花篮等。产品不仅在当地畅销，小吊篮、小花篮还被外贸部门列为出口产品，远销东南亚等国家，产销两旺，名气远扬。1984 年，因管理不善，缺乏资金投入，倒闭。

石炉生产队办加工业。1980 年 7 月，石炉大队柯现祥领着 36 人的小组，在黄湾西街北侧开办了集体加工厂，弹轧棉花、磨面和承包供销社槐叶粉加工等经营项目，日夜生产，营销十分红火。年底，加工经营进一步扩大，人员不断增多，效益很好，每人年终分红在千元以上。1982 年，由于土地承包到户，人员锐减，集体经营方式解体，机械折价，由柯现祥私人经营。

砂坝公社轮窑厂。1979 年，砂坝公社创办轮窑厂。公社党委抽调大朱大队党支部书记朱士先筹办。筹集资金，调整土地，投资 3.8 万元建起 18 门轮窑厂。1980 年投产，生产红砖，时值广大农民拆草房、建瓦房，产品供不应求，经济效益较高。1989 年以后，因土地属大郑村集体所有，社办窑厂转为村办窑厂。1990 年以后，因种种原因，窑厂停产。1994 年，由刘高承包经营。2005 年，该厂又由李士明承包经营。2000 年以后，该厂因环保不达标，再次停产。后李前进等人注入资金，全面改造升级，重建节能型新窑厂。2014 年，虽然产销两旺，但因秋季连阴雨天较多，砖坯受到损失，厂有亏损。

黄湾公社综合厂。1980 年春，黄湾公社在黄湾西街筹办综合厂，抽调王桥村党支部书记刘洪声任厂长，赵殿房任会计，共有职工 50 多名。经营自行车销售、肥皂生产、橡胶生产、理发、缝纫、车辆维修等多种项目。各项经营均自负盈亏。后因经营产品质量差、管理水平低，于 1984 年倒闭。

大杨村轮窑厂。1984 年，晏路乡大杨村建轮窑厂，聘请崔宝华为技术指导，共投资 18 万元，建 18 门东窑。1986 年，又投资 18 万元，建 18 门西窑。轮窑厂投产后，先由村委会集体经营，后转给计春风个人承包，于 1998 年停产倒闭。建厂 14 年，烧砖用土占用集体耕地 300 余亩，后改造鱼塘 10 多亩。

黄湾区轮窑厂。1986年9月，黄湾区和黄湾镇联合投资在王桥北（原农场地）筹建轮窑厂，总投资18万元，于1987年建成18门砖厂。1992年5月，崔保华与镇政府签订承包窑厂合同，年产红砖800万~1000万块，产值在150万元以上。崔保华坚守诚信经营，对困难户采取赊账或降价销售，年年产销两旺，每年向镇政府缴纳承包费6.5万元，向国家缴税20万元左右。同时他还积极向受灾地区和镇敬老院捐款捐物，出资为村里铺修水泥路。2010年以后，王桥窑厂在不断缺乏烧砖土源的情况下，崔保华坚持从远处买土烧砖。2014年，在秋季遭到严重阴雨灾害的情况下，总产值仍达到2000万元，盈利24万元，资产总值上升到2000万元。崔宝华当选为县政协委员。

黄湾镇大豆奶粉厂。1991年春，区公所和县乡镇企业局组织论证，利用本地丰富的大豆资源，筹办大豆奶粉厂。区委2次组织专人赴吉林省考察，并与吉林省高等院校科技开发研究中心签订技术转让协议书，豆奶粉加工全套设备由长春市动力原件厂提供。1991年秋，区委派刘永飞组织筹建工作。10月底，厂房建齐，机械运回，技术员指导安装和试产。总投资百余万元，其中，国家支持80万元。1992年投产。日产大豆蛋白粉3~4吨，年产值300多万元。1993年5月，镇委、镇政府在宿县地区召开新闻发布会，地、县领导及淮南、蚌埠等食品企业厂家，派代表参加发布会。国家工商总局注册商标为"灵黄牌"豆奶粉。1995年，镇办豆奶粉厂倒闭，厂房出卖，机器等设备流失。

黄湾镇绣花厂。1992年，镇政府在大会堂楼下筹办绣花厂，共招收绣花女工20多人。给淮南绣品厂来料加工，厂方派技术员现场培训指导，按加工产值12%提给镇管理费。加工主要产品有枕套、床罩、被罩三种，向新加坡等东南亚国家和地区出口，年产值达120余万元。女工按加工出来的产品提成给工资，月收入一般在180~280元，高者300余元。1994年，因市场销路不畅，淮南厂方不供给原料，绣花厂倒闭。

黄湾镇复合肥厂。1995年4月，镇委、镇政府筹资办复合肥厂，借贷30多万元，总投资48万余元，招收20多名工人，7月初开始试生产，把二铵、尿素、磷肥、碳铵、微量元素等搅拌加工成粒，日产40余吨。到10月，共生产100余吨，向群众售出80余吨，分到村里20多吨。经化验，所产的复合肥，磷、氮、钾总含量达25%~35%，受到群众的欢迎。建厂生产三个多月，获利2万多元。后因缺乏资金投入停办，挤压造粒机、原盘造粒机、2台大型粉碎机等设备流失。

三、民营工业

中华人民共和国成立前后，民营工业以小匠铺为主，多为铁木业生产，其产品有镰刀、锄头、铁锹、铁锨、铲子、菜刀、锅铲、铁勺等生产和生活用具。20世纪60至70年代，对民营工业进行改造，由集体兴办。20世纪80至90年代，政府对民营企业实行优惠政策，全镇民营企业逐步发展。2000年以后，农民工返乡创业，促进了个体工业发展。其中主要有粮油加工业、农机具生产与销售业、纺织服装产业、建材业、大理石加工、供水设备等。2014年，仅黄湾街就有建材、铝合金门窗加工，粮油加工，农机具生产销售，拖车生产，农机具、汽车、轿车、摩托车、电瓶车维修和销售业等工业大户80户，有的户年产值50万元，高的近百万元，见表6-1-1。20世纪90年代以后，砂坝街工业户重点生产农用拖车、铁耙、双铧犁、三铧犁、铝合金门窗等工业店铺，产品销往周边县市。

灵璧县大地公社服装有限公司属股份制企业，是黄湾镇2014年招商引资兴办的服饰生产及加工的工业企业。该企业由江苏博豪服饰拉链制造有限公司投资兴办，占地35亩，位于晏路街。该公司于2014年1月注册、申请立项。计划总投资1.1亿元，到2014年12月，已投资6000多万元，并进行生产。该公司工人近200人，月产值达400多万元。目前，公司已在朱仙庄镇、下楼镇、韦集镇等建立分厂，年产值达5000万元至6000万元。2014年，该企业被县批准为规模以上企业，受到县政府奖励。

表6-1-1　2014年黄湾镇民营企业一览表

企业名称	投产时间（年）	行业类别	性质	产品	负责人	年总产值（万元）	年利税总额（万元）	年销售净收入（万元）	固定资产（万元）	员工数（人）	坐落地址
灵璧大地公社服饰有限公司	2014	工业	股份	出口服装	吴大强	3500	280	3200	2500	106	晏路村原粮站大院内
无纺布厂	2013	工业	个体	无纺布	李磊	50	5	43	214	6	胡桥村灵固路旁
大郑节能砖厂	2011	工业	股份	节能砖	李前进	350	—	15	550	55	砂坝村大郑庄北部
灵璧超华制粉有限公司	2010	工业	有限	面粉	李超	3500	—	3000	970	6	黄湾街
王桥窑厂	1992	工业	私营	红砖	崔保华	2000	18	18	200	50	王桥村北部
三水木板厂	2014	工业	股份	木板	桑三水	1000	—	—	150	10	朱圩村老户朱西部
吉祥水塔厂	2006	工业	私营	水塔	陈金明	80	—	—		5	朱圩村部和黄湾街
红星村服装厂	2011	工业	私营	服装	孙祖宇	60	—	15	16	20	红星村小孙庄
木片加工厂	2013	工业	私营	加工木片	陈涛	150	—	5	60	7	柯湖村部
门窗附件厂	2006	工业	私营	铝门窗附件	王栋王明强	50	—	10	60	4	张龙村老村部

第二节　商业贸易

中华人民共和国成立初期，境内私营商业网点较多，占商品经营的90%。后国家对私人工商业进行改造，逐步变成集体和国营商业。党的十一届三中全会后，实行改革开放，个体商业像雨后春笋普及全镇，原国营和集体商业经过改制，有的拍卖、有的租赁由私人经营，到2014年，集体商业无存。

一、商业市场

20世纪50年代以前，镇内商业市场很少，仅有砂坝和晏路2个小集，集日群众到集市上进行商品交换。其经营品种有布匹、五金、食品、油、盐、酱、醋及日杂商品，另设有牛、羊、猪行等，日集人流量较大，购销两旺。乡村也经常出现流动商贩，挑担或推车，摇着拨浪鼓子（传递招呼人的信号），主要销售针、线、小糖果、火柴、儿童玩具、粉笔、铅笔和妇女用的扎头用品等小商品。可用钱买，也可用废品兑换，群众称"换荒的"。1956年以后，商品由集体经营，个体商业消失。一般1个村设1个商业供销店。1969年，黄湾公社成立，设黄湾供销社，在黄湾街设4个商业门市部。1971年底开始，黄湾供销社陆续在村级（大队）设商店和农副产品收购点。1980年，黄湾公社改置黄湾区后，在砂坝、晏路、红星、大山4个乡政府所在地设供销分站和沱河桥北设分站，全区5个分销站，加之村设的店，商业网点遍及区、乡、村。

20世纪90年代以后，由于市场逐步开放，个体经营户迅速增多，集体商业受到很大冲击。1993年起，黄湾供销社营业大楼和各分销站实行租赁承包给职工经营。1998年以后，黄湾供销社门面房和砂坝、晏路、红星分销店被县法院拍卖还贷，至此，供销社集体商业解体。

1992年以后，黄湾及砂坝、晏路、红星等集市和村级商业网点星罗棋布，黄湾街不仅有门面商店20余家，还办起股份制的商业超市2家，个体超市4家。到2014年，全镇经工商部门登记注册的私人商业有百余家。

二、商品经营

1. 粮油购销

（1）经营机构

1952年，县人民委员会在晏路建一座粮仓，称晏路粮站，是辖内最早的粮站。1973年，县政府、粮食局征用黄湾绿肥场土地，在黄湾东西大街北侧建黄湾粮站，晏路粮站改为黄湾粮站下属分站。1980年，黄湾公社粮站改为黄湾区粮站，分别在砂坝、红星、黄湾、晏路公社及大山公社的杨集设5个粮食分站。1981年，王桥设议价办事处。1992年，撤区建镇，黄湾区粮站更名为黄湾镇粮站。1998年6月1日，撤销黄湾镇粮站机构，成立"灵璧县粮食局第一公司黄湾分公司"。2001年6月，设"黄湾国家粮食储备库"，隶属灵璧县粮食局和宿州市国家粮食储备库。2003年6月，设黄湾粮食分公司。2011 年，取消黄湾粮食分公司，设"王桥省级粮食储备库"，隶属于灵璧县粮食局。

黄湾国家粮食储备库

（2）库房建设

1952 年，境内第一个粮站——晏路粮站，占地 13232 平方米，仓容量 85 万公斤。1973 年，在黄湾东西街东段北侧建黄湾公社粮站，占地 4 万平方米。1980 年，分别在砂坝、红星、黄湾、晏路公社所在地及大山公社杨集设立 5 个粮油收购分站。1981 年，王桥设立议价粮办事处，仓容 60 万公斤。1985 年以后，黄湾区粮食产量逐渐增加，粮站仓容量远远不能满足农民卖粮所需，虽然各个粮站都设露天仓，仍然出现卖粮难的现象。

黄湾国家粮食库。2000 年，国家计委、国家粮食局联合行文批准兴建黄湾国家粮食储备库，建于黄湾粮站内，占地 7 万平方米，建筑面积 6300 平方米，建储备库 5 栋，每栋 21 米跨度、60 米长的拱板平房仓及收储粮食先进的配套设备，总仓容量 2.5 万吨。国家投资 1375 万元，于 2000 年 9 月 13 日开工，2001 年 6 月竣工，按照上级安排储备计划，当年新库装新粮 2.5 万吨。2002 年 9 月 26 日，通过国家验收。

王桥省级粮食库。2009 年，国家投资 1400 万元，在王桥粮站基础上扩建省级粮食储备库，占地 150 余亩，住库房面积 21600 平方米，新建三栋总仓容 3 万吨。2014 年王桥省级粮食储备库收储粮食 4 万吨。收储和销售全部实现机械化。

（3）收购

1953 年起，国家实行统购统销政策，由国家统一收购、统一销售。1959 年 8 月，农村粮食统购统销实行定产、定购、定销的"三定"政策。1963 年起，开放粮油市场，粮站随行就市，议价收购余粮。从 1966 年开始，停止粮油议价收购。1970 年起，提高超购粮油价格，按平均高于统购价格 30% 收购。1973 年，恢复议购经营，严禁粮油上市。1979 年，区粮站加价向各生产队收购议价粮食。1980 年，粮食放手超购，超购价格平均高于统购价格的 50%。黄湾区粮站成立交易所，全面开展议价收购工作。1983 年起，粮油市场全面放开搞活，鼓励长途贩运粮油。1984 年，黄湾区农业大丰收,粮食产量大幅度增加,各粮站粮食涨库,全区第一次出现农民卖粮难的现象。

1985 年,国家改变粮油统购、超购办法,实行合同定购。由粮站与农户签订售粮合同,每户的合同小本都由乡(镇)政府盖章,提前发放到户,按合同收购。农户完成合同后,可以在市场上自由交易。定购品种为小麦、玉米和大豆。其他品种,农民可以自由购销,实行多渠道经营。如果市场价格低于统购价,国家按照统购价敞开收购。粮油实行合同收购,收料不收油,凡是签订合同的按照合同收购,没有实行合同定购的,仍按照计划收购。

1987 年,粮食实行多渠道经营,经销粮食单位和个人逐渐增多,粮食收购大战迭起,粮价越抬越高,定购粮收购进度缓慢,县政府按照省政府规定,对合同定购以内的粮食实行与化肥、柴油、预购定金三挂钩,给农民以补偿。每 100 公斤定购粮奖售化肥 12 公斤、柴油 3 公斤,并按照小麦定购价款的 20% 计算,发给预购定金,以此提高农民售粮积极性。

1997 年,粮食获得丰收,春季以后市场粮价持续下滑,到 7 月初,小麦每公斤由年初的 1.40 元下滑到 1 元。为了保护农民利益和种粮积极性,仍按照保护价敞开收购议价粮的政策,定购粮价格维持上年不变。6 月 29 日,中共中央政治局常委、国务院副总理朱镕基在镇粮站视察,宣布国家实行保护价敞开收购粮食,切实保护农民利益,粮站立即提高保护价收购价格,每斤高出市场价 2 分钱。

2003 年,省政府通知取消合同定购粮,粮食市场开放,农民生产粮食可到粮站和市场上自由出售,见表 6-2-1。到 2014 年,全镇各集市和交通要道村庄设个体粮食收购点 50 多处,还有较多的车辆进村流动收购,收购大户囤粮百万余斤。

表 6-2-1　1992—2003 年黄湾镇合同定购小麦收购统计表

年　度	收购合计 (公斤)	定　购 (公斤)	议　购 (公斤)	定购价 (元)	议购价 (元)	统销价 (元)
1992	6643000	3965000	2678000	0.98	0.98	0.99
1993	8754000	3965000	4789000	1.01	1.01	1.04
1994	10537000	3965000	6572000	1.27	1.27	1.27
1995	10421000	3965000	6456000	1.31	1.31	1.30
1996	12930712	3965000	8965712	1.41	1.14	1.35
1997	8932610	3965000	4967610	1.36	1.36	1.20
1998	7937507	3965000	3972507	1.46	1.46	1.26
1999	6520789	3965000	2555789	1.129	1.0894	0.848
2000	5879660	3965000	1914660	0.986	0.953	1.139
2001	9260918	3965000	5295918	1.021	1.021	1.03
2002	8540690	3965000	4575690	0.978	0.978	1.014
2003	8680182	3965000	4715182	1.033	1.033	1.076

（4）销售

粮食部门销售是按照县以上人民政府制定的指标和对象向城乡人民售粮。1951年，供给农民水利粮和民工补助粮。1953年，供应对象为非农业人口和农村缺粮贫困户。1961年，对销售农副产品实行奖售粮食办法，生产队完成出售计划后，每超售皮棉0.5公斤，奖售小麦1.25公斤。1963年，县人大常委会制定，凡每售65公斤以上的生猪1头，奖售原粮25公斤。1953年11月始，对非农业人员口粮、油供应发给供应证，凭证购买，供应标准省统一确定，粮站按照供应证售粮、油。1992年5月1日起，由于粮油市场全面放开，粮、油计划供应停止。表6-2-2为2010—2014年黄湾镇小麦购销统计表。

表6-2-2　2010—2014年黄湾镇小麦购销统计表　　（单位：公斤）

单位 年份	黄湾国家粮库		王桥省级储备库	
	收购	销售	收购	销售
2010	6072000	17804000	16000000	16000000
2011	6554000	17020000	10000000	10000000
2012	2285100	1554000	17000000	17000000
2013	7732000	27851000	10000000	10000000
2014	22966000	1582000	15000000	15000000

2. 化肥经营

20世纪70到80年代，境内化肥由供销社专营，上级按照土地面积实行计划供应，农民卖粮、油实行化肥奖售政策。供销社在灵固路北侧建化肥专营大仓库，各乡供销分站建化肥销售专仓，在部分大队供销社设化肥经营门市部。年销售各类化肥万吨左右，经营效益高，年年盈利。1993年，国家取消粮油奖励化肥政策，化肥市场开放，实行多家经营。个体户经营化肥快速占领市场，供销社经营化肥年年亏本，化肥经销点租给个体经营。

3. 煤炭经营

1971年，县燃料公司在黄湾设煤炭供应站。1980年，从供销社分设，隶属县燃料公司，挂牌"灵璧县燃料公司黄湾经营处"。注册资金10万余元。在计划经济时期，煤炭按国家计划、人口计划供应，供应对象是非农业户口人员，按粮食供应本发给供应票，每人每月供给30公斤左右。机关食堂、中学食堂按计划供给。农业生产用煤，如烧温炕育山芋苗、烤烟等，按生产队计划种植面积供应煤。群众生活用煤，可按计划外高价近1倍供给。特困户用煤，按政府下发的票券供给。经营处年销售煤炭在千吨以上，效益好。实行市场经济后，煤炭经营市场放开，全镇先后涌现出一批集体、个体从事煤炭经营及煤球经营户，村庄中出现煤球经营点，并实行上门服务，极大地冲击了国营燃料公司。1990年起，黄湾煤炭经营冷落。1994年，办煤球厂，实行自主经营，自负盈亏。

4. 石油经营

1980年以前，石油供应由供销社经营，独立核算。1981年，从供销社分出，隶属县石油公司。黄湾街设立经营处，石油按计划销售。县石油公司下拨的平价柴油，按农民所承包土地面积分配，农民卖粮、棉、麻、烟奖励的柴油，凭发给的奖励票证供应。实行市场经济后，石油经营放开，农机站在黄湾街办柴油供应点，李大杰办个体柴油供应点，一些村庄集市办个体柴油零售点。2001年4月，县石化公司投资69.9万元，在农贸市场南（灵固路南侧）建"黄湾石化站"。库存储备柴、汽油可达80吨。配有电脑税控加油机3台（柴油2台、汽油1台），是全镇最先进的柴油、汽油、润滑油的国企经营站。2014年，销售汽油320吨、柴油680吨。在夏收和秋收大忙季节，还实行送油到田头的便民优质服务，是全镇供油主站。至2014年，全镇设有石油供应销售站，有晏路、胡桥、农技站、红星村等6处，见表6-2-3。

表6-2-3　2014年黄湾镇成品油销售统计表

供油站、点	汽油（吨）	柴油（吨）	润滑油（吨）	年营业总额（万元）	性　质
黄湾石油站	320	680	300	700	国企
农机站加油点	—	30	100	18	个体
李大杰加油点	—	20	80	15	个体
红星村加油点	3	20	—	19	个体
胡桥供销加油点	108	204	120	270	个体
晏路加油点	70	200	260	180	个体
合计	501	1154	860	1202	—

5. 食品（猪肉）经营

1978年以前，黄湾食品站隶属黄湾供销社，实行独立经营核算，在砂坝、晏路、大山集市设食品分站。当年，食品站从供销社分出，挂牌"灵璧县食品公司黄湾食品站"，注册资金为6.5万元。1985年至1996年，由于生猪市场放开，生猪购销和屠宰市场混乱，国营食品站已不景气。1996年，省人民政府下发文件，对生猪经营制定"统一纳税，定点屠宰，集中检疫，分散经营"。从此，黄湾食品站从事生猪收购、屠宰销售起死回生。县食品公司下达年生猪购销计划任务2500头，上缴公司经费2.7万元，纯盈利8000元，全镇屠宰销售900头。1997年以后，食品站年年超额完成任务。随着农户养猪规模、养殖量不断扩大，食品站经营又迈入高峰。2014年，收购生猪2500头，外销1300头，全镇屠宰1200头，缴税2万元，上缴公司15万元。表6-2-4为2014年黄湾镇"三节"生猪屠宰销售统计表。

表6-2-4　2014年黄湾镇"三节"生猪屠宰销售统计表

节日 集日	端午节		中秋节		春　节		小　计	
	头数	肉斤数	头数	肉斤数	头数	肉斤数	头数	肉斤数
黄湾集	20	2850	45	6500	110	15500	175	24850
砂坝集	8	1150	11	1500	20	2820	39	5470
晏路集	3	460	5	720	15	2200	23	3380
红星集（西）	3	460	4	560	15	2200	22	3220
红星集（北）	2	300	4	560	10	1500	16	2360
合计	36	5220	69	9840	170	24220	275	39280

6. 烟酒杂货经营

烟酒杂货商店是全镇最传统、经营时间最长的商业。中华人民共和国成立初期直到20世纪80年代后期，是供销社分设在村里的商业店。1978年改革开放以后，全镇涌现出一大批个体户商店、百货店。20世纪80年代后期个体户商店遍布各村，20世纪90年代自然庄开办商店。2010年以后，逐渐向超市发展。到2014年，全镇遍及各集、村的百货商店星罗棋布。2013年，黄湾街"人人乐"和"上海一佳"股份制超市，是全镇规模较大的两个超市。拉动全镇消费上升，60余人进入超市就业，每年向困难留守儿童捐钱，向镇敬老院捐面、油等。

7. 农机具经营

1985年至1992年，镇内农机具销售由黄湾供销社生资门市部主销。1992年以后，全镇农机服务业由农机站组织开展。随着农机市场放开，一批从事农机具销售、修理服务为一体的个体户占领主市场。随着农业机械化推广普及，农机销售、修配人员增多，在黄湾街、四集及各村中，从事农机销售和修配的达30余户。从1985年农民大批购买小四轮机开始，黄湾街先后出现数家个体经营农机具销售和维修专营店铺。2000年以后，增加汽车、大型联合收割机专修店铺5家。2014年，在晏路和黄湾街的201省道旁，新增由镇农机站组织设建和管理的汽车、大型农机具修配店4处。

三、服务业

1. 饮食业

民国时期，镇境内的饮食业主要在集市上，经营点在泗、灵通往蚌埠的主干道晏路口。"晏路口稀饭"名传数百里，稀饭烧得香，走到就盛。砂坝街麻花、油条名声远扬。解放后至1955年，晏路、砂坝私营饮食业发展到20多家。1956年，在"一化三改造"运动中，私营饮食业并入合作饭店。1973年，供销社在黄湾街北头开办饭店，与旅社合为一体经营核算。同年，县商业局在老灵固路的黄湾林场场部东侧开办商业饭店。1980年以后，黄湾街私营饮食业得到迅速发展。2000年以后，中等饭店与小吃部并行发展。到2014年底，黄湾街及辖内四集饭店、酒家21家。2009年以后，随着灵固路两侧商品房开发和农民自建房快速增多，从晏路到黄湾街开办的"马路"饭店、酒家增至10多户。镇集上具有地方风味的小吃部20多家；流动车上的小吃、流动卤菜摊、煎饼摊、烧饼摊、油饼摊遍布黄湾各街道及砂坝、晏路、红星街上。

2. 浴池业

1975 年以前，集镇上没有浴池业。1975 年冬，供销社在北街建首家浴室，开有男、女 2 个池子。不久，区粮站在东街开浴池。1992 年，供销社浴池出售给个体户经营。1996 年，赵学进在南街建私营浴室。2000 年，黄湾粮食大库在东街扩建男、女 2 个浴池，各设浴座 40 个，并设有搓背、捶背等服务项目，2002 年至 2003 年，由朱怀军承包经营。1999 年，砂坝街开设一家私营浴室。2004 年，黄湾南街"在水一方"浴池开业。2010 年以后，黄湾东街有"东方"浴池、灵固路东侧"朱家浴池"。刘永飞在原法庭旧址开设"华清池"。至 2014 年，全镇浴池业共 7 家。

3. 旅馆业

民国期间，晏路街开设旅馆和客栈两三家。有床铺、地铺，旅客自带被褥，旅店和客栈仅供应开水、洗脸水，收费较低，方便过往的平民百姓。

1973 年，供销社在北街办旅社，设有单间和大通间，10 多个床位。后邮电支局和水利管理站分别在本单位院内办小旅社，对外营业。1989 年 3 月，黄湾供销社大楼在三层办招待所，床位 20 多个，有单人间和双人间。1993 年以后，由个人承包经营。2000 年，东街新柯庄有 2 家开设个体旅店。2010 年以后，在东街 201 省道旁开新旅店。至 2014 年，黄湾街共有旅店 6 家。

4. 理发业

民国时期，境内理发业没有固定铺面，从业人都是挑担走街串庄流动理发。有的理发师还固定承包几个村庄，按时上门理发，夏、秋两季收获后，付给理发人员一定数量的粮食为报酬。1970 年，社办综合厂开设第一家理发店，属厂集体经营。1980 年以后，全区理发个体户逐年增加。从 1992 年开始，全镇外出务工男女青年增多，在外地学习理发手艺后，返回家乡开理发、美容店。至 2014 年，黄湾街和四集开设理发、美容店 20 多家。同时在集日有临时设的理发点。砂坝集日有 1 到 2 处，黄湾集日有 4 处，有中老年专业理发员 10 多名。村庄中的理发由往年给粮食变为给钱，一般在集日流动点理发 5 元，进店铺理发 8 至 10 元。至 2014 年，全镇从事理发美容人员有 300 余人。

5. 摄影（摄像）业

1977 年，季兴隆利用社办综合厂 2 间门面房开设黄湾街第一家照相馆，隶属社办综合厂。1991 年，刘景胜在工商所门面房开设照相馆。1996 年，开办摄像业务。到 2014 年，镇内有照相、摄像从业人员 10 多人。

6. 自行车、摩托车、电瓶车专营和维修

20 世纪 70 年代初期，李文东在黄湾西街开设第一家自行车修理铺。20 世纪 80 年代增加 3 个。1990 年以后，购买摩托车人数增多，在黄湾街和其他集市开设的摩托车销售和修理店业也随之增多。1999 年，田伟在供电所对面开办起摩托车经销和维修店。2010 年以后，主营电瓶车和轿车销售兼维修。2011 年，黄湾街和四集开设电瓶车、摩托车销售和维修店 20 多家，从业人员 60 余人。

7. 手机经营和维修

电信、联通、移动三大通信商家在镇内开通业务后，先后建起和租赁办公及营业厅3处。到2014年，黄湾街和四集街从事手机、宽带产品系列经营和话费收取、手机维修的经营店20余家，从业人员50余人。

8. 家电销售维修业

20世纪70年代，黄湾街没有家电维修业务。20世纪80年代，黄湾街出现流动家电维修点，只是在集日上摆摊维修。1990年，朱智办首个广播、家电维修店，主要经营广播器材、各种电视机及其他家电的维修，兼顾承包村级广播器材维修。

1995年以后，黄湾街家电销售店增多，销售空调、彩色电视机、音响组合、冰箱、洗衣机等。为了促进销售量，各专营店推出安装、调试、包修等售后跟踪服务。黄湾街和部分村庄中，有专业维修店和流动维修点。

9. 特殊服务行业

全镇服务业项目有刻字，印字，刻制印章，钟表、手表、手机维修，洗车，补鞋，文字打印、复印，图书、画经营等。文化娱乐服务业有器乐演奏、歌舞表演、台球、游戏机、网吧等。刘景胜经营印章制作、电子配锁匙。朱敏经营刻字、刻石碑、招牌字匾、绣品、锦旗、铁铜皮字制作。李振超经营书法联、匾、钟馗画，宣传广告经营服务，有较高的艺术品位，颇具影响力。

第三节　集市交易

一、管理机构

1970年，设立打击投机倒把办公室。1975年，成立"灵璧县工商行政管理局黄湾工商所"。1978年，打击投机倒把办公室撤销。2005年，工商所编制6人，设所长1人，副所长1人，会计、市场管理人员4人。建三层办公楼240平方米。2010年12月31日，黄湾工商所撤销，保留1人办公，并入娄庄所管理。

二、集日市场

清朝时期辖内逢集的有砂坝、晏路2个。张集是当地群众自发逢集。民国期间辖内设集市4个，分别是砂坝、晏路、柯李集（李集）、陆集。中华人民共和国成立初期，集市相继得到恢复和发展。到2014年，全镇有镇集1个、村集4个。

中华人民共和国成立前，集市是小街道、小店铺，集日设的小地摊规模小、商品单调。20世纪50年代，砂坝、晏路集日出现农具、家具、铁器市场。20世纪60年代初，市场增多，有畜禽市场、粮油市场、蔬菜市场。60至70年代期间，镇内集市市场消失，有集无市，人们赶集只能到供销社设的门店购买生产、生活必需品。

1980年以后，镇内集市市场开始兴旺，黄湾、晏路、砂坝集日先后建禽蛋、畜行、猪羊、粮油、水产、建材、水果、蔬菜、食品、服装、农具、家具等专业市场。其中牲畜市场（俗称牛行）最火爆，是集（会）日上占地市场最大、成交额最高的行市。1982年，三月初五砂坝会，牲畜上市数百头，市场占地60余亩，牲畜成交额26万余元。黄湾街集日牲畜成交额在 6 万元左右，晏路古会牲畜成交额在 8 万元以上。猪、羊行市也火爆，上市猪羊占地五六亩，辖内和周边乡村及外县、市的猪和羊时而进入黄湾和砂坝、晏路集市。经纪人一般三五人，成交一头猪一般收行费 3 至 5 元，仔猪 1 元以上，羊 3 至 4 元。集日在牛市经纪人（群众称牛行人，需经工商所批准戴胸牌上岗），少的四五人，多的 10 多人，会日 20 人以上，多数是区内的人，也有周边乡村行人。成交一头牛收费不一，一般在 20 至 30 元。成交千元以上大犍牛在 50 元以上，需向工商所缴纳部分管理费。

1982 年，全区有畜市交易员 8 人，1983 年 11 人，1985 年 14 人。20 世纪 90 年代后，随着集市上畜市不断消失，交易员也逐渐减少。表 6－3－1 为 1984 年黄湾区集市贸易统计表，表 6－3－2 为 1984 年黄湾区古会统计表。

1996 年以后，砂坝、晏路、黄湾、红星集日上，猪行、羊行、牲畜行逐渐消失。其中，砂坝、红星集上禽行、粮油行、建材行也逐渐消失。经纪人大都改行，少数人仍然从业，且上门交易。

2014 年，黄湾集市上设禽行、粮油行。粮油行经纪人 2 人（行人）。禽行 1 人，在秋后和节日各种禽上市高潮时，行人增到 3 人，卖方不收费，只收买方。成交一只成品鸡（或鸭、鹅），收费 1 至 2 元。表 6－3－3 为 2014 年黄湾镇集市贸易统计表。表 6－3－4 为 2014 年黄湾镇古会统计表。

农村集贸市场

表 6－3－1　1984 年黄湾区集市贸易统计表

集市名称	集市人口（人）	集日（农历）	人流量（人）	成交金额（元）
黄湾	350	一、三、六、九	8000	5000
大山	740	三、六、九	5000	3000
晏路	650	二、七、五、十	4000	3500
砂坝	530	一、六	4000	3000
杨集	820	二、五、八	2000	2000
红星（张龙）	620	一、四、八	1000	1500

表 6-3-2 1984 年黄湾区古会统计表

会名	会址	日期（农历）	会期（天）	人流量（人）	成交额（元）
晏路古会	晏路	三月二十日	1	10000	20000
砂坝古会	砂坝	三月五日	1	12000	18000
大山古会	大山	四月八日	1	10000	20000
		四月十八日	1	10000	20000

表 6-3-3 2014 年黄湾镇集市贸易统计表

集市名称	集市人口	集日（农历）	人流量（人）	成交金额（元）	月税收（元）
黄湾集	3000	一、三、六、九	2000 人	80000	10000
砂坝集	1800	一、四、六、八	100 余人	6000	800
晏路集	1000	二、五、七、十	200 人左右	10000	9000
红星（张龙）	700	一、四、八	100 人左右	6000	500
红星（红星村）	800	二、五、八、十	100 人以内	6000	200

表 6-3-4 2014 年黄湾镇古会统计表

会名	会址	日期（农历）	会期（天）	人流量（人）	成交额（万元）
黄湾	黄湾街	三月初三	1	12000	18.3
晏路	晏路街	三月二十	1	9000	5.6
砂坝	砂坝街	三月初五	1	10000	5.2
		三月二十一	1	9000	4.1
		四月十一	1	7000	3.8

三、土特商品

1. 山芋糖

先用大麦催芽，催芽的大麦用量视山芋多少而定。大麦芽发出青色即可。把山芋清洗干净，用菜刀剁成小块，放在大锅里上水，水位和山芋齐平，烧火，山芋烀成稀糊时，把大麦芽剁碎，与山芋混合在一起，反复搅拌，待锅里山芋温度降到不烫手时，把山芋糊盛出，放在洗干净的笼布上（蒸馍用的垫布）。把山芋糊包好，放在置于水缸口的一块干净木板上，反复挤压，山芋里的糖和锅中的水被挤压流到下面的水缸里。待一锅山芋糊挤压完后，再把缸中里的水倒进大锅里，烧起大火，开始熬糖。烧火时间根据锅中糖水的多少来定，一般需要半天。有经验者，把一支筷子插到锅里挑出糖稀，用手指弹，如果从筷子向下滴出的糖稀被弹断落地，说明糖熬老了，有苦味。如果被弹出的糖稀发软不断，这说明糖熬得正好，应立即停火，把糖稀盛到山芋面上，分块放开，待散热结晶后，就是山芋糖块。

2. 花生糖、芝麻糖

花生糖、芝麻糖，当地人称之为黏糖。其做法：将一大块山芋糖打碎成小块，放进小铁盒里，放在锅里高温熔化，变成液体糖稀，倒在炒好的芝麻、花生仁上面，不停地快速反复翻动，使糖稀与芝麻、花生仁凝固于一体，再用菜刀赶压拍成平平、光光的长方体形状，切成薄薄的片，放在透风处，冷却后可食用，甜、脆、香，口感非常好，是馈赠亲朋好友的佳品。

3. 山芋粉

镇内用山芋加工粉面有三种办法，人工叫擦粉，毛驴拉水磨叫推粉，机械牵引叫打粉。现记述传统的人工擦粉办法：用铁钉把一块铁片打通眼，固定在两个木棍上，拿洗干净的山芋向孔眼上用力擦动，孔眼下漏出山芋浆。山芋擦完后，向盆中的山芋浆加入清水，反复搅拌，把浆水倒入用白布或纱布做的吊包中，反复滚动，山芋中的淀粉与水融合流入下面的缸里，经一天或一夜的沉淀，山芋淀粉沉在水底下，水倒掉取出淀粉，包在布里吊着，凝固后就可食用。晒干成干粉面，易储藏。粉面再次加工可制作凉粉、煎粉、粉条等。

4. 山芋粉丝

群众叫漏粉丝。用大葫芦瓢底部打出多个圆眼，留作漏粉丝之用。首先把粉面用白布或两三层纱布过滤，无杂质。其次打糊，或叫冲糊。原漏粉丝是在锅里打糊，就是烧热水把粉面放在锅里用力搅拌。拌好舀在大盆粉面中，再放入白矾，沿盆四周用双手插入粉面中用力和面（群众叫揣面）。后来发明一项冲糊。就是把热水舀进大盆里，兑入粉面，用大木杆不停地搅拌、不停地冲入开水，添粉面，冲糊后，加一定量的粉面、白矾，用双拳头揣活。直活到取一团放在瓢中，自动向锅里漏下细条条，冲糊成功，开始漏粉丝。大火、旺火，锅里水烧得沸腾出现翻花，1人左手撑瓢，右手拿着小木槌，用力向瓢中粉面团棰，粉丝从每个瓢眼里漏下，条条流入沸腾的锅里。另1人不停地用长竹杆把落入锅底中的粉条捞在凉水盆里。捞到一定量端走，倒入小缸里，开始把粉，用清水冲洗，冲洗分离后，把粉丝搭在小木棍上，放在架杆上。放在架子上的粉丝，经过晾干、日照，不含水分，即可入库、出售、食用。

5. 锅烧豆腐

小钱庄豆腐，清朝和民国时期在辖内享有盛誉，口感细嫩、劲道，红烧、凉调或做汤，百吃不厌。庄人赵学才在民国时期15岁跟父亲学磨豆腐，祖传妙方是：定量，一个豆腐用7斤黄豆，一斤黄豆确保磨出豆腐3.8斤。磨豆腐，先把豆子浸泡，膨胀后水磨粉碎成浆；再把香油倒在勺子里，加入一点芝麻秸秆灰，放在火上烧，待勺子里油起火了，往豆浆缸里泡沫上层一闷，豆浆上层的豆沫全部消失。这时，迅速将勺子里的油及秸秆灰倒掉。把豆浆舀到布口袋里，按挤出豆浆，再把浆舀到锅里烧，烧开后倒入缸里，7斤黄豆放入2两5厘石膏，用勺子搅拌，使粘在勺子上的小点点似看见，似看不见，就算正好。把浆舀在木盒子里压，压两个小时就能做成豆腐。2012年以后，豆腐世家赵学才虽然不磨豆腐了，但小钱庄仍然有多户在磨豆腐，小钱豆腐继续传承不退市。

6. 麻油

黄湾镇有小磨麻油加工历史。民国时期，有多个村办小磨麻油加工坊。声誉较高的是龙水庄。民国时期，龙水庄叫"油坊庄"，因推麻油的户多而得名。1949年后，镇内小磨麻油加工沿袭民国，到20世纪80年代末，仍用传统加工方式，畜力和人力合成完成。一般一次加工用40斤芝麻，选用上等的芝麻，在镇内人叫"鸭嘴"芝麻。其特点是蓊密、籽粒大、皮白、出油率高，磨出的麻油呈黄红色，不浑，香气扑面，香郁浓浓。

炒芝麻专用的大炒锅，一锅能炒四五十斤。炒芝麻是推出好油的关键。农家常用作物秸秆作燃料。一人烧火，一人用小木槌不停地在锅中翻动芝麻。炒芝麻要用中等火焰，让芝麻粒在不停的翻动中摄入热量。一般炒40分钟以上。炒到能闻到浓香时，芝麻皮由白色变成赤色，这时炒得正好。如果皮为暗黑色就是炒老了，不仅出油率低，而且油质差，香味不浓。

炒好芝麻可以上磨，芝麻上磨要用小眼下滑，能有效提高出油率。芝麻推完后，用开水把黏在磨四周的油浆冲刷到油锅中，再按比例将开水冲进油浆中。加入开水后，使用木棍反复搅拌，把开水全部搅进油浆中，浆上层不见水，浮出油色时为止。这时，拿凹腰长葫芦，不停地向油浆中按压（群众叫揣油）。反复把葫芦头揣到浆底，揣半个多小时后，能看出呈黄红色的麻油飘在上层，散发出浓浓的香味，可拿勺撇油，把撇出的油倒入油桶里，群众称是最好的头油。撇完上层的油后，再拿葫芦揣出二油、三油。至锅中的油被揣净、撇完为止。过秤，计算香油数，一般40斤芝麻可推出十八九斤油。技术高者，能推出20斤油。

7. 麻花

砂坝麻花在民国时期就出售到周边乡街，面色金黄，脆、酥、香，久吃不厌。直到2014年，砂坝麻花仍是镇集较为畅销的食品。砂坝麻花制作精细，首先要选精细的麦面及上等油（以前选用芝麻油，现在用色拉油）。人工和面，面里放一定量的食盐，面不能硬，也不能过软。双手在面盆里用力揣，直揣到面中起泡泡即可。接着就是盘条，把和好的面用刀切一块块放在案板上，用手蘸着油从面块的一头搓，搓成小手指一样粗细的条，盘放在大盆里，放点油使盘好的条不会粘在一起。这时就可把油倒在锅里加热待油滚动时，把盘好的条绕在左手四指上，然后取下拉开一尺左右，另1人用两根长竹签挑起这一尺左右的条并拉长，反复翻滚后，挑出并成把（通称麻花把），再放入油锅里炸。火大火小、炸的时间长短要掌握准确。成功的炸麻花油光光、黄亮亮，既不老，又不嫩，条条不断。

第七章 财政 税收 金融

中华人民共和国成立前，地方财政是以维护统治阶级利益为目的，因此，封建社会乃至民国期间，辖区内仍然是经济落后、民不聊生。中华人民共和国成立以后，社、乡、区、镇建制以来，历届党委、政府以人民利益为出发点，贯彻"取之于民，用之于民"的财政税收政策，一方面大力开辟培植财源，增加财政收入；另一方面合理使用财力，积极投入资金发展工农业生产和公共事业，从而促进了全镇财政收入和支出的良性循环，实现稳步增长。

第一节 财税机构

一、财政机构

中华人民共和国成立前夕，灵璧县有财政局黄湾镇财政所，辖内属灵南区，区设财粮助理员，乡设财粮员。1970年3月，黄湾公社建置时设1名财政会计。1980年，黄湾区成立财税办公室。1984年，黄湾区财政所成立。1984年5月，在5个乡（镇）设财政所，编制2人，由县人事局、财政局统一招聘，分到乡（镇）。1992年，撤区置镇时，设立黄湾镇财政所，5个乡（镇）财政所撤销，人、财、物并入镇财政所。2002年，黄湾镇财政所实行垂直管理。2014年，全所编制12人，设信息查询服务，镇、村财务会计，预算主管会计，"一事一议"项目管理，农业保险服务等业务。

二、税务机构

1. 灵璧县国家税务局黄湾国税分局

黄湾国税分局，前身属黄湾税务所，1994年，国家建立中央与地方分税制税收体系，黄湾税务所一分为二，挂牌"灵璧县国家税务局黄湾税务所"。1997年6月，升格为黄湾国税分局，副科级编制。2005年，黄湾国税分局撤销。黄湾国税分局在全镇征收税种有增值税、消费税、企业所得税、外商投资企业和外国企业所得税、个人所得税、车辆购置税6项。

2. 灵璧县地方税务局黄湾地税所

1994年，国家建立中央与地方分税制税收体系，8月，挂牌"灵璧县地税局黄湾税务所"。1999年，省、市、县拨款，在原烟站南侧建600多平方米的地税所办公楼。

2003 年，编制 3 人，隶属韦集地税分局。2006 年，黄湾地税所撤销，由韦集分局负责黄湾镇地税征管工作。2010 年，韦集地税分局撤销，黄湾镇税收征管划归娄庄地税分局负责。黄湾地税所在全镇征收税种有营业税、城建税、土地增值税、城镇土地使用税、房产税、车船税、印花税、企业所得税、个人所得税、烟叶税、契税、耕地占用税 12 种。

第二节　财政税务

20 世纪 80 年代以前，财政收入主要依靠农业税收。1990 年以后，市场开放，社会经济领域拓宽，税收项目增多，财政收入不断增加。

一、农业税征收

中华人民共和国成立后，田赋、公粮改称农业税，是财政收入的主要来源。1950 年，全区征收农业税在评定土地实产的基础上，根据《安徽省皖北地区 1950 年夏季征收公粮实施办法》，实行自免征起点的全额累进税制。凡从事农业生产的农民，不论出租、自耕或雇种的收入，均按规定计算征收。无经常收入的宅基、塘边、道路、坝堰等均免征农业税。粮食征税，起点为每人夏收产量 50 斤，税收为 23 个级，税率为 4% ~50%，即 50 斤以上不足 70 斤者，征收 4%；410 斤以上不足 450 斤者，征收 39%，570 斤以上者征收 50%。累进税制中，二至十九级，人均产量级差为 20 斤，二十至二十三级，人均级差为 40 斤。收粮多的税率高，收粮少的税率低。对租佃户实行"加二减二"的政策，即出租户租粮 100 斤按 120 斤计算，佃耕户收粮 100 斤按 80 斤计算。地主未实行依法减租之地，公粮全由地主负担。佃农确因灾欠账，既不向地主交租，也不向国家交公粮。同时对灾区村实行三减免，歉收几成税额减征几成，歉收七成以上的地区税额全免。1951 年，全区根据"合理负担，鼓励增产"的原则，实行"查实田亩，评定常产，依率计征，依法减免，增产不增税"的政策。在土地改革运动中，各村庄丈量土地，分出等级，再通过划框评产和登记造册，落实计税土地面积，统一地税。当年，省人民委员会颁布《安徽省 1952 年农业税施行细则》，农业税仍实行累进税制，起征点为人均产粮 150 斤，税收为 24 级，税率为 7% ~30%。1956—1957 年，全区的个体农民逐步加入农业生产合作社，农业税征收亦采取过渡办法，即执行累进税制不变，税款改由农业生产合作社统一缴纳。高级农业生产合作社则以社为征缴单位，应交税额按全年平均税率计征，由高级农业社统一缴纳，初级社按各户负担任务总和，由初级农业社统一缴纳，年终分配落实到户，由户负担。个体户交税额由农业社负责催收，按时完成。

1958 年，中央政府颁布的《中华人民共和国农业税条例》规定，按照各人民公社的自然条件、经济情况及常年产量变动历史资料，分别下发税率标准（即差别税率），共分 11 级，最低为 9%，最高为 20%。在人民公社范围内，队与队之间分别执行若干不同税率。对个体户按照所在地公社的同一税率计算，并对不同经济状况相应另加征一至五成税收。对缺乏劳力、生活困难的个体农民，不予加征。

1959—1960 年，农业税征收波动较大。由于浮夸风严重，各级政府层层下达高指标农业税征收任务。1961—1962 年，全面推行生产责任制，按照国家和省、县规定，全区调整了农业税率，大幅度降低了农业税额。平均税率降为 1.2%，每人平均负担40.6 斤，每亩平均负担 9.1 斤，农民自留地免征农业税。1966 年、1967 年，公社按照上级规定，对烟田和棉田单独定产征收。烤烟按常产的 70% 折征，皮棉按常产的 80% 折征。

1978 年，因土地面积和粮食产量发生变化，原有的农业税出现不合理的现象，按照县里统一安排，对农业税进行调整，土地不动，常产调整。1981 年，全区普遍实行了农业生产承包责任制，农业税征收办法改为以生产队、村民小组为结算单位，各生产队、村民小组再按合理负担的原则，将农业税额按农户承包土地面积，分解到户，由队干部、村民组长负责组织征收，集中缴纳。其计税常产、税率、税额和纳税办法一直沿用到 1985 年。

从 1985 年起，农业税改征粮为折征代金。代金按"倒三七"（即 30% 按原价，70% 按超购价）计算。经宿县地区行政公署核准，辖内农业税执行代金征收，以每斤粮食 0.183 元标准折算。全年征收 28423 万元。

在征农业税附加税率 1970 年全社为 13.7%，1974 年为 14.2%，1978 年为 14.5%，1980 年到 1991 年降为 14.0%，1992 年为 5%，1998 年后直到 2003 年为 20%。2003年，全镇征收附加税额 780260.72 元，见表 7-2-1。

表 7-2-1　2000—2003 年黄湾镇农业税征收一览表

年　度	计税面积（亩）	计税常产（公斤）	税率（%）	计征金额（元）	附加税额（元）	正附税合计（元）
2000	105071	49203707	6.5	3901305.46	780260.72	4681566.18
2001	105071	49203707	6.5	3901305.46	780260.72	4681566.18
2002	105071	49203707	6.5	3901305.46	780260.72	4681566.18
2003	105071	49203707	6.5	3901305.46	780260.72	4681566.18

二、税费改革

2000 年 5 月，按省政府安排，全县实施农村税费改革，确定全县平均农业税率为6.8%，黄湾镇为 6.5%。改革后全镇村级三项费用采取农业税和农业特产税附加征收办法，确定各村农业税附加率为 20%，农业特产税附加率 14%。同时取消向农民收取的各项统筹提留款。2003 年，全面推行"农业税三定征收"，实行涉农收费许可证制度、公示制度和农民负担监督卡制度，建立村级财务管理服务中心，实行村账镇管，规范村级财务管理。镇政府按照省、市、县关于税费改革的部署，取消各种费用征收项目。报刊订阅、聘用人员和村组干部报酬、镇村公益事业建设、教育经费投入等多项提留实现零收取。除农业税是正常征收外，"按人均总收入的 5%"征收各项提留款的政策废除。2003 年，全镇农业税征收任务 3901305.46 元，附加税 780260.72 元，合计共征收 4681566.18 元，见表 7 - 2 - 2。

表 7 - 2 - 2　2003 年度黄湾镇农业税定产征收清册

村　名	计税面积（亩）	计税常产（元）	依率计征税额（元）	应纳税额（元）	已征合计（元）	正税（元）	附加税（元）
王庄村	864.350	404800.94	26132.00	26312.00	38520.83	32100.69	6420.14
宋河村	4231.192	1981594.10	128803.62	12883.62	188568.68	157140.65	314218.03
张龙村	6440.771	3016406.50	196066.35	196066.35	287040.96	23922.83	47840.13
井栏村	4328.390	2027114.96	131762.64	131762.64	192900.47	160750.35	32150.12
双桥村	5649.840	2645989.60	171989.40	171989.40	251792.47	209826.97	41965.50
王桥村	4564.322	2137609.49	138944.50	138944.50	203414.23	169512.06	33902.17
三桥村	7084.430	3313643.71	215386.85	215386.85	315326.63	262772.08	52554.55
李集村	3018.430	1314621.43	91885.01	91885.01	134519.77	112099.77	22420.00
胡桥村	3897.850	1825480.05	118656.28	118656.28	173712.78	144760.92	28951.92
柯湖村	3258.050	1525842.50	99179.79	99179.79	145199.56	120999.58	24199.98
石炉村	1803.100	84446.04	54888.82	54888.82	80357.25	66964.47	13392.78
徐巷村	5631.700	263749.17	171437.24	171437.24	250984.31	209153.50	40830.81
晏路村	7970.340	3732749.42	242628.39	24628.69	355208.80	296002.22	59201.58
井王村	3730.447	1747080.35	113560.15	113560.15	166252.24	133543.45	27708.79
单营村	10182.593	4768814.00	309703.31	309523.01	453141.99	377618.40	75523.59
红星村	6839.920	3203339.70	208216.93	208216.93	304829.90	254024.98	50804.92
陆集村	5078.390	2378362.50	154593.51	154593.51	226324.82	188604.10	37720.72
庙李村	4300.300	2013959.73	130907.33	130907.33	191648.58	159706.96	31941.62
龙水村	2920.150	1367593.93	88893.70	88893.70	130140.55	108450.46	21690.09
砂坝村	7109.960	3329807.56	216437.32	216437.32	316863.43	264053.29	52810.14
朱圩村	6166.500	2887957.28	187716.91	187716.91	274817.93	229014.73	45803.20
合计	105071.025	49203707.96	3197790.05	3197790.05	4681566.18	3901305.46	1062050.78

注：本年各村税率全部为 6.50%，计税价格为 1.22 元/公斤，附加税率为 20.0%，夏季征收比率为 100%。

2004 年，农业税率下调降低 2.2 个百分点，取消农业附加税。镇政府按照税费改革文件精神，对依率计征农业税的正税和附加税进行下调。下调税率 4.2%，比 2003

年减少税额211万元，其中，取消附加税78万元，减负农民45%的负担比例。全镇农业税单项总征收为257万元，比2003年少征210多万元。这是历史上最后一年征收全镇农民的农业税，见表7-2-3。

表7-2-3　2004年度黄湾镇农业税定产征收清册

村　名	计税面积（亩）	计税常产（元）	税率（%）	依率计征税额（元）	计税价格（元/公斤）	依率计征税额（元）	本年应征税额（元）	本年应征税款（元）
宋河村	4231.24	1981596.6	4.3	85208.9	1.22	103954.9	85208.9	103954.9
张龙村	6440.77	3016406.2	4.3	129707.4	1.22	158243.0	129707.4	125246.8
井栏村	4328.99	2027116.9	4.3	87166.4	1.22	10634.0	87166.4	106341.3
双桥村	5649.84	26455992.0	4.3	113775.8	1.22	138806.5	113775.8	138805.4
王桥村	4540.37	2126371.8	4.3	91434.1	1.22	111549.6	91434.1	111551.1
三桥村	7084.43	3313647.4	4.3	1424887.7	1.22	173835.0	142487.7	173838.2
李集村	3018.43	1413622.4	4.3	60784.1	1.22	74156.6	60784.1	74157.6
胡桥村	3897.85	1825479.8	4.3	78496.2	1.22	95765.4	78496.2	95765.7
柯湖村	5061.15	2370288.5	4.3	101922.4	1.22	124345.3	101922.4	124343.5
徐巷村	5631.70	2637496.5	4.3	113411.0	1.22	138361.4	113411.0	138364.8
晏路村	7970.34	3732755.4	4.3	160509.0	1.22	195821.0	160509.0	195823.2
井王村	3730.46	1747081.9	4.3	75123.0	1.22	91650.1	75123.0	91469.9
单营村	10182.80	4798816.2	4.29	204763.9	1.22	249812.0	204763.9	249815.0
红星村	6839.95	320339.6	4.3	137744.5	1.22	168048.3	137744.5	168048.9
陆集村	5942.74	2783164.1	4.3	119677.0	1.22	146005.9	119677.0	146005.9
庙李村	4300.30	2013960.8	4.3	86602.4	1.22	105654.0	86602.4	105658.0
龙水村	2920.15	1367594.1	4.3	58808.7	1.22	71746.6	58807.7	71748.5
砂坝村	7109.96	3329809.6	4.3	143181.0	1.22	174680.8	143181.0	174676.2
朱圩村	5949.00	2186099.3	4.3	119801.3	1.22	146157.6	119801.3	146156.1
合计	104829.87	49090639.1	4.3	2110604.8	1.22	2574937.9	2110604.8	2574951.0

2005年，全镇农业税（正税、附税）全部免征，全镇财政只有契税、耕地占用税和国、地税等其他项目收入。

三、非税性收入

1949年后，镇内在不同时期有不同的非税性财政收入。20世纪60至70年代，向合作社、生产大队、生产队摊派粮食，上缴区、乡财政用于兴办公益事业。1980年，包产到户生产责任制推行后，区、乡、村向农户下达缴纳提留款（"三提五统"款）任务，所提取的款额统一上缴到财政所专设账户，作为发放村组干部和聘任人员报酬、兴修水利、道路和民兵训练、报刊订阅、广播维修等区、乡、村办公益事业的开支。

20世纪90年代以后，全镇农民负担不断加重，分为夏、秋两季提取，承包土地的农户，不仅按承包土地亩数、人数完成农业税任务，还要缴齐村、乡、区三级提留款。夏季，每家把售粮"红条"交给村会计，由村统一和粮站结算，扣除农业税和提留款，有许多户卖粮款不够税、费扣除的，村干部要么自己先垫付，要么从其他多卖粮的农户余款中抵付完成任务。有的农户在缴农业税和提留款后，所卖粮款基本没有剩余，有的农户售粮款不够扣除的，到秋季卖粮再统一扣除。1995年以后，全镇农民的正、附税，各项提留款额不断增加，农民难以承受，但必须完成任务，因而形成了镇村干部包组到户要税、费的现象，见表7－2－4。加之1995年至1999年粮价偏低，农业频繁受灾，许多农户无力完成税和费，镇、村干部只有贷款或从家中垫付来完成，至今成为历史遗留债务。2003年至2005年，全镇统一取消农业税和提留费用的征收项目，非税性的财政收入主要来自罚没款、承包费、社会抚养费等项。

表7－2－4　1995年秋向农民征收非税性收入一览表　　　　（单位：元）

项目 村别	土地发包、依法治村、报刊发行、小康户标准费（人均5元）	小城镇建设、桥涵工程费（人均15元）	"六包一"扶持费	有偿服务费	合　计
晏路	8445	24400	11310	1490	45645
井王	5715	19883	16140	1580	43318
单营	6085	19327	7645	2630	35687
高圩	3895	11375	6975	1400	23645
位巷	3830	12665	6825	2350	25670
大孙	3310	12328	6795	650	23083
红星	10190	36470	15535	460	62655
大杨	2380	8653	6170	1196	18399
胡桥	10880	29975	20435	1580	62870
高田	4515	14824	11355	650	31344
大周	4025	12708	6705	6350	29788
柯巷	7680	21734	17690	1300	48404
石炉	4160	11678	10455	2350	28643
柯湖	5445	16751	5075	790	28061
王桥	6625	17742	6865	1070	32302
炉店	6640	19874	10405	2770	39689
三桥	5675	16692	10705	2770	35842
双桥	13190	38033	17700	1300	70223

（续表）

项目\村别	土地发包、依法治村、报刊发行、小康户标准费（人均5元）	小城镇建设、桥涵工程费（人均15元）	"六包一"扶持费	有偿服务费	合 计
彭刘	3000	7663	4005	930	15598
张集	7625	21278	15165	1210	45278
沱北	7240	20106	15375	2770	45491
宋河	12080	35301	29245	1932	78558
王庄	2090	5793	0	0	7883
陆集	7605	34743	13490	1178	47106
陈圩	5595	16331	7615	2235	31826
艾李	4345	12131	7365	370	23841
砂坝	8315	23161	13640	1210	51326
大郑	8775	25686	17360	1350	53171
龙水	6045	17972	15485	2260	41762
庙李	7935	24228	14515	2576	49254
李集	3480	12497	3320	510	20307
大朱	6420	18522	17480	948	43370
代圩	6725	19264	17005	1210	44204
合计	207870	624045	395350	47675	1276067

四、财政收入

全镇在2003年取消一切费用的收取，2005年，取消农业税征收。全镇财政收入主要来自地税、国税、财政所应征收的耕地占用税和契税。

2000年，国税收入16万元，地税收入65万元。2002年，地税收入75万元。2003年，国税收入12万元，地税收入33万元。2004年，国税收入15万元，地税收入33万元。2005年，地税收入32万元。

2004年，财政所共完成耕地占用税、契税8.1万元。表7-2-5为2000年至2005年黄湾镇财政部分项目收入一览表。

2007年，完成两税征收任务9.6万元。2009年，财政收入128.905万元。2010年，全镇财政收入133万元。其中，国税收入11万元；地税收入65万元；财政直接收入57万元。

2011年，全镇财政收入195.71万元。其中，国税收入10.23万元；地税收入92.74万元；财政直接收入92.74万元。

2012年，财政收入335.98万元。其中，国税完成33.16万元，占任务26万元的127.5%；地税完成151.35万元，占任务178万元的85%；财政直接收入151.47万元，占任务121万元的125.2%。

2013 年，全镇财政收入 516.87 万元，占任务 434 万元的 119%，占计划任务 481 万元的 107.5%，同比增长 54%。其中，国税完成 34.16 万元，占任务 34 万元的 100.5%，占计划任务 38 万元的 90%；地税完成 296.06 万元，占任务 240 万元的 123.4%，占计划任务 266 万元的 111.3%；财政直接收入 186.71 万元，占任务 160 万元的 116.7%，占计划任务 177 万元的 105.5%。

2014 年，全镇财政收入 561.2 万元，占任务 542 万元的 103.5%。其中，国税完成 40.02 万元，占任务的 100.1%；地税完成 332.01 万元，占任务的 125.4%；财政直接收入 189.18 万元，占任务的 103.5%。

表 7-2-5　2000 年至 2005 年黄湾镇财政部分项目收入一览表

年　份	农业税（万元）	附加税（万元）	耕地占用税（万元）	契税（万元）	地方税收（万元）	特产税（万元）	抚育费（万元）
2000	389	77	3	3	—	15	80
2001	389	77	3	3	—	15	80
2002	389	77	3	3	65	15	65
2003	389	77	2	2	3	—	50
2004	257	—	2	2	40	—	45
2005	—		2	2	40		48

第三节　财政支出

2005 年以前，全镇财政支出重点是保工资、保运转。从 2006 年开始，财政支出重点向保民生、保民生工程建设方面转移。2014 年，通过直补共打卡发放各类惠农资金 2503.2 万元，见表 7-3-1。

表 7-3-1　黄湾镇财政收支统计表　　　　（单位：万元）

年　份	总收入	直接收入	总支出	年　份	总收入	直接收入	总支出
1995	273	—	273	2009	704.00	128.69	704.00
2003	539.00	430.00	539.00	2010	744.59	165.09	744.59
2004	569.59	335.98	569.59	2011	827.00	184.08	827.00
2005	582.94	83.16	582.94	2012	917.37	294.43	917.37
2006	650.57	108.26	650.57	2013	712.05	443.38	712.05
2008	646.00	115.10	646.57	2014	690.48	476.00	690.48

注：财政总收入含上级财政下拨各项补助款。其他年份资料缺。

一、保险补贴

2009 年，首次开展政策性农业保险工作，投保项目有小麦、夏玉米、能繁母猪 3 项。2009 年，小麦参保 5 万亩，玉米、大豆参保 5.5 万亩，参保农户缴保金 22.4 万元。2010 年，全镇农户小麦投保面积万余亩，收保费 10.5 万余元，覆盖 14 个村，其中，4 个行政村农户全参保。2011 年，镇建立"三农"保险服务站，镇、村建保险服务网络，村村聘用协保员。2010 年，全镇小麦、玉米等农作物投保面积 13.7 万亩，收保费 29.6 万余元，年度作物受损理赔 67.96 万元。

2012 年，全镇夏、秋两季共承保小麦、玉米等农业作物 12.5 万亩，承保费用 32.9 万元；年度两季农作物定损总面积 1.07 万亩，理赔金额 74.1 万元。2013 年，全镇夏季小麦承保 68386 亩，承保费用 16.62 万元，年度夏、秋 2 季农作物定损面积 1.63 万亩，理赔金额 146.3 万元。

2014 年，夏季全镇小麦投保户数 9286 户，承保面积 81686 亩，投保费 19.85 万元；秋季玉米全镇投保户数 6522 户，承保面积 78830 亩，投保费 23.6 万元，全年因灾共理赔资金 108.6 万元。农业保险的阳光温暖了千家万户。2014 年黄湾镇政策性农业保险金额、保险费率和保险补贴比例见表 7-3-2。

表 7-3-2　2014 年黄湾镇政策性农业保险金额、保险费率和保险补贴比例表

品　种	保险金额（元/亩）	保险费率	保费（元/亩）	中　央		省　级		市　县		农　户	
				保费补贴比例	金额（元/亩）	保费补贴比例	金额（元/亩）	保费补贴比例	金额（元/亩）	保费补贴比例	金额（元/亩）
小麦	270	4.5%	12.15	40%	4.86	25%	3.0375	15%	1.8225	20%	2.43
玉米	250	6%	15	40%	6	25%	3.75	15%	2.25	20%	3
大豆	170	6%	10.2	40%	4.08	25%	2.55	15%	1.53	20%	2.04
能繁母猪	1000	6%	60	50%	30	25%	15	15%	3	20%	12

二、农业各项补贴

2005 年，全镇各种涉农补贴项目 13 项，补贴总额 192 万余元，见表 7-3-3。

2006 年，各种补贴项目 13 项，发放补贴资金 250 余万元。

2007 年，粮食补贴资金 113.7 万元，综合补贴 205.4 万多元，能繁母猪补贴 9.3 万元。

2008 年，向农民兑付粮食补贴及综合补贴对象 9619 户，补贴资金 626.87 万余元。

2010 年，粮食直补和综合补贴对象 9848 户，粮食直补和综合补贴资金 840.39 万元；小麦良种、玉米良种、棉花良种等各种补贴资金 137.75 万元。

2011 年，发放各类补贴对象 9850 户，粮食直补资金 105 万余元，种植业各类综合

补贴 619.69 万元。

2012 年，各类补贴对象户 9978 户，发放粮食直补和综合补贴资金 776.49 万元。

2013 年，各类补贴对象 10128 户，粮食直补和综合补资金 1015 万元，能繁母猪补贴 18.86 万元。

2014 年，共发放各种惠农资金 1199.04 万元，其中，粮食直补和综合补资金 1063.97 万元，政策性农业保险理赔资金 108.72 万元，其他财政补贴资金 26.35 万元。

表 7-3-3 2005 年财政粮食补贴资金清册　　　　（单位：元）

村 名	补贴金额	村 名	补贴金额	村 名	补贴金额
宋河	42302.6	胡桥	86367.6	陆集	59427.4
张龙	107652.6	柯湖	87239.8	庙李	72204.5
双桥	56498.4	晏路	119477.9	砂坝	71099.6
王桥	45403.7	单营	101824.5	朱圩	61665.0
三桥	70844.4	红星	68399.4	合计	1050407.4

三、购置补贴

2008 年，全镇购买大型农机具补贴 30.93 万元。

2010 年，购置家电、摩托车、汽车补贴对象 2222 户，补贴资金 117.75 万元。全镇 7 个销售网点，补贴资金 82.26 万元。

2012 年，全镇销售家电 2831 台，补助资金 100.9 万元，销售汽车、摩托车 140 辆，补助资金 8.9 万元。

2013 年，购置大型农机补助资金 48.8 万元。

2014 年，大型农机具购置补贴资金 442.3 万元。

四、"一事一议"奖补

2009 年全镇首次在少数村实施公益事业"一事一议"财政奖补工作。2010 年，全镇开展村级公益事业"一事一议"财政奖补试点工作，进一步深化农村综合改革。全年共有 11 个行政村实施公益事业建设，新修一条长 1750 米的水泥路，维修砂石路 2 条，总长 25500 米；兴修水利，疏浚大沟 3 条，总长 4400 米，中沟总长 8500 米，小沟总长 19500 米，总土方量 20.56 万立方米。全镇"一事一议"项目资金 144.33 万元。

从 2009 年开始，在部分村开展"一事一议"公益事业财政奖补试点，至 2011 年，全镇有 14 个村实施"一事一议"奖补项目，新建水泥路 9 条，总长 565.0 米，奖资金 122.8 万元；新建砂石路 27150 米，投资 146.68 万元；维修砂石路 30700 米，资金 70 万元。农田水利设施，疏浚大沟 3 条、中沟 12 条、小沟 37 条，资金 97.98 万元；新打深水井 20 眼，投资 5.53 万元。3 年全镇奖补项目资金共 444.21 万元。其中，村筹资 166.58 万元，各级财政奖补资金 277.63 万元。

2012 年，共疏浚大中沟 19 条，总长 48100 米，田间小沟 67 条，总长 27600 米，总土方 47.48 万立方米。4 个行政村实施村内户外水泥路工程，共修铺 6170 米，全为财政投入。"一事一议"财政奖补工程项目投资 301.18 万元。其中，村级自筹资金 84.03 万元，县级以上财政奖补资金 217.15 万元。用于村级农田水利资金 156.9 万元；投入于村级道路修铺资金 144.285 万元。工程建设到 2012 年 11 月底，已全面完工，顺利通过县综改办验收。

2013 年，6 个村实施绿化工程，201 省道 2 边植树长度 20900 米，总投资 109 万余元，2 个村修铺水泥路 2460 米，投资 70 余万元，7 个村实施村级农田水利工程，疏浚大沟 1 条，总长 4000 多米，中沟 33 条，田头沟 26 条，总方土 23 万立方米。工程于 11 月底完工，通过县综改办验收，见表 7-3-4。

2014 年，有 11 个村开展"一事一议"财政奖补项目工程 12 个，3 个村道路绿化，栽女贞树 1030 棵。6 个村疏浚大中沟 11 条，总长 17056 米；田间小沟 21 条，总长 25210 米，总土方量 14.47 万立方米。新打深水井 18 眼，修复桥涵 2 座。1 个村配套无线广播设备，4 个村新铺水泥路 4 条，总长 4385 米，财政奖补总投资 202.4 万元，见表 7-3-5。

同时，镇委、镇政府对五保、低保、受灾群众及孤儿、重度残疾人、贫困学生等救助。2014 年，全镇财政支出弱势群众生活保障费 798.89 万元，其中，灾民救灾补助 249.5 万元，见表 7-3-6。

表 7-3-4　2013 年黄湾镇"一事一议"项目批复表

村　名	人口数量（人）	资金来源（元）			项　目
		小计	村民筹资	财政奖补	
红星	1615	177412	32300	145112	张庄环庄路
柯湖	1363	382097	13630	368467	龙头至赵洼庄西路
合计	2978	559509	45930	513579	—

表 7-3-5　2014 年黄湾镇"一事一议"财政奖补项目

村　名	户数（户）	农业人口数量（人）	资金来源（元）			项　目
			合计	其　中		
				村民筹资	财奖补	
砂坝村	750	3581	345100	35810	309290	水泥路
胡桥村	614	3150	385305	31500	353805	水泥路
合计	1364	6731	730405	67310	663095	—

注：砂坝街水泥路，南至沱河北岸，长 790 米，宽 3.5 米，厚 0.18 米；新建小郑组水泥路，长 370 米，宽 3.5 米，厚 0.18 米；新建胡桥村部至程庄东水泥路，总长 1295 米，宽 3.5 米，厚 0.18 米。

表7-3-6 2007—2014年黄湾镇保民生财政补助统计表 （单位：万元）

年份	两保补助		医疗卫生		计 生		孤儿补助	残疾救助	优抚补助	两免一补	危房改造	村庄搬迁	年补总额
项目	五保户	低保户	大病救助	卫生服务	奖扶	长效节育							
2007	31	41.9	—	—	—	—	—	—	17	—	17.8	—	107.7
2008	29.54	73.75	—	—	1.48	—	—	—	22	—	——	—	126.77
2009	16.3	129.97	—	—	2.5	—	—	8.03	—	25.53	65	—	247.33
2010	36.02	172.24	29.58	—	2.59	11.6	—	—	32	16.62	—	—	300.65
2011	43.18	190.52	19.67	—	17.88	10.15	17.01	16.48	48	29.89	80	216.5	689.28
2012	48.55	166.04	23.74	120	4.19	—	12.96	18.76	—	34.23	150	—	578.47
2013	31	249.9	5.2	—	48.8	—	—	25.98	—	—	288.6	—	649.48
2014	44.86	368.67	—	—	55.51	—	—	39.2	—	42.15	—	—	550.39

注：2011年，向受灾群众发放临时救济款10.5万元，2014年，灾民救灾补助249.5万元。

第四节 金 融

1949年前，辖内没有金融机构。20世纪50年代初期，区、乡先后办信用合作社。1969年，黄湾公社设建时，中国农业银行灵璧县支行黄湾营业所成立。晏路、陆集2个公社信用合作社并入黄湾信用合作社。1993年，黄湾邮政支局开办储蓄业务。到2014年，全镇有农商银行黄湾支行、邮政储蓄银行黄湾支行、三农保险服务站金融机构共计3家。

一、金融机构

1. 灵璧县农商行黄湾支行

灵璧县农商行黄湾支行的前身为黄湾信用合作社。1954年，在大办"三社"（供销社、合作社、信用社）的高潮时，灵璧县农村信用合作联社在晏路、陆集2个公社建农村信用合作社，吸收社员入股，按照股份参加分红，发放农业贷款。黄湾公社成立后，晏路和陆集2个信用社合并建立黄湾信用合作社。1980年，设区建制，辖区内5个社（乡）建信用社，村设信用站，大村设信贷员，由村会计兼信贷站工作。1992年，撤区设镇后，5个信用社先后撤掉，成立黄湾信用合作社。黄湾信用合作社实行独立核算，自负盈亏。2013年7月，县农村商业银行决定撤销黄湾信用合作社，组建"灵璧县农商行黄湾支行"，工作人员12人。属股份制。

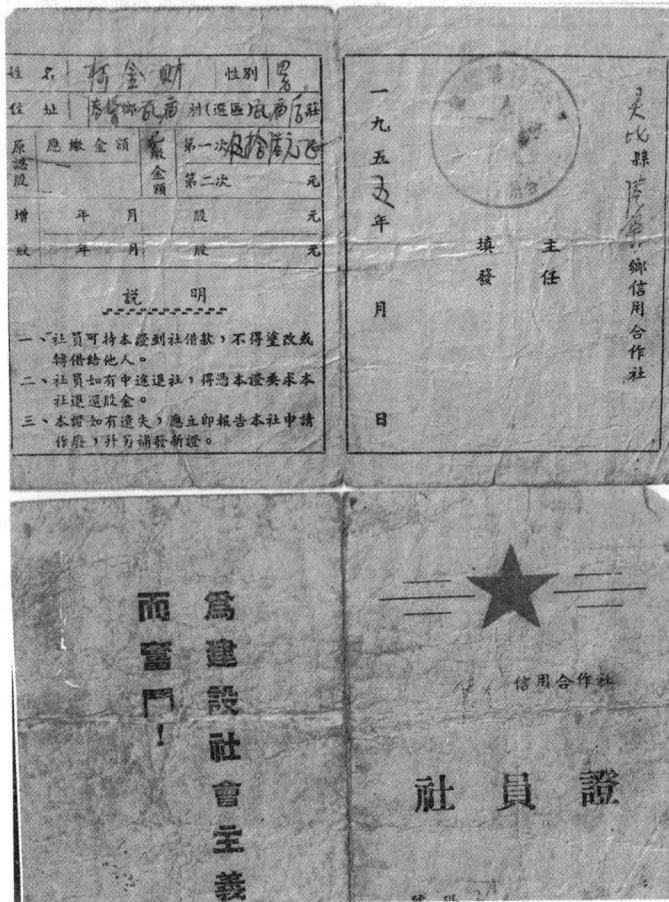

1955 年农民入股信用社股金证

2. 中国农业银行灵璧县支行黄湾营业所

1970 年，中国农业银行灵璧县支行在黄湾公社设立营业所，20 世纪 80 年代初，该所建五间砖木结构走廊营业室。1995 年到 1996 年，建三层营业楼。2002 年底，黄湾营业所撤销，人员、财物迁往县城农行，房地产转卖。

3. 中国邮政储蓄银行灵璧县黄湾支行

1993 年，黄湾邮政支局开展邮政储蓄业务。全国联网，接收汇款。开展商业保险、信贷、财政性存款以及代发公务员、教师、退休职工工资和"五老"人员生活补贴和城乡居民养老保险等业务。

4. 中国人民保险公司灵璧县分公司黄湾代办处

1985 年，中国人民保险公司灵璧支公司在黄湾区开设代办处，设 2 名代办员，办公室在区公所院内。开展家财、养老、麦场、师生平安等项保险业务，后撤销。2000 年以后，县商业保险公司在镇内设立保险业务代办网点。

5. 黄湾镇农村合作基金会

1998 年 9 月 19 日，经县农委批准，黄湾镇农村合作基金会成立，在镇政府楼下东侧 2 间门面房挂牌营业，隶属镇政府管理，镇农经站具体组织开展业务和管理，在镇农经站下挂牌子。设有主管和出纳等 3 名工作人员，其主要职能职责是：吸储民间闲散资金，下达入股指标，动员镇村干部入股，设立基金会章程。凡是入股者都为会员，发给农村合作基金会《代管资金证》，参加年终分红。所有入股的钱由镇政府统一调配使用，后镇、村干部和村集体入股钱都用于发放教师工资。基金会于 1999 年 8 月 2 日撤销。

6. 黄湾镇"三农"保险服务站

2009 年，国元农业保险公司灵璧支公司，在黄湾镇成立"三农保险服务站"，设在镇财政所三楼办公，由财政所人员兼职。同时在所辖行政村设"三农保险服务点"，村配协保员 1 人，由村文书兼职，县国元保险公司给予办公经费和人员补助。在全镇开展小麦和玉米保险。

二、信贷 收贷 储蓄

1. 信贷

1954 年初，区、乡先后成立信用社，边组织社员入股，边办理农村贷款业务，为购买种子、牲畜、兴修水利和添置农具投放贷款，信用社人员走村串户为集体和农户发放贷款。1955—1957 年，为农业合作社发放一批生产贷款，帮助农户购进牲畜、种子、饲草，添置各种药械，兴修农田水利。

1970 年，黄湾信用合作社向生产队投放支农贷款，使许多基础差、缺粮断草的生产队有了资金，用以购买牲畜、机械等生产资料。1975 年，黄湾公社 22 个生产大队向信用社借农业生产贷款共 105000 元。

1980 年，全区推行大包干到户生产责任制，农业贷款"实行统一计划，分账管理，存贷挂钩，差额包干"的办法，由单纯支援粮食生产、支援贫困生产队、户，转向重点支持商品经济和多种经营。1984 年，贷款重点支持粮食专业户、养殖专业户、联合体和乡镇企业。全区先后办起一大批乡镇骨干企业，其中有大杨窑厂、黄湾面粉厂、王桥窑厂、高圩榨油厂等。

2000 年以后，信用社积极吸收群众入股，组织开展信用村、信用户活动。不断向农户投放小额贷款，支持农民开展种植、养殖和加工业生产。石炉、胡桥、王庄被信用社评为首批信用村，农户需要小额贷款三五千元的可随时办理，扶持一大批养殖户、加工大户。养鸡千只、猪百头以上、羊百只以上、牛 10 头以上的大户 200 余户，成为全镇致富的典型。

2003 年 6 月，全镇遭受到罕见的洪涝灾害，作物绝苗面积 7 万余亩，信用社为受灾户建立档案，共发放恢复生产贷款 180 余万元。下半年，全镇新增养禽 7 万余只、猪 3000 头、羊 1500 只、牛 140 头，使大批受灾户得到了自救，降低了受灾损失。

2010 年以后，全镇贷款实行"一保就放"的做法，即借贷人由财政付工资的干部、职工做担保，随到随放小额贷款。对农民工返乡创业、团组织开展的青年创业、大学生生活、购买大型农机具、兴办各种合作社等贷款，政策性贷款发放量增大，使全镇购回一大批大马力的农业机械。2010 年以后，黄湾农商支行贷款重点支持各种养殖、种植、农机等专业合作社。2012 年至 2014 年，共放贷款 8203 万元。2014 年"三夏"中，为了全面开展作物秸秆禁烧，上级专项下达资金购买多种农机具，全镇在"三夏"工作中，投入贷款购买大型免耕、一次性播种施肥机械 19 台（套）。

2. 收贷

中华人民共和国成立初期，国家出台一系列政策，有无息贷款，以实物向农民放贷，如肥料、种子、农具、牲畜、猪、羊等。20 世纪 50 至 60 年代，对困难生产队、困难户发放无偿贷款，采取实物、现金并放，国家对无偿还能力的困难队、困难户的贷款进行豁免。

20 世纪 70 年代，收贷由公社按照信用社统计的当年放贷数、当年应收数，采取"三统一""一笔消清"的做法，即统一下发回收任务，统一由生产队集体承担还贷，每到夏、秋两季征购粮任务完成后，公社召开收贷会议，分配各大队完成回收贷款指标任务，并进行评比。1975 年 8 月 19 日，公社革委会下达收贷任务，全社 22 个生产大队，征购粮任务折款 27135 元，归还到期贷款 10500 元。由大队统一到信用社"一笔消清"还贷任务。

1980 年，生产责任制推行后，原生产队集体所欠贷款，分解到各家各户偿还，基本都全部收回。

20 世纪 80 年代，农民个人欠贷由信用社、农行营业所派人员协同村组干部到户收贷。村民组和村委会集体所欠贷款，分别在"三提五统"中列出还贷任务，由村委会和包村干部统一到户收取提留款和村里办公益事业所欠的贷款。

20 世纪 90 年代，全镇出现司法部门下乡收贷款、基层干部驻守粮站扣贷款的现象。依法清收贷款的力度不断加大，派出所、司法所、法庭开车进村入户收取贷款。每到夏季，农民到粮站缴售定购粮时，信用社人员驻守在各个粮站的结算点，与各村干部一起，要农户卖粮食的"红条"（结算领取钱的票据），从粮站的发款处领取现金，扣除所欠贷款。

2010 年以后，由财政发工资的工作人员为借贷人担保，也承担催收贷款的义务。2014 年，县委办公室、县政府办公室联合下发文件，部署清收不良贷款任务。镇委、镇政府组织镇村干部、派出所、司法所等镇直有关单位人员 100 余名包到村，村干部包到组、到户，进行收贷专题宣传，集中清收不良贷款。定出还贷时间，对拒不还贷的"老赖"实行拘留处罚，集中 40 余天，共清收各种不良贷款 2924 万元，见表 7 - 4 - 1。

表 7 - 4 - 1　黄湾镇农业贷款统计表　　　　　　（单位：万元）

年份	信用社			农商行		
	贷款	收回	余额	贷款	收回	余额
1994	560	489	316	—	—	—
1995	671	577	412	—	—	—
1996	633	511	537	—	—	—
1997	1413	1404	546	—	—	—
1998	397	393	550	—	—	—

（续表）

年份	信用社			农商行		
	贷款	收回	余额	贷款	收回	余额
1999	753	740	563	—	—	—
2000	285	110	740	—	—	—
2001	1649	1396	992	—	—	—
2002	989	691	1290	—	—	—
2003	1346	900	1716	—	—	—
2010	—	—	—	2507	2483	240.06
2011	—	—	—	2619	2406	2611.7
2012	—	—	—	3077	2692	385
2013	—	—	—	2912	2700	2611
2014	—	—	—	3197	2924	2975

3. 储蓄

中华人民共和国成立后，政府号召单位和个人把闲置钱存入银行，镇辖内金融部门，多措并举开展储蓄工作，向群众宣传"一元起存，多存不限，存款自愿，取款自由"。20 世纪 50 至 60 年代，经济拮据，群众无钱可存。20 世纪 70 年代，群众存款仍然极少。20 世纪 80 年代中、后期，农民收入大幅上升，手中宽裕了，但他们的意愿不是存款，而是要改变生产条件，提高生活质量。把手中的积蓄投向生产和生活上，购买农机具、拆草房盖瓦房等。20 世纪 90 年代以后，农民收入又上个台阶，除去所需后，有了余钱，开始向银行存款。1995 年，仅在镇信用社存款 742 万元，2003 年末，存款 1510 万元，是 1995 年的 2 倍，见表 7-4-2。2014 年，全镇在农商行共计存款 1.3 亿元，是黄湾史上最高年份，见表 7-4-3。

表 7-4-2　1995—2003 年黄湾信用社储蓄余额表　　　（单位：万元）

年　度	定　期	活　期	余　额
1995	330	412	742
1996	400	398	798
1997	390	299	689
1998	361	284	645
1999	300	315	615
2000	318	420	638
2001	407	425	832
2002	596	709	1305
2003	798	712	1510

表7-4-3 2010—2014年黄湾镇金融单位存款统计表 （单位：万元）

单位 年份	农商行存款			邮政储蓄			
	企业单 位存款	个人 存款	存款 总额	活期	定期	保 险费	存款 总额
2010	196.4	6198.1	6394.5	—	—	—	—
2011	182	7233.5	7415.5	—	—	—	—
2012	846.7	8315.9	9162.6	—	—	—	—
2013	479.5	100728	101207.5	8450	6800	465	15250
2014	482.1	129615	130097.1	9660	8640	—	18300

三、公债保险

1. 公债

1981年，国务院发行"国库券"。区公所在财政所成立国库券推销办公室，负责分配、推销工作。区、乡由分管财贸的副职干部负责。黄湾农行营业所经办收款入库和退本付息兑换人民币工作。全区共推销国库券86.7万元。其中，农民购买68.2万元。均由村民组长和会计从农民卖征购粮款中，统一扣款购买国库券。区向乡分配任务，村向村民小组摊派，村民小组分到户，按照参加承包土地人口平均分摊购券。在兑现国库券时，村、组干部把农户中的券收上来，作为提留款上缴。

2. 商业保险和政策性保险

（1）商业保险。1980年以后，商业保险公司开始在镇内运营业务，在黄湾街成立保险代理处，办理保险业务，因参保量少而取消。2002年元月，再次挂起"灵璧县人寿保险公司黄湾经办代理处"牌子，代理处设经理1人，聘营销人员20余人，分布在各村。开展养老、婚嫁、重大疾病、意外、学生平安、集体6项保险业务，收取保险费用50余万元。其中，收取学生平安保险30万元，全年理赔40余万元。其中，学生理赔20万元。2003年，共收取养老、"学平"等6项投保费近60万元。2004年，代办处业务停办。从2008年至2014年，先后有太平洋、平安、中国人寿和财保等多家公司，开设代办点和招聘营销员，各种保险业务上门办理。2013年，邮政支局代理各类保险投保业务，各类险种投保460万元。

（2）"三农"政策性保险。2009年，县国元保险分公司在全镇开展政策性"三农"保险业务。农户参保的有小麦、玉米粮食种植业。部分农户还参加能繁母猪保险。镇财政所设立"三农"保险办公室，专人负责保险业务，各村成立代办点，由村会计任协保员。2010年到2013年，全镇参保农户年年不断上升，承保小麦和玉米亩数不断扩大。2014年，全镇小麦、玉米因自然灾害造成减产，县国元保险公司和镇财政所及时组织勘探。其中，小麦投保9286户，承保面积81686亩，收保费19.85万元；玉米投保户6522户，承保面积78830亩，投保费23.6万元。按照受灾面积，全年因灾理赔资金108.6万元。理赔款打入受灾农户的"一卡通"存折。由于农业保险理赔及时，所以农民对政策性农业保险比较认可，积极参加农业保险。

第八章　教　育

　　1949 年前，镇内设有私塾、学堂、学校。当时受教育的多为家庭经济较富足的子女，入学人数很少。1949 年以后，区、乡、镇党委、政府贯彻党中央一系列教育方针政策，幼儿、小学、初中、高中教育以及多种形式的成人教育、职业教育蓬勃兴起。到 2014 年，全镇幼儿园 5 个，幼儿看护点 10 个，幼儿入园 2208 名；完小 5 所，初小 5 所，6 个教学点，在校学生 3843 名，教职工 188 人；黄湾完中 1 所，共有教职工 190 人，在校初中生 671 名、高中生 1126 名。

宋河小学

第一节　幼儿教育

一、公办

　　1950 年，区办幼稚班。1958 年至 1960 年，全区社和大队办幼儿园，多属公办，少部分民办。

　　1976 年，全县幼儿教育恢复。1983 年，县教育局、妇联会、妇幼保教委多次举办幼儿教师培训班，全区各完小推荐幼师参加学习，先后开办学前班（幼儿班），后陆续解散。

1992 年至 2000 年，全镇幼儿教育再度兴起，镇教办室先后选派一批幼师到灵璧进修，先在红星小学和黄湾小学开办 2 个幼儿园，各完小开设学前班。2001 年以后，学前教育改为幼儿教育。全镇共有幼儿班 22 个，在园生 1003 名，配专、兼职幼儿教师 25 人。2005 年以后，全镇大批中、小学生到县城或随父母到外地务工城市就读，一些村小学生源大量减少，出现空班现象。镇政府对部分完小、初小、教学点布局进行调整，部分学校被撤并，学前班也随之停办。

2009 年到 2014 年，国家财政投资 200 多万元，在黄湾中学大院内建了一所黄湾中心幼儿园，占地面积为 5000 平方米，建筑面积 1400 平方米，2014 年 9 月投入使用。全园专职教师 16 人，8 个班级，400 余名幼儿。全镇设公办幼儿园 3 所，在园生 950 名。完小附属园 5 个，教学点设幼教点 6 个，入园幼儿 405 名。

二、民办

至 2014 年，民办幼儿园有 2 家。2009 年 6 月，李伟在镇东街的灵固路北侧建"大风车"幼儿园，投资 460 万余元，占地 3300 平方米，建筑面积 1800 平方米。2014 年，设大、中、小班共 12 个，在园幼儿 500 余名。教职工 31 人，大学专科以上学历占 95%，其中大学本科 6 人。接送幼儿校车 3 辆。校内环境优美，设有活动室、午睡室、洗漱室、舞蹈室、美术室，还有多功能多样多型玩具。2014 年 2 月，各班配备电脑一体机互动教学设备。从 2009 年 6 月至 2014 年，有 2000 多名幼儿在大风车幼儿园接受学前教育。从 2011 年至 2014 年，大风车幼儿园连续 4 年在全县幼儿园年度考评中位居前列。

2009 年，王梅在黄湾西街北 300 米处建起"阳光"幼儿园。占地面积 3000 多平方米，在园幼儿 340 名，教职工 25 人，专业教师 19 人，开设大、中、小共 10 个班，是黄湾一家普惠性民办幼儿园。园内设施齐全，建有接待室、教室、家长接送休息室、保健室、多功能活动室、舞蹈室。备有立柜空调 12 台、电视机 10 台、电脑 3 台、打印机 1 台、电子琴 10 台、摄影机 1 台、消毒柜 1 个、投影仪 1 台，每班均配备监控及多媒体教学等设施。幼儿有流动洗手设备，幼儿图书 800 套，专用幼儿带空调校车 3 辆，共投入资金 300 多万元。每年对困难家庭子女都予以优惠或减免学费。2010—2012 年，该园招生残障儿童 12 人，减免学费共 5 万余元。每年组织部分老师和孩子去敬老院慰问，让孩子从小懂得孝敬老人这一中华民族的传统美德。2012—2013 年，连续被灵璧县教育体育局评为普惠性民办幼儿园。表 8-1-1 为 2017 年黄湾镇幼儿教育状况一览表。

表 8-1-1　2014 年黄湾镇幼儿教育状况一览表

园、点名称	性 质	创办时间	班数（个）	儿童数（人）	幼师人数（人）	占地（平方米）	总投资（万元）
黄湾中心幼儿园	公办	2014	6	350	6	8000	200
老户朱幼儿园	公办	2009	5	200	5	5000	150
桥头幼儿园	公办	2009	8	400	12	6000	200

（续表）

园、点名称	性 质	创办时间	班数（个）	儿童数（人）	幼师人数（人）	占地（平方米）	总投资（万元）
阳光幼儿园	民办	2009	9	340	15	3000	300
大风车幼儿园	民办	2009	10	513	20	3300	350
晏路小学附属园	公办	—	—	115	教师代教	—	—

第二节　小学教育

一、私塾

清光绪之后，辖内私塾开始成为主要的办学形式，比较大的自然庄设私塾，大都设在塾师家中或祠庙内，一般一位塾师（称先生）带10人左右，多为启蒙教育，以识字为主，书读《四书》《五经》，文作"八股"。

宣统年间，镇境内设私塾12所，学生322人，塾师12人。其中，拔贡1人，秀才3人，禀生1人，其他7人。民国十八年，设有孙二郎庙（现大孙庄）晏路口、沱河圩3所初级小学。孙二郎初小有教师2人、学生20人，晏路口初小有教师1人、学生36人。沱河圩（今王桥庄西南河岸边）初小有教职工5人、学生94人。教学内容"三民主义""算学""常识""体育"等课程。

抗日战争时期，私塾渐少，民国三十四年秋，镇内先后有旗杆陈圩、瓦庙、大周、李集、砂坝等学馆。1948年10月，灵城解放，到1949年初，私塾转为学校。

二、私立小学

1950—1951年，区内发生百年未遇的水灾，县里要求分散建立教学点，发展民办小学。1957年，区内各乡村发展了一部分民办教学点。1990年9月1日，经县教育局批准，双桥村张廷荣创办私立教学点，即"姚桥张廷荣私立五年级班"。有2名教师、60多名学生。1998年9月1日，并入瓦庙小学，张廷荣被聘为瓦庙小学教师。

1992年9月，张立凯在原红星乡联中校址，创办"桥头私立小学"，初设1个五年级教学班，76名学生，聘教师2人；至1994年，发展成为完全小学，在校生450人；至1998年7月，先后有780名小学毕业生进入初中。该校设14个教学班，在校生928人，聘教师26人，承担张集、沱北、陈圩、艾李4个村5307人的"普九"任务。1998年8月，经教育部门批准，桥头私立小学转为公办小学，更名为"灵璧县桥头小学"。

从1990年开始，先后有姚桥、三桥、大朱、刘沟、大董等10多个村庄创办私立教学点，招收一批适龄儿童入学，后大都停办或并入当地公办小学。部分教师被公办学校聘用。

三桥私立小学创办于 1992 年 9 月 1 日，校舍 8 间，设 2 个教学班，70 多名在校生，3 名教师。1995 年 9 月，县教育局下文同意席成友创办三桥私立小学。2003 年 9 月，镇教办室撤销三桥公办初小，把一至三年级的 3 个班并入席成友私立小学管理，这是全镇首例。2004 年 6 月 15 日，县教育局向三桥私立小学颁发办学许可证。到 2004 年夏，学校占地 1900 多平方米，校舍 21 间，教室面积 454 平方米，固定资产 12 万元。共开设 5 个教学班，在校生 300 多人，6 名教师，其中，中师毕业 5 人，大专进修 1 人，教师年龄平均 30 岁。1992 年以后，向黄湾中学输送 900 多名优秀生源。2008 年，因办公经费和教师工资支出太高，缺乏资助和补贴，三桥私立小学停办。

三、公办小学

民国元年（1912 年），镇内办孙二朗庙、瓦庙、晏路、砂坝、沱河等小学。

1945 年，砂坝街南头古庙开办 1～6 年级完全小学。设 6 个班，有 6 位教师、360 名学生。

1949 年，砂坝乡人民政府决定，恢复砂坝小学，开设 6 个班，有 10 位教师、300 名学生，是镇内第一所完小。

1949 年到 1950 年，镇内先后办起砂坝、老户朱、陈圩、瓦庙等小学。

1975 年，全社各大队办完小，庄庄办教学点，第一次招聘一批民办教师。

1980 年，区、社加大办学领导力度，教办室组织人员，深入到户进行小学适龄儿童普查，逐村逐户调查登记，建立学龄前儿童档案和小学适龄儿童档案，制定全区小学教育、校舍建设、课桌凳添置等规划。由区、社、大队三级按照规划，增加教育经费提留统筹，以扩建校舍，购置教具。

老户朱小学

1982 年，全区重点抓民办教师队伍整顿和重点小学基本建设，通过对民办教师统一文化考试和教学业务考查，全区辞退一部分民办教师。从 1985 年到 1992 年镇建制，区、镇从实际出发发展小学教育。在调研的基础上，从方便农民子女就近入学出发，村村办初小或完小，在偏僻村庄办教学点。镇辖内小学达 40 所。同时，改以前单抓入学率，为升学率、巩固率、合格率、普及率"四率"一起抓，"四率"均达到 99.9%。

1992 年，全镇小学校数和学生数分别是中华人民共和国成立初期的 5 倍和 14 倍。

　　1992 年，撤区建镇后，全镇小学校布局调整，实行规模办学，改善教学条件，全面提高小学教师水平、教学质量和实施素质教育等新目标，实现"两基"达标。全镇在改善教学条件的基础上，集资扩建校舍。红星村率先筹资、捐资 140 万元，建起教学楼，全校 400 多名儿童第一次登上楼房上课。到 2003 年底，全镇建村级小学教学楼 12 座，班级教室面积平均扩大到 80 平方米，见表 8-2-1。

　　1995 年始，镇党委、镇政府重点抓"两基"达标工作，逐步加大财政投入。1996 年到 1997 年，财政投入占全镇财政总支出的 70% 以上。1995 年 5 月，顺利通过"两基"工作复查验收。

　　1998 年，镇教办室认真抓好小学布局调整，把分散的完小撤并调整为 12 所，把教学点办到没有完小和初小的行政村、组。2014 年，全镇调整为 5 所完小、5 所初小、6 个教学点，共 94 个班，3843 名学生，教室全部为楼房，见表 8-2-2、表 8-2-3、表 8-2-4 和表 8-2-5。

表 8-2-1　黄湾镇小学创办时期与 2003 年情况一览表

项目 校名	创办时期				2003 年		
	办学时间	班数 （个）	学生数 （人）	教师数 （人）	班数 （个）	学生数 （人）	教师数 （人）
老户朱	1949.2	3	188	5	10	500	14
庙李	1951.1	5	255	8	9	423	12
砂坝	1946.9	6	360	10	10	566	15
瓦庙	1944.1	6	210	10	8	410	13
晏路	1929.1	6	105	10	8	465	13
单营	1950.1	3	65	3	6	320	9
红星	1956.1	6	120	7	12	500	16
王桥	1975.1	4	130	5	8	420	13
宋河	1956.1	6	120	7	8	430	13
桥头	1975.1	3	130	6	13	820	21
陆集	1956.1	5	170	7	6	340	9
黄湾	1970.1	5	190	9	17	890	28

表 8-2-2　2014 年黄湾镇小学状况一览表

校　名	类　别	班级 （个）	学生数 （人）	教师数 （人）	坐落 地点	校园面积 （平方米）	资产评估 （万元）
黄湾中心小学	完小	28	1350	66	黄湾街	15000	600
老户朱小学	完小	10	600	16	朱圩村	11600	400

（续表）

校　名	类别	班级（个）	学生数（人）	教师数（人）	坐落地点	校园面积（平方米）	资产评估（万元）
桥头小学	完小	15	900	16	张龙村	2500	500
晏路小学	完小	8	300	24	晏路村	74141	450
红星小学	完小	6	120	14	红星村	9425	300
单营小学	初小	3	40	7	单营村	4416	100
高田小学	教学点	1	20	2	胡桥村	1122	50
井王小学	教学点	3	45	7	晏路村	3570	50
陆集小学	初小	3	90	5	陆集村	6464	100
三桥小学	初小	3	55	5	庙李村	7000	100
砂坝小学	教学点	2	50	5	三桥村	1400	50
王桥小学	初小	3	90	3	砂坝村	5600	150
宋河小学	初小	4	100	5	宋河村	8000	200
王桥小学	教学点	1	20	2	王桥村	3600	150
位巷小学	教学点	3	60	4	单营村	1090	50
瓦庙小学	教学点	1	3	2	双桥村	7820	100
合计	—	94	3843	183	—	162748	3350

表8-2-3　2010—2014年黄湾镇小学教育状况一览表

年　度		2010	2011	2012	2013	2014
学生情况	班级（个）	70	21	72	73	75
	学生数（人）	2650	2680	2700	2750	2789
	其中女生数（人）	1230	1235	1220	1225	1330
	招生数（人）	510	550	565	570	587
	毕业数（人）	260	265	263	255	302

表8-2-4　1998—2014年黄湾镇小学教学楼统计表

校　名	教学楼竣工时间	财政补助总额（万元）	建筑面积（平方米）	搬入时间	班级数（个）	每班面积（平方米）
单营小学	1998.3	56	1080	1998.9	8	80
宋河小学	1999.12	62	1320	2000.9	9	80
陆集小学	1998.8	42	880	1998.9	7	80
红星小学	1997.8	38	880	1998.9	8	80

（续表）

校 名	教学楼竣工时间	财政补助总额（万元）	建筑面积（平方米）	搬入时间	班级数（个）	每班面积（平方米）
瓦庙小学	1998.7	42	880	1998.9	8	80
桥头小学	1998.7	22	680	2003.2	8	80
王桥小学	1998.4	56	1080	1998.9	9	80
老户朱小学	1988.11	60	1100	1998.12	12	80
砂坝小学	2004.6	48	1200	2004.9	11	80
庙李小学	2004.4	20	707	2004.5	7	80
黄湾中心小学	1999.8	140	3000	1999.9	17	80
晏路小学	2014.9	600	1929	2014.9	8	80

表 8-2-5　1950—2014 年黄湾镇小学在校生统计表　（单位：人）

年 份	学生数	年 份	学生数
1950—1956	1300	2004	7026
1992	5510	2005	5100
1997	7345	2006	4700
1998	7954	2007	4200
1999	8710	2010	2650
2000	9927	2011	2680
2001	10040	2012	2700
2002	9670	2013	2750
2003	8134	2014	3843

注：部分年份数据缺失。

四、学制与课程设置

1. 学制

清朝时期，高等小学招收的学生本应是初等小学的毕业生，但因境内初办，学额不足，凡在 15 岁以下读过私塾的，经考试合格，均可入县高等小学堂就读，学制为 4 年，其课设置以《四书》《五经》以及"纲常大义"为主，以历代史鉴及中外政治艺学为铺，设有修身、格致、图画、体操等 9 科。

民国时期，晏路、砂坝办的小学分初级和高级小学，初小 4 年制，高小 2 年制。1949 年后，小学沿用四、二传统分段制。1969 年，小学制实行 5 年一贯制。1970 年 2

月，县革委会决定小学统一改为春季始业。1978 年暑期后，又恢复秋季始业，原来春季始业的班级推迟半年毕业。从 2005 年起，小学恢复 6 年制。

2. 课程

民国元年至六年，按教育部规定，初级小学开设修身、国文、算术、中国历史、地理、手工、理科、图画、唱歌、体操等课程，男生加授农业课，女生加授缝纫课，农业课可缺或改商业课，并加授英语课。

中华人民共和国成立初期，全县小学课程分低、中、高年级设置。低年级设国语、算术、唱歌课，国语中包括常识，并从国语中抽出 1 节作为书法课。中年级设国语、常识、算术、音乐、体育、美术课。高年级设国语、算术、历史、地理、自然、音乐、体育、美术课。自习与课外活动时间，由各学校自行酌定。

1952 年，全区小学教学计划，按上级统一颁布，将国语改为语文，美术改为美工。低、中年级设语文、算术、体育、音乐、美工课。高年级增自然、历史、地理课。各年级均设晨会、周会课。低年级每周 29 课时，每课时 45 分钟（低年级 40 分钟），并明确规定了课外活动和班级活动的时间、内容。

1957 年秋，小学每个班级增设一节周会课，向学生进行思想品德和时政教育，农村小学五、六年级各增设 1 节农业常识课。1963 年，全区小学每周教学时间一、二年级 28 节，三、四年级增至 30 节，五、六年级增至 32 节。1964 年，又进行了精减，中、低年级为 26 节，高年级为 28 节。

1977 年，县教育局拟定《中小学课程设置计划》，小学设 8 科：政治、语文、数学、外语、自然常识、体育、音乐、美术课，每周上 26 节。另外安排文体科技活动课 4 节，班队活动课 2 节。所设课程完全使用省编试用教材。1978 年下半年，小学开设语文课使用全国统一编制的教材，增设思想品德课。

小学教育从 2005 年起，由五年制恢复到六年制。教材使用和课程设置也发生了很大变化。一至三年级课程开设有语文、数学、体育、音乐、美术课；四、五年级增加常识课等。20 世纪 80 年代《安徽省十年制全日制小学教学计划》规定，小学一至二年级设置思想品德、语文、数学、体育、音乐、美术课，三年级开始增加自然课，四年级增加地理课，五年级增加历史课。20 世纪 90 年代开始，全镇有条件的完小增加外语和信息技术课。教材变得多元化，有人民教育出版社、北京师范大学出版社等教材版本。从 2005 年开始到 2014 年，教材版本变化频繁。

五、素质教育

1995 年始，镇教办室在全镇各小学成立素质教育领导小组，加强领导和指导各小学开展素质教育工作，由班主任任组长。每个小学都成立各种类型的兴趣活动小组或特长班，开展各种活动，有效开发了小学生的智力。黄湾中心小学、桥头小学、红星小学、大朱小学等学校的小学生动手制作科技模型、雕刻艺术品等优秀作品，在黄湾陈列室展出，供广大师生观摩学习。

1998 年，黄湾小学在艺术月活动中，获全县学生作品展评一等奖。黄湾小学、大朱、瓦庙、桥头、红星等小学，在镇、县举行的文艺会演中多次获优秀节目奖。

2001 年，桥头小学体操队在全县中小学广播系列操比赛中获得第二名。黄湾中心校和中心小学多次承担县教育局举办的歌咏、广播操和其他项目运动会等比赛活动。

从 1999 年起，镇中心校在各小学开展爱国主义读书教育活动和小学生日常行为规范、日常行为守则等学习教育活动。开展普通话、学生书画展、体育运动会等比赛活动，都展示出了素质教育的丰硕成果和浓郁特色，多次参加县比赛，均获得好成绩。

老户朱小学获中国徐州"丝路汉风"国际武术大赛三等奖

2002 年以后，各完小开设计算机课，使三到六年级学生大都能掌握计算机操作基本技能。

2010 年 5 月，老户朱小学陈明慧同学在全市青少年"辉煌六十年"读书教育活动小学生讲故事比赛中荣获一等奖。

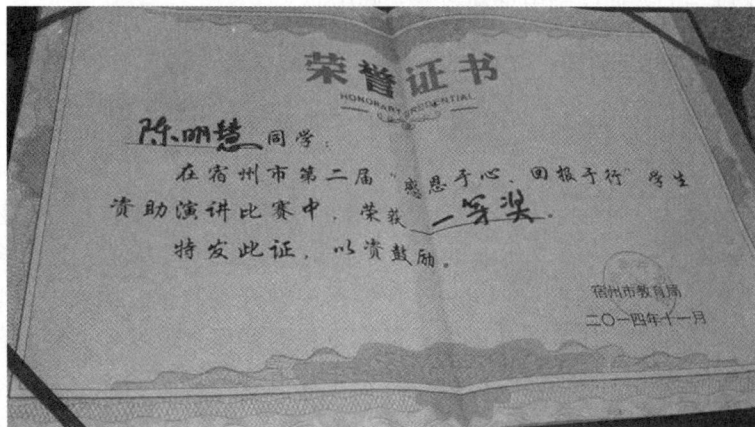

陈明慧获奖证书

2013 年 5 月 30 日，桥头小学举行以"快乐童年，放飞梦想"为主题的庆"六一"素质教育成果展演活动，县教体局领导，学生家长，镇、村部分领导等 1300 余人观看。

2013 年 4 月 28 日，黄湾中心校举行春季体育运动会，各小学近 100 名选手参加广播操、跳绳、象棋、乒乓球、60 米跑、立定跳远等项目比赛。

2014 年 5 月 12 日，黄湾小学五年级学生柯梦、赵雪莲，六年级学生陈倩文参加全县"汉字听写大赛"获奖。

至 2014 年，全镇有省级骨干教师 3 名，市级各学科教学大赛获奖 18 人，县级各种教学、教研活动获奖 200 多人次。发表国家级论文 15 篇、省级 35 篇、市级 50 多篇、县级 300 多篇。

第三节　中学教育

一、中学建置

民国时期至中华人民共和国成立初期，镇辖内没有一所初级中学，小学毕业后，需去固镇、灵璧或蚌埠等地上初中、高中。

1959 年，在晏路街创办晏路初级中学，当年招生 4 个班，不足 200 名学生。1970 年，晏路中学设高中班。1971 年，开始筹办黄湾联中。1989 年初，晏路中学迁到黄湾街，在黄湾联中校址办学，更名为黄湾中学；黄湾联中同时迁到晏路中学校址办学，更名为晏路初级中学。1980 年，县革委会对全县 154 所联中进行整顿和压缩。到 1983 年，全区 5 个公社（乡）的砂坝、大山、红星、黄湾达到一社一所联中（1983 年后变为乡联中）。1993 年，撤销砂坝联中。1994 年，撤销红星联中（大山联中划归娄庄镇管辖）。2009 年，晏路初级中学被撤销。至 2014 年，全镇设黄湾中学一所完全中学，成为灵南地区唯一的普通完全中学和教学实验中心。

二、中学学制与课程设置

1959 年，晏路中学学制仍用"三、三制"，即初中三年，高中三年。1969 年，全县社社办中学，学制改为"二、二制"，即初中二年制，高中二年制，春季始业。1972 年春季，初中又改为 3 年制。1977 年，省教育厅决定从 1978 年秋季起，恢复秋季始业，实行"三、二制"，原春季始业的班级学习时间延长半年毕业。1982 年以后，全区、镇中学仍实行"三、二制"。1969 年，晏路中学开设政治、语文、数学、工业基础知识、农业基础知识、体育、英语、毛泽东思想等课程。1979 年，教育部颁发《全日制十年制中小学教学计划试行草案》，规定中学开设政治、语文、数学、物理、外语、历史、地理、生理卫生、音乐、美术等 10 门课程。1981 年，教育部颁发《全日制五年制中学教学计划草案的修订意见》规定政治课内容是：初一开设《青少年修养》，初二开设《法律常识》，初三开设《社会发展简史》，高中开设《政治经济学常识》

《辩证唯物主义常识》，至 1985 年底未有变动。1990 年以后，晏中、黄中按照上级教育主管部门的规定，对初中和高中课程进行部分调整。

三、教育

1. 初中教育

黄湾中学多年坚持"办好初中，发展高中，增强可持续发展能力"的办学思路，在"高中要进城，初中要进镇"的背景下，学校把高中生源的立足点放在自己校内。学校充分尊重学生个性，努力发展学生的特长，促进学生全面发展，在初中阶段努力提高学生整体素质，坚持不懈地培养本校高中优质生源，努力为学校的高中发展奠定坚实的基础，也为学生终身成长打好基础。

2. 高中教育

黄湾中学距灵城 20 千米，且交通便利，随着农村经济发展和农民生活水平的提高，学生家长不惜代价把子女送到县城就读，高中招生在校学生成绩和数量上难度大。多年来，高一新生入学成绩达到 500 分以上的实属凤毛麟角，且比例很小，而在 300 分以下却占半数以上，有的甚至仅 100 多分，对学校教育提出严峻挑战。针对生源状况，学校采取特色教育的办法，顺势而为，积极谋划，结合自身特点，扬长补短，在不放松文化课教学的同时，另辟蹊径，以特色教育作为高中阶段的教育教学重心。对艺体特长生，开设艺体特长班，分流教学。针对文化课基础薄弱的艺体特长生补课补差，重点指导学生掌握基础和中等难度的知识，较少的涉猎难度较大的知识，以降低学习难度，增强学生学文化课的兴趣，提高学习效果。因此，原文化课基础薄弱的现状有了较好的改善。

1989 年高考，大专以上录取 13 人，占毕业生总数的 32.5%；2008 年高考，大专以上录取 439 人，占毕业生总数的 61.7%。2010 至 2014 年，每年大专以上录取的均在 70% 以上，其中 2013 年达到 74.7%，并且许多被全国重点大学录取，艺体特长生也不断崭露头角。

1998 年 12 月，在全县首届中学生篮球赛中获第三名；2001 年 5 月，在全县中学生广播操比赛中获第二名；2001 年 11 月，在全县第二届中学生篮球赛中获第二名；2002 年 5 月，在第一届全县中小学生田径运动会上获少年组季军；2003 年 11 月，在全县中小学第二套系列广播操比赛中获第三名（二等奖）；2003 年在县第十届运动会上获中学生足球赛第三名、初中篮球赛亚军、田径初中组团体总分第三名、田径高中组团体总分第四名、篮球分区赛最佳赛区奖；2005 年 4 月，在全县第二届中学生田径运动会上获少年男子乙组第二名、少年女子乙组第三名；2007 年在市"交通杯"运动会上获中学生高中组男子团体第七名；2010 年 10 月，朱功、代明刚 2 名同学在安徽省第五届残运会上分别获得乒乓球男子单打 TT8 级第五名，男子 500 米自由泳 S8 级第五名、S9 级第四名，并双双荣获体育道德风尚奖；2011 年，在市第四届"体彩杯"运动会上，获高中组团体总分第三名及单项三金、三银、十铜的优异成绩。学校连续多年获宿州市艺术体育教育教学成果奖。在市第一届、第二届青年文学大奖赛上，2 篇作品获得一等奖，1 篇作品获二等奖，4 篇作品获三等奖，学校获最佳组织奖。2012 年，在省散文家协会举办的两淮地区"华夏杯"美仑杯文学对抗赛中，1名学生作品获一等奖，4名学生作品获二等奖，6名学生作品获三等奖，学校荣获优秀组织奖。近年来，学生数十篇散文、诗歌在《黄淮海文学》发表。学校连续六届荣获市文明单位，多次被评为"县平安校园"等荣誉称号。先后获安徽省"两基"先进单位荣誉称号。陆荣飞荣获全国优秀教师。2013年，黄中通过市教体局特色文化学校验收。2012—2014年，连续三年荣获灵璧县校园文化先进单位。先后被授予安徽省家教名校、安徽省教育工会工作先进集体、安徽省电化教育一类达标学校，并被确定为安徽省第一批教育信息化试点单位。

至2014年，学生参加县以上学科竞赛中，先后有53人次获县级奖励、28人次获市级奖励、13人次获省级奖励。学生参加县级以上演讲、征文、朗诵、经典诗文诵读、汉字听写、科技小制作、航模、计算机操作、美术作品等竞赛中，先后有112人次获县级奖励、31人次获市级奖励、18人次获省级奖励。

附1：黄湾中学简介

黄湾中学，前身为晏路中学，是一所有着50多年历史的普通完全中学，是宿州市市级示范高中，见表8-3-1、表8-3-2、表8-3-3及表8-3-4。2014年，在校学生1809人，教职工188人，其中，高级职称55人、中级职称76人；获国家级表彰2人、省级表彰4人、市级表彰15人。校园占地136亩，办公楼、教学楼、综合楼、教职工、学生宿舍楼等16幢楼房形成了壮观的楼群，各类建筑面积共40000多平方米。2014年，学校资产近3000万元，拥有全县农村中学最充足的教学楼，最大的花园广场、最宽敞的学生餐厅、宽阔的学生运动场。学校配有各学科教学之需的器材和设备，实验室、微机室、语言室、音乐室、美术室、电教室、多媒体教室、图书室、阅览室、多功能活动室，现代远程教育工程设施，教室配齐了"三机一幕"，实现了宽带上网，网络化办公，多媒体教学。学校图书馆藏书52000册，阅览室各种报刊200余种。

20世纪90年代后期，学校推行以"四制"改革为中心的学校内部管理体制改革，实行全员聘任制、岗位责任制，严格考核评估、严明奖惩机制，极大地调动了教职工的积极性，充分地挖掘了教职工的潜能，最大程度地汇聚了教职工教书育人的合力。学校以学生终身发展为宗旨，尊重学生个性，挖掘学生潜能，实施学生"自主学习、合作学习、探究学习"教学法，努力实现"知识与能力，过程与方法，情感、态度与价值观"三维目标，培养出一批又一批德才兼备的优秀学生。

21世纪初，在全县率先推行后勤社会化改革，以"你发财、我发展"的理念，吸纳社会资金，建起了学生餐厅、学生公寓楼，改善了学校后勤服务条件，成为全县农村中学改革的标杆。

黄湾中学连续多届被授予宿州市"文明单位"荣誉称号；2000年，被省教育厅评为"一类电化教育达标学校"；2003年，被省教育厅授予"省家教名校"；2004年晋升为市级示范高中；2006年，被省教育工会授予"全省教育系统工会先进单位"；2012年，被省政府授予全省"两基工作先进单位"荣誉称号。2012至2014年，连续3年荣获灵璧县校园文化先进单位。

表 8－3－1 黄湾中学发展概况统计表

年 份	1989	1992	1995	2000	2005	2008	2010	2012	2013	2014
教学楼面积（平方米）	—	3253	6203	14290	24908	35108	39336	39336	39336	39336
占地总面积（平方米）	—	—	—	—	80405.06	86805.06	91033	91033	91033	91033
评估总资产（万元）	6	82	202	526.13	1098.35	1677	2057.1	2057	2057	2057
运动场面积（平方米）	4900	4900	4900	4900	30000	30000	30000	30000	30000	30000

表 8－3－2 黄湾中学招生升学情况一览表 （单位：人）

年 份			1989	1992	1995	2000	2005	2008	2010	2012	2013	2014
初中	招生数		163	232	311	914	1456	1210	560	283	203	185
	毕业数		217	154	230	311	1190	1310	464	316	415	254
	升学	重点高中	13	18	22	25	56	74	82	85	83	57
		本校	49	56	184	214	987	547	172	153	151	157
		职高	0	0	0	0	0	0	1	2	2	2
高中	招生数		49	56	124	214	987	740	376	319	495	312
	毕业数		40	56	56	516	813	712	350	320	312	254
	升学	本科	0	0	0	62	92	83	65	68	72	70
		大专	13	21	32	76	212	356	242	233	233	181
		高职	0	0	0	0	0	0	0	0	0	0

表 8－3－3 黄湾镇中学初中、高中在校生统计表 （单位：人）

年 份	初中学生数	高中学生数	年 份	初中学生数	高中学生数
1958	200	—	2005	4174	975
1972	170	—	2006	4093	2154
1997	2087	232	2007	3884	2267
1998	2318	364	2008	3018	2153
1999	2550	483	2009	2549	2263
2000	2955	853	2010	2313	1636
2001	3324	944	2011	1859	1354
2002	3828	1217	2012	1686	1047
2003	3945	1339	2013	1579	986
2004	4126	1436	2014	671	1126

注：2009 年晏路初级中学撤销后，在校中学生唯有黄湾中学 1 所。

表 8 - 3 - 4　1999—2014 年黄湾中学部分升入重点大学统计表

姓　名	性　别	考入年份	大学名称
刘明海	男	1999	复旦大学
刘慧芹	女	2000	同济大学
周海波	男	2000	安徽师范大学
闫　睿	男	2003	安徽师范大学
陈　琳	男	2003	安徽师范大学
朱　飞	男	2004	河海大学
张宝国	男	2004	西南大学
周　玲	女	2004	中国矿业大学
贺明虎	男	2004	华侨大学
贺　陆	女	2004	嘉兴学院
张　宇	男	2004	北京师范大学
朱士伟	男	2005	武汉大学
郑皖云	女	2007	安徽医科大学
潘　东	男	2010	东北科技大学
陈飞飞	女	2010	上海电力学院
刘影妹	女	2010	辽宁科技大学
李秀萍	女	2014	安徽师范大学

注：此表只是中学办公室统计的一部分。

附2：晏路初级中学简介

晏路初级中学的前身属黄湾公社办的联中，始建于1971年。1989年初，黄湾区委和县教育局决定，把晏路中学与黄湾联中换迁。晏路中学迁到黄湾联中校址办学，更名为黄湾中学。黄湾联中迁到晏路中学校址，更名为晏路初级中学，搬迁后的2所学校原隶属关系不变。

晏路初级中学从迁校以后，教学条件不断改善，教育教学质量不断提高。1992年撤区建镇，镇政府先后投入资金对校舍、道路、门院等进行整建。至2004年，学校占地140亩，教室有51间，男女生宿舍有30间，运动场占地面积为3100平方米，有教学之需的器材、设备和实验室、微机室、电教室、图书室、阅览室、多功能活动室等。图书藏量达7000册，学校固定资产有88万余元。2004年，开设初一至初三11个班级，在校学生有800余人，教职工有32人。原由镇教办室代管，后县教育局决定由黄湾中学管理，其校产和其他资产归黄湾中学。2009年，随着学生数量的锐减，根据县政府学校布局调整，将其校撤销，师生和校产并入黄湾中学。

第四节 成人教育

一、农民业余学校

1949 年前，辖内 90% 群众目不识丁，其中妇女文盲占总人口的 70% 以上。1949 年底，部分交通条件好的村、街开办冬学班，组织农民冬季学习文化。1952 年 10 月，县成立扫除文盲运动委员会，设办公室。区配 1 名专职扫盲办事员，对冬学、民校实行"三固定"，即固定教师、固定场所、固定课时。县负责供应农民识字课本、补助灯油费。1956 年，全区、乡冬学改称"记物识字班"，学员见物识字。1963 年，区、乡冬学改为政治夜校，以学习时事政治为主，学习文化为辅。1977 年，恢复农民业余教育，黄湾公社配专职干部抓农民业余教育工作，在每个自然庄建立夜校班。1978 年，县教育局设工农业余教育股。次年 1 月，成立农民教育委员会，制定了 1980 年至 1984 年扫除文盲计划，区教办室确定一名专职负责扫盲工作的干事。1985 年，农民业余学校进行改革，采取承包合同制的方法，经县考试验收，全镇脱盲人数占文盲总数的 80% 以上。

1992 年，撤区建镇后，镇委、镇政府狠抓"两基"工作的落实，投入大量资金，要求到 1996 年，基本扫除青壮年文盲、基本普及九年义务教育计划。1997 年，经过国家教育主管部门评估验收，实现"两基"达标。

二、农民科技学校

1970 年以后，历届党委、政府重视抓农民学习文化科学技术知识。党委和政府分管农业科技的副职，负责教育、科技和农技站工作。1992 年，镇成立农科教办室，在镇会议室挂牌"黄湾农民业余科技学校"，不定期地组织村、组干部，农民中的种植、养殖大户学习各种农业科技，同时推荐和选拔优秀青年农民参加县、市组织的农业和科技培训。利用县组织的"三下乡"活动机会，广泛向农民传授各种农业科学知识。2010 年以后，协调劳动部门，广泛开展农民工技能培训，使他们快速学到一技之长，及时就业。4 年来，镇人力资源劳动保障所，组织 200 多人到县和宿州进行技能培训。到 2014 年，全镇有文化农户，都不同程度掌握一些农业科技新技术，许多青年农民成为致富能手；一批青年农民通过培训，掌握了就业技能，领到了技术证书。

第五节 学校管理

一、小学管理

1. 行政管理

民国时期，初小校长由地方推选，多为地方绅士、社会名流；高小校长由教育行政部门任命；各保国民学校校长由保长兼任。

中华人民共和国成立初期,在区、乡人民政府领导下,实行校长负责制。学校设校董会,负责筹集建校经费,主持修建工作,校务委员会负责校务、教务等。1952年,县文教科拟定学校行政管理权限中指出:"实行校长向人民政府负责制,教师向校长负责制。"1961年后,小学由县教育行政部门和地方政府双重领导,以教育行政部门为主。学校实行党支部领导下的校长负责制,小学分片建立党支部,由校长主持日常工作。学校内设教导、总务两处,分别由教导主任、总务主任负责有关业务。学校设少先队辅导员,规模较大的完小设共青团和学生会组织。

2. 内部管理

从1949年到1956年,设区建制时,设教育区员1人。1956年以后,区改设中心校长1人。1958—1960年,公社建制时,设中心校长、会计各1人。1961—1968年,区教育管理机构编制5人,分别为中心校长、会计、业务辅导员、少先队辅导员、业务教育干事各1人。1980—1985年,黄湾区设教育办公室,编制4人,分别为教育区员、业务主任、工农教育干事、会计各1人,各乡设中心校长1人,配兼职业务主任和会计各1人,负责全乡教育行政及教学业务工作。1992年,撤区建镇时,区教办室改为镇教育办公室,编制4人,设主任、业务副主任、干事、会计各1名。1995年9月—1996年8月,镇教办室因落实"两基"工作,增添部分工作人员。1996年,镇委对教办室人员进行大调整,成立教育总支部、分支部。2004年3月,撤销教办室,成立"黄湾镇中心校",原主任任校长、原副主任任副校长;设校长1名,副校长2名,办公室主任、干事、会计各1名。

1992年以后,全镇完小设校长、副校长、教导主任、会计各1名;初小设校长、教导主任各1名;教学点设负责人1名。到2014年,全镇小学领导班子设置不变。

黄湾镇在区、乡建制时,按照县教育局部署,对小学体制进行了一系列改革。

1997年,镇教办室在各完小、初小中推行教育管理体制改革。2003年,首先对完小、初小校长全部推行竞聘上岗,采取测试、演讲、答辩、单位民主测评、社会测评等方法,一批年轻有为的教师走上领导岗位;接着对中层校干进行竞聘选拔,各校在全镇范围内,采取自荐、公开竞聘等程序,使一批精通业务的优秀教师走上管理岗位。

其次,对教师实行全员竞聘上岗,在全镇范围内打破校际,对有任教资质的教师,根据教师职称和工作成绩,分为三个批次推行全员聘任竞争上岗。第一批次教师资格为小学中级以上职称的或虽不具备小学中级以上职称,但全学年两学期工作成绩在全镇同年级同学科位居前三分之一位次的。第二批次教师资格具有小学教师初级职称或虽不具备小学初级教师职称,但全学年两学期工作和成绩在全镇同年级、同学科位居中间三分之一位次的。第三批次教师资格为小学教师无职称或全学年两学期工作和成绩在全镇同年级、同学科位居后三分之一位次的。具备第一批次聘任资格的教师,如果在第一批受聘,除享受原职称工资待遇外,初级职称的上浮一级工资,中级以上职称的上浮两级工资;如果第一批未受聘,滑到二批次应聘。具备二批次聘任资格的教师如果受聘,具备中级以上职称的降一级工资,初级职称拿原工资,无职称的上浮一级工资。第三批次受聘,具有中级以上职称的降两级工资,初级职称降一级工资,无职称的拿原工资。如在三批未受聘,滑到二轮,第二轮由协调小组根据各校缺编情况协调聘任。如受聘,具有中级以上职称的降三级工资,初级职称降二级工资,无职称降一级工资。对具有中级以上职称的小学教师,如果能胜任培养指导青年教师任务,并且每年在市级教研刊物上发表两篇或在省级以上刊物发表一篇教研论文的,可评为导师,每月工资上浮 30 元。

二、中学管理

1. 行政管理

1958 年,晏路初级中学创办后,隶属县,"文化大革命"时期,下放到公社、区,由公社、区和县教育行政部门双层管理。1978 年,改变学校管理体制,县办中学由县教育行政部门管理,公社联中实行县教育行政部门管理业务,区、乡、社管理行政。镇辖内的初级中学和完中,实行党支部领导下的校长负责制,学校设党支部书记兼校长 1 人,副校长 1 至 2 人,教导、总务正副主任若干人,在校长领导下主持教育教学、后勤事务等项工作。规模大的学校设办公室主任、校长助理,协助校长处理日常工作,团委书记分管学生思想政治工作。

2014 年,黄湾中学设党支部书记兼校长 1 人,副校长 2 人,教导主任、工会主席各 1 人,总务主任、团委书记、教研室主任、办公室主任、学生处主任各 1 名,配副主任 6 人。

2. 内部管理

从 1998 年起,黄湾中学尝试学校内部体制改革,2000 年,《灵璧县学校内部管理体制改革暂行办法》出台后,黄湾中学即结合本校积累的经验,制定出台《黄湾中学内部管理体制改革方案》(以下简称《改革方案》),至 2014 年,《改革方案》几经完善,学校的管理体制改革不断得以深化。

黄湾中学坚持实行双向选择的聘任制和分层管理的领导体制,具体做法是:实行年级组长竞聘上岗,再由年级组长选聘班主任,班主任可选择年级组长;班主任选聘任课教师,任课教师也可选择班主任,实行"年级负责,班级包干"。学校将各项管理目标层层分解,从分管校长,到中层干部,再到年级组长、教研组长、班主任,最后到科任教师,人人都有自己的工作职责和目标,一级对一级负责。班主任"组阁"后,一班人马跟班滚动,1 年 1 小评,3 年 1 总评,任课教师与班主任、年级组长责任共担、成果共享。凡工作量不饱满者,评优晋级、绩效工资及有关考核都要按照有关规定予以惩罚;凡落聘人员,随班自省自修,只发基本工资;一年后仍然落聘者,要么改作后勤和教辅工作,要么限期调离或者停职离岗,离岗后即停发工资。这样充分调动了教师个体和小群体的积极性。

2000 年,黄湾中学"内部管理体制改革方案"中的"内部机构和岗位设置、中层和基层管理人员竞聘、岗位目标责任制、结构工资制"四项改革措施得到全面的落实。2013 年和 2014 年,黄湾中学进一步对绩效工资实施方案进行完善,调整部分项目的奖励标准。奖项共 9 大类,每类又分为若干小项,每小项又分为若干等级。9 大项为:出勤奖、基本工作量和超工作量类、一等绩效奖、班主任津贴、控辍奖、中层以上管理人员岗位津贴、基层管理人员津贴、教育教学成果奖、中考和高考奖。内部管理改革,充公调动了教师个体和小群体的积极性,学校管理已步入良性发展轨道。

第六节　教学研究

一、教研机构

中华人民共和国成立初期设区建制，配 1 名业务辅导员，负责全区业务和教师文化学习。1955 年以后，全区设 1 名业务辅导员，负责全区教学研究工作。区以下分乡设辅导区，由区中心校指定 1 名业务能力强的小学教导主任兼辅导区主任，负责全区各科教学研究活动。各学科教研组根据本辅导区学校多少而定，一般是，语文分年级、算术分低年级和高年级组织教研组，规模较大的完小以校为单位，组织语文、算术 2 个教研组。

从 1978 年起，区教办室业务主任专职负责各乡内小学教研工作。大队、村小学设语文、数学教研组；中学按学科分设教研组，教导处主任（教研室主任）负责本校教研工作。

二、小学教学研究

1992 年以后，镇政府、教办室重视对小学教研工作的领导，成立以政府分管领导为组长、教办室主任为副组长、教办室其他工作人员为成员的小学教研领导小组。领导小组下设办公室，由教办室分管业务的副主任任办公室主任，具体负责教研和课改实施方案、实施细则、教研奖惩条例等规章制度的制定、落实及检查指导等工作，并建三级教研网络，镇成立语文、教学、常识、艺体 4 个中心教研组，选拔教育教学经验丰富，有一定领导和研究能力的中青年骨干教师担任中心组成员，负责全镇小学各学科的教研指导工作。各教育党支部（原教学片）和各小学成立了相应的教研组，各完小成立教研小组。每学年，镇教办室都从县教育局拟定的专题中，自选符合本地实际的专题进行研究，如选定《让学生主动学习、自主发展》作为专题进行研究。镇教办室中心教研组，每年都制定切实可行的教研制度、计划、方案及落实措施，上报领导小组，经批准后，印发各支部及学校，各支部及学校根据中心教研组的方案、计划，制定自己的一套方案、计划。在教研中，中心教研组每月召开一次研讨会，就本组所研究的专题进行探讨交流。中心教研组成员实行包片、包校、包人进行教研指导，并定期举行（片内）教研交流活动。注重青年骨干教师的发现与培养，每年全镇培养镇以上教坛新星、骨干教师 10 人以上。规定教研论文的数量和质量，即以校为单位，每学期教师在县级以上教研刊物上发表有价值教研论文、经验介绍等不得少于教师总数的 30%，并实行奖励机制。教师凡开出一节校级公开课、片级公开课、镇级公开课或县以上公开课的，期末评估时分别予以奖励。教师凡在县级、市级、省级、国家级刊物上发表教研论文，教办室分别予以相应的奖励。

2000 年至 2014 年，每年都有近百篇教研论文在县级以上教研报刊上发表，共 1000余篇，其中在市级以上刊物发表 210 篇，获奖 153 篇。2001 年 10 月，全县小学语、数教研会在老户朱小学召开。2002 年 5 月，全县小学语、数教研会在黄湾小学召开。

2005 年 10 月，在桥头小学召开全县小学语文、数学课堂教学研讨会。2006 年 4 月，黄湾中心校承办县教育局举办的小学多媒体教学现场会。到 2014 年，县级在镇中心校和部分完小召开教研会达 10 多场。

到 2014 年，全镇有省级骨干教师 3 人，郑发票获得"安徽省中小学现代远程教育工程优秀管理员"称号，有 6 人在市级各科教学大赛上获奖，有 24 人在县级各类教学、教研活动获奖。

三、中学教学研究

晏路中学设建后，设有教导处，设历史教研组、地教研组、语文教研组、数学教研组、理化生教研组、艺体教学组，定期或不定期活动。

1980 年以后，各公社、乡创办联中，建立教研组织，不定期开展教研活动。

1989 年，黄湾中学成立语文、数学、英语、政史地、物理、生化、信技和艺体 8 个教研组，公开竞聘教研组长，并在教研组内，成立年级备课组或学科备课组，形成三级教研网络。2003 年设立教研室，负责全校教研工作。

黄湾中学教研组每周集中安排一次大组活动，备课组每周安排一次小组活动，任课教师根据自己选定的专题及教育教学需要，有计划、有针对性地进行教育科研活动。学校定期组织研讨课、公开课、示范课，人人参与听、说、评课活动；经常组织校际之间研讨交流活动，并参加省、市、县级教研活动；任课教师人人参与教研活动，人人有教研专题，人人有教研成果，人人有总结性论文；缺者重罚，优者重奖，庸者批评，并与年度任职考核、评优、晋职挂钩。

2010 年，历时 3 年的省级课题《信息技术与农村中学学科教学有效整合》研究顺利结题。在承担宿州市《校园文化与德育研究》课题中，黄中成立 5 个课题组，结合校园文化建设进行实践和研究，2014 年，顺利结束。近年来，在省、市、县教研刊物上发表有价值的教研论文 150 余篇，被评选为省、市、县级的优秀获奖论文 200 多篇。在市、县级优质课评和课堂教学大奖赛中，有 20 人次获奖。学生参加学科竞赛有 1 人获省特等奖，3 人获省二等奖，6 人获省三等奖，22 人获市、县级奖。

第七节 教 师

一、教师队伍

民国期间，教师由校长聘请。1949 年后，县人委决定，原塾师愿意继续从教者，可以留任，全区留任塾师被安排在公办小学任教。1950 年，县教育局招聘一批教师。1969 年，公办小学下放到生产大队，在外地任教的教师返回本大队任教。1970 年，大力发展小学并附设初中班，教师不足，从社会和知青中吸收一批民办教师；整顿民师队伍，辞退一些不合格的民办教师。1977 年冬，全社民办教师参加县组织文化考试，不合格的被辞退，合格者留任并逐人建档。1979 年至 1981 年，全区部分老教师和老职工退休，其子女按政策顶替，进入教师队伍。同时将部分民办教师转为公办教师，另有部分民办教师被选录到中等师范学校进行进修。20世纪80年代期间，对原在20世纪60年代期间，在整风运动中错划"右派"被开除的教师，经甄别后，又有一批返回教师队伍。1975年，镇政府针对小学教师严重缺额的情况，通过考试、面试的办法，招聘80余名镇聘小学教师，并与镇政府签订合同。2003年，事业单位机构改革，人员进行精简分流，经考试录用部分事业单位分流人员。1998年至2014年，县分配一批大、中专毕业生充实小学教师队伍，2014年，全镇教师队伍中公办教师、自聘教师并存，见表8-7-1、表8-7-2。

表8-7-1　黄湾镇小学教师队伍结构统计表　（单位：人）

分项	年份	2005	2008	2010	2012	2014
教师数	总数	221	225	230	242	250
	男	118	120	121	127	131
	女	103	105	109	115	119
	公办	193	197	202	214	222
	民办	28	28	28	28	28
	党员	68	71	70	72	72
学历	高中	13	14	14	14	20
	中师	44	44	49	49	51
	大专	110	111	111	121	121
	本科	54	56	56	58	58
职称	小教三级	38	39	39	51	51
	小教二级	60	60	65	65	65
	小教一级	47	48	48	48	50
	小教高级	76	78	78	78	84

表8-7-2　黄湾中学在编教师队伍结构情况一览表　（单位：人）

分项 年份	总数	男	女	党员	学历						职称					
					初中	高中	中师	大专	本科	本科以上	小教一级	小教高级	中教三级	中教二级	中教一级	中教高级
2010	249	149	100	48	2	3	2	34	206	1	1	3	19	107	70	44
2012	265	160	105	48	2	3	2	40	215	2	1	2	6	100	99	52
2014	190	115	75	48	2	3	1	18	159	6	1	2	2	49	76	55

二、教师待遇

1. 物质待遇

民国期间，乡、保教育人员依照以甲养保，以保养乡原则自行筹给，每人每月 200 多斤小麦。

1949 年到 1951 年，全区教师享受和区乡干部同等标准的待遇，供给是粮食。1951 年，县人委统一规定供给标准，初小教师平均每人每月 75 公斤粮食，完小教师每人每月 100 公斤粮食（夏、秋季各半），分校评定，报区审定。另外，每位教师每月领取国家补助大米 15 公斤。1951 年下半年，教师工资由发粮食改为发人民币，初小校长每月工资为 21 万~22 万元，教导主任和教师每月工资为 17 万~21 万元，完小校长每月工资为 25 万~27 万元，教导主任每月工资为 22 万~24 万元，高小教师每月工资为 20 万~22 万元，完小中的初级教师每月工资为 18 万~20 万元（皆为旧币）。

1952 年 9 月，教师实行工资分制。1956 年，全国工资改革，公办中小学教师实行职务等级工资制。民办教师的待遇靠地方筹集，供给标准不等，一般都高于农村的同等劳动力，国家对民办教师给予一年一次的补助，每人每年为 20~30 元。

1963 年，国家开始给民办教师实行津贴补助，小学民办教师每月 5 元，农业中学民办教师每月 14 元，民办教师生活靠社队补贴。1972 年，国家提高民办教师补助标准，小学民办教师每月 7 元，小学附设初中班民办教师每月 10 元。1978 年调整民办教师补助标准，小学民办教师增加到每月 10 元，联中民办教师每月增至 13 元。1979 年，小学民办教师每月增至 12.5 元，中学民办教师每月增至 15.5 元。

1975 年，全社民办教师口粮由各大队统一分配，核算数量，到生产队领取。

1981 年，国家对民办教师工资进行调整，每人每年增加补助费 50 元。从 1983 年起，县教育局对死亡的民办教师发给安葬费 400 元。

1985 年，全国进行第二次工资改革，公办中小学教师实行结构工资制（基础工资、职务工资、工龄工资、奖励工资），为鼓励中小学教师长期从事本职工作，另发给教龄津贴。

全区以乡为单位筹集民师报酬（各乡、镇财政所列出提留单向各村收取），国家给予补助。加上各乡筹集补贴，中学教师每月工资为 53 元。

1987 年，中小学教师开始评聘专业技术职称，中学教师专业技术职称分为高级教师（副高级，设五、六、七级岗位）、一级教师（中级，设八、九、十级岗位）、二级教师（助理级，设十一、十二级岗位）、三级教师（员级，设十三级岗位）；小学教师专业技术职称分为高级教师（中级，设八、九、十级岗位）、一级教师（助理级，设十一、十二级岗位）、二级和三级教师（员级，设十三级岗位）。公办中小学教师工资与职称、岗位挂钩。1987 年 10 月，国家决定中小学教师工资标准提高 10%。

1993 年，国家进行第三次工资改革，公办中小学教师实行专业技术工资制（专业技术工资、津贴），教龄津贴、工资标准提高 10% 等政策继续执行；1995 年 11 月，省政府根据教师法规定，决定中小学教师教龄满 30 年（女满 25 年）退休后，按本人原工资 100% 发给退休金。

1997 年，全镇民办教师全部转为公办教师，享受同公办教师一样的工资待遇。

2000 年，县政府把教师工资统一上划到县财政，由县每月按时发放。

2006 年 7 月，国家进行第四次工资改革，中小学教师实行岗位工资制（岗位工资、薪级工资、绩效工资、津贴补助），教龄津贴、工资标准提高 10% 及退休待遇等政策继续执行。

2014 年 10 月，国家在第四次工资改革的基础上，调整了工资标准，再次提高了中小学教师工资待遇。

2. 政治待遇

中华人民共和国成立后至 1956 年，区、乡教师深受人民群众尊重，乡、村干部开会邀请校长、教师前去讲话，群众遇到事请校长、教师去处理。公社、乡、村开展活动通知师生参加。年终召开教育战线上的劳模会、经验交流会，表彰热爱教育事业、艰苦办学的教师。

1985 年，国家确定 9 月 10 日为教师节。自设立教师节以后，镇党委、镇政府坚持安排教师节庆祝活动。镇政府每年都在教师节召开全镇中小学教师大会，总结教育工作取得的成绩，并下发文件、摄制电视新闻、文字新闻，在报刊、电视台、电台上播放、发表，大力表彰在教育战线上作出突出贡献的优秀教师。据不完全统计，自 1985 年第一个教师节以来，镇政府拨出专款 20 余万元，对先进单位和优秀教师进行奖励。1985 年，县委成立落实知识分子政策办公室，进一步落实党对知识分子的各项政策。1987 年，人事和教育部门成立职评办公室。到 2014 年，全镇共 200 多名（含已离退休人员）中小学教师评为中级以上称职。

1992 年以后，镇委先后在晏中、黄中成立党支部，在教办室成立党总支部，在教学区设建党支部。2000 年以后，在优秀的中小学教师中发展党员 51 人。

2014 年，全镇中小学教师共有党员 134 人，10 多年中，被推荐评选为镇、县优秀共产党员的有 19 人次。被选为镇、县党代表、人大代表的教师有 15 人次，年年都有一批中、小教师被镇委、镇政府推荐评为县、市级先进工作者，有的被推荐评为省级和国家级先进个人和劳动模范。

第八节　教育经费

一、经费

民国时期，教育经费来自中央和地方拨款、地方自筹、学田收入、祠庙产业、教育基资及地方人士捐款。

中华人民共和国成立初期，区、乡教育经费来自国家财政拨款、收缴学杂费、庙产、学田收入等。公办小学由国家负担，民办班由地方自筹。1952 年，小学改为全民制，教育经费由县财政部门纳入政府财政预算。

1966 年以前，各学校收缴的学杂费上交给县教育行政部门，县教育行政部门往下划拨。从 1971 年起，全社中、小学学杂费不再上交县教育行政部门，由各校自行开支，小学亦不发办公费。县教育行政部门发给县属中学每生每月办公费 5 角，联办中学每生每月办公费 3 角，学校使用。从 1982 年起，教育经费实行包干使用，县财政局按年递增率 40% 的全年经费指标，一次性拨给教育局，县教育局根据集体办学所需民办教师数，安排民办教师补助费，并纳入县教育事业经费计划。除国家补助外，其余由办学单位负担。国家对民办教育的补助包括：中小学民办教师工资、年终一次性补助福利费、副食品补贴和民办教师死亡的安葬费。

1992 年以后，教育经费由乡镇财政包干。乡镇财政收入好的教育经费和教师工资有保障。农业税和"三提五统"不能及时筹集的，教育经费和教师工资难以保障，如1998 年发生了全镇拖欠中小学教师工资的事件。镇委向镇村干部下达借款任务，暂时得到缓解。随着财政体制改革不断深化，农业税、费取消后，到 2014 年，全镇的教育经费由县财政拨款。

二、多渠道办学

多渠道办学是通过群众捐、集体拿、财政补等多渠道办教育。镇内群众历史以来就有献工献料、集资兴建校舍的优良传统。1949 年，区、乡的一部分小学就是靠借民房办起来的。1950 年，严重的洪涝灾害造成较多的校舍倒塌，广大群众主动义务献工、献料修复校舍，使灾后的学校能及时复课。为了搞好集资办学，各村小学还都成立了董事会，在区、乡政府的领导下，负责筹集小学的办学经费。20 世纪 70 年代，大队生产队捐款、捐物、派工修建学校，使较多的土墙草顶小学得以修缮和扩建。

1980 年到 1985 年，全区实施集资办学，砂坝乡集资 10 万多元，为砂坝联中建两层教学楼，成为灵南乡级首所有教学楼的联中。红星乡筹集资金，为红星联中建起 30 余间砖瓦结构的走廊校舍。同时，村村都建起砖瓦结构的完小、初小校舍，实现了"三有"，即有院墙、有门楼、有木制桌凳。县教育局对新兴建的校舍进行专项验收，按照标准，给予财政补助。学校建校舍 12 间以下的，每间补助 100 元；建 12 间以上的，每间补助 200 元；建 18 间以上的，每间补助 300 元；建 24 间以上的，每间补助400 元。

1992 年始，镇委、镇政府从"三提五统"提留中，加大对教育经费提取力度。镇财政拨专款，先后为黄湾中学建两幢教学楼，对晏路初中、晏路完小进行改建和扩建校舍，规划兴建黄小门面教学楼。

1996 年始，镇村广泛组织捐资建教学楼，打破区域界线捐资办教育现象。跨村、跨乡镇捐资建教学楼，出现个人、单位、企事业共同捐资建教学楼的新局面。个人捐款最少的 100 元，多的 1000 元以上。单位捐款少的 1000 元，多的 3000 至 5000 元。党政机关捐款在 5000 元以上。企事业单位捐款在 2000 到 3000 元。1997 年 8 月，红星村建小学教学楼后，村党支部动员全体村、组干部，全体党团员带头捐款，并在校院花园中间，竖起高大的"捐资建校功德碑"，把所有个人和单位、上级领导部门的捐款数，镌刻在碑文上，做永久性的纪念。

1997 年以后，从镇到村采取召开群众代表会，党员会表决，逐户签字盖章的方式，通过集资建校的决定，统筹建校经费。村村纷纷计划清除瓦房校舍，建教学楼。到2004年，先后通过集资、捐资，红星、单营、陆集、宋河、瓦庙、桥头、王桥、砂坝、朱圩9个村建起宽敞明亮的教学楼。每个教学班级的教室，扩大到八九十平方米。

2014年，国家财政拨款兴建黄小教学楼、办公楼、中心幼儿园、黄中学生餐厅楼等。

三、股份制办学

从2000年开始，黄湾中学经县政府和教育局批准，推行后勤社会化改革试点，公开向社会招标，本着"谁投资，谁受益，你发财，我发展"的原则，在社会上吸纳资金，成立董事会，先后建起学生公寓、餐厅楼等。学校将后勤服务推向社会，极大地改善了学校后勤服务条件。2003年，学校投资55万元征用土地67.5亩，扩建操场，投资12万元建花园广场，投资300多万元建第三幢教学大楼。

四、勤工俭学

20世纪80年代以前，为解决学校经费不足问题，各学校实行勤工俭学办法给予弥补，其办法是：老师带队，组织各年级学生，到附近生产队复收庄稼增加学校收入。一是把复收到的各种作物就近交给生产队，由生产队待收种结束后，给学校提供一些经费，或为学校修理校舍，或添置教学用具等；二是把复收的庄稼运到学校，由学校统一保管，统一出售，收入归校所有。

20世纪80年代以后，各学校把集体活动复收庄稼，改为向班级和学生下达任务，即夏季每个学生交给学校10至20斤小麦，秋季交给学校10斤黄豆或30斤山芋干。低年级学生少交一点，高年级学生多交一点。学校把学生交上来的小麦、黄豆或其他杂粮，统一过秤，统一保管，每个班建账目；学校建总账，由后勤主任和会计负责，统一到收购部门出售，收入用来维修校舍、添置教学用具、免除特困生学杂费等。

1980年，区公所提出积极开展勤工俭学活动，办好校办工厂、农场，用好校田增加收入，改善办学条件，减轻国家、集体和群众负担。到1985年，各中、小学利用勤工俭学收入，基本配齐木制桌凳，还修好校舍215间，盖起砖瓦房结构校舍145间。

1986年，各小学用学生拾收的粮食收入，为学校办了不少实事，受到县教育局通报表扬。有的小学用拾庄稼的收入，一年就购齐了课桌。1990年以后，停止此办法。

五、财政投入

2007年，国家实行九年义务教育，出台"两免一补"助学政策，即免除学杂费，免除教材费，对贫困学生进行补助。根据各校实有学生数，按每年每生标准，拨发到学校，用于学校办学运转的公共经费。学生不需再缴书杂费用，特困生还给予生活费补助，使广大贫困的农民子女可享受义务教育。2013年，全镇农村贫困学生补助资金达33万元。各中小学的办公等一切经费由财政统一拨给，需建房和教学楼的，由各级政府纳入民生工程给予保障。

　　2007 年至 2015 年，财政对教育经费的投入，除 2013 年少于 2012 年外，其余年份均是逐年增加。2007 年，县以上财政投入资金 7764513 元。2008 年，投入资金 8039712 元。2009 年，投入资金 8546389 元。2010 年，投入资金 9551034 元。2011 年，投入资金 12388904 元。2012 年，投入资金 14413884 元。2013 年，投入资金 12796557 元。2014 年，投入资金 14899835 元。2015 年，投入资金 17304340 元。

第九章　医疗　卫生

1949 年以前，镇内卫生事业非常落后，缺医少药现象十分严重，加之药价昂贵，经济滞后，农民贫穷，劳动群众一旦生病，都是小病忍受，大病求神拜佛，其结果不是听天由命，就是等待死亡。新中国成立后，医疗卫生事业得到迅速发展，社、区、乡（镇）、村行政设置后，建立了医药、医疗和防疫等卫生保健机构。到 2014 年，镇村两级卫生医疗保健网全部形成，小病不出村、大病不出镇、疑难病症不出县的夙愿基本实现。特别是实行新型农村合作医疗和乡镇卫生医疗体制改革后，农民看病难、治疗贵的问题都得到有效解决，农民的卫生保健水平得到全面提高。

第一节　卫生事业建设

一、黄湾镇中心卫生院

1970 年 3 月，黄湾公社建置后即筹备设建卫生院。县卫生局拨专款，从大庙运青砖，从尤集运青瓦，在黄湾东西大街中部路南、供销社对面建四合院式的卫生院，占地 9100 平方米，建筑面积为 240 平方米，总投资为 4 万元，于 1971 年春天竣工。1971 年 4 月，由原晏路公社卫生院人员，携财产搬入新建的黄湾卫生院开诊，挂牌"灵璧县黄湾人民公社卫生院"。随着行政区划变更，1980 年，更名为"黄湾区卫生院"。1992 年，撤区并乡设黄湾镇，更名为"黄湾镇卫生院"。2009 年 11 月，黄湾镇卫生院申报中心卫生院，被省卫生厅批准，黄湾镇卫生院更名为"黄湾镇中心卫生院"。

卫生院初建时，共有 17 名人员，其中，大学本科学历的有 2 人，中专文化的有 5 人，门诊医生有 3 人，设内、外、妇产 3 个科室，俞斌任首任院长。1983 年，增设放射科。1984 年 4 月，增设检验科。1995 年，增设 B 超室、心电图室。1999 年，增设脑电图等科室 7 个。2004 年，卫生院共有医务人员 48 人，其中，主治医师有 2 人，医师有 9 人，中医师有 1 人，中药师有 1 人，技师、护士、药剂士等共有 35 人。设有 16 个科室、22 张床位。2009 年 9 月，县人事局核定事业编制 61 人，其中，专业技术人员为 52 人，管理人员为 3 名，后勤人员为 6 名。

2014 年，卫生院设有 16 个科室，病床增至 80 张。共有在编职工 56 人，院自聘专业技术人员 11 人，高级职称 2 人，中级职称 6 人，初级职称 59 人。医院党支部不断选拔优秀人才，陆续选送临床医生和技术人员到上级医院进修学习，黄湾镇中心卫生院现已成为医疗、保健、预防为一体的卫生院。

建院至 2014 年，医院面貌不断改观，设施水平不断提高。1997 年，卫生院在镇政府支持下，新门诊大楼奠基开工，于 2001 年 12 月全面竣工并启用，原建筑面积为 1636.8 平方米的门诊楼，改设为医技综合楼，2 楼设有化验室、心电图室、脑彩超室、彩超室、手术室、换药室、药库等科室，3 楼设有院长室、接待室及办公室等。

2005 年，投资 40 余万元，在东侧建住院部综合楼，投入使用后设有护士工作站、妇产科、爱婴医院，一楼设有药房，内、外科门诊，收款，结算等科室。

2007 年，在院西侧建防保综合楼，一楼设有预防接种大厅、儿管室、孕管室、基本公共卫生均等化办公室以及卫生监督办公室等。

2011 年，在院南侧建医疗综合楼，设有新农合结算中心、门诊护士工作站、输液大厅、中医科、中医推科、牙科等科室。

2014 年，医院占地面积为 5723 平方米，其中，办公和医疗用房有 5000 平方米，全院公共设施评估总资产达 5000 万元，已形成四合对称、开阔整洁、美观漂亮的省级示范标准化乡镇中心卫生院。

2014 年，门诊量为 92580 人次，住院 2231 人次，住院分娩 300 人，手术 55 例，销售成品药收入 593 万元，医疗业务收入 294 万元，公共卫生服务收入 56 万元。共有医疗设备 78 台，总价值 280 多万元，其中，10 万元以上的设备有 3 台。

二、医疗技术

1. 外科

镇卫生院在建院时设立外科，可进行外伤缝合、浅部脓肿切除手术。1990 年，外科医生 3 人，全麻下，成功施行一例成年男性胃穿孔修补手术；局麻下，施行部分下腹手术、高位结扎手术等。1996 年，配医师 2 人、医士 2 人。1998—2001 年，先后派出 3 名医生分别到蚌医附医、安医附院、滁州三院进修，已能施行粉碎性骨折内固定、股骨折固定架外固定、全子宫切除、普外科部分手术等。2014 年，外科医生 5 人，设 4 个门诊，其中医师 3 人，医士 1 人，手术室扩大至 5 间，手术床 2 个，增加部分手术器械，外科发展为一个重要的科室。

2. 中医科

1973 年，开设中医科，董玉声为唯一的中医医生，中专文化，主要进行内科、妇科及针灸治疗。1982 年，有 2 名医生，其中张廷伦医师出身中医世家，擅长肝硬化腹水的治疗，徐州、宿县、淮南、蚌埠等地许多病人，慕名前来院内就医。2000—2003 年，选送中医师 1 人去蚌埠医学院进修，现已能治疗肾、肝、胃、肠道等疾病。2014 年，设中药和中医推拿门诊科，有 1 名中药师。

3. 内科

1973 年，内科医生有 2 人；2004 年，内科医生有 4 人，其中医师有 3 人，主治医师有 1 人。1980 年以后，内科医生对农村中毒、中风、肾病、脑炎等疾病均可治疗。2005 年以后，内科设 3 个诊室，2014 年内科设 5 个诊室。

4. 妇产科

1973 年，设妇产科，有助产士 1 人，从事产妇接生、一般妇科疾患诊疗。1982 年，妇产科有医生 2 人。1998 年，有医生 3 人、助产士 2 人。1998 年至 2004 年，先后选送 2 人去蚌埠医学院妇产科进修。2005 年，有医生 4 人，能做剖腹产、子宫切除等手术。 2003 年 9 月，妇产科又投入"爱婴医院"建设工作，当年 11 月底，市检查验收合格。 2014 年，有医师 3 人。

5. 口腔科

1997 年设口腔科，有医士 1 人，门诊开展常见口腔疾病防治。2001 年，医士有 2 人，添清牙机 1 台，能开展拔牙、镶牙、洁牙、清口臭、口腔保健等常见口腔疾病诊疗。

6. 中西药房

初建院时，设西药房，有 2 名药剂员。1973 年，设中西药房，3 人司药。1981 年，因各乡、村卫生室从黄湾中心卫生院进药，中西药销量大，开始对中西药房进行分设。西药房有 2 人，中药房有 1 人。2001 年到 2014 年，西药房有 3 人，其中药剂士有 2 人。

7. 医疗检测化验

初建院时有检验医生 1 人，主要靠 1 台显微镜，开展血丝虫、疟原虫镜检。1990 年，有医技人员 2 名，均为中专文化水平。1994 年，增置 721 分光仪，能开展部分生化项目检验。1996 年，有 2 名技术人员。2000 年，省三项基础建设支援半自动生化分析仪 1 台（F-D 型），开设肝功能、肾功能、胰淀粉酶检验等业务，还增加胆碱酶、血糖等测定业务。

三、医疗设备

1. 放射医疗设备

1978 年，配置 30 毫安放射机 1 台，可做一般性胸透。1984 年 5 月，从县医院购回 200 毫安放射机 1 台，可透视、拍片，正式成立放射科。1991 年，因机器常出现故障，影响工作，购进 50 毫安 X 光机 1 台。1995 年，购进上海产 200 毫安 X 光机 1 台，现有工作人员 2 人。

2. 心电图室

1987 年，购进心电图机 1 台，配技士 1 人，开设心电图室。1997 年和 1998 年，分别选送 1 人去蚌埠医学院学习，1997 年，更新 1 台心电图机，现可开展常规心电图诊断。2014 年，镇卫生院设置 B 超室，使用 STV2035 型 B 超机，增置 KK-4000B 型脑电地形图机 1 台，已实行电子信息化管理。科室配备了全自动生化分析仪、全自动血球计数仪、进口 CR、尿液分析仪、麻醉呼吸机、生命监护仪、婴儿保温床、电动牵引床、进口彩超、脑彩超、上海产多功能 300 毫安 X 线诊断机等先进医疗设备及两辆救护车。

四、乡、区卫生分院

1979 年，黄湾区下设 5 个公社，黄湾、大山、红星、晏路、砂坝。其中，大山、红星、晏路 3 个公社（乡）先后都开设卫生院。砂坝和王桥（沱河桥北）是区卫生院设置的卫生分院，开设防疫、门诊、注射、住院等科室。区卫生院对公社（乡）卫生院和2个分院，加强业务指导、用药管理，统一选派调整人员，供应药物，部署和检查公共卫生工作，对领导班子进行考评。各乡卫生院和分院均独立核算，自负盈亏。1992年，按照县卫生局和镇政府安排，乡卫生院和分院统一都改为村级卫生所，镇卫生院仍担负对他们的业务指导、公共卫生工作部署安排、业务考核等工作。2010年，实施医改，全镇统一设置村卫生室14个。

五、村卫生室

1950年以后，村级开始办集体卫生室，大都是原村庄中的个体医疗点的医生，合并到村卫生室工作。1960年以后，各大队普遍建立卫生室。1970年，大队卫生室改为合作医疗室，社员每人每年交1元钱，作为合作医疗基金，生产队再从公益金中补贴一部分医疗基金上交大队，统一置办药品及简单的医疗器材等。针对村级卫生室普遍缺乏医生，各大队选拔身体好，思想品德好，具有初、高中文化程度的青年，到公社卫生院和县卫生局进行短期培训，学习实用医务理论和普通药物知识后，返回大队卫生室工作，便成为"赤脚医生"。赤脚医生和群众打成一片，社员看病都是随叫随到，"普防"（全民服药预防疾病）时身背红药箱，送药到户到田头。"赤脚医生"的生活待遇和大队副职干部一样记工分，由大队统核到生产队分配口粮，分红得钱。社员看病每人每次只收5分钱挂号费，其用药都属集体公益支出。这种合作医疗，在全社各大队深受群众欢迎，一直推行至1978年。后因生产队划分过于零散，规模较小，接着实行包产到户生产责任制，集体无法筹集资金投入，就连"一根针、一把草"治病也难以为继，村合作医疗室解体。各村合作医疗室改为自负盈亏的私营卫生室。

红星村卫生室

1985年，国家卫生部作出决定，要求各地对原赤脚医生进行考核，凡经考核达到医士水平的，改称"乡村医生"，达不到水平的改称"卫生员"。从此，"赤脚医生"名称成为历史。经过考核与调整，特别是系统化培训，全区乡村医生的数量比以往的"赤脚医生"大量减少，但技术水平都有一定的提高。

2008年，全镇农村新型合作医疗制度开始实施，国家和各级政府对乡村医疗卫生改革制定出新政策，村级卫生室由国家统一拨款承建，村医生按照村级规模定岗定编，原则上每一千人设1名村医生。到2010年9月，全镇14个村建齐卫生室，国家财政总投资 81.76 万元，新增床位 72 个。镇中心卫生院对村医生进行资质考评，通过资质、职称、学历等项严格考评，全镇选定 48 人任村医生，充实到各村卫生室工作。

六、个体医疗点

民国时期，镇内一些村庄开办私人医疗点，主要街道上开设私人中药铺。比较有名的医疗点有老户朱、砂坝街、刘沟、桑庄、庙李等，都是采取"望、闻、问、切"法诊断病情，抓取中药进行治疗。1949 年后，一些村庄增设了西医。上级卫生部门不断加强对设在村庄上的个体医疗点进行整顿，使村庄中的个体行医点的医疗技术有不同程度的提高。

1990 年以后，全镇自然庄上的个体行医点不断增多，一般都是设在自己家中，务农和行医两不误；也有跨村、乡设的医疗点，其医疗设备简陋，看病、打针、拿药、收费都是一人。开个体医疗点的人员，大都是卫校毕业无法安置的人员，也有部队退伍的卫生员，还有医院退职退休人员。在偏僻村庄中开设个体医疗点，方便了群众看病，也存在着医技差、盈利重、药品质量差、医疗事故时有发生等现象。2003 年，全镇个体行医点达 47 个。2010 年，在对村卫生室进行调整改制中，把有资质的经过考核合格的个体医疗点医生，吸纳到村卫生室工作，全镇个体医疗点大都被撤销，没有资质的个体行医者全被依法取缔。到 2014 年，全镇个体医疗点仅有朱军开设的中药诊所，村级卫生人员状况及村级卫生室建设情况见表 9-1-1、表 9-1-2。

表 9-1-1　2014 年黄湾镇村级卫生人员状况一览表

村卫生室名称	村医数	床位数	执业资格情况				学历情况			
			执业医师	执业助理医师	执业护士	乡村医生	本科	大专	中专	高中
砂坝村卫生室	4	3	0	2	0	2	0	0	4	0
庙李村卫生室	2	3	0	2	0	0	0	0	2	0
朱圩村卫生室	4	3	0	2	0	2	0	0	4	0
三桥村卫生室	2	3	0	1	0	1	0	0	1	1
王桥村卫生室	4	3	1	1	1	1	0	0	4	0
双桥村卫生室	2	3	0	0	0	2	0	0	2	0
晏路村卫生室	3	3	0	0	0	3	0	1	2	0
单营村卫生室	1	4	0	0	0	1	0	1	0	0
陆集村卫生室	5	2	0	0	0	4	0	0	4	1
柯湖村卫生室	3	3	0	0	0	3	0	0	3	0
红星村卫生室	4	3	0	0	0	3	0	1	3	0
宋河村卫生室	2	3	0	0	0	2	0	0	2	0
张龙村卫生室	6	4	0	0	0	6	0	1	5	0
胡桥村卫生室	6	3	1	1	0	4	1	1	3	1
合计	48	43	2	11	1	34	1	5	39	3

表9-1-2　2014年黄湾镇村级卫生室建设一览表

村卫生室名称	建设年份	国家拨款（万元）	建筑面积（平方米）	村医数	床位数	服务人口
砂坝村卫生室	2010	5.6	100	4	3	3915
庙李村卫生室	2010	5.6	100	2	3	3621
朱圩村卫生室	2010	5.6	100	4	3	3155
三桥村卫生室	2010	5.6	100	2	3	3197
王桥村卫生室	2010	5.6	100	4	3	2573
双桥村卫生室	2010	5.6	100	2	3	2938
晏路村卫生室	2010	5.6	120	3	3	5258
单营村卫生室	2010	5.6	100	1	4	4240
陆集村卫生室	2010	5.6	100	5	2	2464
柯湖村卫生室	2010	5.6	100	3	3	3902
红星村卫生室	2010	5.6	100	4	3	2306
宋河村卫生室	2010	5.6	100	2	3	2499
张龙村卫生室	2010	6.6	120	6	4	5861
胡桥村卫生室	2010	6.6	120	6	3	6310

附：朱军中医诊所简介

朱军中医诊所位于黄湾东街，坐落于201省道东侧，占地面积约为790平方米，建筑面积约为460平方米，诊所使用面积为130平方米。2012年3月，经县卫生局批准，朱军中医诊所为镇内唯一的个体中医诊所。2014年，诊所开设床位5张，有职工4人。

中医职业医师朱军，1963年出生，1999年7月毕业于昆明医学院，本科学历。1996年至2011年，在胡桥村卫生室任乡村医生。2012年，经县卫生局批准设立朱军中医诊所，其主要擅长中医正骨技术，运用中药整体观念，辨证论治的原则，治疗颈椎病、腰椎间盘突出症、骨质增生、骨刺等疑难病症上万人次。至2014年，朱军已在省级和国家级专业期刊上发表学术论文10多篇，其中，有2篇被评为中国特色医疗优秀学术论文、中华中医学会优秀论文；著有《中华中医基础与临床》一书，获中国民间专科名中医、中国民间中医药学术成果奖；被评为世纪骨伤杰出优秀人才，任中国人才研究会骨伤科分会常务理事、安徽省中医药学会民间医药专业委员会常务委员；发明治疗腰椎间盘突出的外敷中药散剂，获中华人民共和国国家知识产权局颁发的发明专利证书，专利号ZL201310138714.4。

第二节　防疫保健

1949 年以前，镇内流行性传染病有天花、白喉、霍乱、麻疹、伤寒、痢疾、流行性脑膜炎、乙型脑炎、回归热、流行性感冒、狂犬病和传染性肝炎等十几种，这些病发病率高、死亡率高。全镇地方病有丝虫病痛、疟疾、黑热病、头癣、麻风、梅毒等。

1950 年以后，区、社、乡镇政府积极动员群众，讲究卫生，减少疾病，提高健康水平。自从黄湾卫生院设建以后，基层政府和卫生院高度重视群众的疫情防治工作，每次开展防疫工作，政府都成立专门领导组织，卫生院投入大量人力、物力、财力，使疾病防治工作取得很好的效果，使许多历史上的流行性、传染性疾病在村里绝迹，群众的健康水平不断提高。

一、防疫

1. 防疫机构

黄湾卫生院建院初期，即安排专人负责卫生防疫工作。1990 年 3 月，设建防保所。现防保所有 7 名职工。防保工作从 1995 年以后，一直处于全县先进位次，1998 年 12 月，全镇初保顺利达到合格要求。2001 年，获全县第二名，2002 年，获全县第一名。

2. 初级卫生保健

1996 年 9 月，初级卫生保健工作启动，镇政府成立以镇长为首，由卫生、教育、财政、文化、宣传等部门参加的黄湾镇初级卫生保健委员会，委员会下设办公室，由卫生院院长担任办公室主任。镇初保办制订了黄湾镇初保实施规划和年度计划，并认真组织实施。1997 年县组织初保验收基本合格。1998 年 12 月，省初保评审团在时任县人大常委会主任、县委副书记刘家生的陪同下，赴砂坝、王桥、陆集 3 个村检查，结果汇总由县评审，全镇初保顺利达到合格标准。

3. 计划免疫

1980 年初到 1990 年，区卫生院开展县、乡、村的疫苗接种活动，"百、白、破三联疫苗"及脊髓灰质炎疫苗来预防肺结核、麻疹、百日咳、新生儿破伤风、白喉、脊髓灰质炎，即"四苗"防"六病"，接种率均达到 85%。进入 20 世纪 90 年代后期，计划免疫工作日趋规范，接种率不断提高，"四苗"相关传染病率逐步降低。2002 年，12 龄儿童卡介苗接种率达到 98.5%，"百、白、破三联疫苗"接种率 99.5%，脊髓灰质炎疫苗接种率达 99.5%。

从 2002 年 12 月 1 日起，乙肝疫苗被纳入儿童计划免疫。2002 年 12 月 1 日以后出生的儿童，均可免费接种乙肝疫苗。2003 年 9 月 1 日，医院正式启动儿童计划免疫保偿制，儿童家长和卫生院签订计划免疫保偿合同，交纳保偿费 65 元，可使从出生至 7 周岁的婴幼儿免费接种相应的疫苗，如果接种过相应疫苗的婴幼儿仍患相应的传染病，可以得到高额经济赔偿。

2014 年，免疫计划（含麻类疫苗）接种率均在 95% 以上。

4. 传染病与地方病防治

1992 年，为防治丝虫病，全镇开始普遍服用海群生食盐。1989 年 9 月，全镇开始第一次大规模的丝虫病采血普查，对有丝虫病的人进行免费治疗。1997 年到 2003 年，又进行 3 次丝虫病检查。1997 年以后，全镇患丝虫病的人数为零，实现了消灭丝虫病的目标。自 1991 年 12 月 5 日至 2003 年 1 月 5 日，全镇共开展 13 次脊灰强化活动，累计免费接种 9.54 万名儿童。全镇自 1991 年红星村发生一例脊髓灰质炎后，至 2014 年12 月，无脊灰病例发生。

镇内曾出现出血热流行史，1991 年，发现出血热病例 8 例；1992 年，发现出血热病例 31 例；1993 年，发现出血热病例 9 例；1994 年，发现出血热病例 1 例。

从 1992 年 5 月起，全镇开展灭鼠防疫活动，控制消灭出血热疫情。卫生院从防疫站领到溴敌隆母液，镇政府从粮站调拨小麦，在医院拌制灭鼠剂，分发到各村农户家里，进行灭鼠，灭鼠效果明显。1994 年，只发现 1 例出血热病例。1995 年至 2014 年，全镇没有发生出血热疫情。

1997 年至 2003 年，镇内发生 3 次水灾，水灾发生后，卫生院及时将各种消毒药品发放到村、户，积极开展救灾防病知识宣传、培训，指导广大农民做好灾后预防传染病工作，实现灾后无大疫的工作目标。

1998 年 10 月，王庄发生 1 例霍乱，疫情发生后，镇卫生院防保所立即派人赶到现场，对病人采样送检，隔离治疗，对疫源地进行消毒处理，又随之开展流行病调查，对王庄 800 多口人进行服药预防，后无继发病例。王庄病人在黄湾卫生院经过 7 天的隔离治疗后，痊愈出院。

2014 年，全镇共报告传染病 132 例，其中，镇卫生院报告 91 例，占报告总数的68.7%；各村卫生室报告 41 例，占报告总数的 31.3%。14 个村卫生室中有 11 个村卫生室报告了传染病病例。

2014 年，镇卫生院贯彻执行灵璧县 2013 年结核病防治工作计划，广泛开展结核病防治知识宣传，加强对村医生的培训，规范病人督导访视工作，全年共转诊疑似结核病人 36 人。在疟疾防治工作中，全年发热病人有 487 人，血检疟原虫人数为 464 人，其中，阴性为 464 人，RDT 筛查 23 人，全部为阴性。在治疗中，服药范围人数 205人，外出人口 66 人，不宜服药 3 人，应服药人数 136 人，实际服药 136 人，服药率为100%，全程服药 136 人，全程服药率为 100%。

5. 定点接种

镇卫生院从 2003 年 10 月起，在门诊大楼二楼设立定点接种室。每月 20～25 日为疫苗接种日，全镇所有适龄儿童到镇医院接种疫苗。当月，首次接种有 400 多人，占应接种儿童 85% 以上。2007 年，防保综合楼投入使用后，在一楼设立接种大厅，定点定时为全镇适龄儿童接种，并在大厅门前通过 LED 显示屏进行接种健康宣传。

二、保健

1. 妇女保健

黄湾镇卫生院自设建妇产科后，大力抓好妇幼保健工作，对孕妇及时建卡，实行孕妇产期保健服务，推广新接生法，挽救了许多产妇的生命。1998年，全镇完成对已婚妇女妇科普查普治工作，内容为"五期"卫生保健，即月经期、怀孕期、产期、哺乳期、更年期的卫生保健，开展孕、产妇的系统管理及婚前健康检查。"五期"的劳动卫生保护，不断提升了妇女的健康水平。

自2008年，实行新型合作医疗制度以后，镇卫生院按照县卫生局的统一部署，进一步强化妇女保健工作，对老年妇女进行免费健康检查、妇科病和"两癌"筛查。2014年，全镇孕产妇保健任务数为833人，完成数为432人，完成率为51%。双桥、三桥、陆集、柯湖、张龙村卫生室，产后访视工作扎实，成效显著；砂坝、柯湖、双桥村卫生室妇幼保健台账规范。

2. 幼儿保健

（1）创建爱婴医院

2003年9月20日，镇政府下发文件，成立创建爱婴医院领导小组。镇卫生院从当年10月1日开始筹建爱婴医院，先后投入4万多元，添置产科设备，使产妇能得到高质量的产前、产中、产后保健服务。爱婴医院成为全镇妇幼保健中心。

（2）落实保健项目

1992年，镇委、镇政府、镇卫生院领导高度重视幼儿保健工作，主要领导人带队入户给儿童服糖丸。在开展计划生育工作的同时，特别关爱独生子女、二女户幼儿保健工作。镇委经常组织职能部门，加强依法保护幼儿、儿童，特别是留守儿童的宣传工作，加大落实力度。镇卫生院、计生办、计生服务所和各村卫生室，每年都及时健全独生子女、二女幼儿档案，进行健康检查，并严厉打击弃女婴现象。对7周岁以下儿童建卡、建册，按管理程序定时体检，7岁以下儿童保健系统管理率达78.9%。

2014年，儿童保健任务数为4045，完成4072人，完成率为100.67%。儿童中医药服务数为1510，完成1520人，完成率为100.67%。叶酸发放任务数为300，完成数474人，完成率为158%。

3. 老人保健

镇委、镇政府一直重视老年人保健工作，从2008在收取新农合款项中，就广泛宣传动员老年人参加新农合，保障每位老人有病及时治疗，使全镇老年人年年参合率都达到近100%。2012年以后，镇卫生院和村卫生室，开展为65岁以上老人免费体检的活动，并建立健康体检档案。2014年，新增管理老年人505人，老年人中医药服务完成2874人，完成任务的100.14%。全镇14个村，摸底登记65岁以上老年人有4409人，当年共体检65岁以上老年人4150人，体检率达94.13%。

第三节　医疗管理与改革

一、管理

1. 医管

（1）镇卫生院管理

2010年以前，历届镇卫生院长对医院的管理都把以药养医、保收入、保运转、保职工工资、保卫生院发展作为目标，每年都制定实现业务收入上升率目标任务。1992 年，全院全年业务总收入为 16 万元。1993 年，提出全年业务总收入实现 22 万元的目标。2000 年，年初制定全年业务收入超 100 万元的目标，实际收入达到 98.8 万元。2005 年，全院收入达到 170 万元，比上年增长 47.8%，而且各科室也制定经济增长目标，化验室收入比上年增长 31.5 倍，爱婴医院收入比 2004 年上升 44.8%。卫生院对每位医生都制定出具体的管理措施，即以病人为中心，以质量为核心，对卫生院各项工作实行目标管理，对医疗质量实行目标控制体系管理，对医技科等室实行模拟成本核算管理，严格实行分级管理制度，以院长为管理中心，院委会成员及各科、室主任为二级管理人员，明确规范各级各类人员的责、权、利，通过签订上岗承诺书、岗位目标责任书，有效提高职工的积极性，使医生和各科、室人员，每天都面临着实现"三多"（招揽病人多、处方和药品开卖多，才能保住收入多）目标的思想压力。

2010 年以后，医疗体制改革和推行药品零差价销售后，卫生院按新医改、新农合和各级政府制定出台的新政策，紧紧围绕"以病人为中心，以社会满意为目标"的宗旨，全力提高医疗服务水平和医院的美誉度。卫生院认真落实公共卫生服务管理工作，为全镇居民建立规范的电子健康档案。2013 年，居民健康档案任务数为 2000 份，完成 2424 份，完成率为 121.2%。截至 2014 年，新建居民健康档案 2099 份，完成任务数的 104.95%。卫生院全面开展儿童保健系统管理，对 15 岁以下人群补种乙肝疫苗，儿童保健任务年年超额完成；把基本公共卫生服务纳入民生工程进行管理，使项目服务质量进一步提高，群众满意度得到普遍提升。65 岁以上老人保健管理完成率达 244%，免费体验率达 95.5%。

2008 年，全镇推行新型农村合作医疗制度以后，镇卫生院针对合作医疗看病和住院新程序，组织全镇医务人员培训学习，定期向全镇农民公布参合医疗费用补偿信息，让广大参合农民及时看到发生在身边的补偿实例，看到新型合作医疗政策带来的实惠。2013 年，补偿住院 2482 人次，补偿金额达 254 万余元；定额补偿 350 人次，金额达 28 万余元；补偿门诊 83486 人次，补偿金额达 176 万余元。2014 年，补偿住院 2231 人次，补偿金额达 255 万元；补偿门诊 92580 人次，补偿金额为 204 万元。

（2）村医管理

镇卫生院设建后，按照上级卫生部门安排，一直重视对村级卫生所、室和个体行医点的医务人员管理及药品管理。20 世纪 70 年代主抓对赤脚医生进行医技培训。1992 年以后，镇卫生院坚持每月 30 日准时召开乡村医生会议，组织他们认真学习中央和地方政府颁布的有关医疗卫生方面的法律法规，加强对乡村医生的医德医风教育，使村医人员素质不断提高。在抓村级卫生网点建设和提升医务人员专业水平方面，镇卫生院认真按照国务院颁布的医疗机构管理条例，加强对村级医疗机构设置和乡村医生考核管理。坚持一村一室设置，坚决取缔无证行医点，使村级卫生室设置既方便群众就医，又比较合理。镇卫生院对乡村医生实行准入制度，不达到中专以上学历的乡村医生，不准上岗行医。1996 年及以后，统一组织从事医务工作的年龄偏大的乡村医生参加省卫生厅举办的中专考试，直到拿到中专文凭为止。

2010 年以后，镇卫生院在抓好村卫生室一体化改革后，仍然坚持例会制度，对乡村医生进行新法规、新业务培训和管理；把上级卫生部门安排的公共卫生服务任务，落实到村卫生室和广大农户中；坚持每月一次入村卫生室督导检查，从严管理，使村级医管工作和防保网建设进一步加强。

2. 药管

（1）中药

镇内药用植物和动物有近百种，多系野生，新中国成立前无专人采集、收购，处于自生自灭状态。1950 年以后，县政府重视中医中药发展，设有专门收购网点，镇内各村在 20 世纪 60 至 70 年代曾出现采集中草药的高潮，区、乡卫生院均设有收购中药材网点。其中，槐花、半夏、枸杞子、蒲公英、臭蒲根等被大量采集，挖半夏人群到处可见。20 世纪 70 年代，各大队实行合作医疗，村村卫生室都设有中药专柜，推行"一根针、一把草"治疗法，使采集和利用中草药成为医疗室为农民治病的主要药品。1980 年以后，随着生产责任制的推行，村合作医疗制度的消退，中草药利用冷落。

1981 年，黄湾卫生院专设立中药房，中药自备品种比较齐全。2014 年，镇卫生院中医药房购备中药 320 种，基本满足病人需求。

（2）西药

20 世纪 50 年代初期，镇内市场上供应的西药品种量非常少，价格相当昂贵。常用药品有双刀臭水、漂白粉、六六灭虱粉、治疗疥疮的硫黄膏、治疗地方病的奎宁制剂、阿地平、平扑疟宁、消治龙、消困定、福地龙等近 200 种。

从 20 世纪 50 年代后期开始，随着国家药品工业的发展，抗生素药品逐步国产化，大批量抗生素药物投放市场。因此，镇内使用西药品种和数量不断增多。1973 年，全社全年西药销售额为 12 万多元；1985 年，销售额为 24 万元；1992 年，销售额为 43 万元；2003 年，销售额为 170 万元，镇卫生院当年共购备西药品种达 680 多种。2010 年 8 月 31 日，药房药物总品种达 792 种。

2014 年，镇卫生院共购备西药达 670 种。1990 年 3 月，卫生院设立防保所，院领导充分发挥防保所的作用，把集市上销售的药品、乡村卫生室及个体行医点所用的药品，都纳入主要目标管理。直到 2001 年下半年，镇卫生院一直推行医药一体化管理，各村卫生室所用药品，全由镇卫生院统一代购后发放。2003 年元月以后，药品统一由县医药管理局管理，可以自由采购药品，但镇卫生院一直把净化药品市场、严打假冒和过期失效药品视为重要职责，不断加大查管力度。1992 年至 2003 年，辖内街集上共查出售假药的游医 45 名，交有关部门处罚。查出村庄个体行医点中的变质和劣质生理盐水 215 瓶，过期失效药品 120 余种，对已售到病人手里的变质药品及时追回销毁，并利用公共场所，广泛向群众宣传识别假药常识。

2010 年 9 月 1 日实行药品零差率售药后，镇卫生院严格按照国家基本药物制度，执行规范集中网上采购机制，保证用药安全有效；加强对毒麻药品和精神药品的管理，狠抓临床合理用药，安全用药，完善《药物不良反应监测报告制度》；坚持做到合理使用抗生素，保证患者平安用药、零差价用药。

2014 年，除镇中心卫生院和村卫生室统一备购中西药品外，在黄湾街还有被县有关部门批准设立的 3 家个体药房，砂坝街有 1 家个体药房，其药物品种多而全，群众用药非常方便。

二、医疗制度改革

2010 年，镇中心卫生院按照省政府文件精神，认真实施对卫生院和村卫生室的全面改革。镇卫生院成立领导小组，下设财务、人事、药品零差率销售 3 个工作组，负责对全院管理体制、人事、分配、药品、保障制度的 5 个环节进行改革。

1. 药品零差价改革

（1）宣传

为确保在 2010 年 9 月 1 日实行省、市、县规定的药品零差率销售制度，镇卫生院组织印发"黄湾镇中心卫生院药物零差价销售宣传单"，向群众发放；设立导医讲解台、义诊台，让全镇农民都知道 9 月 1 日零时正式启动药品零差率销售，所有药品按进价销售，一分价不加，真正解决农民"看病难，看病贵"的问题。

（2）启动

2010 年 8 月 26 日，镇卫生院组织人员对药库、药房的库存药品进行分类盘点，详细登记药品品名、规格、数量、进价等项目。提前调试微机工作系统，于 2010 年 8 月31 日晚 8 时，正式启动药物零差率销售，提前完成上级规定的 9 月 1 日实行药品零差价销售新政策。9 月 1 日，全镇群众在村卫生室或是镇医院看病，第一次享受到药物零差价的实惠。

（3）引导

镇卫生院领导提前对全体医务人员进行基本药物制度和药物零差率销售知识业务培训。引导临床医师转变用药习惯，在治疗疾病时尽量使用国家基本药物和补充药物，补充药物使用比例≤30％，并正确引导患者改变用药认识，树立贵药不一定都适合自身的病情，使用基本药物同样能治好病的观念。

2. 收入分配制度的改革

推行药品销售零差价后，取消多年来以药养医、以药养院做法。医务人员不再承受逐利创收的重负，过去那些乱开药、开大处方、多卖药、医生提成多、卫生院创收多的现象消失了。医生工资、卫生院发展资金全部由国家财政负担。群众进院看病得到优质服务，医疗费用负担明显降低，住院比以往花钱少，看病比以往更方便、更放心。

3. 人事制度改革

核查人员信息。镇卫生院做好医改人员信息摸底和核实工作，要求所有人员必须提供文凭证件、资格证、执业证、聘书等原件，尤其是学历、工作时间、年限、职称、执业资格、进入单位手续等关键信息，实行双人核对制度，确保人员信息准确无误。对非在编人员进行一次性清理清退。

竞聘上岗。经过考核确认，全院符合竞聘上岗条件的有 49 人，其中，在编在岗的有 36 人，在编不在岗的有 7 人，非在编人员有 6 人。职称结构情况为副主任医师有 1人、中级职称有 2 人、初级职称有 35 人、无职称有 11 人。学历情况为本科有 3 人、大专有 8 人、中专有 33 人、无学历的有 5 人。

岗位设置。按照全镇总人口数编制 61 人，设置管理岗位 5 人，院长 1 人、副院长 2 人、副所长 1 人、农合办主任 1 人；设置专业技术岗位 50 人，其中，卫生专业技术岗位 49 人，会计 1 人；设置公共卫生技术岗位 13 人；设置工勤技能岗位 6 人。

2014 年，全院职工总数为 56 人，其中，副高职称为 2 人，中级职称为 3 人，初级职称为 21 人，初级医师为 28 人。

4. 村卫生室改革

2010 年，按照市委、市政府的要求，在镇中心卫生院改革结束后，对全镇 14 个行政村卫生室进行改革。首先对全镇村级医生队伍进行摸底调查，核准每个人的真实信息，对符合条件的实行竞聘上岗，对不符合条件的取消村医生资格。对无资质乱设医疗点的全部取缔。村级卫生室设建后，实行人员、业务、药械、财务、资产等一体化管理，全部配备和使用国家基本药物、省确定的补充药品，取消药品加价，实行零差率销售，统一合作医疗就诊、报销制度。表 9 - 3 - 1 为黄湾镇中心卫生院集体和个人获奖统计表。

表 9 - 3 - 1   黄湾镇中心卫生院集体和个人获奖统计表

集体 / 个人	时 间	名 称	荣誉称号	授奖单位
黄湾中心卫生院	2007.12	集体	省示范标准化乡镇卫生院	省卫生厅
黄湾中心卫生院	2007.12	集体	宿州市第五届文明单位	中共宿州市委
王浩	2010.12	先进个人	全省优秀乡镇卫生院院长	省卫生厅
王浩	2010.11	先进个人	先进工作者、优秀共产党员	市委市政府
朱士新	2003.7	先进个人	抗击非典先进个人	市委市政府
朱素芹	2008.7	先进个人	市优秀护士	市卫生局市护理学会
赵飞	2007.5	先进个人	省优秀乡村医生	省卫生厅
周新民	2008.12	先进个人	省优秀乡村医生	省卫生厅

第十章　文化　体育

　　1949 年前，镇内文化十分落后，处于自发状态，主要活动形式有民间表演、民间说唱。1949 年后，区、乡相继成立文化机构，组成了专业和业余文化队伍，兴建了各种文化设施，群众性文化娱乐活动经常开展。文化坚持为人民服务，为社会主义精神文明建设服务，发挥了应有的作用。

第一节　文化

一、文化机构

　　1972 年，黄湾公社成立文化站，与广播站合二而一。1973 年，文化与广播 2 站分设，设文化站、广播站。1980 年，砂坝、晏路、红星、大山 4 个公社创办民办文化站。1977 年，县拨经费建 5 间文化站，为群众开展阅览、棋艺、乒乓球等项活动。1992 年，撤区并镇后，文化站设在大会堂门面房办公。2003 年，乡镇事业单位机构改革，文化与广播两站再次合并，设立灵璧县黄湾镇文化广播电视工作站（简称文广站），编制 2人。2011 年 8 月，由国家财政投资 40 万元，在晏路街灵固路北侧建黄湾镇综合文化站，建筑面积为 350 平方米，设有图书借阅室、电子阅览室、多功能活动厅、文化娱乐室、文化科技培训室等，为群众文化活动、科技文化学习、健身娱乐等提供服务。2013 年，县文广新局经过考察，选址在黄湾街东部的葛沟新区重建文广站，2014 年底已投入使用。

二、群众文化活动

　　群众文化活动形式多种多样，境内群众文化活动有分散文化活动、集体文化活动、节日文化活动等多种形式。

　　1. 分散文化活动

　　20 世纪 70 年代以前，一般是个体举行文化活动。传统形式的农户家中老人寿日、逝日、儿女婚日等，由个人出资请喇叭班，吹打弹拉，白天演奏唢呐，或演唱流行歌曲，晚上演小戏曲等小节目，直至深夜。民间艺人，每逢集日、古会日设专场，如大鼓、琴书等，听者众多，并微薄付费。20 世纪 80 年代间，政府提出"破四旧、立四新"后，老人去世、儿女嫁娶请唢呐班演奏的少见。20 世纪 90 年代以后，各种文化活动又重新兴起，而且越来越广泛，除婚丧嫁娶外，儿女上大学的、参军的、小孩出生和剃毛头的等也要唱戏或放电影以表示祝贺。2000年以后，个体企业、商店开业和商业促销也请文艺团体演唱，以招揽顾客，显示生意兴隆。

2. 集体文化活动

20世纪60至70年代，不少生产大队和公社成立业余剧团，自编自演，在全大队和社内巡回演出。农闲时生产队邀请民间艺人，到庄上唱大鼓、唱琴书、演皮影戏等，艺人报酬由生产队统一支付。听看者男女老少皆有，在2亩地的队打麦场上，挤满了人，有的晚上12点也难以结束。生产大队到电影公司租片放电影，人们最有兴趣的观看战斗片，如《南征北战》《地道战》《地雷战》《铁道游击队》《小兵张嘎》等。每次大队放电影会吸引方圆六七里的群众赶到场地，青年儿童居多。2000年以后，已少见。2010年以后，由县文广新局安排专业剧团到镇、村开展专场免费演出。

3. 节日文化活动

20世纪80年代以后，村级文化活动甚少，逐渐转入节日活动。每年在元旦、五一、十一、春节期间，镇文化站组织编排文艺演出；开展演唱会、乒乓球、象棋、扑克牌等项活动比赛，各单位挂祝贺标语，出宣传栏等。1990年5月1日，区委组织大型演唱会，供销社、粮站、黄湾中学等单位组织百人团大合唱。2002年春节，镇政府组织"春之歌"文艺会演，各中小学参加会演，表演50多个节目，反映黄湾发展变化，黄湾中学、黄湾小学、红星小学的节目被评为一、二、三等奖。2014年元旦，镇政府安排文化站组织扑克牌、篮球、拔河、乒乓球等比赛。2015年春节，镇政府邀请书法、绘画、摄影爱好者在文化站二楼现场书写、作画，并设展厅以收集全镇优秀书法、绘画作品进行展览。在镇政府大院举办摄影版面展览，充分反映镇村新面貌，吸引众多的爱好者前往参观学习。黄湾中学、黄湾小学分别组织艺术节会演。

第二节　民间艺术

一、民间工艺

镇内民间艺术有绘画、剪纸、刺绣、雕刻等。绘画仅有中堂画、灶神画、财神画、山水画、鸟兽画之类。李振超的钟馗画有一定名气，朱敏的各种绣品形成产业，在黄湾街有十字绣专业店两三家。民间剪纸出现在婚丧嫁娶的红白事中，剪些简单的花鸟、纸人、纸马、双喜、福寿之类。民间刺绣在20世纪80年代前后，出现在小孩子兜上、衣服上，少女或新媳妇的鞋面、围裙、枕巾上。绣出的图案大多是十二生肖、具有象征吉祥意义的动物和简单的花草等。民间雕刻是在木工制作的家具上雕刻花纹图案，以此烘托典雅。有的石工在桥栏杆和石碑的碑面上镌刻出一些图案和文字。单营村的朱敏擅刻碑文和绘图，清明节期间经常为镇内及外地有需要者雕刻石碑。农民建楼房，为了美观，在楼顶上也会刻制许多有特色的龙、凤、和平鸽等图案。

陆集村原开办的柳编厂，在编制精美的小吊篮、花篮上制做图案，成为出口产品，深受东南亚国家客商欢迎。1992 年，镇开办的绣花厂绣出的枕巾、被罩，图案非常美观，培养出一大批刺绣人才。至 2014 年，镇内村庄仍有一大批巧妇在制作刺绣品，大多在枕巾、儿童衣服、被毯等上制作出花鸟图案。

二、民间舞蹈

全镇历史以来就习惯在春节、元宵节以及庙会、春会或重大喜庆活动的时候，组织表演歌舞，用以象征人寿年丰、吉祥如意，寄托对未来的美好祝愿，其形式有龙舞、狮舞、旱船舞、高跷舞、腰鼓、锣鼓舞等。从 20 世纪 60 年代到 90 年代，镇内龙水、砂坝、庙李、胡桥等村都有表演队。胡桥村多次在春节、元宵节期间组织表演队到黄湾街各单位进行拜年慰问演出，各单位捐献活动经费，以表示支持群众开展文化活动。

1. 龙舞

龙舞为耍龙灯或龙灯舞的简称，群众也称玩花灯、玩灯笼。龙灯的制作是用竹篾扎制成一节节的龙骨（平年由 12 节，闰年由 13 节组成的"龙身"），各节有"龙衣"相连。龙衣以花布绘上鳞甲，外饰红绿颜色彩纸，每节由 1 人持竿撑顶。表演时，1 人用竹竿挑起 1 个红绒球（宝球）在前引路，掌龙头的人首先舞动起来，比示龙欲戏珠。有单龙戏珠和双龙戏珠，整个龙身随龙头所向，跟着舞动，忽而高耸，似飞冲云端，忽而低下，如入海破浪，蜿蜒腾挪，俨然一体。常见动作用有蛟龙漫游、龙搅水、钻裆子、龙蜕皮、首尾齐钻等。若在晚上表演，每节装置灯具，舞动起来，火光翻身，形象逼真。

2. 狮舞

狮舞是由 2 人合作仿照狮子动作表演的一种舞蹈，分单狮舞和双狮舞。狮皮是用苘麻制作，狮头有木刻的和竹篾扎制的两种。锣鼓起奏，狮舞开始，动作有狮子舔毛、擦脚、搔头、朝拜、翻滚、上楼台、过天桥、跨三山、走翘板、海底捞针等，千姿百态，惹人喜欢。胡桥等村在往年的春节日，常组织舞狮子给军烈属和机关单位拜年，博得人们称赞。

3. 旱船舞

用竹木制作船形的模型，用白布围裹，画上舢板和水浪，船舱为轿形，装饰五彩缤纷。由两人表演，如船行水中，一女演员扮作船家女主人，一丑角扮作水手撑篙或划桨，边舞蹈，边演唱。一边模拟逆水、搁浅、推舟、施风，一边说唱，内容以逗趣为主，幽默滑稽。传统节目为《五只小船》。

4. 花车舞

花车舞，又称轿车舞，花车由竹木制作，车四周用白布围裹，两侧画上车轮，车身呈环形。两人表演，一人扮女角，坐在车内，推车人扮丑角，载歌载舞。舞蹈动作有上下坡、翻山、越沟和快行。演唱形式同旱船舞，唱词以自编为主，以反映不同时期的中心工作为内容。

5. 高跷舞

高跷舞，群众叫踩高跷。高跷呈"卜"字形，高 2～3 市尺，一根竖木中间安上短木作脚踏板，用软带扎在小腿上，高跷下端代替足行。表演时需化妆，或男或女，有 2

人、3 人表演或集体表演，可扮演戏剧角色、演活报剧、跳新歌舞。

6. 面具舞

面具舞流行于胡桥、晏路等村，其演员都是戴上面具，跟着表演队伍里跳跳、走走。代表节目为《吕洞宾借驴》。表演者为 3 人，分别饰吕洞宾、张果老、韩湘子。张果老白发银鬓，骑驴而行，韩湘子手持花篮跟随驴后，吕洞宾徒步走来，见到张果老骑在驴身上逍遥舒适，便狡诈地欺骗了张果老和韩湘子，吕洞宾最终达到了骑上驴背的目的。通过形体和哑语表演，揭露了尔虞我诈、互相欺骗的丑恶嘴脸。本节目由社、区文化站指导，在县汇演中获奖。

三、民间演唱

1. 皮影戏

中华人民共和国成立前至 1970 年前后，镇内村庄中演皮影戏的较多，老少都喜欢看。20 世纪 90 年代，皮影戏被电影、电视所代替，已在全镇绝迹。演皮影戏利用灯光照射兽皮（驴、牛、羊皮）或用纸板制成的人物剪影，以表演故事戏剧为主。剧目和唱腔多与地方戏曲相互影响。曲艺人一边操纵表演，一边演唱，并配以锣鼓音乐，综合民间剪纸和戏曲的艺术，有点似电视上的动画片，尤其是村庄中的儿童最爱看。在镇内村庄中演出最多的剧目有《西游记》《东游记》《封神演义》等。20 世纪 70 至 80 年代前后，全镇享有盛誉的演出团队有朱圩村朱长信、庙李村王奎凤等人的团队。他们经常在本地和到外地表演皮影戏，参加县里举行的会演。一般由 1 人或 2 人表演，1 人打锣鼓，大多是在生产队的大车上（太平车），搭上布幕，张灯开演，儿童们尤其爱看《西游记》，有的都跑五六里路，早早地到场守候等待。王奎凤现在仍然保留皮影戏全套设备，可随时开场演出。

2. 大鼓

新中国成立初期和 20 世纪 60 至 70 年代，大鼓是集日上和村庄中最流行的曲艺节目，受青、中、老年人喜爱听，由生产队集体出钱邀请入队演唱，管吃住。演唱水平高的艺人能连续唱 10 多个晚上。全镇出名的唱大鼓艺人有七八个，其中有井王村华文进、大杨村杨中朝、张龙村张洪忱等。他们不仅在全镇走村串队巡回演出，还经常参加文化站、馆组织的会演，到外地演出。艺人们一手敲着钢板或铜板，一手敲着大鼓，唱腔分南口、北口、花口 3 个流派；唱法有主嗓、卧嗓两种；书目有段子话（书帽）、蔓子话（长篇）2 种；内容以历史公案和武侠故事为主，如《东周列国志》《水浒传》《包公案》《岳飞传》《杨家将》等。故事情节引人入胜，一般一部书不唱结果不让艺人走。

3. 琴书

琴书，群众统称扬琴，其演唱形式是 1 人主唱，2 人或多人坐唱、走唱，也有分角拆唱，伴奏乐器除扬琴外，有的还兼用三弦、二胡、坠胡以及打击乐器擅板等；有说有唱，以唱为主，唱词基本都是七字句，也吸收民间曲子、凤阳歌、上河调为曲牌，善于抒情和叙事；书目主要有《水漫兰桥》《十把穿金扇》《打蛮船》《呼延庆打擂》《雷保同投亲》《岳飞传》《包公断案》等。20 世纪 60 至 70 年代，是全镇的盛演期，听琴，是生产队社员文化活动的主要形式。砂坝、大郑、柯湖等村都有专业演唱扬琴的艺人，柯湖村徐圩庄赵玉龙、砂坝村刘沟庄刘朝正等10多名男女，是全镇和四周乡镇有名望的艺人。1980年，随着土地承包到户，全镇的艺人开始弃琴，20世纪90年代以后，唱扬琴的文化活动在全镇绝迹。

四、民乐、锣鼓

1. 民乐

镇内群众将民乐统称为吹喇叭。1949年前，三桥村贺家有一喇叭班子，流行四乡，主演唢呐曲，以唢呐或攥子吹奏为主，配以锣、鼓、笙、笛、镲、钹等；主要曲目有《百鸟朝凤》《钯缸》，模拟泗洲戏、坠子腔等。2000年，全镇4班喇叭班；2014年，全镇唢呐演唱班子发展到六七班，有砂坝小郑庄的郑村、刘沟庄的刘振龙，还有井王、大杨等村的唢呐艺术班。凡有红白事或商家开业庆典、节日活动和广告宣传等活动，邀雇唢呐班子现场表演。特别是全镇村庄中办理丧事，必雇喇叭班。现在乐队都以大汽车做舞台，以歌舞厅样式发展。雇用歌女舞女，随唱而翩翩起舞，大都是配乐演唱流行歌曲、爱情歌曲，也有民歌《摘石榴》《五只小船水上漂》等。

2. 锣鼓

锣鼓，又称花鼓。1949年前及20世纪60到70年代，镇内大部分村庄都有民间锣鼓队。表演时间长，影响远的有龙水、砂坝、李集等村锣鼓班。砂坝街、刘沟庄的锣鼓十分有名气，一般在春节、元宵节、砂坝集日、会日进行公开演出。参加表演的有七八个人，主要以打击乐器为主，乐器有大圆锣、鼓（背在肩上的大圆锣、鼓）、小圆锣、钗等乐器。演奏时，跟着鼓音指挥，并有一名摇打着一把小红伞（如同东北唱二人转的手撑上的一块红布样式）的，紧紧跟随锣鼓队进行表演。唱词一般都即景生情，自编自唱，有韵调，上下句押韵。有的唱词是表扬村中出现的好人好事，有的歌唱村中办起的公益事业，反映村庄的变化和人民安居乐业、生活水平不断提高、农业丰收的内容，也有的歌颂党的政策和法律唱词，招引很多群众跟随观看。20世纪90年代后期，镇内锣鼓队逐渐消失。

五、流动小演唱

1. 莲花唠

莲花唠，又称过街唠子。唱莲花唠的多是无产农民，在镇内村庄里和街头上流行。唱者一手打着竹板，一手打着唠子（一串薄竹片），有时挨门乞讨，有时沿街要饭要货。唱莲花唠的属乞丐一类。唱莲花唠的都有师傅，他们的唱词都是从老师傅那学来的，真正能够自编自唱的极少。他们平时肩上都背个"捎马子"（又叫"钱褡子"），把在街上要的钱和货都装在里面。2000年以后，随着外出务工人员多，所传信息多，镇内街道上和村庄上唱莲花唠子的人大都随着务工大军，奔向南方大城市讨钱。

2. 打钱杆

钱杆子是一根小竹竿上嵌着几串缗钱子（铜钱）的乐器，说它是乐器，其实它并不能奏什么曲调，而且声音也并不优美，打击时只能发出"哗哗哗"的声音。这种乐器原是农村春节期间玩春会、玩马灯打场子用的。演唱者用手、脚、头、背、肩来击打钱杆子，狂欢起来，还能在地上翻身滚地打击演唱。演唱的内容多是民间小调，而且多是关于爱情方面的，如《送郎》《劝郎》《盼郎》《小寡妇上坟》《小光棍哭妻》等。90 年代之后，打钱杆渐渐在全镇消失。

第三节　电影　广播　电视

一、电影

1953 年，省电影放映队第二十七小队在全县巡回放映电影。镇辖内首次看到影片是《白毛女》，后是《钢铁战士》等。1955 年以后，全县设 2 个固定放映队。1957 年，县里成立 4 个电影队，从此，镇内群众看电影次数逐年增多。1970 年，县在黄湾和韦集 2 个公社设 1 个电影放映队。1973 年，县电影站在黄湾公社设 1 个电影放映队，设队长 1 人、放映员 2 人。从此，放电影就成为群众文化娱乐最隆重的活动。1985 年，黄湾区建制时设立电影管理站，设站长 1 人，在大会堂开设电影院，几乎每天晚上都放电影。同时，在 5 个乡（镇）建起电影放映队，每队 2 人，由区电影管理站统一领导，在各乡逐村巡回放映，群众非常欢迎。1987 年以后，随着农民收入不断增长，生活水平不断提高，农民家家购买电视机，电视的普及对电影事业是一个严重的冲击。1992 年，镇建制时，区电影站改称为"黄湾镇电影放映管理站"。1993 年至 1997 年，全镇电影放映进入最萧条时期。村庄中偶尔出现放电影的，但看电影的观众很少。1998 年，镇电影管理站停止活动，人走站撤。2014 年，省政府下发文件，对全镇年满60 岁的老电影放映人员，给予一定的生活补助。

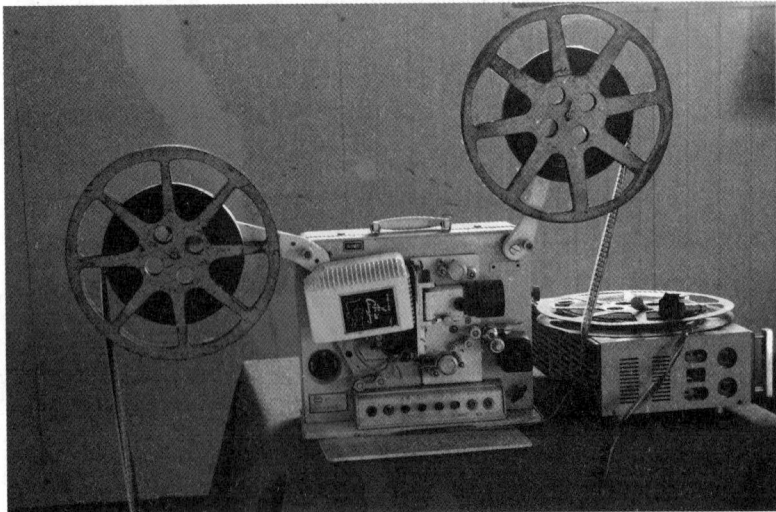

20 世纪 70 年代电影放映机

二、广播

1969 年底，黄湾公社建制后，筹建广播站与文化站合并一起，称宣传站，由公社政工组长负责。1972 年分设广播站，编制 3 人，有 275 瓦扩大机 1 部、发电机 1 台、6 匹柴油机 1 台。每日 3 次转播县广播站节目。1972 年，各大队架通了有线广播，家家安装了小喇叭，广播通户率达 100%。从此，有线广播成为广大农民群众生活和生产不可缺少的内容，它不仅向广大农民传播党的政策，播报新闻，发布天气预报，还向群众宣传生产、生活、科技知识等。

1980 年，全区 5 个公社（乡、镇）建立后，乡乡建广播站，选配广播员、线路维修员各 1 名。同时，43 个大队（村）建广播室。到 1982 年，全区自然庄广播通播率达 95% 以上。自然庄安装高音大喇叭，大的自然庄安装两三个。

1992 年，撤区建镇后，原乡、镇广播站由当地行政村接管。区广播站改为镇广播站，设在镇大会堂二楼。村村建广播室，设 1 名值班兼维修人员。1997 年，镇政府拨出专款更换广播设备，建机房和播音室，播音与机房分设，改有线为无线调频广播，有 5 名工作人员。镇广播站除按时转播县台节目外，还紧紧围绕镇党委、镇政府中心工作，自办专题节目，不定期开设新闻、会议、科技讲座、文化娱乐、广告等节目，各村和自然庄高音喇叭通播率达 100%。1999 年，实行税费改革后，镇、村两级广播经费提留被取消，村级广播停播，广播设备严重损坏、流失。2003 年，镇广播站再次与文化站合并，更名为"黄湾镇文化广播电视工作站"，编制 2 人。2005 年，镇广播站停播。2014 年夏，在开展秸秆禁烧工作中，各村为了抓好对群众广播宣传，村村投入万余元，对村广播室再次建设，开办无线调频广播，恢复了自然庄大喇叭覆盖率。

三、电视

镇有线电视转播站始建于 1997 年 6 月，同年 7 月 1 日开通。镇政府总投资 8 万元，从合肥实达电子公司买回进口的美韩有线电视设备。按照设计标准，能接收地面卫星信号 11 套，开路信号 1 套（灵璧县台 1 台）节目。外线传输采用 450 兆功能，整体系统运行良好。在原有基础上，2003 年，增加微波信号 10 套，传输 22 台（套）节目，以黄湾街中心点，向村级覆盖，共有用户 213 户，收视费收取 1.6 万元。2005 年，镇有线电视转播站收归县广电局管理。

在落实"村村通"工程中，加强对村级有线电视网络建设，除宋河村由县文广新局免费赠每户一套地面卫星信号接收小型设施（小锅）外，其余村架通有线电视，能接到 40 多台（套）节目。2014 年元旦，在全镇开始推行有线数字电视机顶盒设备，全镇安装 1000 余户，用户能收看近百个台（套）节目，图像清晰，提高了电视收视质量。

全镇农家看电视从 1982 年开始，家庭购买黑白电视机。到 1986 年，黑白电视机在农户中普及。1990 年，部分村庄中农户开始购买彩色电视。后来家家换成 20 英寸大彩电。2014 年，实现有线数字收视。

第四节　文学艺术

中华人民共和国成立以后，镇内文化不断繁荣。文化产品出版，由在镇内小范围的油印出版，发展到由国家级的专业出版社出版。文化产品销售，由个人小规模发行，发展到由国家新华书店经销发行以及在专业店和网络上销售，有力地推动全镇的文化大发展、大繁荣。

一、文学创作

1. 队伍

1965 年到 1978 年，全公社每个大队建"毛泽东思想文艺宣传队"，节目自己创作，内容是学习毛泽东思想，宣传好人好事。1975 年，文化站长朱涛牵头，组建业余文艺创作组 4 人，2 人创作小剧本，2 人创作编排民歌，为公社文艺宣传队、大队文艺宣传队创作节目。创作曲艺剧本，供唱大鼓、扬琴的艺人演出。相声、小戏剧、表演唱由公社文艺宣传队排练，巡村演出，并整理民歌，常用老曲填新词，供公社业余文艺宣传队演出。好的小戏剧还经常向县文化局推荐，到县文化馆组织排演。小剧本常在县办文艺刊物《灵璧文艺》上发表。到 1978 年底，公社创作小组发展至 6 人。1995 年，经过市委社教工作队培训，全镇文学创作人员发展到 9 人，其中，镇直工作人员有 4 人。

2005 年，黄湾中学被宿州市作家协会确定为"青少年作家培养基地"，宿州市作家协会主席、灵璧县作家协会主席多次来黄中讲课，并以《黄淮海文学报》为阵地，刊登黄中学生的作品，并定期举办作品评奖和评论活动，以此来推动黄中学生文艺创作的积极性。原省散文家协会副主席、市文联副主席、作协主席高正文几次前来讲课。原宿州市作家协会执行主席、县作家协会主席周恒（晏路村晏路街人），结合自己多年写作经验，成长为国家作家协会会员的经历，激发学生创作热情。黄湾中学作家培养基地已培养出一批批文艺创作的优秀学生。至 2014 年，全校师生在《黄淮海文学报》上发表各类小说、诗歌、散文等 200 余篇，其中，20 余篇获奖。《我的"憨妈"》等 3 篇作品在宿州市首届青年文学大赛上荣获散文一等奖，9 篇作品获得二等奖，13 篇作品获得三等奖，黄湾中学荣获最佳组织奖。2012 年，在全省散文家协会举办的两淮地区"华夏杯"美仑文学对抗赛活动中，黄中 1 名学生作品荣获一等奖，4 名学生作品荣获二等奖，2 名学生作品荣获三等奖，学校荣获优秀组织奖。

至 2014 年，全镇从事文学创作业余人员：黄湾中学有师生 64 人，中心校有 7 人，镇直单位有 5 人，村级各单位有 4 人。

2. 作品

1980 年以后，全区、镇涌现出一批文艺创作人才，到 2014 年，有国家作家协会会员 1 人、省级作家协会会员 2 人、省级书法协会会员 1 人、市级作家协会会员 5 人，见表 10 - 4 - 1；有歌唱家 1 人、指挥家 1 人。1980 年到 1985 年，全镇有 30 多人在国家级、省级、市级、县级发表文艺作品，见表 10 - 4 - 2。

周恒在国家级、省级刊物上发表中、短篇小说 80 余篇。从 2005 年开始，他以创作长篇小说为主，到 2014 年，由作家出版社出版的长篇小说有《汴城》《汴山》《汴水》等 5 部。2006 年 5 月，《汴城》长篇小说获宿州市首届中青年十佳文学作家金奖。2009 年，他被吸收为中国作家协会会员。2014 年，周恒任宿州市作家协会执行主席、灵璧县作家协会主席，其长篇小说《汴城》字数达 180 千字，在全国各地新华书店经销。《汴城》出版发行后，市文联在灵城召开《汴城》创作研讨会，并对其给予高度评价。2014 年 11 月，其创作的长篇小说《喇叭》，荣获《安徽省首届长篇小说精品工程》第三名，由各地新华书店经销发行。

国家级媒体刊登的文章

表 10－4－1 黄湾镇文学艺术家协会会员统计表

姓 名	协会名称及职务	入会时间
张友殿	中国音乐家协会民族器乐学会常务理事	—
周恒	中国作家协会会员	2009
李振超	安徽省书法家协会会员	2014
殷时春	安徽省散文家协会会员	1998
方思杰	安徽省散文家协会会员	1997
郑锦芝	宿州市书法家协会会员	—
刘万广	宿州市作家协会会员	2007
方思杰	宿州市作家协会会员	2007
李振超	宿州市书画家协会会员	2012
陈守双	宿州市作家协会会员	2007
张华永	安徽省散文家协会会员	1998

表10-4-2　黄湾镇文艺作品发表统计表

作者姓名	作品类型	数量（篇、部）	时　间	获奖情况
周　恒	短篇小说	80余篇	1980—1999	15篇获省、地奖
周　恒	长篇小说	5部	2005—2014	获市级奖、省级奖各1部
黄中师生	散文、诗歌、小说、故事	100余篇	2005—2014	市奖20余篇
方思杰	散文、童话故事	30余篇	1995—2009	市县奖10多篇
刘万广	小说报告文学	11篇	1992—2001	市评奖3篇
晏金两	诗	3篇	2000—2013	—
薄伟建	诗、散文	6篇	2000—2014	—

二、音乐创作

1949年后，镇辖内民间涌现出一批民歌创作人才，所创作的民歌家喻户晓，如《黄湾人民要大干》《唱黄湾，爱黄湾》《人走光明道》等。20世纪六七十年代，公社、大队成立了文艺演唱队，各文艺队创作许多歌曲，还有的用老曲填新词，在广大干群中传唱。

各中小学音乐老师每年为学生们教唱出一首首优秀歌曲，并谱写许多好歌曲在中、小学艺术节中演唱，培养出一批批优秀音乐人才。

全镇从事音乐创作的有5人，张龙村张友殿于1998年10月创作的歌曲《大庆，我的故乡》，在中国"川油杯"歌曲创作大赛上获二等奖。他从1998年开始创作歌曲，至今已创作歌曲1000多首，其中有300多首发表，作品有《因为爱》《共和国的春天》《带上爱飞翔》《婆婆就是妈》《人民共和国》《父母恩情》《点燃爱的炊烟》《感动中国》及自作自唱《你是最美的音符》等。

2001年，中国唱片总公司出版发行他的演唱专辑"情系夕阳"系列之一——《夕阳美》。

2001年，张友殿毕业于中央民族音乐学院，获声乐学士学位。

2002年，张友殿师从蒋大为学习声乐；同年，参加河北省综艺大赛获专业组民族唱法一等奖；2004年，参加黑龙江省警察歌曲创作大赛，演唱《爱洒这方土》获二等奖；2006年12月，创作的歌曲《走在百姓里》拍成音乐电视片在中央电视台滚动播出。

2012年6月，张友殿出版"友殿'名人演唱经典作品专辑'"《让爱循环起来》，出版励志著作《艺术人生——魅力人生新起点之一》一书，其现任中国音乐家协会民族器乐学会常务理事、北京善行好运影视传媒有限公司总经理、中华心连心艺术团团长、《中国乐坛》杂志顾问。

三、书法、绘画创作

镇内的书法、绘画历史源远流长。中华人民共和国成立后，教育部门把书法、绘画列为中小学的基本课程，培养出一批又一批书法、绘画优秀人才。在民间和教育部门、文化部门，涌现出一些知名的书法、书画家。至 2014 年，全镇从事书、画创作的有 46人，其中，教育部门有 31 人，镇直和村级有 15 人。有国家级书画家协会会员 1 人，省书法协会会员 1 人，市、县级书法家协会会员 3 人。2019 年 4 月，黄湾镇书画协会成立，李振超为会长，田学军、王玉强、徐善俊、周安、奚成凤、朱敏、李玉瑾、刘明忠、周正礼、朱跃、尹家增、赵淑华（女）、尚旭霞（女）、石峰、赵奎等为书画协会会员。

部分书协人员合影

原县文化局长（砂坝村大郑庄人）郑锦之，自幼酷爱书法，已形成独特风格，多次在市、县文化部门组织举办的书法展览中获奖，参加外地书法巡展和参赛，部分书法作品获奖。

王桥村李振超，自幼酷爱书法、美术，师从孙淮滨先生，曾在上海戏剧学院学习书法、美术；专攻人物，尤精于钟馗画创作；现任中国书画家协会会员、安徽省书法家协会会员、宿州市美术家协会会员。李振超参加北京奥运会、上海世博会等大型活动时，现场作钟馗画，现场展览。2008 年至 2014 年，他的钟馗画作品销售和赠送达千余幅，并在宿州、灵璧设立展销店，并开通网络销售，共有 10 多幅作品被《灵璧县钟馗画》专辑收录出版，向国内外发行。李振超创作的钟馗画，融合中国民间传统绘画技法艺术，线条凝练，笔墨豪放，剑眉虎眼、阔额虬髯、粗犷雄强，威武逼人，粗丑中不乏妩媚，英武中彰显儒雅，豪放中露出温柔，构图丰满，造型技法表现出钟馗的"忠和勇""正义和善良"，使丑和美得到了和谐统一。李振超的书法作品，从不同时代碑帖入手，汲取古人笔墨精华，取众家所长，承古创新思路，章法布局，清秀疏朗，枯湿浓淡，虚实潇洒。

2008 年，在奥运年奖，赠奥书画长卷作品评选大赛中，李振超的作品获二等奖，并被授予"中国书画家"称号。

2009 年 8 月，在第四届加拿大中华诗书画大展，李振超的作品被评为创作二等奖，并被授予"华人艺术界资深画家"荣誉称号。同年，其作品在温哥华展出。

2009 年 10 月，李振超的书法作品被特邀入编《新中国书法家 1949—2009 选集》，部分书法作品入选《灵璧县志》。

2012 年 4 月，李振超的钟馗画《迎福图》在全国钟馗画大展被评为优秀作品。

2014 年 8 月"同绘中国梦，庆祝中华人民共和国成立 65 周年，首届宿州美术大展"中，李振超的钟馗画《神威图》被选入，在宿州市银隆文化广场会展中心展出，并入编作品集。

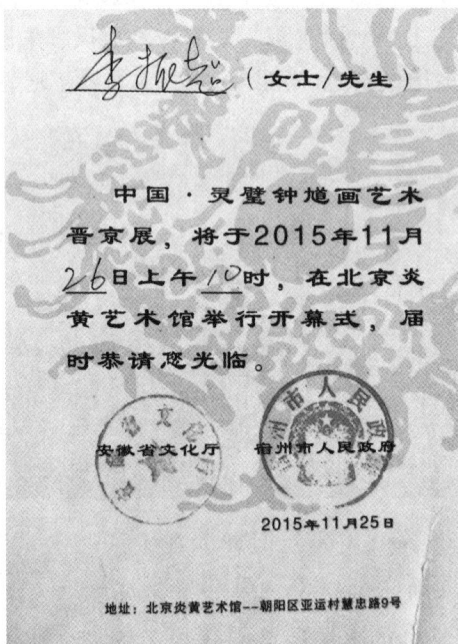

李振超钟馗画晋京展函

田学军，安徽省民俗作协会员、安徽省江淮书画院会员。

第五节　新　闻

一、新闻报道

1970 年，黄湾公社成立通讯报道组，配专职通讯员 1 人、兼职通讯员 2 人，由公社政工组领导，设建黄湾区时，配专职通讯员 1 人、业余通讯员 6 人。1990 年，《拂晓报》副总编江荣福、通采科长王怀春驻黄湾区进行社会主义路线教育，举办两期为期 4 天的通讯员培训班。每个乡镇和区直有关部门，选派 1 至 2 人参加培训班。黄湾中学 1 人，教育办公室 1 人，全区共 10 人。《拂晓报》派专人前来讲授新闻采写课程，副总编、科长和几名编辑作了专题讲授。1990年，黄湾在《拂晓报》发表20余篇报道，处全县先进位次。

1992年黄湾镇建制后，镇设专职通讯员1人，兼职通讯员2人，至2014年底，在国家、省、市、县四级媒体发表各类新闻稿件2500余篇，其中，中央级100余篇，省级800余篇，被中央和省级领导批示的有60多篇。其中，1981年6月，庙李村3户农民向国家卖余粮各超万斤，王增春、刘万广采写的《三户农民喜卖万斤粮》通讯，于7月1日在《人民日报》二版头条刊出。县政府、县委宣传部召开表彰大会，对作者进行表彰。

1997年6月29日，中共中央政治局常委、国务院副总理朱镕基视察黄湾粮站和井王村，刘万广采写的《朱副总理情留黄湾农民家》《副总理送来及时雨》等通讯，分别在中央、省、市10多家主流媒体上发表，其中，《副总理送来及时雨》通讯，获当年省级一等奖、全国三等奖。

1997年至2000年，省委宣传部和省记者协会，把3年来荣获全省好新闻奖的优秀文章，选编出版《安徽省好新闻集》，其中，刘万广的《副总理送来及时雨》《粮价调后第一磅》《新粮棉产销带来的新变化》3篇入选此书，是全省入选最多的一位作者，被省委宣传部特邀出席首发式大会。主要获奖作品有：

1981年7月1日，发表在人民日报《三户农民喜卖万斤粮》一文，被人民日报推荐，收录在由红旗杂志社出版的《改革开放大型丛书》中，1998年出版，获全国三等奖，1998年10月1日，在人民大会堂举行首发式和颁奖大会。

1994年7月2日，人民日报二版头条发表的《粮价调后第一磅》一文，获1996年省委宣传部一等奖。

1996年3月25日，安徽日报推荐的《农家院内的笑声》一文，获省记者协会二等奖。

1996年3月25日，发表在《拂晓报》的《新粮棉产销带来的新变化》一文，获1997年省委宣传部一等奖。

1997年7月15日，发表在《拂晓报》头版的《副总理送来及时雨》一文，获全国三等奖。1998年10月，获省委宣传部一等奖。1989年12月，获省广播电视厅二等奖。

1998年12月，"我为依法治省献一计"征文比赛，《为农民撰写有趣的法律读本》获省人大二等奖。

二、办刊

1.《黄湾社教》

1975年，省委派社教工作队进驻黄湾公社，省工作队和公社办公室办《黄湾社教》刊物，发行对象是各大队社教队长、大队党支部书记、公社领导及县社教办、省社教办主任等。铁笔刻、蜡纸印的小册，不定期出版，路线教育结束后停刊。

2.《计生快讯》

1992年7月28日，第一份钢板刻印，蜡笔画插图的油印报纸——《计生快讯》创刊，其为镇委、镇政府机关刊物。镇委下发文件，成立编委会，抽出 4 名人员，分别担任主笔、编辑、刻印、发行工作。一版为要闻，二版为片村工作，三版为法规政策宣教，四版为典型表扬与曝光。每期出刊 200 份，发给镇、村、组三级党员干部，发行 32 期后停刊。

3.《黄湾情况》

2014 年夏收前夕，为了强化全面抓好夏季作物秸秆综合利用，做好全镇禁焚工作，镇委、镇政府决定，创办《黄湾情况》专刊，向全镇宣传作物秸秆禁焚工作安排、包保责任制落实等项工作。《黄湾情况》设置《工作布置》《一线落实》《领导视察》等栏目，图文并茂。每期出刊 100 份，发行对象是市、县下派包保工作人员以及镇内的镇、村、组全体干部，上呈县委、县政府领导阅览。《黄湾情况》发行 5 期后停刊。

第六节 民 歌

全镇劳动人民在长期的生产和生活过程中，创造了许多民歌民谣，其曲调丰富多彩，有优美抒情的民歌、节奏强烈的劳动号子和流利畅达的民间小调等，其内容题材较为广泛，有政治斗争、社会力量、风俗习惯、男女爱情，主要曲目有《盼郎》《小放牛》《五更小调》《孟姜女哭长城》《治淮小调》《王三姐住寒窑》《五把情思》《王大姐赶集》等。劳动号子有《打夯号子》《吆喝号子》《拉车号子》《拉犁号子》等。按照全镇多数干群推荐，本节主选以下老少皆会唱的民歌。

一、打场号子

农夫牵牛套上磙子，手里拿着树条，一手牵着牛缰绳，中间放个盛牛屎的粪箕子，人在中间牵着牛，打圈转，便自由地喝起号子来。

打场号子

二、赶车号子

牛拉着太平车，车把式坐在木头轱辘的大车上，左手握着长撇绳，右手拿着长鞭，把长鞭一甩，叭叭地响，便悠闲自得地喝起子来。

赶车号子

三、吆喝号子

从古老的封建社会至 20 世纪 80 年代以前，农民犁地全靠牛，犁地时便产生了号子。

耕 地 号 子

陈守双收集整理

拉犁号子

1=A 2/4
♩=92 中速、轻快有力地

陈守双　记谱

```
1 16 1 2 | 5  5 | 6· 3  5  5 | 3· 5  6 1 |
```

1、（领）同志们加油拉来，（众）哎嗨吆喂，（领）使　劲的
2、（领）同志们都加油来，（众）哎嗨吆喂，（领）加油拉到第
3、（领）到头拐个弯嘞，（众）哎嗨吆喂，（领）再来第二
4、（领）一圈又一圈嘞，（众）哎嗨吆喂，（领）看谁跑得
5、（领）要想吃麦面嘞，（众）哎嗨吆喂，（领）就得加油
6、（领）我们需加油干嘞，（众）哎嗨吆喂，（领）干好才为
7、（领）要想大丰收嘞，（众）哎嗨吆喂，（领）我们

```
5 6  5 3 | 5 6  5 3 | 2· 6 | 1 2  3 5 | 2 3  2 6 |
```

拉　呀，（众）哎嗨哟，（领）拉好　好回家呀，
头　喂，（众）哎嗨哟，（领）使　劲的拉呀，哪，
圈　哪，（众）哎嗨哟，（领）一圈又一圈范哪，
欢嘞，（众）哎嗨哟，（领）力争当模范哪，
干　哪，（众）哎嗨哟，（领）不能做懒汉哪，
算　哪，（众）哎嗨哟，（领）争取大丰收呀，
油　啊，（众）哎嗨哟，（领）加油拉到头哇，

```
1  1 2 | 1· 6 |
```

（众）哎嗨哟。
（众）哎嗨哟。
（众）哎嗨哟。
（众）哎嗨哟。
（众）哎嗨哟。
（众）哎嗨哟。
（众）哎嗨哟。

四、劳动号子

1958 年"大跃进"时期，人民公社集体化，农业缺少牲畜，只有人工拉犁、拉耙、拉车。在人工拉犁、拉耙、拉车、拉耩子之时，产生了劳动号子，流传到 1978 年左右，后逐渐消失。

拉车号子

1=F 4/4

♩=122 欢快、有力、有朝气地

陈守双　采集

(领)哎呀 召嘞个 咳哟 来,(合)哎呀 召嘞个 咳哟 来。

(领)哎呀 召嘞个咳 哟来,(合)哎 呀 召嘞个咳 哟 来。

(领)我们得 加油 拉 嘞啊(合)我们得加油 拉 嘞啊。

(领)拉好呢 好回 家 啃嘞,(合)拉好呢 好回 家 啃嘞。

(领)我们呢 要加油啃嘞,(众)我们呢 要加 油啃嘞。

(领)加油呢 拉到 头 啃嘞,(众)加油呢拉到 头 啃嘞。

(领)到头 拐个 弯 嘞,(众)到头 拐个 弯 嘞。

(领)拐弯呢 回家 转 嘞(众)拐弯呢回家 转 嘞。

抬 抬 子 号 子

1=F 2/4
♩=58
中速稍慢、铿锵有力地

陈守双收集整理

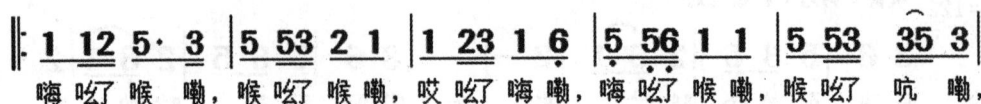

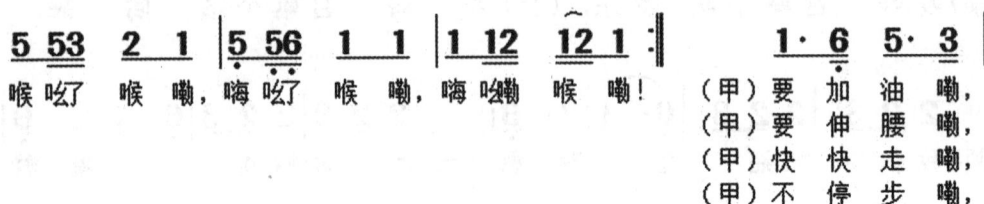

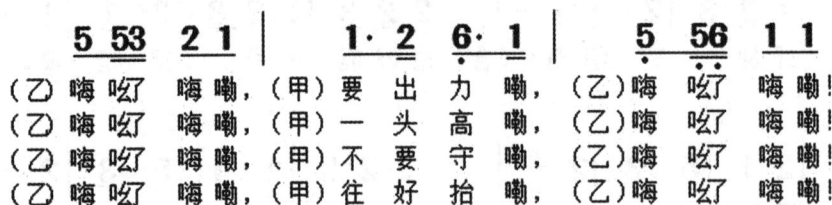

‖: 1 12 | 5· 3 | 5 53 2 1 | 1 23 1 6 | 5 56 1 1 | 5 53 35 3 |
嗨 吆了 喉 嘞, 喉 吆了 喉 嘞, 哎 吆了 嗨 嘞, 嗨 吆了 喉 嘞, 喉 吆了 吭 嘞,

5 53 2 1 | 5 56 1 1 | 1 12 12 1 :‖
喉 吆了 喉 嘞, 嗨 吆了 喉 嘞, 嗨 哟嘞 喉 嘞!

1· 6 | 5· 3 |
(甲) 要 加 油 嘞,
(甲) 要 伸 腰 嘞,
(甲) 快 快 走 嘞,
(甲) 不 停 步 嘞,

5 53 2 1 | 1· 2 6· 1 | 5 56 1 1 ‖
(乙) 嗨 吆了 嗨 嘞, (甲) 要 出 力 嘞, (乙) 嗨 吆了 嗨 嘞!
(乙) 嗨 吆了 嗨 嘞, (甲) 一 头 高 嘞, (乙) 嗨 吆了 嗨 嘞!
(乙) 嗨 吆了 嗨 嘞, (甲) 不 要 守 嘞, (乙) 嗨 吆了 嗨 嘞!
(乙) 嗨 吆了 嗨 嘞, (甲) 往 好 抬 嘞, (乙) 嗨 吆了 嗨 嘞!

打 夯 号 子 之 二

1=F 4/4
♩=58
中速稍慢、铿锵有力地

陈守双收集整理

5 2 5 32 | 1· 2 | 5 2 5 32 | 1· 2 ‖
(领) 架 起 来 那么 (众) 嗨 吆! (领) 挨 住 排 那么 (众) 嗨 吆!
(领) 抬 起 来 那么 (众) 嗨 吆! (领) 往 下 狠 那么 (众) 嗨 吆!
(领) 猛 一 抬 那么 (众) 嗨 吆! (领) 抬 得 高 那么 (众) 嗨 吆!
(领) 要 加 油 那么 (众) 嗨 吆! (领) 不 要 留 那么 (众) 嗨 吆!
(领) 要 出 力 那么 (众) 嗨 吆! (领) 不 休 息 那么 (众) 嗨 吆!

支援民工治淮

1=F 2/4
♩=102　中板、喜悦地

解放初期歌曲
小五更调
陈守双　记谱

```
( 5  56  12 │ 3  5  33  23 │ 1 - ) 5 3  5 6 │ 1  1  2 │
                                      一呀一更　里呀
                                      二呀二更　里呀
                                      三呀三更　里呀
                                      四呀四更　里呀
                                      五呀五更　里呀

3 5  23 │ 5 - │ 6 5 6 │ 1 7 6 3 │ 5·6 │ 5·6 5 │ 5 65 1 2 │
月亮　朝正东，　扒河的　民工要　　上　河工，　全家　老少
月亮　上楼台，　全村的　青年都　　把　会开，　青年　踊跃
月亮　正朝南，　全村的　老少都　　来　　全，　男女　报名
月亮　正朝西，　扒河的　民工都　　早　早起，　全家　老少
月亮　落西山，　青年的　民工都　　扛　锹掀，　争先　恐后

3 5 │ 3 23 │ 1 - │ 5·6 │ 3 35 │ 1 2 │ 3 5 │ 3 23 │ 1 - │
都欢迎。　　哎唉全家老少都欢迎。
报名来。　　哎唉青年踊跃报名来。
都争先。　　哎唉男女报名都争先。
都欢喜。　　哎唉全家老少都欢喜。
上河段。　　哎唉争先恐后上河段。
```

人走光明道

1=D 2/4

♩=78

热情、欢快地

互助组时期歌曲
陈守双收集整理

（3 2 1 2·3 | 5 6 i 6 5 3 | 3 5 2 3 5 6 3 2 | 1 - ）| i·2 i 3 |

1、人 走 光 明
2、人 心 向 着
3、当 今 新 社
4、过 上 幸 福
5、永 远 听 党

5·6 5 | 2·3 5 6 5 3 | 2·3 2 | 3 2 1 2·3 | 5 6 i 6 5 3 |

道， 水 向 大 海 流， 人 多 干 活 力 量 大 呀，
党， 汗 往 一 处 流， 人 多 干 活 力 量 大 呀，
会， 吃 穿 不 用 愁， 要 想 粮 食 大 丰 收 呀，
年， 好 日 在 后 头， 要 想 日 月 过 得 好 呀，
话， 永 远 跟 党 走， 要 想 日 月 过 得 好 呀，

3 5 2 3 5 6 3 2 | 1 - | 3 2 1 2·3 | 5 6 5 | i·2 i 3 |

互 助 合 作 有 奔 头。 哎 嗨 呦， 哎 嗨 呦，哎 嗨 哎 嗨
互 助 合 作 有 奔 头。 哎 嗨 呦， 哎 嗨 呦，哎 嗨 哎 嗨
互 助 合 作 有 奔 头。 哎 嗨 呦， 哎 嗨 呦，哎 嗨 哎 嗨
社 会 主 义 有 奔 头。 哎 嗨 呦， 哎 嗨 呦，哎 嗨 哎 嗨
社 会 主 义 有 奔 头。 哎 嗨 呦， 哎 嗨 呦，哎 嗨 哎 嗨

（突慢）

5·6 5 | 3 2 1 2·3 | 5 6 i 6 5 3 | 3 5 2 3 5 6 3 2 | 1 - ‖

呦， 人 多 干 活 力 量 大 呀， 互 助 合 作 有 奔 头。
呦， 人 多 干 活 力 量 大 呀， 互 助 合 作 有 奔 头。
呦， 要 想 粮 食 大 丰 收 呀， 互 助 合 作 有 奔 头。
呦， 要 想 日 月 过 得 好 呀， 社 会 主 义 有 奔 头。
呦， 要 想 日 月 过 得 好 呀， 社 会 主 义 有 奔 头。

四季歌

1=A 2/4
♩=66 中速、亲切地

土地改革时期歌曲
陈守双收集整理

（1·235 21 6｜5·1 6561｜5 -）｜3 2 3 5｜1 6 5 3｜

1、春季 到来 闹 春
2、夏季 到来 热 难
3、秋季 到来 树 叶
4、冬季 到来 雪 花
5、这个 时候 真 平

2·32｜1 16 1 2｜1 6 5 3｜5 -｜6 1 5｜6·1 2 3｜

荒， 农民 家中 断 口 粮， 地主 吃 的
挡， 下湖 锄地 光 脊 梁， 身上 晒 得
黄， 地主 逼债 似 阎 王， 农民 卖 儿
飘， 挨冻 受饿 实 难 熬， 地主 家 中
等， 农民 土地 改 革 了， 分 得 田 产

2 1 6 5｜6 -｜6·1 2 3｜2 1 6 5｜3·5 1 6｜5 -‖

鱼 和 肉， 我 们 只 有 吞 菜 汤。
水 浆 泡， 地 主 树 下 乘 风 凉。
又 卖 女， 妻 离 子 散 各 一 方。
把 年 过， 穷 人 抱 雪 里 跑。
与 房 屋， 子 子 孙 孙 不 受 苦 了。

五 把 情 思

解放初期歌曲
陈守双收集整理

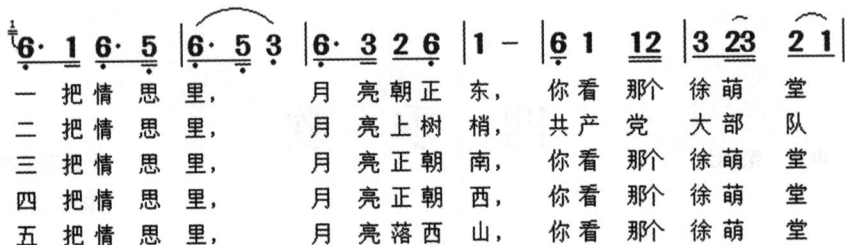

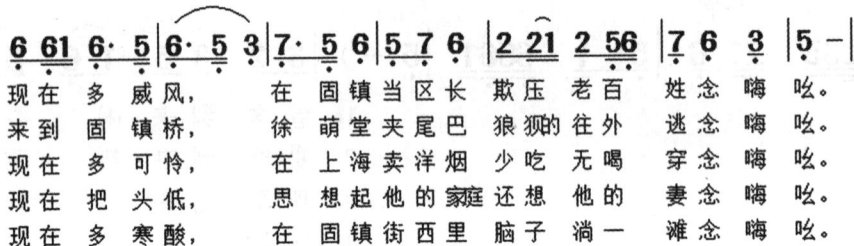

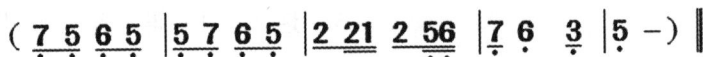

1=C 2/4
♩=100
稍慢、愤恨地

一 把 情 思 里， 月 亮 朝 正 东， 你 看 那 个 徐 萌 堂
二 把 情 思 里， 月 亮 上 树 梢， 共 产 党 大 部 队
三 把 情 思 里， 月 亮 正 朝 南， 你 看 那 个 徐 萌 堂
四 把 情 思 里， 月 亮 正 朝 西， 你 看 那 个 徐 萌 堂
五 把 情 思 里， 月 亮 落 西 山， 你 看 那 个 徐 萌 堂

现 在 多 威 风， 在 固 镇 当 区 长 欺 压 老 百 姓 念 嗨 吆。
来 到 固 镇 桥， 徐 萌 堂 夹 尾 巴 狼 狈 的 往 外 逃 念 嗨 吆。
现 在 多 可 怜， 在 上 海 卖 洋 烟 少 吃 无 喝 穿 念 嗨 吆。
现 在 把 头 低， 思 想 起 他 的 家 庭 还 想 他 的 妻 念 嗨 吆。
现 在 多 寒 酸， 在 固 镇 街 西 里 脑 子 淌 一 滩 念 嗨 吆。

黄湾人民要大干

文革后期到承包土地时
陈守双整理

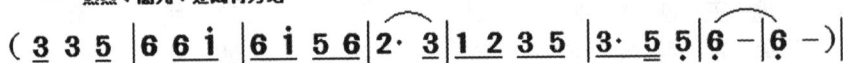

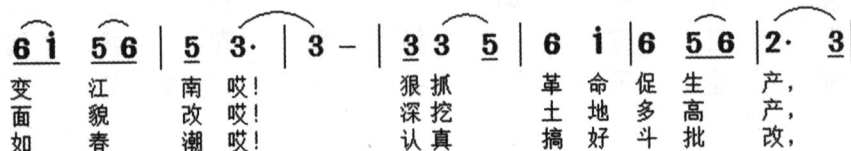

1=G 2/4
♩=112
热烈、高亢、辽阔有力地

1、哎！ 黄 湾 人 民 要 大 干 哎！ 誓 把 家 乡
2、哎！ 手 握 铁 锹 干 起 来 哎！ 誓 把 山 河
3、哎！ 劳 动 号 子 震 九 霄 哎！ 革 命 歌 声

变 江 南 哎！ 狠 抓 革 命 促 生 产，
面 貌 改 哎！ 深 挖 土 地 多 高 产，
如 春 潮 哎！ 认 真 搞 好 斗 批 改，

大 干 快 上 多 贡 献！
定 叫 粮 棉 翻 一 番！
誓 叫 粮 棉 超 《纲 要》！

爱黄湾唱黄湾

作词：杨 春
作曲：杨 春

1=A $\frac{2}{4}$
♩=68 中速、轻快地

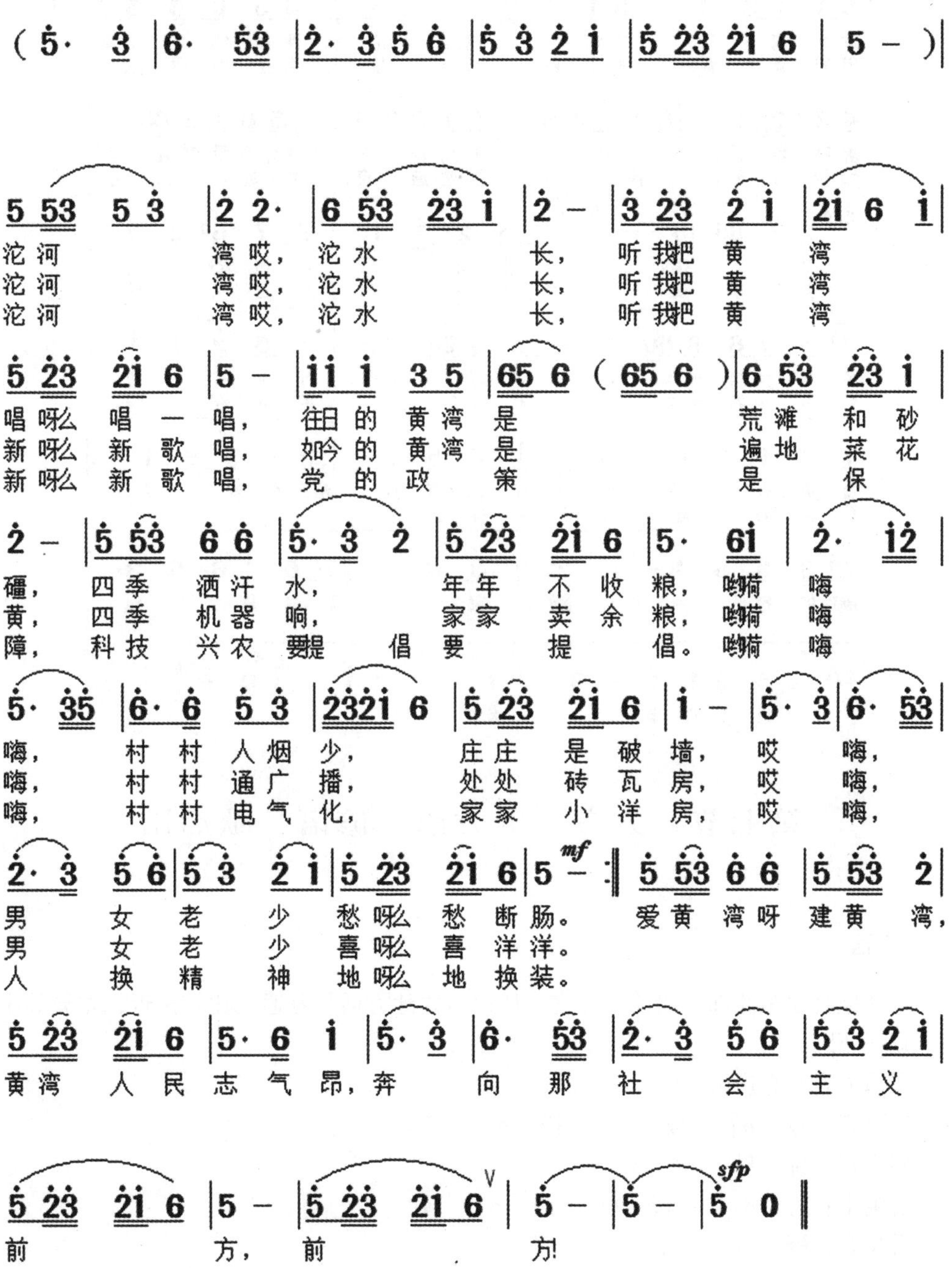

黄湾是我最美的家乡

第七节　方言　地方语　谚语　歇后语

一、方言

全镇地处皖东北部，属北方方言，所以镇内地方话与普通话比较接近，差异甚小。

1. 声母

本镇方言共有声母19个。

双唇音：玻 [p]　坡 [p]　摸 [m]

唇齿音：佛 [f]　微 [v]

舌尖中：得 [d:]　特 [t]　讷 [n]　勒 [l]

舌尖音：资 [z:]　雌 [c]　思 [s]

舌尖后：知 [zh]　吃 [sh]　失 [s]　日 [r]

舌根音：哥 [g]　渴 [k]　喝 [h]

2. 方言与普通话的差异

标准音	方言读音	标准音	方言读音
国（guo）	gui	客（ke）	kei
色（se）	shei	科（ke）	kuo
跃（yue）	yao	笔（bi）	bei
麦（mai）	mei	森（sen）	shen
深（shen）	chen	脚（jiao）	jue
乐（le）	luo	棵（ke）	kuo
药（yao）	yue	迫（po）	pei
孙（sun）	sen	—	—

3. 方言词汇释义

（1）称谓

大大：父亲、爸爸。

老太：曾祖父母。

老爷：祖父。

老白毛：祖宗。

奶奶：祖母。

大爷：伯父。

大娘：伯母。

小爷：叔父。

婶娘：婶母。

妇道人家：妇女。

爷们：男性长晚辈之间互称或合称。

外老：外祖父。

闺女：女儿。

小爷：叔叔。

先生：医生、教师。

闺女婿：女婿。

亲弟：胞兄弟。

男人、女人：丈夫、妻子。

家道：妻子。

半劳力：妇女。

外老爷：外祖父。

姥娘：外婆。

（2）自然

月朗娘：月亮。

云子：云彩。

雨滴子：小雨点。

冷子：冰雹。

平乎地：平坦的地。

河当心：河中间。

坷垃头子：土块。

老陵：坟墓。

（3）植物

大蜀黍：玉米。

小蜀黍：高粱。

地瓜子：土豆。

转莲：向日葵。

毛冬瓜：冬瓜。

白芋：山芋。

（4）动物

小臊节：小公羊。

牙狗：公狗。

郎猫：公猫。

舐牛：母牛。

牤牛：公牛。

草驴：母驴。

花蛤蟆：青蛙。

叫驴：公驴。

臊猪：公猪。

米猫：母猫。

水羊：母羊。

夜猫子：猫头鹰。

黄狼子：黄鼠狼。

花大姐：螵虫。

长虫：蛇。

麻姐了：蝉。

姐猴：蝉幼虫。

罗蛛蛛：蜘蛛。

（5）日常生活

手袯子：毛巾。

手捏子：手帕。

单被：床单。

汗溻：汗衫。

墙根：墙基。

褯子：尿布。

尿罐子：尿壶。

锅屋：厨房。

揾碗布：抹布。

食刀：菜刀。

油果子：油条。

溜门子：串门。

杠家：回家或去家。

干仗：打架。

藏老梦：捉迷藏。

拍叭：鼓掌。

下湖：到田里做农活。

恶撒：未经沤制的农家肥料。

茅厕：厕所。

鼻窟：鼻孔。

脖梗：脖子。

肩脖：肩头。

脊骨：背。

肚眼子：肚脐。

腚瓣子：屁股。

妈头子：乳房。

胳拜子：膝盖。

手指盖：指甲。

牙花子：牙龈。

（6）方位

上头：上部。

下头：下部。

当中：中间。

二不勒：半中间。

边沿子：边上。

（7）代词。

俺：我。

您：你。

谁个：谁；哪个。

旁人：别人。

俩：两人。

他：他，他们。

（8）形容词

歪步：瘫痪，不能行走，坐地用手向前挪动。

踢团：非常圆。

大约：摸估计、基本上。

热乎：待人亲热。

大洋：大方；自大。

精：精明；聪明。

六叶子：差心眼、蒲种。

少叶肺：不聪明、笨蛋。

花里胡哨：颜色艳而不谐调，敷衍。

狠口：人很厉害，多指女人。

期：贪欲强、不满足（吃不够，太～了）。

胜：爱惹事（他不让人，太胜了）。

甩：孩子不懂礼貌（这孩子不知老少，太甩了）。

瞎话：谎话。

现世：做了丑事，丢人（现世包）。

麻利：做事敏捷、快速有力气。

摸拉：做事慢，难堪。

白搭：劳而无功，无效益。

洋乎：傲慢、不爱搭理人。

扳：把东西扳掉（即扔掉）。

拉蹋：脏，不讲卫生。

绞毛：胡搅蛮缠，不讲道理。

下三：低人一等（他是个下三货）。

鬼头日脑：言语行动极不正常，多指诡诈。

不透气：被指责不说话。

尖腚棒子：好狡猾溜，坑害别人。

馊抠：只进不出，非常吝啬。

憨脸刁：表面憨厚，内里刁狡。

尖白脸：奸坏的人。

笑面虎：面慈心狠的人。

爽当：干脆爽快，说话办事，不拖泥带水。

到劲：到限度。

喋什么：这也不吃，那也不吃，喋什么？

弹迷：迷住心窍。

（9）动词

嚼：骂（你为何嚼人）。

攘：戳刺（用刀子～人）。

招：沾（别～我，～我就不行）。

躲：拖（事情老～着不办）。

哈：掀锅不小心，别～着手。

讹人：欺负人。

卡人：欺负人。

封：送、封送。

捏：控制（捏人）。

瞧病：看病、治病。

剋架：打架。

剋饭：吃饭。

抬杠：争论、争辩。

添腚：巴结人。

对乎：将就（日子能下去）。

摆手：摆弄，贬义（你别瞎～）。

皮脸：多指顽皮好动。

辽利：多指人干事快、讲卫生（多指家庭妇女）。

打野：家禽到野外去觅食，指人乱跑。

打腻：猪在污泥、脏水里滚动。

扛家：回家、去家。

崴脚：脚扭伤。

（10）数量词

一虎：张开拇指和食指之间的距离，约有半市尺。

一搂：两臂合抱成的周长（这棵树有一搂）。

一撮：拇、食、中三指合拢所捏东西的数量（一撮面粉）。

一掐：两手相对握住的数量（一掐柴火）。

一丫：块（一丫西瓜）。

一生：周岁（这孩子一周岁了）。

一步：单脚跨出的长度蹦距离，这地有20步宽。

一指：一个手指的宽度（鞋大二指）。

二、地方语

嘻哩哈啦（xī li hā lā）：不严肃。

嘲叨咣当（cháo dāo guāng dāng）：不聪明，说话做事不正常。

流俚流气（liú lǐ liú qì）：为人不正派。

憨羹楞腾（hān pū léng téng）：憨即痴呆，形容差心眼。

脓鼻邋遢（nóng bí lā tā）：浓鼻即流鼻涕，形容极不讲卫生。

嘲叨干奢（zháo dāo gàn dǎ）：缺少心眼。

瘸不拉腿（qú bù lǎ tui）：腿脚有毛病，形容下肢身体不健康。

野头野脑（yě tou yě nǎo）：野蛮、嚣张、粗暴。

恶了怪歹（ě le guài dǎi）：恶了：恶心呕吐。怪歹：气味不正。

嗝了崴气（gé le wǎi qì）：吃得太饱，喘粗气难闻。

假此穷迭（jiǎ cǐ qióng dié）：既不富裕，还这不好，那不好，与穷烧洋迭相似。

辇了呱叽（niǎn le gnā jī）：形容没有性子，不知急躁。

雾气召召（wù qì zhāo zhāo）：形容没高量低，说话没准头。

影影逴逴（yǐng yǐng chuò chuò）：看不清、离得远、很模糊。

秃嘴潦舌（tū zuǐ liǎo shé）：嘴笨，不会说话，和"伶牙俐齿"相对。

奄不达孤（yǎn bù dá gū）：精神颓丧，不振作，形容意志消沉。

挖脑污俗（wā nǎo wū sú）：从脑子里感到很讨厌，与满脑头疼相近。

三、谚语

1. 农业谚语

八月麦，草上飞。

季节不等人，一刻值千金。

秋分早，霜降迟，寒露种麦正当时。

蝉喊豆子晚。

大暑前，小暑后，二暑之间种绿豆。

饿死爷娘，不吃种粮。

谷雨前后种瓜种豆。

清明要明，端午要雾。

谷雨不落谷，老婆孩子看着哭。

蛤蟆打哇哇，四十九天吃巴巴（指收麦）。

秋耕深一寸，顶上一层粪。

十月麦，泥里追。

寒露两边看早麦。

秋秋锄九遍，给麦都不换。

头伏萝卜二伏菜，头伏芝麻二伏豆。

儿子要亲生，土地要亲耕。

一日之计在于晨，一年之计在于春。

人瘦脸皮黄，地瘦少打粮。

夏至种黄豆，一天一夜扛榔头。

枣树发芽种棉花。

立了秋，锄把丢。

立秋三天遍地红（指高粱红了）。

麦怕胎里旱,又怕三月寒。

七月十五定旱涝,八月十五定收成。

秋分不分,拿刀割根。

天九尽,地韭长一寸。

小满不满,麦有一闪。

有钱难买五月旱,六月连阴吃饱饭。

地是刮金板,人勤地不懒。

干芝麻,涝小豆。

豆子扬花,山沟摸虾。

麦收八、十、三场雨(指八月、十月、翌年三月)。

雷打谷雨前,洼地不收棉,雷打谷雨后,洼地收黄豆。

地无底肥不长,马无夜草不肥。

牛马年好种田,单怕鸡猴那二年。

入冬麦盖三床被,来年枕着馒头睡。

寸麦吃丈水,尺麦怕寸水。

蚕老一时,麦熟一晌。

二月二湿了场,小麦谷子一把糖。

麦种深,谷种浅,芝麻豆子盖上脸。

十年前不如种田,十年后不如栽树。

人怕丧志伤心,树怕剥皮伤根。

栽树没巧,深坑实捣。

人勤地不懒,大囤流来小囤满。

山上多栽树,等于修水库,雨大它能吞,无雨它能吐。

要想富,多种树。

四月二十湿了老鸹毛,小麦必有水里捞。

四月二十下一阵,家家准备要饭棍。

一九二九伸不出手。

三九四九中心腊,河里冻死连毛鸭。

五九六九,河里开流。

七九八九,河边看柳。

七九六十三,路上行人把衣担(古谚语指行人热了,把棉被、棉裤脱掉放在挑子上担着)。

九尽花开,寒不再来。

九九八十一,猫狗寻荫地。

烂泥改旱田,死泥变活田。

碱土压砂土,保苗不用补。

碱土见了砂,好像孩子见了妈。

鲜土拌熟土,地力大如虎。

2. 畜牧谚语

一年两个春，黄牛贵如金。

寸草铡三刀，无料也添膘。

饥不急喂，渴不急饮。

鸡抱鸡，二十一，鸡抱鸭，二十八，鸡抱鹅，一月往外挪。

驴打滚，牛倒沫，有病也不多。

母猪衔草，产期要到。

牛配前，马配后，驴配中间不得漏。

牛配早，马配迟，驴配中间正当时。

你也打，他也揍，喂得再好也得瘦。

少给勤添，越吃越欢。

有料无料，四角拌到。

草膘、料劲、水精神。

羊吃碰头草。

买针要看鼻，买马要看蹄。

要想吃鸡蛋，得拿粮来换。

秋雨如刀刮，瘦牛不瘦马。

马无夜草不添膘，人无外快不发财。

牝牛下牝牛，三年两犋牛（指母牛产母牛繁殖快）。

上买一张皮，下买四个蹄。

饮马三提缰。

夏喂湿，冬喂干。

打一千，骂一万，年初一早晨吃顿饭（指给耕牛喂一顿馍）。

3. 测天谚语

（1）长期测天谚语

八月初一下一阵，旱到来年五月尽。

八月十五云遮日，正月十五雪打灯。

春分无雨秋分补。

春寒多有雨，夏寒断水流。

冬至一场风，夏至一场雨。

七阴八不晴，九、十放光明。

惊蛰闻雷，小满发水。

立夏不下，高挂犁耙。

立夏南风夏雨多。

芒种西南风，夏至雨连天。

清明夜雨，连到谷雨。

五月南风发大水，六月南风井也干。

秋后雨水多，来年雨水缺。

春雾桃花夏雾热，秋雾连阴冬雾雪。

立秋雷响，百日无霜。

桃花落烂泥里，麦子收在干土里；桃花落在干土里，麦收在烂泥里。

头九二九下了雪，头伏二伏雨不缺。

头九下，九九下，头九晴，九九晴。

头九雨雪多，夏天雨水少。

夜雾伴秋月，来年雹打春。

（2）短期测天谚语

春雷十日阳，春雷十日寒。

春起东风雨绵绵，夏起东风井断泉。

秋起东风秋不论，冬起东风雪连天。

春雾当时晴，夏雾雨来临，秋雾凉风起，冬雾下大雪。

东风湿，西风干，北风寒，南风暖。

东风下雨西风晴，再刮东风就不灵。

东虹日头西虹雨。

狗吃青草阴，猫吃青草晴。

旱刮东风不雨，涝刮西风不晴。

旱天西北闪，有雨没多远。

急雷快晴，闷雷难晴。

长虫过路蚂蚁爬，不出三天雨要下（长虫指蛇）。

瓦块云，晒死人。

锅屋不出烟，下雨不会远。

先下雾毛无大雨，后下雾毛不晴天。

黑云向西滚，大雨不会远。

重阳无雨看十三，十三无雨一冬干。

粗雨细雪，越下越多。

虹在东南挂，要把水来发。

蚂蚁垒窝蛇过道，燕子低飞雨来到。

久晴大雾必转阴，久雨大雾将转晴。

久雨见星光，明日雨更狂。

雷打天顶雨不大，雷打天边大雨下。

蠓虫打脸有雨不远。

母鸡斗，天要漏（指要下雨）。

云交云，雨淋淋。

日出眯猫眼，有雨不到晚。

天上鱼鳞云，明日雨淋淋。

晚上星星稠，明天热死牛。

西北黄云观，冰雹在眼前。

云从东南涨，有雨不过晌。

早上下雨当日晴，晚上下雨到天明。

早雾晴，晚雾阴。

月亮带风圈，一连刮三天。

浑身筋骨酸，大雨在眼前。

淋了伏头，锈了锄头。

响雷雨不凶，闷雷水满坑。

4. 生活谚语

一天三笑，八十不老。

笑一笑，十年少，愁一愁，白了头。

饭后百步走，能活九十九。

人是铁，饭是钢，一顿不吃心发慌。

铁不炼不成钢，人不劳动不健康。

算命打卦，一路瞎话。

早起三光，晚起三慌。

宁穿十天破，不换一天饿。

吃不穷，穿不穷，不会算计一辈穷。

夫妻一条心，黄土变成金。

夫妻心不通，金银变飞虫。

雪怕太阳草怕霜，过日子就怕瞎铺张。

遇事莫逞能，三思而后行。

事要三思，免得后悔。

早饭要饱，中饭要好，晚饭要少，活到八十不见老。

饭后散散步，不需进药铺。

睡前洗洗脚，强似吃补药。

得病不早治，小病成大疾。

食多伤胃，忧多伤身。

早晨贪睡，添病减岁。

每餐八成饱，保证身体好。

暴食狂饮，一定伤身。

睡觉不蒙头，身体壮似牛。

烟酒不沾口，能活九十九。

饭前便后要洗手，百病都没有。

吃得急来咽得慌，又伤胃来又伤肠。

5. 劝学谚语

学如逆水行舟，不进则退。

学习如赶路，不能松一步。

边学边问，才有学问。

不懂就问，不怕脑笨。

衣不洗不净，人不学不成。

人贵有志，学贵有恒。

粮食补身体，书籍增知识。

知识在于积累，才能在于多学。

少时不学习，长大后悔迟。

走不尽的路，读不完的书。

补路趁天晴，学习趁年轻。

少壮不努力，老大徒伤悲。

鸟美在羽毛，人美在学问。

读书破万卷，下笔如有神。

一寸光阴一寸金，寸金难买寸光阴。

书山有路勤为径，学海无涯苦作舟。

6. 道德谚语

千里去烧香，不如在家敬爹娘。

儿不嫌母丑，狗不嫌家贫。

妻贤夫祸少，子孝父心宽。

男子回头金不换，女子回头财满院。

十年河东转河西，甭笑穷人穿破衣。

为人不做亏心事，半夜敲门心不惊。

争者不足，让者有余。

行奸杀人，祸延子孙。

男子正义人人赞，女子贤德家不散。

钱财如粪土，一诺值千金。

人行好事，莫问前程。

7. 其他民间常用谚语

积钱不如养子，静坐不如读书。

饱汉不知饿汉饥，骑驴不知步撵的。

打人不打脸，骂人不揭短。

人过留名，雁过留声。

良言一句三春暖，恶语伤人六月寒。

远亲不如近邻，远水不解近渴。

人留子孙草留根，人留子孙防备老，草留根生等来春。

物以类聚，人以群分。

牲口好扎，人嘴难扎。

谁人背后无人说，哪个人前不说人。

人不可貌相，海水不可斗量。

一人做官，鸡犬升天。

人为财死，鸟为食亡。

过头事不做，过头话不说。

好花开不败，好事说不坏。

要吃饭，得流汗。

人无远虑，必有近忧。

疑心生暗鬼，好心能感人。

害人之心不可有，防人之心不可无。

路不平，众人踩。

十年树木，百年树人。

寡妇门前是非多。

一瓶不装两样酒，一树不开两样花。

一笔画不成龙，一镢打不出井。

一片乌云难遮天，一只螃蟹难翻船。

一人拾柴火不旺，众人拾柴火焰高。

一人为仇嫌太多，百人为友嫌太少。

一家之计在于和，一生之计在于勤。

一个巴掌拍不响，一人难唱独板腔。

一个鸡蛋吃不饱，一身臭名背到老。

一个师傅一个令，一个和尚一个磬。

一道香，二道臭，三道四道脸皮厚。

一兜萝卜一兜菜，各人养的各人爱。

一兵不能成将，一木不能成林。

一砖难砌墙，一瓦难盖房。

一根稻草抛不过墙，一根木头竖不起梁。

一场辛苦为谁忙，没有田地怎打粮。

一时欢乐一时仙，不怕明日塌了天。

一树之果有酸有甜，一母之子有愚有贤。

一只筷子容易折，十只筷子拧不弯。

一言能惹塌天祸，话不三思休出唇。

十年古路踩成河，廿年媳妇熬成婆。

十个媒人九个谎，不谎就会吃粥汤。

人有千里的朋友，没有千里的威风。

人经不住千言，树经不住千斧。

人才出在贫寒家，莲花开在污泥里。

人奔家乡马奔草，喜鹊只爱自己巢。

人长眼睛看得远，人有知识见识长。

人越丑陋越爱戴花，人越狠毒越说假话。

人比人，气死人，命比命，气成病。

人不在大小，要看有无本事。

山不在高低，要看有无景致。

人不学不灵，钟不撞不鸣。

人不伤心不流泪，树不剥皮不会裂。

人多道多，夜长梦多。

人多力量大，神仙也害怕。

人多好种田，人少好过年。

人怕老来苦，树怕老来枯。

人逢喜事精神爽，闷上心来瞌睡多。

人靠人，鬼靠鬼，苍蝇靠烂腿。

人在人情在，人死断往来。

人在甜言上易栽跟头，马在软地上易失前蹄。

人在苦中练，刀在石上磨。

人无伤虎意，虎有吃人心。

人无横财不富，马无夜草不肥。

人无气则死，山无气则崩。

人无千日好，花无百日红。

人无笑脸莫开店，会打圆场自落台。

人穷朋友少，衣破虱子多。

人生千年总是死，树高万丈总是烧。

人生不读书，活着不如猪。

人生尽有福，独苦不知足。

思量事累苦，闲着便是福。

思量烦恼苦，平安便是福。

思量疾病苦，康健便是福。

思量冻饿苦，衣食便是福。

思量死亲苦，有亲便是福。

思量露宿苦，有屋便是福。

思量争吵苦，和气便是福。

人老心莫老，人穷志莫穷。

人往高处走，水往低处流。

人争一口气，佛争一炷香。

人逢喜事精神爽，月到中秋分外明。

人嘴如青草，风吹两边倒。

人吃土一辈，土吃人一回。

人急投亲，鸟急投林。

人非草木，谁能无情。

人做媒人不肯嫁，鬼做媒人嫁夜叉。

人善被人欺，马善被人骑。

人吵生，肉炒熟。

人吵败，猪吵卖。

儿女活不活要养，庄稼收不收要种。

儿孙自有儿孙福，莫为儿孙做马牛。

儿不嫌母丑，狗不嫌家贫。

儿大不由爷，女大不由娘。

有智不在年高，无智枉长百岁。

力是压大的，胆是吓大的。

力贱得人敬，口贱得人憎。

刀不磨不利，人不炼不精。

刀钝石头磨，人笨要多学。

三年不喝酒，吃穿啥都有。

三个篱笆要一个桩，一个好汉要三个帮。

三个臭皮匠，抵个诸葛亮。

三个秀才讲书，三个屠夫讲猪，三个婆娘讲丈夫，三个婆婆讲媳妇。

三个一条心，黄土变成金。

三年不抽烟，省个大老犍。

大海不怕雨水多，好汉不怕困难多。

大群鸭子不下蛋，艄公多了打破船。

大人不记小人过，宰相肚里能行船。

大人口里无乱话，江水从来不逆流。

大丈夫起家不易，真君子立志何难。

大家一条心，黄土变成金。

大家心不齐，黄金变成泥。

大树成材不怕风，十根细线拧成绳。

才华如快刀，勤奋是磨石。

干东行不说西行，贩骡马不说猪羊。

下浅水只能抓鱼虾，入深潭方能擒蛟龙。

与其找临时的马，不如骑现成的驴。

与其相信金钱，不如相信智慧。

丈夫能干妻子贵，丈夫无能妻受罪。

口是伤人斧，舌是割肉刀。

山里石多路不平，河里鱼多水不清。

山顶有花山下香，桥下有水桥面凉。

山里讲话鸟听见，屋里说话鼠听见。

山大压不住泉水，牛大压不住虱子。

山不转路转，河不弯水弯。

上轿女儿哭是笑，落第秀才笑是哭。

上山要防花蚊子，下田要防水蚂蟥。

门边跌倒赖门神，灶边跌倒怨灶神。

酒肉朋友，米面夫妻。

门前有了讨饭棍，骨肉之亲不上门。

门前拴匹高头马，不是亲戚也认亲。

久旱逢甘雨，他乡遇故知。

千人千脾气，万人万模样。

千日行善犹不足，一日作恶恶有余。

千军容易得，一将最难求。

千主张，万主张，还要自己作主张。

马要骑着看，人要交着看。

马无头不成群，雁无头不成队。

马上摔死英雄汉，河中淹死会水人。

小卒过河能吃车马炮，年小有志能办大事情。

马大行走嫌路窄，大鹏展翅恨天低。

女儿大了不可留，留来留去成冤仇。

不端人家的碗，不受人家的管。

宁吃飞禽四两，不吃走兽半斤。

宁吃少年苦，不受老来贫。

宁与明白人交友，莫与糊涂人说话。

宁在治世为术，不在乱世为民。

宁交双脚跳，不交眯眯笑。

宁做天上一只鸟，不做富家一房小。

宁做蚂蚁腿，不学麻雀嘴。

宁拆十座庙，不拆一家婚。

宁叫孩子瘦，不吃财主豆。

宁养孝子，不养贼子。

宁给红脸打一架，不给黄脸说句话。

宁为英雄死，不为奴隶生。

宁买上当货，不弃讨饭娘。

宁穿朋友衣，不戏朋友妻。

宁犯强人刀，莫犯文人笔。

宁犯天公怒，莫犯众人恼。

立志不交无义友，回头当报有恩人。

白眼狼，娶了媳妇忘了娘。

乍富不离原气象，骤贫难改旧家风。

瓜无滚圆，人无十全。

处世让一步为高，待人宽一分是福。

鸟靠翅膀兽靠腿，人靠智慧鱼靠尾。

花开花落年年有，人老何能转少年。

前有车，后有辙。

吃人嘴短，拿人手软。

落谁钱财，为谁消灾。

秀才遇见兵，有理说不清。

隔集不显光棍，隔县不显秀才。

钱是英雄胆，衣是圣人毛。

人是衣裳马是鞍，去掉衣裳不相干。

要想人不知，除非己不为。

明枪好躲，暗箭难防。

不是一家人，不进一家门。

留得青山在，不怕没柴烧。

四、歇后语

罗锅上山——前（钱）心重

庙台长草——荒（慌）了神

老式窗户——条条框框

宋江军师——吴（无）用

矮子踩高跷——取长补短

十五只桶打水——七上八下

巷口扛竹竿——直来直往

后娘打孩子——暗中使劲

井里打锣——有原因（圆音）

疤痢眼照镜子——自找难看

老牛掉进枯井里——有劲使不出

兔子尾巴——长不了

白芋秧子烤火——甜不嗍的脸

阎王贴告示——鬼话连篇

扁担上睡觉——翻不了身

曹操的心——多疑

吃腊条屙粪筐——肚里编的

吃屎狗——离不开茅厕

刀子嘴豆腐心——假厉害

霸王别姬——逼不得已

瞎猫碰上死老鼠——巧啦

羊群里跑出个驴——就显你个子大

董永娶七仙女——喜从天降

二十一天不出鸡——坏蛋

公鸡头上长块肉——大小是个官（冠）

狗进茅厕——文（闻）进文（闻）出

光腚扛秫秸——里外夹皮

过河拆桥——不顾后人

黄狼子趴在磨棍上——死充大尾巴驴

黄连树下吹笛子——苦中求乐

饥饿虱子——死叮

瞎子点灯——白费油

脖颈上围屎布——臭一圈子

土地老爷坐铜棍——钱能通神

丈二和尚——摸不到头脑

井里的蛤蟆——（见过多点天）没见过天

老虎拉耪子——没有敢（赶）的

蒜薹炒藕——光光眼眼

坐飞机吹喇叭——想（响）得高

骑驴看唱本——走着瞧

螃蟹作揖——家（夹）对家（夹）

戴草帽亲嘴——差远啦

张果老骑驴——向后看

抓钩剃头——两路劲

裤裆放屁——两叉去了

十字路口贴告示——众所周知

竹篮打水——一场空

被窝里划拳——没有外手

泥菩萨过河——自身难保

肉包子打狗——有去无回

脚脖子拴绳——拉倒

癞蛤蟆想吃天鹅肉——想得美

梁头底柱子——暗使劲

聋子打开收音机——充而（耳）不闻

豆腐炖排骨——有软有硬

有病不吃药——穷熬

小鸟入笼——有翅难飞

高空跳伞——一落千丈

拾麦打烧饼——纯是利

小葱拌豆腐——一清二白

十一人站两行——人五人六

枣核解板——两锯（句）

路旁吃瓜——甩种

蚂蚁拖蚂蚱——齐心合力

媒人的话——两头瞒

木匠的刨子——好管不平的地方

墙壁上挂窗帘——没门

三斤半鸭子二斤半嘴——就凭嘴硬了

三九天穿裙子——美丽动（冻）人

塑料制花——常开不谢

抬着棺材上战场——拼了

小大姐走黑路——拼了

抬起棺材裤子掉——哭的哭，笑的笑

头上顶孩子——举人

问客杀鸡——不是真心实意

兔子拉车——连蹦带跳

包公断案——六亲不认

登上黄山看东海——站得高看得远

屋里挂钟馗——避邪

屋檐下的溜溜——根在上头

鞋子没了底——脚踏实地

下雨不打伞——临（淋）着你了

东郭先生救狼——好心不得好报

断腿的螃蟹——看你横行几时

刘备招亲——弄假成真

阎王奶奶有孕——心怀鬼胎

正月十五贴门神——晚了半个月

狗拿耗子——多管闲事

屎壳郎掉在染缸里——命不保还贪色

一张纸画一个鼻子——好大的脸

兄弟分家财——便宜不出外

钟馗改行——不管邪事

钟馗开饭店——鬼不敢上门

一分钱掰成两半个花——会过日子

周瑜打黄盖——一个愿打，一个愿挨

小脚老太跳井——坚决（尖脚）到底

秃子走前，瞎子走后——先明后不争（睁）

窑里的黄盆——一套一套的

千里送鹅毛——礼轻人意重

第八节 文物 遗址 图书

一、文物

1. 石炉出土北宋古币

2001年3月1日，柯湖村石炉庄村民柯现绿、桑贤德2户在建房挖地基时，挖出北宋时期铜币27.4公斤，这是镇内有史以来首次发现地下古币。镇村干部立即向县文物部门反映，县文化局局长陈家满立即带领文化局文物所人员到现场考证。古币现由县文物管理所。

2. 周王庄出土宝剑

1958年，在庄人王占俊的带领下，挖开一座汉墓。墓室为条形石块砌成，棺木已朽散。墓主为男女武将，男女均持有宝剑及戴有金属护心宝镜。出土时女持有的宝剑及佩戴的护心镜锈得严重，男持有的宝剑及佩戴的护心镜完好如新。剑柄镶有北斗七星，剑刃锋利。

3. 大奚庄出土文物

1984年春，奚怀刚在庄东挖出一个古墓，出土七星宝剑一把、小罐和部分古铜钱，由哥哥奚怀典收藏。在1986年全县开展文物大普查中，由晏路乡党委书记王成全向县里汇报。县文物部门派员前往考证，收回宝剑和部分古币、古器，县政府对奚怀典颁发奖匾鼓励。

二、遗址

1. 东岳庙

在砂坝街南头，有一座古老的大庙，叫东岳庙。东岳庙是明朝弘治三年（1490年），刘沟人刘继善独资在砂坝街南端盘窑烧砖瓦，盖起来的一座庙宇，建有大殿、东西偏房各3间，塑东岳大帝、吴圣帝君、华佗神医等像。偏房为僧尼膳食处。庙中有铁钟一口，高丈余，粗八尺，身铸满汉文佛经。新中国成立前，砂坝乡国民政府把庙宇改为学校，大钟改做校铃用。20世纪50至70年代，大殿是砂坝小学办公室。1984年，学校搬迁时被毁坏。庙前的大古树被大队伐掉，做了办公用具。

2. 砂坝村刘沟庄墓碑

刘沟庄西南大堰里靠沱河口北岸，建有刘氏三座祖坟，靠东座的前面，竖立一块是清朝时期立起的墓碑，碑上端被毁坏，高1米左右，宽2尺左右，上面的碑文被刮毁，辨认不清。县文化局曾两次派文物保护人员前往考证和拍照。

三、图书

1. 图书经营

从 1952 年起，镇内图书发行是由供销社经营。1972 年，黄湾供销社设立图书文具专柜。2003 年，供销大楼一楼设图书文具专柜，黄湾街个体图书文具书店增设七八处，销售大中小学生学习辅导书籍。黄湾街和四集常出现地摊售书点，销售各种挂画、文学期刊等书籍。从 1985 年开始，镇邮电支局开办了报刊和图书零售业务，后停止。中小学图书由县新华书店统一经销，镇教育部门和中学按照学生总数预订，统一分发。镇、村党员干部和农家书屋中的书籍，由县组织、宣传、文化等部门统一分发。

2. 民间藏书

民国以后，镇内民间许多学者、私塾教师家庭都藏有族谱、志书、史书、孔孟经文、医书和教材等有价值的书籍。20 世纪 70 年代以后，社内民间藏书爱好者仍以中小学教师居多。2000 年以后，随着农业经济的发展，各村养殖大户和外出务工人员增多，民间购藏科技书籍的随之增多，购藏者多是初高中生、退伍军人、回乡创业者等人。至 2014 年，镇内民间藏书，共有 6 万余册。

3. 图书室

20 世纪 70 年代以后，全镇青年、妇联、武装等部门，曾多次组织共青团员、民兵开展献书活动，每个大队办图书室，以方便青年阅览。20 世纪 80 年代，县、区组织文化、科技等有关部门，投入经费，并捐献大批科技书籍，帮助各社（乡）建科普图书室。同时，结合办人口学校和党员活动室，镇统一为村订送报刊及有关书籍，村村办阅览室。

从 1995 年起，为实现"两基"达标，各中、小学按照县教育局的安排，先后建起图书阅览室，并配备专职人员负责图书管理工作。黄中图书室按时向学生和教职工开放，开展借书业务。至 2014 年，全镇中、小学藏书达到 10 万余册，其中黄湾中学图书室藏书 5.9 万册，年度订阅各种报刊 200 余种。2000 年以后，朱圩、红星等村建农家书屋。县组织部还配合对党员学习教育工作，为各村支部发放电教设备和党员教育宣传书籍。至 2014 年，全镇 14 个村总支部、党支部，在村部建农家书屋，有各种书籍 2000 余本。

4. 民藏家堂与家谱

明清及民国年间，辖内大多数姓氏都有家堂及家谱，但大多被焚毁，所存无几。通过调查，大多姓氏溯及三代以上，知其前人名讳者不多，唯有刘沟刘姓、朱圩村朱姓、陈姓，庙李村晏姓，龙水村李姓等姓氏保存较全，代代历历在目，其他一些姓氏因谱牒缺乏传承和续修，溯本求源大多附随于"喜散窝"之说，均缺史书考证。

至 2014 年，全镇有刘姓、郑姓、陈姓、晏姓、李姓、朱姓、潘姓、胡姓、董姓、丁姓、周姓、王姓、傅姓、魏姓、左姓、戴姓等 22 个大姓家谱。其中，2011 年以后，新出版《贺氏宗谱》《郑氏宗谱》等一批新家谱。全镇农户中家藏族谱共 4000 余册。从 2015 春季开始，又有三四个姓氏的家谱正在征集编纂中。

部分民间族谱

第九节 体 育

清代时期，镇境内体育事业发展缓慢，运动竞技水平落后，除民间传统体育活动之外，再无其他项目。民国时期至中华人民共和国成立初期，田径、篮球、乒乓球等传入境内，并在学校开展。1955 年以后，区、乡、公社、大队（村）经常组织体育活动，党委、政府有专人分管，文化站具体组织。各中、小学开设体育课，乡、村还曾购置体育设施。黄中、黄小投资建场地、购器材。2000 年至 2014 年，全镇组织的篮球、广播操、棋类队参加市、县举行的竞赛，均获得好成绩。黄湾中学先后为各级体校输送一批体育特长生，经过体校培养，有的成为省级运动员、国家级运动员。

一、群众体育

民间传统的体育活动有武术、拳术、游泳、滚铁环、推铁环、踢毽子、跳绳、跳房、斗鸡、赶石球老窝、打木杂子、捉迷藏、搬手腕、摔跤等。棋艺类有推大车、翻单被、下六州、打老瓦、走"四邪"、走"茅厕缸"、走"二五八"、抓老窝等。这些民间体育活动，大都是在农闲季节和节日期间，农民们自发组织的居多，儿童、青年、中年、老年分年龄段各取所好。

20 世纪 80 年代以后，随着农村经济的快速发展，农村象棋、围棋、扑克牌、麻将等普及，旧俗推大车、来六州、抓老窝、打老瓦、走四邪、打石球、赶老窝等已无人问津。随着篮球、乒乓球、羽毛球等普及，旧式的推铁环、打杂子、赶老窝、古式摔跷也已基本不见。

1992 年，撤区建镇后，镇文化站组织节假日文体活动已成为制度。每年坚持农闲小活动，冬季多活动，元旦、春节举行大型活动。春天会日和"五一"劳动节，经常组织体育竞技活动，一般多是篮球、乒乓球、象棋比赛三个项目。近年来，还增加了扑克牌竞赛。"五一"劳动节和"五四"青年节，一些部门和中小学校经常组织青年和学生开展体育比赛。2002 年以后，随着农村税费改革，村提留款取消，无经费投入体育活动，全镇群众体育活动和比赛一度中断。2012 年以后，镇文化站组织乒乓球、扑克、象棋等比赛再度兴起。

二、学校体育

1. 幼儿体育

中华人民共和国成立后，幼儿教育健康发展，幼儿教育由弱变强。1992 年，设镇建制后，黄湾小学成立黄湾中心幼儿园。随之，各村完小先后办起一年制的学前班。中心幼儿园内设置滑梯、娱乐架、跷跷板、荡船、双人木马、吊环、水车、儿童套圈等活动器材。中心幼儿园及各完小幼儿学前班，坚持上好幼儿体育课，教幼儿游戏、舞蹈以及徒手模仿体操等，促进幼儿们身心健康。到 2014 年，全镇公办幼儿园、完小幼儿园、民办幼儿园的幼儿体育设施设备齐全，不断满足幼儿课外所喜爱的各种体育活动。

2. 小学体育

民国初期，初级小学开设体操课，内容为游戏、队列操练。民国十八年，体操课改为体育课，每周 2 课时，内容仍为游戏和队列操练。大部分学校设有专职体育教员，体育课多变成自修课和游戏课。

中华人民共和国成立后，随着教育事业的发展，学校体育课得到重视。1951 年，小学普遍推广第一套广播体操。1956 年，教育部颁布"体育大纲"。1964 年，县文教局配备专职体育教研员，开展体教研活动，规范全县中小学体育教学工作。1979 年以后，用于体育教学的经费逐年增加，县教育局给学校配备篮球架、单双杠、铅球等体育器材，缺乏专职体育教师的学校由其他专业的教师兼职开课。1980 年，各小学根据《国家体育锻炼标准》和《小学体育工作暂行规定（草案)》制定教学计划。小学体育教育步入正轨。至 2014 年，全镇小学体育设有田径、球类、体操、棋类、游泳等项目，学生身体素质增强了。

全镇小学体育竞赛活动以小型、分散、校内为主。镇中心校每年春、秋两季举行小学体育运动会，多以田径为主。近年来还设有乒乓球比赛。同时，每年以镇为单位组织代表队参加县级小学体育运动会和广播操竞赛。到 2014 年，全镇共 11 次在全县小学田径运动会上获奖。

3. 课外体育活动

1951 年，第一套广播体操和第一套少年广播体操在区、乡各小学推广实行。1965 年以后，区、社部分小学开始用扩音机播送广播操，学生随着乐曲做广播操，发挥了广播操的效果。为提高做操的质量，区里每年都举行广播操比赛。1964 年以后，晏路中学开始课间操活动，在每天上午第二节课后进行。1977 年始，中小学在上午第二节课后，安排 20 分钟的课间操。现黄中和各小学仍坚持课间跑步后做操或跳绳。

20 世纪 50 和 60 年代，全区中小学每天下午最后一节课后安排 40 分钟作为课外活动时间，除卫生值日的学生外，其他全部参加课外体育活动。各中小学校根据本校的场地、器材、班级多少编排课外体育活动一览表，每周安排 2~3 次体育活动，内容为篮球、体操、田径、乒乓球等。全镇各完小，一般进行篮球、乒乓球训练。2000 年以后，全镇中小学根据各个班级每星期的活动内容、地点、器材等编排活动表，课外活动时，由班级文体委员负责借领器材，组织实施。黄中的体育老师，坚持每天下午组织体育特长生、体育专业生参加专业训练。

4. 中学体育

黄湾中学、晏路中学和部分联中，按照上级教育部门对体育教育的要求，每周坚持开设 2~3 节体育课，对体育老师实行课堂目标考核评价制，使体育教学质量不断提高。1999 年以后，黄湾中学先后投资 15 万余元购买体育器材，投资 55 万余元征地 67.5 亩，建篮、排、足球场，修建田径场。学校开设田径、举重、篮球、排球、足球、乒乓、羽毛球、单双杠等 10 多项体育课程教学，使学生体育技能水平不断提高。每年投入资金，在四五月举行大型田径运动会，对获奖的班级和个人颁奖鼓励。同时，注重在运动会上发现人才，以重点培养。入选国家赛艇队参加 2008 年北京奥运会的宋凯，就是该校培养出来的优秀体育人才。黄湾中学还多次组队到兄弟学校进行友谊赛，交流体育教学的体会；多次参加县以上举办的运动会，其中，在县第十届中学生田径运动会上，学生获个人单项奖 37 人次。

黄湾中学参加县、市体育比赛成果：

1998 年 12 月，获全县中学生篮球赛第三名。

2001 年 5 月，获县中学生广播操比赛第二名。

2001 年 11 月，获全县第二届中学生篮球赛男子组第二名。

2002 年 5 月，获第一届全县中小学田径运动会少年组季军。

2003 年 11 月 9 日，获县中小学、幼儿第二套系列广播操比赛第三名（二等奖）。

2003 年，在县第十届运动会上，获中学生足球第三名、初中篮球亚军，田径初中组团体总分第三名、田径高中组团体总分第四名。

2005 年 4 月，在县第二届中学生田径运动会上，获少年男子乙组总分第二名、女子乙组总分第三名。

2007 年，在市"交通杯"运动会上获中学生组高中部男子团体第七名。

2010 年 10 月，朱功、代明刚同学在省第五届残运会上分别获乒乓球男子单打 TT8 级第五名，男子 50 米自由泳 S8 级第五名、S9 级第四名，并双双荣获体育道德风尚奖。

2011 年，在第四届市"体彩杯"运动会上，获高中组团体总分第三名，单项三金、三银、十铜的优异成绩。

三、体育竞赛

黄湾公社设建后，每年都举行体育比赛，公社、大队出资进行奖励。在元旦、春节、"五一""五四"期间组织群众参加体育比赛活动，每次比赛都由区、镇财政拨出专款，用于组织活动和奖励。

1958 年，砂坝村刘沟庄刘万斗被选拔输送到辽宁摔跤队，经过强化训练后，在国内外多次摔跤赛事中，获得好名次。由于贡献突出，被地区安排工作。

1969 年 9 月，砂坝刘沟庄刘万绪获得全县运动会象棋比赛冠军。

1971 年，刘万绪参加宿县地区象棋比赛，获得第三名的优异成绩。

1984 年，宿县地区举办第六届运动会，砂坝村刘沟庄刘奎夺得少年男子象棋冠军。后刘奎入选宿县地区代表队，赴省参赛，获第三名。

1999 年，镇组织武术队参加县比赛，获得第五名。

2008 年，宋凯获得北京奥运会参赛资格。

第十一章 政 法

清末到民国期间，黄湾境内的公安、司法行政机构未能形成完整体系。民国三十年（1941年），境内为革命根据地边缘地区，首次出现公安保卫组织，民国三十四年（1945年），中共灵南区设建时，设公安区员1人。民国三十七年（1948年）11月底，潜伏的国民党特务组织和反动邪教头子对社会生产生活秩序进行破坏，司法行政机关通过逮捕、判刑、管制等多种管理手段，维护社会治安秩序，取得良好效果。

1980年以后，黄湾区相继成立公安、司法行政、审判机构。至2014年末，镇内除成立社会治安综合治理委员会、人民调解委员会外，还设建了公安派出所、责任区刑警队、人民法庭、司法所、法律服务所、司法调解委员会。同时在各行政村成立村综合治理中心、民警驻村包村工作室等。这些机构的建立，促进了社会主义民主法治建设，成为巩固人民民主专政、保障社会主义现代化建设、构建和谐社会的重要基石。

第一节 综合管理

1996年，按照县委、县政法委有关文件要求，镇成立社会治安综合治理委员会，由镇委副书记担任书记（也有副镇长担任书记的），派出所所长、司法所长、法庭庭长等为成员；并明确职责，主管全镇政法综治工作，下设"黄湾镇社会综合治理委员会办公室"（简称综治办），同时又挂牌"灵璧县黄湾镇综治维稳工作中心"，为日常办事机构，也是协调性的机构；是编制内的常设机构，配一名专职主任或工作人员。从此，社会治安综合治理成为考核镇委、镇政府工作的一个重要指标，县综治委为强化考核工作，对综治维稳工作实行一票否决。

一、村级管理

综治工作重在村级，镇综治办坚持常年抓好村级组织制度建设和预防防范等项工作的落实。对治保主任进行有效的培训，对村级治安室人员、工作制度、器材等按照要求规范落实，组织对农民进行普法宣传和教育。从1996以后，有效开展"一五"到"六五"普法宣传和考评验收工作。在群众中开展"遵纪守法光荣户"评选活动，牢固构筑了村级综治维稳第一道防线。

2014 年 5 月，按照县综治委文件要求，全镇 14 个村设立了综治维稳信访工作站，实现有人员、有牌子、有桌椅、有档案柜。各村均由治保主任兼做综治维稳信访工作。

二、组织建设

2014 年 5 月，镇综治办改为综治维稳信访中心，即为民服务中心，以民政所为依托，挂牌办公，建立为民服务办事大厅。由镇委副书记任中心主任，中心成员由派出所、司法所、法院、民政、人社等部门负责人组成。县综治委在第一期督查通报中，黄湾镇被列为第一批建综治维稳信访中心乡镇。信访中心在配套建设上，实现"三簿两书一册"，即群众来信来访登记簿、矛盾纠纷排查调处登记簿、重点整治部位和突出治安问题登记簿、交办通知书、督办整改通知书及综治维稳信访工作手册，发至综合维稳信访工作人员及村、居书记及治、调主任。中心接待室制定并张贴中心工作和流程图。统一制作工作人员信息告示牌，制作主要领导接访告示牌。综治维稳信访中心设建以来，运行良好。

三、指导协调司法部门

镇综合办公室成立后，根据县综治委和镇委的统一安排，指导和协调司法部门开展工作。从 1996 年到 2010 年，指导和协调司法所开展普法宣传、司法行政，有力推动了全镇的法制建设；指导和协调派出所开展便民服务，强化对新录协警人员进行法律知识培训，提高全体民警队伍素质；指导派出所开展警务入村，服务到户，实现一村一警、一村一室（治安室）达标建设；指导帮助镇直单位规范行为，做好依法行政，依法开展工作。2008 年，组织司法部门送法进校园活动，帮助完小、完中配建兼职法律宣讲员、法律副校长。在医院和重点部门建综治保安室、警务室；下发宣传资料，指导非公企业学法懂法，依法经营，运用法律维护自己的权益。

黄湾司法所

第二节　司法行政

一、灵璧县司法局黄湾司法所

1992 年，县司法局依据县编委文件精神，在黄湾镇设立法律服务所，同时设建司法所；两块牌子、一个机构，合署办公，由司法助理员主持日常工作。司法所在镇政府前大门西旁的两间瓦房里办公。1996 年，根据司法部关于加强司法所建设的意见，1998 年黄湾建立司法所，定编为 2 人，设所长 1 人，招聘 1 人。2000 年，以司法所为主体建立司法调解中心。2003 年，挂牌成立"黄湾镇调解委员会"，同时在全镇各村也设立调解委员会。2008 年 11 月，县编委发文，镇司法所升格为副科级建制单位，编制 3 人。2010 年 2 月，利用国债项目资金建设办公用房，位于黄湾镇晏路街 201 省道（现 S224）边，占地 330 平方米，建筑面积为 170 多平方米，内设办公室、调解室、档案室、社区矫正室等。司法所现有政法编制人员 3 名，特岗人员 1 名，有汽车、电脑、电话、传真机、打印机、扫描仪、照相机等办公设备。

二、职能

黄湾司法所围绕人民群众的需求，充分发挥指导和管理人民调解、社区矫正、法制宣传、依法治理、基层法律服务、法律援助、安置帮教等职能，认真做好各项业务工作。同时根据形势任务的变化，适应经济社会发展的需要，不断丰富工作内容，拓展工作领域，创新工作方式方法，切实履行司法所工作职责。先后组织开展"人民调解百日会战""进万村大服务""双百日维稳攻坚行动"及"深化三项重点工作实战大练兵""人民调解防护网工程"等专项活动，为黄湾镇的经济发展和社会稳定发挥了重要作用。黄湾司法所每年定期组织开展全镇人民调解员培训，指导人民调解组织开展矛盾纠纷排查调处，每年调处纠纷 300 余件，组织实施普法规划，指导基层法治建设工作，每年组织开展"12·4"全国法制宣传日、"江淮普法行"等专题法制宣传活动。通过开展街头法律宣传咨询、送法下乡、法制培训等活动，普及法律知识，不断提高干群的法律意识和依法维权能力；对经济困难群众维权，实施法律援助，做到"应援尽援"。黄湾司法所自 2008 年履行社区矫正工作职责以后，到 2014 年，已累计接收社区服刑人员 106 名，目前在册服刑人员 33 名。在社区服刑人员监管工作中，坚持以人为本、宽严相济、分类管理、突出重点的原则，在追求社区矫正质量上下功夫，有效防止了社区服刑人员重新违法犯罪；在刑释人员的安置帮教方面，做到衔接及时、措施到位。全镇安置帮教对象（五年内刑释人员）近 100 人，见表 11-2-1。

2010 年，黄湾司法所被宿州市司法局授予"全市十佳司法所"荣誉称号。2011 年，被省司法厅授予"深化三项重点工作实战大练兵"活动先进集体，2013 年，被省司法厅授予"全省社区矫正工作先进单位"称号。

表 11-2-1　2008—2014 年黄湾司法所为民服务一览表

年　份	代理民事 案件（件）	代理经济 案件（件）	代理行政 案件（件）	法律援助 （件）	代写文书 （件）	解答咨询 （人次）	节省群众 费用（元）
2008	17	5	—	5	12	62	2600
2009	19	2	—	7	18	81	3200
2010	16	3	—	15	36	95	4800
2011	20	7	—	18	51	107	5100
2012	26	4	—	21	62	124	7600
2013	30	8	2	27	67	270	8200
2014	35	7	2	31	85	291	11000

第三节　公　安

一、灵璧县公安局黄湾派出所

1982 年，取消公安特派员机制，设黄湾公安派出所，所址设在区公所驻地东侧。首任所长为李金贵，政治教导员为王树连、副所长为胡茂全。1984 年，机构改革，公社改为乡，大队改为行政村，黄湾区公所仍设黄湾派出所，增加公安人员。晏路、红星、大山、砂坝乡分别成立治安联防队，村设立治保委员会，设治保主任 1 名。1988年，乡乡设治安室，配主任 1 人，有的还配治安员 1 人。至 2014 年，黄湾派出所共有正式干警 6 人、治安联防队员（改为协警）39 人，在 14 个村设警务室，村村设综合治理中心，治安网点分布全镇各行政村。公安派出所基础硬件建设良好，拥有独立的办公、值班、后勤，生活区域为 1200 平方米，并自成院落。1996 年，镇政府建造 3 层办公楼 1 幢，有民警宿舍 10 间，枪械室 1 间，候问室 1 间，"五小工程"（小食堂、小菜园、小健身房、小洗衣房、小图书室）健全，装备警车 2 辆，接警电话 6 部，移动电话 13 部，无线对讲基地台 1 部，无线对讲手持机 3 部，无线对讲车载台 1 部，现场勘查器材 1 套，户籍管理微机 2 台，信息传输微机 1 台，办公微机 1 台，打印机 2 台以及其他侦查、管理、服务、生活等配套设施。

黄湾派出所先后被安徽省档案局授予"档案管理先进单位"，被安徽省公安厅授予"人民满意公安派出所"等称号；2004 年，被宿州市公安局授予"人口信息会战先进单位"；2005 年，被宿州市人民政府授予"人民满意基层站所"荣誉称号；2014 年，被县政府授予"支教先进单位"。

黄湾派出所

二、灵璧县公安局刑警大队黄湾中队

1997 年春，全国启动公安刑事侦查机构改革。同年 11 月 18 日，灵璧县公安局刑警大队黄湾中队成立，后改称灵璧县公安局黄湾责任区刑警队。住所设在晏路街原晏路乡旧址，共有办公房 36 间，办公区域 1000 余平方米，自成院落。

黄湾责任区刑警队

2010 年 7 月，采取置换方式，刑警队迁址到灵固路北侧法庭西边新建的办公楼房，与司法所相连。设有标准化信息采集室、询问室等办公用房 17 间，面积为 300 余平方米。有装备警车 2 辆，电话 2 部（内网电话 1 部），基地台、车载台共 3 个，手持机 8 部，连接四级网电脑 14 台，现场勘查设备 3 套，单反相机 2 部，录像机 1 部，单警装备 12 套，防弹背心、头盔各 2 件，执法记录仪 2 部。购置刑事办案相关业务书籍 50 余册，各种规章制度、执法档案规范齐全，"五小工程"布置规范，为民警创造舒适的工作、学习和生活环境。2014 年，黄湾责任区刑警队共有民警 12 人，其中，党员 9 人，大专以上学历占 100%，平均年龄在 33 周岁以下。自 1997 年 11 月成立黄湾责任区刑警队以来，下辖娄庄、黄湾、韦集、向阳 4 个乡镇，管辖面积达 685 平方千米。几十年中，刑警队以深化刑侦改革为动力，以全面加强队伍建设、提高刑警素质为突破口，以夯实基层基础工作为手段，高起点、高标准、高质量地全面加强责任区刑警队的规范化建设，侦破了一大批大案要案，有力地打击了辖区违法犯罪分子的嚣张气焰，这充分发挥了刑侦队伍专业化的优势和刑侦部门在打击刑事犯罪中的主力军作用，使刑侦改革的效益得到了最大体现。2013 年至 2014 年，黄湾责任区刑警队共立各类刑事案件 44 起，破获各类刑事案件 260 起，移送起诉 87 人。

三、灵璧县公安局交警大队晏路中队

2008 年，灵璧县公安局交警大队，征原晏路乡铁木业场地 6 亩，投资 60 万元，建起门岗和 12 间两层办公楼，成立灵璧县公安局交警大队晏路中队。二层设会议室和民警宿舍，一层设中队长和民警办公室、值班室、接待室、交通安全教育室、醒酒室、询问室、安全检查室以及信息采集室等。同年 12 月 22 日，办公楼投入使用，晏路交警中队挂牌办公。

交警大队晏路中队

晏路交警中队担负着省道 S201 线 20.3 千米、省道 S329 线 8.5 千米、县道 X046 线 21 千米、县道 X057 线 24 千米、县道 X058 线 15 千米的治安防范和公路交通管理任务，维护道路交通秩序、指挥疏导交通，确保辖区道路交通安全、有序、畅通。

晏路交警中队管辖黄湾、韦集、向阳 3 个乡镇和灵城镇部分路段，北与灵城中队、

界沟中队，南与固镇县石湖中队相邻。中队现有民警 3 人、协警 6 人，公路巡逻车 2 辆，有线电话 5 部，350 兆基地台 1 部，车载台 2 部，无线对讲机 2 部，反光背心 9 件，求生衣 8 件，数码相机 2 部，警棍 8 根，手铐 3 副，单警装备 3 套，酒精测试仪 2 台，阻车器 1 件，计算机 5 台，并已全部接入公安网。辖区共有人口 125659 人，驾驶人员 16894 人，机动车 5363 辆，其中重点单位 5 个，重点驾驶人 9 人，重点机动车 2 辆。

2013 年，共查处各类道路交通安全违法行为 5358 起，违法记分 1786 分，暂扣驾驶证、机动车 152 起，先后处置各种交通事故 32 起，接受群众报警、求助 45 起，接受群众赠送锦旗 2 面，表扬信 2 封。

2014 年上半年，共查处各类交通违法行为 6492 起，录入违法信息 6449 条，违法记分 1924 分，录入行政强制措施凭证信息 124 条，办理适应一般程序处罚案件 33 起，其中行政拘留案件 12 起，行政拘留人数 12 人。开展"五进"宣传 45 次，上报文字信息 26 篇、调研文章 5 篇，被支队采用 4 篇、总队采用 2 篇。

中队在省道沿线设置了交通安全警示牌 6 块，交通安全宣传标语 6 块，打击刑事犯罪宣传标语 8 块；建立交通安全示范村 1 个、交通安全学校 1 个。中队不断加大交通安全的宣传教育力度，积极开展以"五进"宣传活动为载体的多种形式的道路交通安全法律、法规、常识的宣传教育，送交通法规进农村、学校、家庭、社区、单位，利用文艺演出、放电影、出示展板、发送宣传材料、播放宣传光盘等形式在公路沿线的七里村、武圩村、晏路村、胡桥村、三桥村、王桥村、向阳村、韦集村以及省道沿线学校等开展 70 余次的交通安全法律常识宣传，发送宣传材料 4200 余份，受教育人数近万人。宣传教育，进一步增强了群众的交通安全意识、遵纪守法意识，筑牢了一道预防交通事故和治安刑事犯罪的防线。

四、打击违法犯罪

黄湾地区公安机构设立后，为巩固基层政权，维护社会安定团结，保障人民安居乐业，始终坚持以防为主、打防结合的方针，严厉打击各类违法犯罪行为，使得治安（行政）案件、刑事案件的发案率逐年下降，"黄、赌、毒"等社会丑恶现象逐年减少。全镇 14 个行政村全部成立了帮教组织，跟踪帮助未成年人涉嫌违法犯罪、刑满释放及解除劳动教养人员，进行感化教育。

1. 剿匪

中华人民共和国成立前夕，镇内国民党统治政权土崩瓦解，潜伏下来的国民党特务"CC 派"叫嚣组织开展第二条战线斗争，利用反动分子和反革命分子作为社会基础，组织道会门武装暴力。以原灵璧县国民党伪军司令唐广金（外号唐老虎）、原国民党军统特务少将组长李华堂为首的集团，在沱河、娄庄接合部的宋河、双陈设立两个道坛，进行传道，散布谣言"八路军不会长久了，将来的天下仍然是我们的，到时候八路军不打自退……"，同时，发展土匪武装并封官加委，准备大举暴动；至 1949 年 3 月，仅半年时间就在双陈庄发展 55 人，在殷庄（宋河村）发展 4 人，在小朱庄（朱圩村）发展 5 人；于 1949 年春组织 3000 余人，发动武装暴动，攻打宋河乡政府，企图破坏固镇区机关。区、乡清剿工作委员会，在宿县军分区一部和地方武装力量的配合下，进行了军事清剿，仅宋河、双陈就逮捕 18 人，杀 7 人，击毙 1 人，外逃 5 人。至 1950 年 10 月，镇境内的股匪基本消灭，革命秩序趋于稳定。各乡、村都成立了联防组织，结合镇压反革命活动，广泛动员人民群众稳定了社会治安秩序。

2. 镇压反革命

中华人民共和国成立初期，敌顽势力仍有基础，土匪活动猖獗。1950 年 11 月至 1951 年 2 月，全区干部和公安区员积极参与搜集材料，逮捕反革命分子行动。1951 年 3 月到 5 月，区、乡干部确定了有关人员名单，并制定了逮捕方案。1951 年 6 月至 12 月底，区、乡干部及各界代表和开明人士参加集中搜捕，区设立审判庭，下乡巡回审理，共计逮捕多名反动的道会门头目，取缔了道会门组织。

3. 禁毒、赌

1949 年前，镇内交通闭塞，商业萧条，文化落后，农村种植罂粟、吸食贩卖毒品屡见不鲜，严重危害人民身心健康，污染社会风气。1949 年后，区、社成立禁毒工作组，开展禁毒工作。对个别屡教不改者，设收烟土、烟具，予以拘留、管制等处罚。1963 年，各村庄在实行责任制中，出现了在自留地里种植罂粟的现象，区、乡政府及时组织铲除，并严厉处理、打击有关人员。

从 1982 年设置公安派出所以后，一直把毒、赌作为重点打击对象。每年春季，派出所都把禁毒工作作为重要工作。区、乡抽出民警和治安员（现叫协警），配合各村治保主任，对每个村和自然庄进行拉网式检查，排查罂粟种植户、清理罂粟种植点。有些种植在非常隐蔽墙院里、树丛里、菜园的菜行里的罂粟，也能被及时发现，予以铲除收缴，并对种植户进行教育，按照法律规定进行处理。1982 年至 1992 年，各乡镇铲除收缴罂粟 1.2 万余株。派出所利用黄湾逢集日，召开焚烧罂粟现场大会，向广大群众宣传国家禁毒的有关法规。

2000 年以后，全镇外出务工人员剧增，也带回了许多关于罂粟的不良信息，把罂粟误传为能治病，是做卤菜的最佳调料等。随之，镇内偷种罂粟的现象又死灰复燃。派出所利用春季罂粟开花最佳查处时间，组成专业清毒小组，以各村治保主任为骨干，天天进行拉网式巡查。2014 年春，一次拔掉罂粟 200 株，在集日上当众焚烧。至 2014 年，全镇铲除罂粟近万株。

1949 年前，镇内赌博形式多种多样，诸如打麻将、推牌九、翻黑红宝、玩纸牌等。1949 年后，区、乡（镇）政府严格查禁赌博，依法惩治了一批、教育挽救了一批参赌人员。1983 年以后，派出所经常和乡联防队一起，巡查、取缔各种形式的赌博活动，大大减少了赌博现象的发生。2000 年以后，有的在外务工人员把南方赌博的恶习带回家乡，"炸金花""推牌九"成为镇内新的赌博方式；有的还在集镇上利用游戏机进行赌博。派出所每年在冬季以及春节、古会期间集中开展禁赌整治工作。2003 年，共查处赌博案件 8 起，处理参赌人员 40 余人，其中 6 人被拘留。2014 年，派出所全力参加"三夏""三秋"期间的安全生产、焚烧、保卫工作以及清收不良贷款等县、镇政府安排的中心工作，全所人员天天包村巡查，不留死角。在"三夏"禁烧和清收不良贷款中，共拘留 20 余人。

五、治安管理

1. 户籍管理

1957 年，根据安徽省公安厅"关于改进户口制度手续和簿册的意见"，全区、社开始进行户籍管理。凡属居民户口可到区、乡政府或其委托的农业合作社口头申报。农村户口的登记制度规定，除迁出、迁入到政府办理外，出生、死亡可委托农业社、生产队会计、队长代表群众办理。1958 年，全区以原有的户口簿底册为基础，对出生、死亡、迁入、迁出 4 项变动情况进行认真核对。1963 年，乡政府建立了常住户口登记簿，逐队、逐户、逐人登记，建立了"出生、死亡、迁入、迁出" 4 种情况变动登记制度。1966 年，公社、大队健全人口变动 4 项登记制度，加强了人口管理。1979 年，对重点人口调查摸底，登记造册建立档案。1981 年 5 月，全区对各个户口段，对每个生产队逐户、逐人、逐项进行核对。公社、大队二级建立户口簿和人口变动簿册，社、队每年定期进行核对。1982 年，第三次人口普查时，对常住人口进行登记，建立户口簿，按户发放户口簿，人口档案逐步健全。从 1985 年起，全区的农村户口改由派出所管理。派出所设户籍室，确定一名专职人员管理户口，村治保主任协助派出所管理户口。1995 年春，全镇实行逐户编列门牌号码制度，对农村户口进行城市化管理。经过多次建档整顿户口，全镇的农业户、城镇居民户的户籍管理走上了科学化、规范化的管理道路。

1989 年底，全区开始办理居民身份证，以乡（镇）为单位开展，统一深入到村民组照相，采集信息。2003 年，进行首次人像采集，2004 年，进一步核对人口信息，为换发第二代身份证奠定了基础。16 周岁以上居民办理身份证率达 98%。2014 年，对办理身份证的辖内居民，还开展指纹采集新业务。

2. 特种行业管理

特种行业是指按国家及地方行政法规规定由公安机关负责，对其经营范围内实行管理的行业。

1951 年区、乡治安保卫组织在旅栈、刻字、修理等行业培训了治安积极分子，及时发现情况，为侦查破案提供了重要线索。20 世纪六七十年代，特种行业管理的各项制度被废除，特种行业管理一度出现混乱局面。1985 年，区公安派出所对区、社（镇）的特种行业进行一次调查，对特种行业的单位职工和个体经营者开展普法教育，提高了法制观念，保证了各项措施的落实，特种行业管理制度逐渐恢复。

至 2014 年，镇内有旅店 6 家，废旧金属收购业 4 家，印铸刻字业 2 家，机动车修理业 10 家，公共（娱乐）场所 6 家，并全部建立档案，纳入特种行业管理范围。

3. 治安保卫

治安保卫委员会是在基层政权和公安保卫机关领导下的群众性治安保卫组织。1950 年，区、乡、村陆续建立治安保卫组织，区、乡（镇）设立治安保卫委员会，村设治安保卫小组。1951 年下半年，通过整顿，重新建立乡治安委员会、村治安小组。1958 年，公社直接抓治安保卫工作，大队设立治安保卫委员会，生产队设治安保卫小组。1980 年以后，大队变为村委会，村设治安保卫委员会，配设治保主任 1 人。1992

年以后，村设置不变，设立治安室。至 2014 年末，全镇共成立村级治安保卫委员会 14 个，并实现一村一警入驻，方便群众办事；村级治安保卫组织积极组织民兵和治安积极分子坚持治安巡逻，打更放哨，协助公安机关侦查破案，为维护地方稳定发挥了重要作用，见表 11 - 3 - 1。

表 11 - 3 - 1 2010—2014 年黄湾派出所打击违法犯罪情况统计表

年　度	刑事立案（件）	判刑（人）	治安案件	刑拘（人）	破案结案（起）	逮捕嫌疑（人）	行政处罚（人）	追　脏		调解纠纷（起）
								物件（数）	折款（元）	
2010	23	23	120	23	23	23	59	18	56000	180
2011	26	13	170	17	26	17	70	23	89000	208
2012	24	10	165	13	24	10	50	13	9000	210
2013	36	28	190	28	36	28	83	18	76000	191
2014	13	20	200	20	13	20	78	10	100300	230

4. 帮教工作

1980 年，针对青少年违法犯罪趋势上升，严重危害社会的问题，全区开展了对违法青少年的帮教工作。从 1981 年春季开始，通过对违法青少年的摸底调查，确定重点帮教对象。派出所、村治安保卫委员会和青少年家长共同参加帮教小组，具体落实帮教措施，采取登门拜访、谈心交朋友的方法，动之以情，晓之以理，导之以规，进行说服教育，让违法青少年改过自新，使全区的青少年犯罪率明显下降。

1990 年以后，黄湾派出所对刑满释放人员、解除劳动教养人员进行帮教，帮助他们回到家乡能及时就业谋生，预防二次犯罪。

第四节　审　判

中华人民共和国成立前，镇内没有审判机构。1951 年 12 月，韦集区成立了土改法庭分庭，审判土改期间发生的刑事和民事案件。1954 年春，县建立第二和第三巡回法庭，分别受理沱河、韦集等区的诉讼案件。1981 年，黄湾法庭成立，沈伟任首任庭长。法庭设在镇大会堂后面，只有 1 间砖瓦结构房屋做办公房，内设 2 张桌子、2 条木板凳，2 人对面办公，挂牌"灵璧县人民法院黄湾人民法庭"。1995 年，在县法院和镇政府的大力支持下，法庭在镇政府大院东侧建起一栋 3 间 2 层法庭办公楼。1999 年，镇政府拨款在黄湾烟站对面街西侧，建起 7 间 3 层法庭办公楼，投资总额为 32 万元，建筑面积为 659 平方米，内设办公、审判、会议、档案、微机、活动等室，装备有电话、传真机、桑塔纳警车等。2002 年 7 月，法庭合并，黄湾法庭成为灵南唯一法庭，负责黄湾、韦集、向阳 3 个乡镇审判工作。辖区总人口为 12 万人，总面积为 634.5 平方千米。

黄湾人民法庭

2008 年，最高人民法院投资 40 万元，在晏路街南灵固路北侧重新建设法庭，共建 7 间 3 层楼房，约 730 平方米，设正副庭长室、审判员室、书记员室、调解室、大法庭室、小法庭室、会议室、党员活动室等。黄湾人民法庭于 2009 年 8 月，从黄湾街迁入晏路街新址办公，仍挂牌"灵璧县人民法院黄湾人民法庭"，受理韦集、向阳、黄湾 3 个乡镇简单的民事案件审判工作。黄湾法庭在编干警 4 人，设庭长、副庭长、审判员、书记员各 1 人，聘用人员 3 人。

2011 年到 2014 年，审理执行各类案件 800 件，其中调解、撤诉 680 件，人民陪审员参审案件 48 件。黄湾法庭 1990 年被宿县地委、行署授予"文明单位"称号，1998 年被宿州市中院记集体二等功一次，2010 年获全市优秀人民法庭称号，2011 年 4 月被评为全省法庭调解先进集体，2013 年被宿州市人大常委会评为"十佳合议庭"。

第十二章　社会保障

中华人民共和国成立初期，职工人员很少，有区社干部、学校、医院、供销社、粮站、信用社、绿肥场等单位职工。随着国有企业的发展、集体企业的不断壮大，职工人数越来越多。用工的主要形式有 4 种，即纳入国家编制的固定工、合同聘用工、单位临时工、下岗待安置人员。随着改革开放的深入，全镇新涌现出来的外出务工人员，即农民工队伍庞大，镇内各种企业、民营性质厂（场）职工量越来越多。2014 年，全镇村级劳动力资源总数为 26430 人，其中男劳力为 14093 人，女劳力为 12337 人。乡村从业人员为 23959 人，其中，从事农业男劳力为 9086 人，女劳力为 7871 人，基本都是既务工又务农，年年"双项"收入不断提升，多数人年收入超过镇直机关工作人员。2014 年，农民家庭全年人均纯收入达 7894 元。

第一节　劳　动

一、职工队伍

1. 全民所有制职工

抗日战争时期，区、乡干部均为脱产人员。中华人民共和国成立后，全镇全民所有制单位所录用的职工，有的是军队转业人员、退伍军人，有的是专业学校毕业生，有的是社会上直接录用的知识青年、下放知青。1975 年至 20 世纪 80 年代后，又接收退休人员子女顶替其岗位。20 世纪 90 年代以后，出现了民办教师转正，大、中专毕业生分配工作，非农业户籍恢复，退伍军人安置工作等情况。2014 年，全镇财政编制发工资的行政人员有 55 人，中、小学教师有 366 人，医务人员有 60 人。

2. 集体所有制职工、国企职工

中华人民共和国成立初期，集体所有制职工只有信用社、合作社及少数厂、社等的职工，至 1960 年，职工不足 50 人。1970 年以后，供销社等单位职工不断增多。至 2014 年，全镇共有集体所有制职工、国企职工 379 人，其中，供销社、粮站人员大都下岗自谋职业，绿肥场实行土地承包到个人经营。

3. 临时工

从 20 世纪 50 年代以后，一些部门和单位根据工作需要，聘用了一些临时工。区乡机关、信用社、学校等不断招用一批临时工。1996 年，全镇一次性招聘临时代课教师

80 余名。2013 年，全镇招录环卫工人 16 人，派出所先后招聘协警人员 39 人。至 2014 年，全镇机关单位和集体单位临时工总数为 180 人。

4. 民营企业职工

改革开放后，党和政府对发展民营企业制定许多优惠政策，全镇民营企业发展较快，招用工人在 50 人以上有规模的民营企业有 3 家，即砂坝节能砖厂、王桥轮窑厂、晏路大地服装社，共有职工 200 余人，常年在建筑行业做工的有 1000 余人。

二、职工收入

中华人民共和国成立初期，区、社干部采取供给制，生活费和生活用品由地方财政统一供给，另发少量津贴，伙食标准分大灶、中灶、小灶等。此外，每季度加发布鞋 1 双、牙刷 1 把、牙膏 1 袋、毛巾 1 条，每年发单衣 1 套、衬衣 2 件，每 2 年发棉衣 1 套，每 3 年发棉被 1 床。1952 年 7 月，县政府按照国务院《关于供给制人员津贴标准》规定，改供给制为工资分制。其办法是按级定分，以分定物，按物折款，累计分值，发给现金。县级干部 14 ~ 17 级，月额 432 ~ 340 分；区级干部定 17 ~ 21 级，月额 130 ~ 210 分；助员级干部定 22 ~ 26 级，月额 88 ~ 85 分。每一分含 0.8 斤粮食、0.2 尺白布、0.5 斤植物油、1.02 斤食盐、2 斤煤。财政部门按当月物价表，根据分值，计算出金额，按月发给。工资分制比较繁杂，每月都要计算一次，给财会人员造成很大的负担。1954 年，工资实行包干制，具体办法是按实行工资分制以来各个级别的平均分值的金额发给个人，包干使用。干部子女实行供给制，发给吃穿费用。1956 年、1987 年、1993 年、2006 年，国家进行 4 次工资改革，分别对党政部门干部、国家机关事业单位职工、集体企业职工的工资进行多次调整。

1992 年，撤区建镇以后，对全镇机关事业单位、集体企业等系统职工的工资，进行几次调整。2014 年 10 月，再次调整了机关事业单位工作人员基本工资标准，现机关干部和事业单位职工月工资在 1000 至 6000 元；临时工工资在 800 至 1800 元，见表 12 - 1 - 1。

镇内民营企业职工月收入为 1500 ~ 3000 元，但缺乏稳定性。

表 12 - 1 - 1　2014 年黄湾镇职工工资收入情况调查表

单　位	性　质	职工人数（人）	工资来源	在编月工资（元）	临聘月工资（元）
镇政府及所、站	政府	55	国家财政	2700	800
政法单位	政府	46	国家财政	2700	1000
黄湾中学	事业	177	国家财政	3500	—
中心校	事业	189	国家财政	2500	1000
国家粮库	国企	99	国家拨发	1000	—
王桥省库	国企	25	经营收入	1400	—

（续表）

单　位	性　质	职工人数（人）	工资来源	在编月工资（元）	临聘月工资（元）
供电所	国企	27	经营收入	1600	—
卫生院	事业	60	国家财政	1200	—
绿肥场	国企	987	—	—	—
供销社	集体	102	—	—	—
食品站	国企	5	经营收入	1500	承包
农商行黄湾支行	股份制集体	12	经营收入	3600	—
邮政支局	国企	8	经营收入	2000	—
幼师	民办	53	单位经营	—	1500～1800
敬老院	事业	6	国家财政	—	800
环卫队	集体	15	镇发	—	800

注：黄湾中学、中心校含绩效工资；卫生院不含绩效工资；绿肥场、供销社职工承包经营。

三、下岗再就业

随着市场经济体制的建立和发展，自1990年以后，全镇各单位自聘人员，所、站及事业单位，粮站、供销社的国有及集体企业单位中的职工不断下岗，走上自谋职业、自主创业和外出务工的道路。全镇原正式职工下岗近300人，事业单位、企业单位辞退60余人，还有退出的"五老"人员（老民师、老村干、老兽医、老拖拉机手、老放映员）等。供销社、粮站等单位下岗职工有200余名。国家和人社部门对下岗人员高度重视，千方百计安排再就业。县政府拨出专项资金，对国有企业职工按照工龄和职务，一次性发给补助费，提倡自谋职业、自主创业。供销社发挥经营面积大的优势，把供销大楼和一部分门面租赁给职工经营，将建筑地皮划分给职工建房。到2014年，下岗职工除兑现补助金外，都走上了自主谋业之路。"五老"人员按照政府有关政策，逐人确定工龄，按工龄给予生活补助。还有一部分通过县人社局的技能培训，在本地自主经营，或外出务工经商。

四、劳务输出

1990年以后，全镇大批剩余劳动力有序向大都市转移，已成为城市产业工人的重要组成部分。镇委、镇政府成立劳动服务站，常年抓劳务输出工作。从1995年起，外出务工、经商、办企业的人数不断上升，当年全镇在国内各地务工人员在11300人左右，还有出境、出国务工、经商的有40余人。其中，"两栖"人员约占40%，他们农闲外出务工，农忙返乡务农，被群众称为"两不误"，即种田和务工都获得较高的收入。在外务工人员，人均月收入均在3000至5000余元。有一技之长的月收入均在

4000 元以上，承包项目的月收入在 5000~6000 元以上。当上企业中层以上管理人员或小老板的月收入万元左右。自主创办企业、工厂年收入 50 万元至 100 万元的有 14 人。出国和出境年创收 1000 万元以上的有 4 人。表 12-1-2 为 2014 年黄湾镇劳务输出情况统计表。

表 12-1-2 2014 年黄湾镇劳务输出情况统计表

输出主要地点	人数（人）	人均月收入（元）
上海、杭州	1000	3000~5000
昆山、苏州、镇江	500	3000~4000
常熟、无锡、常州、南京	1500	3000~4000
北京、天津	300	3000~4000
广州、福州、石狮	2000	3500~5500
石狮、厦门	1000	3500~5000
深圳、珠海	1000	3500~5500
余姚、海宁	500	3300~4500
义乌、温州、湖州、萧山	2000	3500~5000
合肥、宿州、蚌埠	500	3000~3500
其他地方务工人员	1000	3000~4500

全镇大批劳务输出，由苦力型向技能型转变；由务工型向管理型、创业型转变。大批劳动力通过务工提高了文化和管理水平，在务工中提升了自己。

在浙江湖州务工的男女青年，2000 年初，还是靠出苦力、当学徒每月挣到 2000 元左右工资。到 2014 年，他们从学织布、学做服装、学做鞋的徒工，变成师傅，有的变成了中上层管理者，有的变成了开办企业、服装厂的老板，年收入达到 50 万元以上，有的高达 100 多万元。在上海务工的镇内青年，大都融入了都市生活，走上了当师傅、当技术员的管理型工作岗位，许多人在上海结婚成家，买房买车。

在被称为塑料城的余姚市，镇内务工的男女青年，大都是入厂工作后，成为塑料生产的技术人员、工厂里的中层管理人员的。

在石狮务工的镇内青年，由建筑工地的小工，成为中层管理人员、包工、带工人员，有的成了身家百万资产的老板。

镇内在各地的务工人员，有的成为网络管理、电焊、建筑设计、机械修理、广告宣传、装修等中高级人才。外出打工，改变了一批又一批青年人的命运。

全镇在各地从事家政、餐饮、理发等服务行业的青年不断增多，不少成为中高级厨师、中高级管理人才、带徒弟的师傅或创业老板。

五、农民收入

明清时期,镇内十年九涝,农民广种薄收,农民收入很低。1949年,镇内农民人均年收入只有29元。1950年至1970年,农业人口平均年收入长期徘徊不前。1978年,农民人均年收入不足60元。大郑生产队是全县农业学大寨的红旗队,1978年,人均年收入也只有80元左右。

党的十一届三中全会后,党为农民致富出台了一系列优惠政策,使全镇农民年均收入飞速上升。1985年,全区农民人均年纯收入为450元,是1949年的15.5倍,是1978年集体生产队时的7.5倍。

1992年,黄湾设镇建制以后,各届党委、政府都把增加农民收入当作任职第一要务,调整农业种植结构、改善生产条件、减轻农民负担以促使农民收入的提高,紧紧把握耕地面积大的优势,首先改一麦一豆种植,推广油菜与花生2轮油作种植;抓科技推广,使小麦、玉米2季过吨粮,亩产值过双千元;同时,大抓扶贫开发,让低收入户尽快富起来,通过推进种植、养殖、打零工、劳务输出等多轮驱动来提高农民收入。2013年,全镇农民人均收入为6985元,2014年农民人均纯收入为7894元,同比增长13%。

六、劳动保障

1. 黄湾镇人力资源和社会保障事务所

2000年,镇设劳动服务站(股级全民自收自支事业单位),定编2人。2003年,镇劳动服务站改为就业和社会保障事务所。2011年,更名为"人力资源和社会保障事务所"。2014年,定编2人,陈文飞任所长。14个村设立社会保障事务服务站,村支书兼协管员,主要开展村干部养老保险、城镇职工养老保险、农民养老保险业务、就业培训、劳务输出、劳动维权等管理和服务。

2. 参保

通过召开会议,下达任务,入户宣传新型城乡养老保险优惠政策,镇、村二级联动,健全服务网点,组织城乡居民参加养老保险。通过宣传,变由村干部上门催收保费,到居民踊跃自动缴费,形成了良性发展态势。从2011年以后,全镇参保人数不断增加,2011年参保人数达19008人,到2014年底,参保人数达26762人,参保率接近100%,年年在全县评比中位次均居前列。

3. 养老金发放

2011年,按照政策认真落实60周岁以上的基础养老金发放工作。让从没有缴过保费的60岁以上老人,享受到国家财政发给的基础养老金待遇,既体现党和政府对老年农民的关怀,又能激发广大成年人参保。全镇第一年向7000余名60岁以上老人发放养老金462万元。对于积极参加不同档次保险的不同群体,人社所全面准确地建立了电子信息档案,全天为参保人员提供服务。通过大力宣传政策,解疑释惑,及时为参保农民办理投保业务,按时对已达到领取养老金年龄的群众,进行资格认定,及时无误地按月发放养老金,取得了农民的信任。2014年,全镇按月领取养老金共计6377人,采取"一站式、一卡通"发放养老金,总额达 420.8 万元,见表 12-1-3。

表 12-1-3 2011—2014 年黄湾镇社会养老保险情况一览表

| 年 份 | 参保总人数(人) | 其 中 | | | 年收保费总额(万元) | 按月领取养老金人数(人) | 年发放养老金总额(万元) |
		城镇职工	农民工	政府代缴重残人			
2011	29508	4	10005	262	165.5	7000	462
2012	36835	5	11000	261	165.5	6782	447.6
2013	38278	5	12000	334	195	6742	444.9
2014	40262	5	13500	307	210	6377	420.8

4. 就业服务

2000 年,镇劳动服务站成立后,及时建立健全为农民就业服务的有关制度。2012年、2013 年,市、县政府和人社部门,下达全镇为宿州鞋城招工任务,人社所积极宣传,向村组发布信息,按时完成鞋城招工任务。镇人社所每年按照县人社局提供的外地招工信息,及时向村、组干部及群众传递,使镇内一批批农民能及时到外地就业。镇政府还结合对流动人员服务和招商引资工作,经常到上海、南京、宿州等地做好用工联系、用工考察、劳务协议签订等工作,使镇内更多的农民工走上就业岗位。镇人社所每年都根据县里下达的农民工科技培训、技能培训任务,及时进行宣传并组织参训,有效地提高了农民工的科技知识和技能水平。

5. 劳动维权

2012 年,镇在人社所成立"灵璧县劳动监察大队黄湾中队",与人社所是两块牌子、一个机构,合署办公。自成立以来,不仅为镇内务工人员提供维权服务,还为在外农民工提供维权服务。到 2014 年底,共调处工资纠纷 5 起,为农民工讨回工资 40000 多元。

第二节 民 政

一、黄湾镇民政所

1942 年,设建中共灵南区,配民政区员 1 人。中华人民共和国成立初期,韦集区配民政助理员 1 人,乡设民政办事员。1970 年,成立黄湾公社,配民政助理员 1 人。1980 年至 1991 年,区设民政区员 1 人,各乡(镇)由武装部长兼管民政工作,办公室秘书兼职办理民政具体事务。1992 年 3 月,撤区建镇后,设立镇民政工作办公室,配民政专职助理员 1 人、办事员(婚姻登记员)1 人,具体负责救济救灾、拥军优属、婚姻登记、行政事务、退伍军人安置、殡葬改革、残疾人事业、社会养老保险、村委会选举等项工作。2013年12月，市民政局拨款30万元，在镇敬老院东侧，建3间2层民政所办公楼。2014年6月，县撤销民政办公室机构，设置黄湾镇民政所，属副科级机构，编制5人。

二、拥军属抚

1. 群众优待

1950年7月，县人民委员会贯彻落实《皖北革命烈士、革命军人家属代耕暂行办法》，组织区、乡做好各项优抚工作。1951年土地改革中，区决定在分配财产时，优先照顾军烈属，给军烈属分近地、好地、好粮食、好农具、好牲畜。全区军烈属都得到了优惠。

1956年以后，农村先后成立了初级农业合作社、高级农业生产合作社和人民公社，实行评工记分，按劳计酬。这一时期，优待形式由代耕代种改为优待劳动日，按劳动日计工，参加社队分红。20世纪60和70年代，集体生产队时，公社对军烈属户给记工分优待，参加队里分配。1980年，在全面实行大包干到户的生产责任制后，县政府在红星公社进行优抚试点，实行优待土地、优待现金、优待粮食等多种优待制度。红星公社的经验在全区、全县推广，其他公社按照红星公社的做法，开展军烈属优待工作。从1982年起，优待工作由多种形式改为优待金形式。在每年夏季粮食征购和收取农业税、"三提五统"中，把优待金作专项预算，列入提留中，由镇农经站和财政所统一向各村群众提取。"八一"节前后，由镇政府和民政办公室，组织召开军烈属优待金兑现大会，逐人、逐户发放优待金。从2003年起，税费改革，取消农业税和"三提五统"款项，对烈军属的优待金由县、镇财政负担，发放标准仍按照上年度农村劳动力全年纯收入的标准，向军烈属兑现。全镇一直坚持在"八一"前兑现烈军属优待金。2014年8月1日，全镇向军烈属户均兑现6000元，重度残废军人、老复员军人均兑现2200元优待金。

2. 节日慰问

新中国成立后，区、乡（镇）基层政府坚持发扬拥军优属的优良传统。每年春节期间，各村干部组织慰问队敲锣打鼓向烈军属以及复员、退伍军人进行慰问。慰问品有猪肉、糖等物品及现金。一般烈军属的慰问金为50至100元，复员军人和困难退伍军人的慰问金为30至50元，外加3至5斤猪肉，有时还送贺年卡、年画、春联等。2003年以后，由于税费改革，农业税和"三提五统"提留款被取消，镇、村缺乏专项经费投入，只能开展政治上和精神上的慰问，向军烈属赠送年画、发放宣传材料。

3. 国家补助

新中国成立初期国家规定，凡现役军人、人民警察和国家职工，因战争、公务而牺牲和病故者的家属享受抚恤待遇。县政府对烈、军、残和复员退伍军人生活长期困难者，除享受群众优待外，还给予常年粮食补助。年初评定，发证到户，凭证领取粮食。临时发生困难的优抚对象，则发给临时救济款。1953年，改补助粮为补助现金。1956年，改常年补助为定期定量补助。凡核定享受补助的优抚对象，每月人均领4元左右。1979年，提高补助标准，农村每月人均领6～10元，城镇每月人均领10～15

元。对烈属改定期定量补助为定期抚恤，抚恤标准为农村每月人均补助 2.8 元，城镇每月人均补助 32.8 元。1990 年以后，国家对优抚对象补助标准不断提高。

转业回乡的革命残废军人，凭团以上单位残疾证明或证件，由县民政部门核定残疾等级，换发革命军人残疾证。根据因战、因公、因病和致残等不同级别，享受不同的抚恤待遇。1952 年，在乡二等以上残疾军人享受公费医疗，国家补助口粮，生产队也补助一些口粮。"三属"（烈属、病故军人家属、失踪军人家属）国家补助每人每月 8.25 公斤粮食。1953 年以后，一律改为现金。1955 年，享受国家补助的"三属"每人月补助 1.06 元。1980 年，人均每月补助提高到 6.3 元。1985 年底，"三属"优抚对象的定期定量补助改为定期抚恤。

2003 年，全镇烈属有 1 人，伤残军人有 8 人，最高年抚恤金为 1800 元，复员军人有 36 人，带病退伍的有 15 人。复员军人月定补 120 元，退伍军人为 40 元。

2013 年，全镇有烈属 1 人，年定补提高到 6340 元。6~10 级伤残军人有 11 人，其中，6 级年定期补助标准提高到 14260 元；7~10 级标准分别提高到 6620、4820、3610 元。复员军人有 22 人，定期补助提高到 6260 元至 6440 元。武警退职人员有 4 人，年补助标准提高到 3600 元。带病回乡的退伍军人有 16 人，年定期补助提高到 3480 元。"两参"（参战参试）人员有 13 人，年补助标准提高到 3480 元。

2014 年，全镇有伤残军人 13 人，年定期补助标准 6 到 10 级分别是 18010 元、16400 元、11780 元和 7610 元等。复员军人有 22 人，年补助标准为每人 6860 元至 7040 元。退伍军人有 14 人，年人均补助 3900 元。"两参"人员有 20 人，年人均补助 3900 元。烈士子女有 1 人，年补助 390 元，见表 12-2-1、表 12-2-2。

表 12-2-1　黄湾镇部分年份优扶对象优待金情况统计表

对象 年份	烈属			军属		残疾军人			复员军人			退伍军人		
	户数（户）	年优待金（元）	月抚恤（元）	户数（户）	年优待金（元）	人数（人）	年优待金（元）	年抚恤金（元）	人数（人）	年优待金（元）	月定补（元）	人数（人）	年优待金（元）	月定补（元）
1997	1	840	240	47	840	7	440	1080	43	360	70	30	288	36
1998	1	840	240	48	840	7	440	1080	43	360	70	30	288	36
1999	1	880	240	47	880	7	440	1080	41	360	70	30	288	36
2000	1	800	260	45	800	7	400	1200	39	400	80	30	280	40
2001	1	800	260	45	800	7	400	1400	37	400	80	30	280	40
2002	1	800	210	38	800	7	400	1600	36	400	80	30	300	40
2003	1	800	370	35	800	8	400	1800	36	400	120	15	300	40

表12-2-2　2012—2014年国家向黄湾镇优抚对象定补一览表

属性 年份	烈　属		复员军人		伤残军人		退伍军人		两参人员		烈士子女	
	人数	年补助（元）	人数	每人年补助（元）	6~10级人数	每人年补助6~10级金额（元）	人数	每人年补助（元）	人数	每人年补助（元）	人数	年补助（元）
2012	1	5510	17	5840~5660	11	12400~5760	16	3060	13	3060	1	390
2013	1	6340	22	6260~6440	11	14260~5760	16	3480	13	3480	1	390
2014	—	—	22	6860	13	18010~7610	14	3900	20	3900	1	390

三、复员退伍安置

中华人民共和国成立初期，区乡内复员、退伍回乡军人大都进行了安置，大部分安置在党政、企事业及经济部门。一部分复员、退伍军人在外地安家落户，得到了适当的安置，其中许多走上领导岗位。实行义务兵役制以后，退伍军人安置原则上是哪里来到哪里去，由县安置办公室统一安排工作。凡是城镇户口和是孤儿的退伍军人，安排到集体企业或国有企业工作；对有工作能力、致残的退伍军人，优先安排在乡镇企业工作；对失去工作能力回农村生活确有困难者，按政策给予优抚补助。农村户口除极少数安置在镇直或镇办企业单位的，大多数都回到原村务农。1990年以后，全镇部分立二等功的志愿兵、城镇户口的退伍军人都安排了工作，其余都回到本村务农，一次性领取就业费。2010年以后，全镇退伍军人外出务工、经商人员较多，镇劳动、民政、武装部门积极牵线搭桥，组织退伍军人参加县、市技能培训和招聘会，提高他们就业能力。2013—2014年，参加技能培训的退伍军人都实现了就业。还有一部分选择留在家乡创业，年收入都比较高。镇委、镇政府对回乡退伍军人比较重视，把其中优秀的选拔到村两委中担任领导职务，广大复员退伍军人为经济和社会发展作出了重要贡献。

四、灾害、赈济

1. 灾害

据《韦集区志》等史料记载和部分高龄老人回忆，镇辖内历史以来就是重灾频繁发生之地。风灾、霜灾、雪灾、雹灾、水灾、旱灾、虫灾交错发生，给人们生命、财产造成重大损失。

（1）水灾

清乾隆十八年（1753年），从6月7日下雨至9月13日止，镇内水积丈余深，房屋倒塌严重。清宣统元年（1909年）5月16日，降大雨、暴雨，全区40%的地区受灾，二年元月27日，大雨下三昼夜，平地水深数尺，全区60%的地区受灾，房屋倒塌，人畜淹死很多，社会上流传"宣统三年半，家家喝稀饭"之说。民国三年（1914年）7月13日至9月初，连阴雨不止，受灾严重。

1949年，遭到严重水灾，区、乡干部组织民工对沱河、北沱河实施筑坝防汛。

1952年8月至9月，暴雨不止，地面积水不退，全区受灾较重。

1954年7月1日至8月20日，连降暴雨，全区一片汪洋，灾情严重。

1955年7月30日至8月2日，连降大雨，降水量达609.8毫米，受涝面积占播种面积的65.7%。

1956年6月，降水量达220.7毫米，砂坝乡属重灾乡。

1960年9月25日，全区连降暴雨5小时，降水量达158.7毫米，造成最严重的涝灾，平地水深二三尺，部分村庄出现房屋倒塌和人员受伤现象。

1962年7月，大暴雨连续发生，靠近南北两沱的村庄受灾严重。

1963年5月19日—29日，连续大雨、暴雨，降水量达208.7毫米，积水面积占耕地面积的80%，沿沱河村庄小麦颗粒无收，出现房屋倒塌和死伤人员现象。同年7月上旬，连降大雨、大暴雨，7月份降雨水量为340.6毫米，南北"两沱"顶托，内涝严重，秋季无收。各村庄大批人员外流讨饭。

1971年6月，月中降水量达255.5毫米，小麦收到上场不能脱粒，普遍生芽霉烂。

1979年7月，全区降雨比全县都偏大，降水量为250～300毫米，局部降雨量更大，形成内涝。

1989年7月，全区连续降大雨，内涝面积占播种面积的70%，南北沱河顶托，沿河村庄作物全部淹没。

1990年7月17日19日，全区降大暴雨，全员上阵开展防洪排涝，开展生产自救。

1993年，全镇14个小时内降雨量达120毫米，加之沱河、北沱河洪水顶托，镇内3万亩秋作物积水20厘米以上。8月12日下午2时至13日12时，降雨量达180毫米，镇内农作物全部受淹，秋季大部分作物绝收。

1998年，全镇42589人，因遭特大洪涝灾害，受灾人口达37639人，重灾民达18692人。减收八成以上面积的达12530亩。因灾伤、病人口295人。被洪水围困100余人，倒塌房屋364间。大牲畜死亡26头，损失粮食35.65万公斤。直接经济损失达2225万多元，农业经济损失达1883万多元。

1999年夏季，连降大雨，收割后在河、沟边的小麦被大水冲走，全镇村村都是在水中捞麦、泥中收麦。

2003年6月21日至7月22日，全镇遭到长时间连阴雨，降雨量达800毫米，属全县重灾镇，分管副省长及市领导到沱河和黑泥沟查看灾情。受洪涝灾害面积达10.5万亩，成灾 8.76 万亩，绝收 6.46 万亩，水毁房屋 1567 间，倒塌 42 间，造成直接经济损失 5000 多万元。

2018 年 8 月 18 日，我镇遭遇几十年不遇的洪涝灾害，全镇人民奋力抗洪救灾。

（2）风灾

史料记载，清及民国以来，辖内发生严重风灾 29 次，其中遭到飓风袭击 8 次，每次大风经过的地方，庄稼和房屋都受到严重的破坏。

清康熙二十三年（1684 年）8 月，刮起大风，风向正南，庄稼遭到严重损害，冬季绝粮户生活极苦。

清道光二十六年（1846 年）元月，飓风暴雨，树木被刮拔地而起。

清光绪二十三年（1897 年）2 月 14 日下午，大风突起，风向西北，刮得天昏地暗，日月无光。

清光绪二十五年（1899 年）5 月 16 日，夜晚起风，飓风连刮三天，各村庄的房屋都有不同程度倒塌。

1951 年 5 月，刮大风，风向西北，黄沙漫天，天昏地暗。

1953 年 5 月 13 日—14 日，连刮两天暴风，毁房较多。5 月 28 日以后，连刮西北风、干热风，致小麦减产一半。

1961 年 5 月 3 日、8 日，北风 7~8 级，最大风力 9 级。大风过后，地面温度下降到零下 3.6 度，出现大面积霜冻，刮毁房屋较多，豌豆、小麦遭到严重损失。

1981 年 6 月 27 日 14 时 30 分，黄湾区部分村庄遭受龙卷风和大暴雨袭击，有较多的大树被连根拔起，房屋、大树和早秋作物损失惨重。

2002 年 5 月 12 日，全镇遭到暴风雨袭击，大面积小麦倒伏，减产严重。

2014 年 5 至 6 月初，全镇小麦两次遭暴风雨袭击。

（3）霜灾

清咸丰八年（1858 年）3 月，霜冻，小麦受到较重损失。

清光绪二十八年（1902 年）8 月 23 日，早霜，晚秋作物遭受损失。

民国四年（1915 年）3 月 26 日，霜冻，小麦减产严重。

1953 年 3 月 19 日夜，全区遭受霜冻。4 月 11 日—12 日，又连续遭受霜冻，小麦减产 60%。一些社、组把受霜冻的小麦抄掉种其他作物，但没有抄掉的小麦虽减产还能获得较好的收成，能解决部分口粮问题。

1962 年 4 月 3 日—4 日，气温下降，地温为零下 7.5 度，小麦受到不同程度的损失。

1975 年 3 月 23 日—24 日，霜冻，黄湾以北受灾严重，全社小麦都不同程度地受到损失。

（4）雹灾

全镇历史上遭受雹灾有 15 次，其中造成人畜伤亡、庄稼颗粒无收的特大雹灾有 5 次。

清顺治十六年（1659 年）5 月，大雨、冰雹，小麦遭受损失。

清乾隆十一年（1746 年）夏，大雨、冰雹。二十一年（1756 年）夏，大雨、冰雹，农作物遭受损失。

清嘉庆十八年（1813年），大风雨，伴有冰雹，平地积雹2寸。

清光绪五年（1879年）闰三月，大雨、冰雹，形大如鸡蛋，小麦损失严重。

1974年5月23日18—19时，大风雨、冰雹。雹云自西北进入社境内，降雹历时15~30分钟，平地积雹15~20厘米。成熟的麦子被冰雹打得像石磙轧过一样。受灾面积达1.2万亩，毁坏房屋30余间，有16人受伤，粮田减产严重。

（5）地震灾害

据史料记载，自明代以来，境内发生有感的地震共20余次。

明嘉靖十六年（1537年）四月初五地震，镇境内有轻震感。

清康熙七年（1668）元月中，山东郯城一带发生8.5级大地震，全县为严重波及区，晏路一片有民房倒塌。同年元月，凤阳大地震，七日止，地震波及境内，砂坝一带部分院墙和土房倒塌。

民国十七年（1928年）2月9日晚，全县发生4级地震，地声如闷雷，镇境内民房有轻微损失。

1979年3月2日、5日，固镇新马桥一带先后发生了3.2级和5.0级地震，后又发生多次余震。主震时，全区各大队都有震感。震时可听到犹如重型车辆疾驶而过的声音，同时感到杯盘碗盏晃动作响，但未造成破坏。

（6）旱灾

镇内历史以来旱灾十分严重，四季均有发生，严重时全年无雨，甚至连旱数年，据不完全统计，宋朝以来，境内先后发生大旱40多次，特大旱灾20多次。

特旱年份有：

南宋嘉定十一年（1218年），秋、冬两季大旱，滴雨未落。

明嘉靖二年（1523年）夏，无雨大旱。六年，发生旱灾。八年至十二年，连续五年大旱，五谷不收，农民逃荒要饭。万历七年至九年，夏、秋大旱，饥民以树皮、草根充饥，饿死人很多。

清光绪二年（1876年）夏大旱。十七年春旱，终日大风，造成大旱。二十四年大旱，五谷不收，饿死的人到处可见。

民国八年（1919年）大旱，十一年大旱。

1953年春，天气久晴无雨，全区大面积受旱，水稻、豆类、玉米等受灾严重。

1955年春，久旱无雨，地面出现裂痕，庄稼枯死，全年减产严重。

1957年8月7日至10月27日，70多天未降雨，全区大面积土地因旱不能播种。

1961年6月17日至8月8日，52天无雨，各种农作物减产严重。

1962年春，旱情严重，至4月15日，135天只降水40毫米。入春后，连刮8次7级以上大风，麦苗成片枯死，受旱面积占小麦总面积的95%。

1968年春季，有30余天无雨，秋季50天无雨，春、秋两季受旱面积大，减产严重。

1969年，春夏受旱，全年减产严重。

1973年8月，高温无雨，秋季受旱减产严重。

1996 年 4—5 月，全镇小麦遭受旱灾，减产严重。只有井王村开动电灌站抗旱漫灌，小麦获得好收成。

（7）虫灾

宋以来，境内先后发生过 35 次虫灾，其中，蝗虫造成灾害达 27 次。

宋绍兴三十二年（1162 年）六月，遭受蝗灾。

明正德四年（1509 年）夏，大旱，飞蝗遮天蔽日，庄稼全被吃光，颗粒无收，灾害使大批灾民外出逃荒要饭。

清乾隆十七年（1752 年）秋，蝗灾。十八年六至九月，蝗灾。秋季飞蝗遮天蔽日，庄稼全部被吃光。

十六年六月，蝗灾严重，家家房里都落满蝗虫。灵璧县城里也落有蝗虫，知县卧室蚊帐上爬满蝗虫。

民国二年（1913 年）蝗灾。二十二年，蝗灾。

1953 年 4 月，全区各村庄皆出现红蜘蛛危害麦苗，40% 的麦田受灾，有的田块绝收。

1956 年 6 月，蝗虫、地老虎（蛴螬）蚜虫、蝼蛄危害，农作物因虫灾减产一半。

1957 年夏，全区发生蝗虫危害，经过扑打，制止了蔓延，减轻了损失。

1958 年夏，前一批蝗虫刚扑灭，7 月 19 日，又后一批蝗虫危害农作物，晏路全公社作物受害严重。

1966 年 5 月中旬，麦粘虫危害麦苗，每平方米 80 来条，多达 700 条，30% 的农作物受害。

1971 春，黄湾公社发生大面积严重麦粘虫，被县里列为麦粘虫危害重点区域。

1974 年 3—4 月，麦粘虫蔓延，小麦大面积减产。

1999 年夏，全镇大面积花生遭到蛴螬危害，大部分田块绝收，拔起的花生都是空壳，6 万亩花生减产 50%。

2000 年夏，全镇花生发生严重蛴螬危害，县政府、县农委、植保站在龙水村姚庄北湖召开灭虫现场会。通过现场培训，向重灾村庄发放农药，动员全镇干群开展歼灭活动，但全镇花生仍遭到不同程度的减产。

2. 赈济

中华人民共和国成立后，镇内虽然各种自然灾害频繁发生，但各级党委、政府均在第一时间内，组织广大干群开展抗灾减灾工作，把各种灾害的损失降到最低限度。同时，在各村庄开展救灾互助，农户与农户互助，生产队之间开展互助，上级干部及时包保到村、组开展救灾抗灾减灾工作。国家财政及时拨款、拨物、拨粮进行援助。

1952 年，针对镇内发生的洪涝灾害，各村庄都建立互助组、初级社和高级合作社，让广大受灾群众加入到互助组和初级合作社里，互帮互助渡过难关，国家发放的救灾物资及时分发到户。

1963 年，全区在受到严重水灾后，县里及时向农户发放救济粮、煤、棉花、棉衣及菱角、藕、海带、荸荠、胡萝卜等物资。区、乡政府及时把救灾物资分发到户。县、乡还规定，对重灾民每人每天供应口粮 0.5 斤，使灾民渡过了难关。

1991 年，全区因灾接受国家机关捐赠的棉被 450 床，棉衣 1200 件，毛绒衣 1200 件，皮衣 100 件，羽绒被 500 床，单、夹衣 1200 件，鞋帽 200 顶（双），各乡统一向群众发放。

1996 年，水灾、作物病虫灾，县政府向群众下发面粉、方便面等救灾食品。黄湾粮站向农民借粮。

2003 年，全镇因灾接受省政府救灾棉被 45 床、县政府救灾面粉 4 吨、山东捐赠的大蒜 30 箱、上海市捐赠的衣服 220 包以及香港李嘉诚捐赠的大米 680 包、香港逸飞救灾资金捐赠的面粉 100 袋。接收救灾款 17.7 万元，大米 8150 公斤，挂面 1200 公斤，面粉 2.15 万公斤，棉被、衣服 280 件（床），良种 2 万公斤，建房 257 间。

五、扶贫　救助

1. 扶贫

黄湾镇辖区历史以来既是多灾也是经济欠发达地区，各村庄都有一批丧失劳动能力的老、病、残人员和贫困户。对这些社会弱势群体，镇政府坚持以人为本，采取多种办法、多种形式组织救济。

据《韦集区志》记载：1950 年，全区对 980 余户缺吃少穿的对象发放救济款 1260 余元。农业合作化以后，普遍对老、病、残人员和贫困户实行五保，即保吃、保穿、保烧、保葬、保教（指孤独）。1970 年以后，公社党委会制定对特困户，长期病、残户，实行保口粮、保烧柴、保治病。他们患病均由公社批条子由公社医院和县医院收治，使较多的长病患者得到康复，提升了劳动的能力。1980 年，土地承包到户以后，镇每年在下达三提五统提留中，都设专项提取五保供养、扶贫救济资金，由区里统一掌握使用。

1999 年以后，对全镇特困户、因遭天灾人祸和常病户，采取单位和领导干部包到户、包扶持，推行科技扶贫、养殖扶贫，实施节日救济和临时救济相结合制度，坚持常年救助不断线。每年春节，镇组织民政等有关部门，购面粉、猪肉等物品，对特困户上门慰问、救助，保证他们在节日里能吃上饺子，穿暖衣服。平时遇到困难的时候，经村民委员会出具介绍信，镇政府批给生活费和治病费。2003 年，全镇发放扶贫良种 2 万公斤、资金 17.7 万元，用国家扶贫开发资金修通 10 多千米扶贫路。到 2014 年，全镇 1500 余户摆脱贫困，很多经过扶持后走上了致富路。

2. 低保救助

1997 年 10 月，镇政府成立了城乡最低生活保障领导小组，1997 年 11 月，按《灵璧县城乡最低生活保障暂行办法》规定：（1）无劳动能力、无生活来源、无法定赡（抚）养义务人或法定赡（抚）养义务人、无赡（抚）养能力的未成年及老年人，低收入者，因灾、疾病、残疾或意外事故等原因造成生活困难者，其年收入低于最低生活保障线的城乡居民可通过申请、审核，批准为低保对象。

2000 年 3 月，全县调整低保覆盖面，把收入较低且符合低保条件的部分城镇贫困居民、失业人员、离退休人员纳入低保管理范围。

2001 年 12 月，把符合低保条件的国有企业和集体企业下岗职工纳入低保范围。供销社、粮站下岗部分符合条件的职工也被纳入低保。农村低保户经过多次调整，2013年为1071户，共2330人。2014年有低保1090户，共2053人，月生活补助由93元和110元，提高到148元，全部由镇财政所按时打卡发放到户，实现应保全保，见表12-2-3。

表12-2-3 2011—2014年黄湾镇最低生活保障情况一览表

年 份	纳入低保总人口（人）	一类（人）	二类（人）	三类（人）	其中城镇户籍	
					户数（户）	人数（人）
2011	1828	122	1081	625	58	65
2012	1828	122	1081	625	58	65
2013	2330	122	1092	1116	58	65
2014	2053	114	957	982	58	65

2014年，发放救助款12万元、救助衣被40件（床）、米面500公斤，危房改造150间，大病救助2人，拨款16800元，白内障手术4人，孤儿救助19人，救助流浪人员13人。

六、社会福利

1. 敬老院

1957年到1958以年，合作社先后办起了敬老院，实行生产自给。1958后，各公社和生产大队在原教养队的基础上相继办起了敬老院。"五保"老人入院后，生活费用和口粮由公社或生产大队供给，各院还组织老人从事力所能及的编织、养殖、种菜等活动以创造收入。1966年，红星大队办敬老院。1988年，黄湾区创办敬老院。至1991年，全区有3所敬老院，国家补助资金2.5万元。

黄湾镇敬老院

　　1992 年，撤区建镇后，原红星乡敬老院、黄湾镇敬老院改为镇办敬老院。全镇 2 所敬老院，到 2003 年共收养孤寡老人 20 人，人均年龄为 68 岁。其中黄湾敬老院占地面积为 1850 平方米，共有 21 间房屋，其中，厨房 2 间，娱乐办公室 3 间，其余为老人住房。每个老人一间房，配有床、被、蚊帐、吊扇等物品。吃粮和零花钱都由镇里统一供应。设院长、会计管理人员各 1 人。2003 年，县民政局对镇敬老院投入 18 万元进行扩建，翻建房屋 24 间，入院老人单间宿舍有 18 间，餐厅、食堂和娱乐室共 6 间，院总面积为 3960 平方米。2004 年 1 月 19 日，17 名红星敬老院老人迁到镇敬老院入住。老人所需生活费用都由镇财政所统一拨发，每人每月供应标准为面粉 40 斤，菜金 60 元。设有院长、会计、炊事员、伺候老人服务员各 1 人。

　　2014 年，黄湾镇敬老院设院长 1 人、会计 1 人、工作人员 4 人。入院老人由 2012 年的 81 人增至 85 人。五保老人供养标准，由 2013 年的 1778 元提高到 1956 元。

　　2. 五保

　　1956 年，合作社时期，对五保户按照积极安排生产和照顾生活相结合的原则，对无依无靠且丧失劳动能力的老弱病残者，实行保吃、保穿、保烧、保葬、保教的照顾办法。1958 年，人民公社化后，五保内容改为保吃、保穿、保住、保医、保葬，五保费用由所在生产队集体供给。对生活不能自理的五保老人，转到敬老院照顾。这种五保措施一直延续到 20 世纪 80 年代初。从 1981 年起，由于实行土地承包到户生产责任制，五保户生活费用和口粮列入农户包干合同，由村民小组统一筹款交乡（镇）管理和发放。全镇"三提五统"中包括五保供养专项费用提取，统筹款都用在敬老院和农村分散供养的五保户救助上。

　　1983 年，县政府决定提高五保户供给标准，每人每年供给口粮 300 公斤、零花钱 60 元，烧草全给，医药费实报实销。1995 年，全镇进行第二次土地调整时，五保户参加生产组调分土地，他们和本组群众一样，把分到的土地（不缴税和费，不出义务工）转给其他农户耕种，规定谁种五保户分的地，谁负担五保老人的生活费用。一般都是兑现给老人 600 斤小麦，100 元左右零花钱。治病和殡葬由村、组群众集体解决，镇民政再予以一定的补助。有的村民组把五保户的土地平均分给组内农户耕种，老人的生活由全组群众，按人筹粮、筹款供应。一般都是全年包干，一年一筹，每年给五保老人小麦 600 公斤，生活费、医疗费 300 元左右，最高的 350 元，住房由组内群众凑钱修建。2003 年，全镇共有分散在村庄中的五保户 164 户。农村税费改革后，"三提五统"提留取消，省人民政府决定提高五保户供养标准，省级财政给五保老人每人每年补给 400 元，由民政办公室、财政所统一办好存折，一次性发放到五保户手里。

　　2014 年，分散供养的五保户供养标准，再次提高每人每月补助 160 元，由财政所通过"一卡通"直接打发到五保户个人账户上。全镇共 183 位五保户，年人均生活供养费 1920 元，比 2013 年增加 236 元。

七、婚丧管理

　　1. 婚姻登记

　　新中国成立后，《中华人民共和国婚姻法》（以下简称《婚姻法》）颁布，依法开展婚姻登记工作，由区、乡政府主办。1970年，成立黄湾人民公社时，由办公室秘书办理婚姻登记手续。1978年，黄湾区建置后，婚姻登记由辖区内5个乡（镇）政府各确定1名工作人员办理。1992年，镇建置后，婚姻登记由镇民政办公室办理，专设办公室2间，登记员1名。凡自由恋爱、愿意结为夫妻的男女，达到法定结婚年龄的（男22周岁，女20周岁），可到镇民政办公室登记结婚，领取结婚证书。从2001年7月1日起，全县婚姻登记由县民政局统一办理。2003年6月，成立"灵璧县婚姻登记中心"，镇内凡合法结婚的男女，带着证件，即可到县婚姻登记中心办理结婚登记手续。

1980年，修改后的《婚姻法》规定，结婚年龄为男不得早于22周岁，女不得早于20周岁。从1986年起，办理结婚登记的男女双方必须持本人户口本及村出具的婚姻状况证明。1985年到1992年，全区结婚登记的数量不多，大部分结婚不登记。从1992年建镇后，民政办广泛宣传《婚姻法》，提高男女青年对登记的认识，并设专人、专门办公室开展婚姻登记工作。镇政府制定不登记不分给承包地、不得入户、不安排生育指标等行政措施，以规范结婚办证行为，全镇婚姻登记率快速提高。2014年，全镇结婚登记率达到98%以上。

2. 殡葬改革

1985年10月，灵璧县政府制定《关于殡葬管理的实施办法》，规定凡机动车通行的乡镇、村、庄，属实行火化区，其余为暂时土葬区。黄湾区公所召开会议、下发文件，组织各乡开展平坟还田工作，5个乡组织平坟专业队，全区大田中坟墓均被铲平。1992年9月26日，省委下发《关于党政干部和共产党员逝世后丧事改革的通知》，根据通知精神，灵璧县要求党政干部、企事业职工去世后，所在单位和上一级部门应组织人员帮助其家属办理丧事，并在殡仪馆举行告别仪式，介绍逝者生平，此做法延续至今。全镇各村庄尤其是边远村庄，殡葬改革难度仍然很大。1996年10月4日，县委、县政府再次召开全县殡葬改革动员大会，并发布《关于积极推进殡葬改革的通知》，在全县城乡广泛宣传。1997—1998年，镇政府成立平坟还田小分队，逐村开展平坟，严查土葬户，确定火化专车服务，使全镇火化率快速提高。2001—2014年，全镇年遗体火化率均达100%。

八、村级自治

1984年，人民公社体制解体，大队变为村委会，生产队改为村民小组。

1988年6月开始试行《中华人民共和国村民委员会组织法》（简称《村民委员会组织法》）。1998年11月4日，新修订的《中华人民共和国村民委员会组织法》开始实施，规定村民委员会由3~5人组成，主任、副主任、委员由村民直接选举，任期3年。全镇村委会组织建设和村民自治逐步步入法律化、规范化。

1. 选举第四届村委会

1998年11月，全镇进行第四届村委会直选工作，这次村委会换届选举是根据省政府《关于做好全省第四届村委会换届选举工作的意见》文件精神，全省统一进行的第四届村委会换届选举。全镇共21个行政村举行直选大会，参加投票的村民有24500余人，选出 19 个新一届村委会成员，镇民政办代表县民政局，向 114 名当选的村主任、副主任、委员颁发当选证书。

2. 选举第五届村委会

2002 年 2 月至 6 月，全镇进行第五届村委会直选，这届选举提倡村支部书记依法竞选村委会主任，实行村党支部书记、村主任 2 个职务"1 人兼职"。参加投票的村民共 22480 余名，选举出 17 个新一届村委会成员，民政办负责人向 98 名当选的主任、副主任、委员颁发当选证书。新一届村委会选举产生后，按照村民委员会组织法，组织村委会制定村民自治办法，及时成立理事会、监事会，实行民主管理。全镇新成立的村委会，先后召开村民代表会，制定出《村规民约》，落实定期进行村务公开等民主管理措施。

3. 选举第六届村委会

2005 年，全镇进行第六届村民委员会选举，3 月初开始，按照灵璧县《村级党组织和村民委员会换届选举实施方案》实行村民委员会"组合制竞选"。4 月 12 日，县在黄湾镇进行村委会"组合制竞选"试点工作。经过村民直接选举，产生 14 个新一届村民委员会成员。

4. 选举第七届村委会

2008 年 1 月 31 日，县委、县政府举办第七届村委会换届选举培训班，全镇从 2 月开始进行村委会换届选举工作，4 月底完成换届选举工作。

5. 选举第八届村委会

2011 年 7 月 19 日，县召开村"两委"同时换届选举动员大会，全镇 8 月底完成"两委"换届工作。选举产生新一届村民委员会主任 14 人、副主任 17 人、委员 28 人。

6. 选举第九届村委会

2014 年 7 月 25 日，镇委、镇政府按照县委组织部文件安排，向全镇下发《关于全镇村党组织委员会和第九届村民委员会换届选举工作实施意见》《关于成立村"两委"换届选举工作指导组的通知》《关于印发〈黄湾镇第九届村民委员会换届选举"三项制度"改革实施方案〉的通知》。"三项制度"改革是在全镇第一次实行，即实行观察员制度、定岗选举制度、"一票"选举制度。从 7 月 25 日开始第九届村民委员会选举工作，至 9 月 28 日，全镇"两委"换届选举结束，14 个村选举产生新一届"两委"班子，选举出村委会主任 14 人、副主任 12 人、委员 23 人，其中，在村党支部中交叉任职的有 14 人，见表 12-2-4。表 12-2-5 为第十届村民委员会换届结果统计表。

表 12-2-4　第九届村民委员会选举结果

村　名	主　任	副主任	委员人数
砂坝村	郑四化	董从灵	3
朱圩村	朱修武	陈义仁	1
庙李村	晏金明	李　彬	1
三桥村	陈长品	贺得友	1

（续表）

村　名	主　任	副主任	委员人数
王桥村	刘爱芹（女）	彭迎春	1
晏路村	周　飞	石怀胜	3
胡桥村	柯庆华	高德强	3
柯湖村	张秀云（女）	柯永高	3
双桥村	陈长勇	—	1
单营村	赵怀聪	罗慈广	3
红星村	刘　云	张学庆	—
陆集村	魏学敏	陆彩民	1
宋河村	李学英	殷连生	1
张龙村	赵祥春	—	1

注：其中在村党支部中交叉任职的有14人。

表12-2-5　第十届村民委员会换届结果统计

行政村	主　任	副主任	委　员
砂坝村	刘安杰	郑崇举	郑良军　高洪亮　郑　群
朱圩村	朱怀南	陈义仁	朱修元　潘树成　王雪芹
庙李村	李　斌	—	李　超　姚　春
王桥村	李　奇	—	李少华　刘　涛
三桥村	陈长品	—	李华东　贺德友
胡桥村	柯庆华	朱怀清	田朝东　奚紫艳　李　志
柯湖村	张秀云	柯永高	柯华连
张龙村	王　克	张　秀	张浩周　张　陈　陈长勇
晏路村	刘爱梅	石怀胜	席德来　周德米　陈梦云
单营村	孙念奎	—	陈　胜　王　芳
红星村	孙念佑	—	张　跃　张学庆
双桥村	陈　勇	张桂珍	柯恒志　陈义尊　范国锋
陆集村	魏学敏	陆　健	陆彩民
宋河村	苏　城	—	王　静　贺　丽

第三节 生 活

一、农业劳动

中华人民共和国成立前，镇内农业劳动以人畜力为主。中华人民共和国成立后至实行包产到户生产责任制后的 1985 年前，镇内劳动仍以人畜力为主，耕地使用步犁，少数使用双铧犁，人力操作，畜力牵引；农作物收割使用镰刀、镢头，人工收割；运输靠肩挑手提及独轮车、太平车、平板车等运输工具。小麦收割打捆，运到场上堆垛，用畜力拉石磙打轧脱粒，脱粒时间长达 2 个月左右。收获山芋使用镰刀、镢头、抓钩、步犁、人畜耕刨，用木板单刀（俗称白芋推子）手推切片，后用手摇白芋切片机切片，晒干储存作为全年主粮。使用的肥料全是人工堆积的土杂肥。1985 年以后，机械化逐步代替人畜力劳动，手扶拖拉机、小四轮普遍使用，肥料也都使用复合化肥，大大降低了人畜劳动强度。从 1995 年开始，大型拖拉机带动大型收割机。1998 年以后，镇内普遍使用大型联合收割机。2000 年以后，收割大豆、小麦、玉米全部都使用联合收割机，收割、脱粒一次性完成；田间除草都以化学药剂为主，人工"锄禾日当午"成为历史。2008 年到 2014 年，收获玉米都使用联合收割机，可使玉米穗与秸秆分离、将秸秆粉碎还田、对收获后的土地实行深耕悬耙。使用联合机收获小麦后，可把秸秆进行粉碎后还田，走上了生态农业发展道路。

二、消费

中华人民共和国成立前，镇境内村村户户都是"住皆茅屋，衣皆粗布，食则麦豆杂粮；呈半年犹以草木根叶充饥。家有木具杂什器者十不得一，故岁携家远出，毫无顾恋"。中华人民共和国成立后，人民群众渐渐结束了"呈半年犹以草木根叶充饥"的生活，努力发展生产，增加家庭收入，消费水平提高了。

20 世纪 50 年代初期，区内群众生活日用品消费主要为食盐、食糖、棉布、棉纱、肥皂、煤油等，以后增加了搪瓷用品、胶鞋、毛线、棉衣衫和酒烟等消费品。20 世纪 50 年代后期，消费品档次有所提高，呢绒、绸缎、缝纫机、收音机小批量地进入少数富裕家庭。20 世纪 60 年代后期，化纤布消费量增大，缝纫机、收音机开始走进农家。1970 年以后，铅制品、塑料制品、收音机、皮鞋、苹果、柑橘等销量增加，呢绒、绸缎、自行车、手表和缝纫机销进辖区，其中自行车、手表和缝纫机，被群众称为"三转一响"，是高档产品，成为青年结婚的主要聘礼。1980 年以后，电扇、洗衣机、黑白电视机、彩色电视机、电冰箱、摩托车等高档消费品，深受广大群众青睐，农家普遍用上了吊扇，看上了电视节目。1990 年到 2000 年，镇内市场上畅销的家用产品有液化气灶、电饭锅、彩电、组合家具、摩托车等。

至 2014 年，电磁炉、电烤锅、豆浆机等现代化电用灶具进入镇内农家，不用烧柴火就能做丰盛的饭菜。农户还用上了空调、太阳能热水器、配套使用的自来水，普及了电瓶车、电瓶三轮车,部分农户开始购买轿车和农用汽车。一部分人佩戴上"三金",成年人达到人手一部手机。数字电视普及到户,电脑普及到黄湾街各单位和各职工户,偏远村的部分农户也用了电脑。饮食方面,平日和集日群众多去市场购买,食品占人们日消费量的首位,由往年要求吃得饱、吃上白面,发展到饮食品种繁多,讲质量、讲营养。农户平日里都以吃植物油、素菜为主;麦面、大米是主食;豆制品和炒素菜是家常菜,想吃肉、鱼、鸡可随时购买。农户白酒、啤酒日饮量增大,想喝随便喝。农民像城里人一样,随时可到集市上、超市里、商店里购买称心的物品和可口的食品。饮水方面,群众已饮用矿泉水,家庭在平时都备有各种饮料。各种水果常年不缺,抽烟都是 5 至 10 元一包的黄山烟。穿衣上,镇内群众不愿意去追求过时的化纤、呢绒、绸缎等布料,喜欢舒适的棉制品,讲款式、讲名牌的越来越多,时髦、精致的名牌服装备受欢迎。出行上,20 世纪 60 和 70 年代农民出门都靠步行。近年来,即使近途出行也讲究舒服和快速,骑自行车出门的越来越少,多骑摩托车、电瓶车、三轮电瓶车外出,包专车出行也是常见的。随着农户购买各种汽车增多,自驾车外出更便捷。外出务工人员购买轿车的多,单人专车、全家专车出行的较为普遍。

三、居住环境

镇内群众居住环境的变化可分为 3 个阶段。20 世纪 50 和 60 年代,基本都是居住土墙草房,20 世纪 70 年代住石基土墙草房。1985 年到 1990 年,大都建砖瓦房。1995 年到 2003 年间,随着收入不断提高,农民不惜投入巨资来改善居住环境,镇、村普遍建钢筋砖混平房、楼房。造价在 3 个时期有 3 种价:20 世纪 60 年代每间造价百元钱,20 世纪 90 年代每间房屋造价千余元,2000 年以后,每间造价万余元甚至 2 万元以上。2014 年,每平方米的工价上涨到 110 ~ 120 元。改善居住环境已成为全镇人民最大消费项目,并带动钢材、制砖、运输、建材等多种产业发展。

2000 年后,许多村民进入县、市级以上城市购买商品房,少数户还在北京、上海等大城市购买商品房,在大都市安居。2000 年以后,镇村居民户在改善居住条件上,讲究房屋高大,门窗宽敞,通风透光性好,用电设备齐全,设计安装卫生间、浴池、太阳能热器、气化厨房等设施,普遍达到 3 室 1 厅以上户型,并十分讲究室内外装修。部分家庭还装上防盗、防潮、防火等配套设备。2013—2014 年,2 层 2 间商品房,在村庄中环境较好的地点,价格一般在 14 ~ 18 万元;靠街道的在 20 万元左右;黄湾街上的在 22 万元以上。2014 年,全镇人均居住面积在 8 ~ 9 平方米,由过去 3 代或 2 代人住在一起,变成 1 人 1 室或 2 人 1 室。

四、精神生活

随着有线和数字电视质量的提高,节目增多,居民每晚必看电视节目。有的晚上看,白天也看,农忙时一般看 1 至 2 小时,农闲时看 3 个小时左右。手机上网是青年人必不可少的一项生活内容。各村设有农家书屋,个人订阅报刊量增多,据邮政支局统计,2013 年订阅报刊的有 600 余户。从外地邮购图书的也在增多。茶余饭后看书读报已成为居民精神上最好的享受。

砂坝村农家书屋

镇内广大民众不仅积极参加各级政府或部门举办的文体会演活动，家庭娱乐随处可见。空闲时，随时可召集好友打球、打扑克、玩麻将、下棋等。集日上、庙会上文化娱乐活动十分多，招引广大群众络绎不绝前往观看。春季，砂坝、晏路、黄湾的春会上，文化娱乐活动多姿多彩。

改革开放及市场经济的好政策，给镇内广大民众外出务工、观光旅游带来了好机遇。年年都有近万名中青年男女奔赴祖国各地务工，他们一边务工增加收入，一边旅游观赏都市风光，既挣到了大钱，也一饱了眼福，同时还带动大批亲朋好友前往旅游，观赏大都市的风光，尽享天伦之乐。

第四节 习 俗

一、生活习俗

1. 衣着

清代，镇人衣料多为棉布料，多穿"土布"（即自纺自织的粗布），富人、绅士多穿"洋布"（即机织印染的细纱布）。"土布"色泽常以黑、白、灰、蓝单色为主，或有简单的镂板印花布。"洋布"色泽较为艳丽，其中以阴丹士林、丝光蓝、洋绉、哔叽和绸缎等居多，也有各式大花、小花和条格布。男式服装为长袍、马褂、对襟式短便服；女式服装为襟式短便服、绣花罗裙、百褶裙，男女皆为大腰裤。女性冬季喜欢扎裤腿。四季服式相同，厚薄不一。冬季贫者着棉衣，富人穿皮袄、皮袍，皆盖棉被。贫困者一件衣服往往"新3年、旧3年，缝缝补补又3年"。

民国年间，镇民衣着款式袭旧制，唯质量略有变化，细布逐渐增多。"五四运动"之后，县里文职人员的服饰由长衫而改为中山装；部分政界人士着西装、系领带、戴礼帽；富家女子穿旗袍；青少年学生穿学生服、童子军服。男女老少，一般都穿布底布帮的小口鞋。冬季，富人穿棉鞋或牛毛、羊毛编制的鞋子，穷人则穿稻草、芦苇缨编的茅蓊。劳动男子冬天戴线织卷筒帽（又称猫猴帽），春秋天戴毡帽，夏天戴小斗笠（用小秫秫秸篾、芦苇皮编成席蓬子）；劳动妇女冬天戴双帕棉帽，夏天喜欢戴头巾。童帽有狗头帽、虎头帽、夏衣帽、猫头帽、凉圈帽等样式。

中华人民共和国成立后，装服款式、质地、色泽发生了明显变化。20世纪50年代，男女服装质地以各色棉织品为主，主要有平纹、纱卡、卡其、府绸、哔叽、华达呢、灯芯绒、平绒等布种。男式上衣有中山装、学生装、青年装，女性上衣多为列宁服，春秋两用衫外套。男女下装都为西服裤式，冬季着短大衣。衣服色泽以青、蓝、灰、黄色为主基调。20世纪60年代，衣服款式、质地、色泽与20世纪50年代相同。20世纪六七十年代，男女服装出现千人一色、万人一式现象，青年中一度流行绿色军装、军帽。十一届三中全会以后，随着全镇群众生活水平的提高，衣着方式发生了巨大的变化，布料花色品种丰富多彩。服装、鞋、帽款式繁多，西装、皮衣、羽绒服、皮夹克、里外套装棉袄、保暖内衣、棉裤、喇叭裤、女裙、滑雪衫、羽绒衫、童装、高跟鞋、太阳帽等相继进入农家。

2000年以后，市场上的布料、服装、鞋、帽款式更加繁多。黄湾街涌现出10多家布匹、服装、鞋帽专营店。尤其是鞋子，美观舒适的男女皮鞋、高跟鞋、拖鞋、凉鞋、塑料鞋、毛皮鞋、旅游鞋、保暖鞋等专营商铺众多。

2. 发式、装饰

清代，男子把额顶前部头发剃光，蓄长发扎辫子，留胡须。女孩子满月后剃了满月头，就不再理发。年轻姑娘们额前留道刘海，脑后编一根独辫子，出嫁那天把辫子盘成发髻，用金（或银、铜）簪别起来，外罩黑色红边的包网，鬓角留出两绺短发，分夹在耳朵上，这是女子已婚的象征。

辛亥革命后，男子提倡剪辫子剃胡须。中、老年人发式有2种：一种是剃光头，另一种是蓄辫根短发，俗称"荷闪毛"或"披毛鞑子"。儿童蓄护心毛，即在天灵盖上留一片长发，俗称"花尖子"或"锅铲头""抓钓头"，或留一撮毛（俗称"王八搬家"），或从后面留一撮毛（人称"后拽"），待六岁（或九、十二岁）时举行仪式，曰"剃毛头"，将其剃掉。民国二十年（1931年）以后，理发用推剪，从此发型增多。城乡青年学生逐渐留"东洋头"（即平头、站装头）、"西洋头"（即西装头或大分头）。女生仍保留清代的发型。富家子女戴金、银项链（圈），佩长命锁，套金镯。一般女孩扎耳眼、戴耳环，富户家女孩挂金、银质的耳环或耳坠，普通人家女孩则穿线悬珠。姑娘出嫁必备首饰有簪、钗、环、坠等，但穷富质地有别。军政要人、豪门望族眷属常戴金戒指，以示华贵。当时大家闺秀使用梳妆台，备有香粉、胭脂等化妆品，进行梳妆打扮。一般农民家庭没有条件，很少备有化妆品。

中华人民共和国成立后，男子发型变化不大，有光头、平头、大分头之分。青年女子改独辫为双辫，有的干脆剪掉辫子留短发或扎或披，但中老年妇女仍然习惯盘发髻。20 世纪 80 年代后期，区内男女发型繁多，青年男式发型增加了香港式长发；女子增加了烫发、做花等；中老年男子发型变化不大。后来又有学生式、娃娃式、青年式、自由式、上海式、披发等发型。20 世纪 70 年代末，手表进入城乡普通家庭，护肤化妆品逐渐成为生活中的必备品，梳妆打扮已不再被人歧视。20 世纪 90 年代末以后，耳环、胸花、戒指、手镯、项链等首饰相继上市，佩戴首饰成为人们追求的生活方式，首饰质地也由仿金、镀金发展到真金。其后变色眼镜也进入市场，男女皆宜，戴变色眼镜成为时髦的象征。

3. 缠足

清朝时期，镇内妇女兴缠足，土语叫"裹小脚"。民国时期，提倡剪发放足（剪去长辫子，放大脚）。中华人民共和国成立后，妇女不再缠足了，和男人一样参加田间劳动，缠足现象逐渐消失。20 世纪 80 年以后在全区缠小脚的老年妇女基本不见了。

4. 饮食

镇人历史以来爱用鏊烙薄饼，夹大葱卷着吃。中华人民共和国成立前，人民生活非常穷苦，常年以高粱、白芋为主食，极少搭配小麦、杂豆、玉米等，农闲外出逃荒要饭的较多。逢年过节许多贫户也很难吃顿饺子、白馒头。20 世纪 50 至 60 年代，区、社内多灾多难，"人缺口粮、牛缺草，锅下还缺柴禾烧"。20 世纪 70 年代，社、队群众仍以食用白芋为主，村村队队流传民谣："白芋稀饭、白芋馍、离了白芋不能活。"一年到头只能在"三节"上吃点肉。生产队里如果耕牛有病、累死或老了经公社兽医部门批准的不能使役的牛，就被宰杀，由生产队安排剥肉，炸熟上市卖，收入归集体。生产队炸牛肉时，通知家家户户，大人小孩都拿着碗去喝牛肉汤。牛肉锅烧开后，撑锅的屠手就拿着大铁舀子，舀起汤，逐一倒入顺着锅四周排队的人碗里，老少们高兴极了。

酱菜、酱豆（群众称叫下酱豆）、咸菜，是全镇农家制作历史较久的传统菜。酱豆以黄豆为主料，挑选上等的好黄豆，炸熟后晾干的黄豆放入笆斗里，用布封好口，放在锅灶前的柴火里焐，使其发酵，至扯黏丝的程度取出来，摊开晾晒，半干后就可拌上适量的红辣椒、食盐、萝卜、生姜、花椒面、胡椒面、葱等，放在大黄盆里，用凉开水搅拌即成。可直接存放在坛罐或小缸里，下好后第 2 天即可食用，叫"鲜酱豆"，晒干的叫"干酱豆"。咸菜的制作是以青菜为主，腊菜、高梗菜、散白菜、勺头菜等都行。将青菜洗干净放入缸内，一层青菜上撒一层盐（群众称"十斤菜一斤盐，下淡了也不咸"），然后用一块青石头压实，等到渍盐后发酸，取出放入锅内炒透即成，如用肥猪肉炒更佳。2000 年以后，全镇人又习惯腌萝卜干，立冬以后，家家户户赶集买成口袋的萝卜回来腌，当下饭菜。其做法是把萝卜洗干净后，切成方形，放在缸里腌，放一层萝卜片，撒一层盐，腌了几天后，萝卜心腌软发红时，取出晾干，然后再放入缸里拌上五香粉、胡椒、花椒等佐料，待几日后就可切成丁子吃。如果吃不完，还可晒干收藏起来，群众通称萝卜干，可长期食用。

抽烟。镇人抽烟和喝酒水平也都是随着经济发展不断提高。民国时，群众都吸自栽的烟（俗称老烟叶，用老烟袋抽）。20 世纪 60 年代和 70 年代，农民吸烟根据经济条件：家庭收入少的，上了年纪的老头大部分抽烟袋，中青年人抽 1 至 3 毛钱 1 包的

"大铁桥""玉猫""丰收"等牌子的香烟(丰收烟9分钱一包、群众都号称"一毛找")。"春秋""红三环""皖烟"算是中等烟。20世纪80年代和90年代,农民抽烟开始升级,"团结""东海""渡江"和"绿合""香梅"牌香烟备受青睐,富户抽"大前门"。2010年至2014年,农户抽烟升至"黑盒黄山""渡江",一部分户抽10元1包的"红盒黄山"等高些档次的烟。有钱人抽20元1包的"玉溪"。办红白事都用10元1包的红盒"黄山"。县、乡有些有地位的人或是老板抽"中华"(有软包装和硬盒2种)。

喝酒。中华人民共和国成立前,地主富农家讲排场,比阔绰,提高宴席规格。辖内民间宴席一般分为上、中、下3等:4蝶4碗为下等,8碟8碗、12碟9碗为中等,24碟、10大碗为上等,富户宴席以菜取名,如"鱼翅席""海渗席""烤席"等。

20世纪60和70年代镇人喜唱用白芋干换的散酒(3斤白芋干换一斤酒),遇到红白事或来客,都喝"曲香""汴河大曲""灵璧大曲"等。2000年以后,农家一般喝桶装的白酒或皖酒、种子酒。2010年以后,农户喝酒又开始升级,一般喝15~20元1瓶的,来客喝30多元或40多元1瓶的,另外啤酒、饮料都是敞开喝。婚丧喜庆,均要办宴席招待亲友。2000年以后,一般家庭遇到婚丧嫁娶、长辈祝寿、女子应征入伍、考取大学、招工招干、欢度生日、乔迁新居、酬谢资助等,都要操办宴席。全镇村庄里的宴席由保持古代碟碗形式的向盆形式发展,有的图省心省事,到酒馆里开办包桌宴。为了经济实惠,菜肴以鸡、鱼、肉、蛋大荤为主,主食以米饭、大馍为佳。从镇直到各村讲究菜肴有色、香、味、形。吃饭的菜多为4菜一汤,喝酒的菜十几道,有荤有素,有热有凉,有咸有甜。

5. 建房

草房。清代至民国期间,镇内草房多为泥墙,用麦秸和泥,用铁叉垒墙(群众叫采墙),一般都是垒3层,每层不到1米,待第1层干透了,才能垒第2层,3层都干透了叫"4沿齐",如果遇到好天也得2个月。"4沿齐"后,就准备筹建屋顶(群众叫起屋),首先用土坯垒起两头的山墙(群众叫烧山),宝塔式的山墙垒好后,请来木工架起2道梁,使房好梁棒,此时,就可把秫秸和芦苇用细绳(或扎把)固牢在棒上(群众叫卡屋芭),再把活透的稀泥均匀泥在屋芭上,泥一片,就可铺苫一片草。草苫齐后,用厚泥压屋顶(群众叫"压脊")及山墙两边(群众称"压扉"),防风刮。接着,就是泥好屋内屋外墙壁。讲究的,在秫秸把上抹一层白灰,代替天花板,使屋内既明亮又干净。由于镇内土地面积大而瘠薄,1949年前栽苗草的多,可运到集市上卖,有钱户和中上等户屋顶多用苗草苫,穷户用麦秸或茅草苫屋顶,屋扉多用石灰泥抹,屋脊两端各置"望砖",并在山尖下面留下双孔,俗称天窗眼,或称猫眼。屋顶面坡度为四六分水、三七分水和二八分水不等,苫好草、压好脊、泥好墙就算全面竣工。建房前往往找"风水先生"看地,不在犯忌之地建房。房屋的高度要事先与邻居商定,不能有高低之别。建房上梁和搬进新居都要取黄道吉日,燃放鞭炮。建房上梁之时,要抛撒小馒头和糖块,让小孩子抢,以示吉利。未满月产妇禁止进入他人家宅,一旦要踏入人家户内,要给人家"添锅"放炮,一般都得买一盘大炮放,再在人家锅里添满水,烧开后擀一锅面条下,有的还要求有鸡蛋、麻花混合下,让人家吃,意思是添满福气。住宅的方位基本都是坐北向南，即院庭的门面朝南。凡屋门向南的大多有偏房或院墙，前面有过道的称为前屋，后面一排称堂屋。层高、质量好的，一般安排父母、长辈居住。门向东、西的称"偏屋"或"厢房"。与主屋不连，屋较低，质量较差，一般都留给晚辈居住。前后留门的称过道，门向北的称"倒座"。中华人民共和国成立以后，住宅习惯基本依旧俗，所不同的是建房的禁忌逐步减少。20世纪50年代依然都建土木结构草房，仍然有先找"风水先生"看宅基、看风水，再确定选址建房的。由于生活困难，一般都是扩建偏房、前房户多。20世纪70年代以后，房屋质量逐步提高，尤其是实行土地承包到户后，新规划、建新庄比较多，都是扒草房建砖墙瓦顶结构房。

瓦房。镇内在1986年后逐渐兴起建筑工程队，开始在街道上和村庄中招揽建筑工程。农户想建房，首先请建筑工头喝一场酒，接着，商谈包工价格及建房材料选购、筹备等事项，一般管吃，价格低一些，不管吃，价格高一些。开工首先挖地基，用人工锹挖，一般都挖近1米深，反复打夯，垒石基础，地基深度不一，有钱的下深一点，约在1米，经济条件不好的户，地基下浅一点。出地面再垒石头，约1米高，都用好石头，石匠用錾子錾平垒，美观好看。用石沫水泥浇灌，外面用水泥粘逢（群众称"勾石逢"），显示美观。石头以上垒砖，一般都垒2米左右高。建房一般都是3间，中间留正门，两边留两个窗口。架2道木梁，架好梁时要贴对联，都是吉祥对联，如"太公扶玉柱，彭祖架金梁"等。正中间房的基棒上，还要钉一块红布，上面写新房落成纪念日期，有的还在正门上贴出"建房大吉"等标语，贴好标语就放炮，撒糖果、小馒头。亲朋好友还来"压风"送礼，有的送3斤肉，有的送2瓶酒。待新房落成竣工后，主家把送礼的人都请到新房里，设宴招待，表示祝贺。用芭要看家庭经济状况，有钱的用竹子、木板铺，缺钱的用芦苇扎把。有钱的房顶都用红瓦、小钢瓦，缺钱户都用水泥瓦。1993年以后，都不用石头下地基，直接用红砖灌水泥，条件好的开始建走廊房。

楼房。2000年始，镇内一些村庄农户开始建造平房，少数户出现建2层楼房，用材向水泥钢筋转变。首先扎钢筋、浇地梁、制作模具（群众称订壳子版），用混凝土浇灌顶、柱。建造楼房的层数，应以家庭状况而定，一般1个儿子定房宅为两间，有钱建2至3层楼房，儿子多、缺钱的暂时建一层平房。2010年以后，全镇开展新农村新社区规划，两三层的楼房已成为广大农民最理想的住宅，建房地址逐步向交通便捷的水泥路旁集中。建房者都是自备材料，承包建筑队收取建房费，建筑工程费也随着务工人员工资上涨而不断提高。工程承包费用都是按照建筑面积收取，2003年，每平方米收费40~50元；2005年，每平方米收费50~60元；2007年，每平方米收80元，黄湾街收85~90元；2010年，建筑承包费每平方米上涨到90~100元；2014年，上涨到110~120元。建楼房也沿旧俗，封最后一层顶（群众称浇顶），也用红纸贴对子，撒糖果，放大盘鞭炮，请全体参建人员喝庆功酒，收取"压风"礼（以前收物品，现变收钱）。住房习俗在不同时代有不同的改变，现在所建的正房、好房或是两三层美观的楼房，长辈和父母一般都住不上，都是留给儿子媳妇用的，过去那种长辈住正房、好房的旧习俗彻底倒过来了。

二、节日习俗

1. 除夕与春节

除夕，指农历腊月的最后一天（也就是月大三十日或月小二十九日）晚上，新岁将在翌日零时开始，因此除夕又叫"除岁"。春节是新年初一，除夕和春节为一年中最隆重的传统节日，俗称过大年。中华人民共和国成立后，镇民过年沿袭旧俗。过年前夕，凡远离家乡在外地的人都纷纷回家，群众中流传的"过年歌"称"二十三糖瓜黏（熬糖），二十四扫房子，二十五磨麦秫，二十六去割肉，二十八蒸馒头，三十晚上熬一宵，大年初一三叩头"。进入腊月，多数家庭都为过年张罗着、忙碌着。先从打扫卫生开始，家家进行大扫除，清扫室内外垃圾和尘垢，拆洗衣服、被褥，整理家具、炊具等，以便干干净净过新年。家家挂年画、贴春联，以示辞旧迎新，为节日增色。春联的内容富有时代特色，但多为表达祝福、喜庆、祥和。贴春联有讲究，一般家庭都贴红色，20世纪60年代以前，如有丧事，前3年分别贴蓝、绿、黄，且内容都是守孝纪念之词，第4年恢复贴红色联。20世纪90年代以后，镇内有丧事的3年内不贴春联，3年后，再恢复贴红色联。镇内群众过年历来都是重视年三十中午的团圆饭，把最好的过年食品都集中在年三十中午吃。夜晚"守岁"，直到午夜之后。午夜前后放鞭炮，称为"接天"，迎接新的一年、新的一岁到来。初一家家起得早，开门迎财神，早饭要吃素馅水饺，谓之"一年素素净净，无灾无难"。还有的在饺子里包几个硬币，吃到硬币者被认为在新年会大吉大利有财气。大年初一，人们都习惯穿上新衣服，或穿干净整齐的衣服，晚辈给长辈磕头、拜年，长辈给晚辈"压岁钱"。正月初二，开始接亲戚、访朋友、互拜年，有条件的村庄还举办体育比赛或表演打锣鼓、玩狮子等传统节目。初五为小年，早上吃荤饺子。现国家定全民公休假3天，与前、后两个双休日调休形成7天"小长假"，为国人举家团聚、共享天伦之乐提供方便。

2. 元宵节

农历正月十五为元宵节，又称为上元节，俗称灯节。这天，出嫁的闺女一定要回婆家，俗话"十五不看娘家灯，看灯娘家穷"。清代，民间从正月十三日起，到十五日止，每晚都张灯结彩，饮酒烧香，放烟花、看戏、吃元宵以欢度节日。民国年间，节日当天人们吃米面或黏秫秫面作的元宵，晚上观看龙灯、舞狮子、踩高跷、驶旱船等表演，并向天和家堂灶君烧香叩头。20世纪六七十年代，除迷信活动被禁止外，一切都沿旧俗。黄湾设建公社以后，文化部门常常在元宵节组织民间艺人进行舞龙、舞狮、驶旱船表演和举办体育活动，使节日丰富多彩。晚上儿童们都挑起花灯，对着家里家外的每个角落照一照，并边照边唱"照、照、照厢房，年年都打万担粮"，祈盼来年有好收成。"正月十五照一照，蝎子、臭虫全死掉"（旧社会农民住房多为土墙，十裂九缝，破房和危房多，蝎子多，床上臭虫也多，现已绝迹）。在闹花灯的晚上，大一点的孩子把平时收集的刷锅刷把头，或用麦秸扎成草把子，拿到村庄外空地上，点燃后抛向空中，落下后，拾起来再向空中抛去，这就叫撂火把，一边撂一边唱："我的火把如明灯，一穗秫秫打半升，我的火把亮又亮，照得俺地多收粮。"期盼着丰收年景。近年来，撂火把已不多见，农户都富裕了，节日晚上幼儿们都是挑着装有电池、还能唱歌的各种灯笼，到处玩耍。

3. 龙头节

据老人说，农历二月初二龙抬头，一年农活开始。为了祈求龙王赐福，这一天，民间家家做点好饭菜，以示祝愿。在庭院和门口及场地上，用草木灰撒成大圈，形似盛粮食的褶子，以祈龙王保佑风调雨顺、五谷丰登。故民谣云："二月二龙抬头，大褶满来小褶流。"此外，给孩子剃毛头也都选在二月二这一天，把小孩子出生后就留在脑后的一撮毛给剃掉，通知亲朋好友前来祝贺，收取礼金，摆宴席庆贺。近年来，由于外出务工人员多，他们过完春节就赶回城去挣钱，给小孩剃毛头都由原来的二月二改为春节前后，趁着农民工都在家的好机会，给孩子剃毛头，以便到场祝贺的亲朋好友多，收取的礼金也多。

4. 清明节

清明节为祭祀节。清明节前，家家都要添坟、扫墓、烧纸、祭祖，以示怀念先人。这天，家家门前都插柳枝，民间传说"清明晒死柳，大馒噎死狗"，意为：清明这天是晴天，当年定是丰收年。1949年后，此俗依旧，人们仍把清明作为祭祀节日，农家仍在房檐插柳枝。1998年殡改后，政府组织平坟，添坟祭祀活动减少。近年来，国家把"清明"定为法定公休假，镇内民间添坟祭祖又恢复了。全镇中、小学还在这一天组织学生到烈士陵园扫墓，敬献花圈，缅怀先烈，对青少年进行革命传统教育，清明祭祖仍沿旧俗。

5. 端午节

农历五月初五为端午节。传说此节是纪念战国时期的爱国诗人屈原的。旧时端午这一天，民间悬符插艾，男女佩符，喝雄黄酒并将其涂在口鼻上，以避邪。儿童手腕系五色丝线，以避邪免灾。民国年间，习俗照旧。1949年后，城乡居民仍保留端午节吃粽子、插艾枝，幼儿扎五色丝线，姑娘戴荷包的习惯。荷包里装的是雄黄、香草等，其是解毒驱邪的佩物。

6. 天中节

农历六月初六称天中节。1949年前，这一天为晒书、晒衣服日，因为梅雨即将来临，民众曝晒衣服以防霉度夏。1949年后，六月初六，另有新义，这天出嫁的女儿、侄女都要买块肉孝敬年满66岁的父母或其他长辈，俗有"六十六吃块肉"之说法，来祝福老辈人延年益寿。

7. 中秋节

农历八月十五日，是中秋节，亦称"团圆节"，至亲好友互送月饼等礼物。中午家家备办酒席，全家聚餐，吃"团圆饭"。晚上备月饼、水果之类，置于庭院中，阖家团聚，观赏最美的、最圆的月亮，赞月光之美，祈人类幸福，敬奉月亮，求风调雨顺获丰收。

8. 重阳节

农历九月初九日，俗称"重九"。清代，每当重阳节来到，富人家常采菊酿酒，一些文人墨客登山赋诗，青年学生则远足登山，尽情游玩。1949年后，重阳节这天仍有组织民众登高望远的。2000年以后，在本镇过重阳节又有新义，在这一天，晚辈们向老辈人送祝福，并赠送礼品，祝福老人健康长寿。

9. 腊八节

农历腊月初八日，这天叫腊八节，原为佛教节日，传说是释迦牟尼的成道日，每到腊月初八这天，寺院僧人都用米、豆、枣、粟、莲子五样东西熬成粥（名曰"腊八粥"，又叫"五味汤"），端到佛前敬过佛，然后自己吃，后演变成民间一种习俗。镇内一些村庄有个规矩，这天，婆母未死的媳妇，一定不能在娘家过，俗称"腊八不回家，婆母死后脸下趴（即脸朝下之意）"。镇人一直沿袭旧俗，中午吃用白菜、粉丝、大米等混合熬成的一锅腊八粥。

10. 祭灶节

农历腊月二十三日是祭灶神节，镇内群众俗称过小年。此节全镇过法不一，有过二十三的，有过二十四的，俗称"官过三，民过四，王子过五"，即做官的或做官的后裔过二十三日，庶民百姓过二十四日，帝王、孔子后裔过二十五日。

三、节日活动

新中国成立后，新增节日较多，镇内群众参与的主要节日有以下几个。

1. 元旦

公历 1 月 1 日是新年，也就是元旦，机关各中小学校、幼儿园都要张灯结彩，挂出"庆祝元旦"标语，中小学生、职工放假 1 天。全镇农户家庭，也随着生活不断富足，学着城里人一样过元旦节日。中午饭菜要比平常丰盛，全家欢乐地在一起吃上一顿，以示过新年。

2. "三八"国际劳动妇女节

3 月 8 日是国际劳动妇女节。镇妇联会提前做好准备，召开会议庆祝，或举行其他活动。学校和镇直单位女教师、女职工，放假半天，算是过自己的节日。

3. 植树节

国家规定 3 月 12 日为植树节。每年植树节前，镇党委、镇政府、镇林业部门、镇直单位以及各中小学校和各村村委会，做好发动和组织工作，开展全民植树活动。

4. "五一"国际劳动节

5 月 1 日是国际劳动节，每年 5 月 1 日这一天，镇直机关、企事业单位、中小学都按国家规定放假，机关单位还插彩旗、张贴标语，以示庆祝。有的学校还组织师生游园。

5. "五四"青年节

5 月 4 日为青年节，镇团委和各团支部组织青年开展庆祝活动。

6. 护士节

5 月 12 日为国际护士节，镇卫生院组织护士开展庆祝活动。

7. "六一"国际儿童节

6 月 1 日是国际儿童节，小学生放假一天，庆祝节日。

8. "七一"党的生日

7 月 1 日，是中国共产党诞生的纪念日。每年 7 月 1 日，乡（镇）党委都要组织党员开展各种庆祝活动，或召开会议，表彰优秀党员。

9. "八一"建军节

8月1日，是中国人民解放军建军节。每年建军节前，镇党委、镇政府、镇人武部、镇民政部门都要组织开展"双拥"活动，召开优属兑现大会，一次性兑现全年烈、军属优抚金。

10. 教师节

9月10日是教师节。全镇教师举行庆祝活动，召开专门庆祝会议，表彰优秀教师和支教先进单位、个人。

11. "十一"国庆节

10月1日，是中华人民共和国的国庆日。现国家规定全民享受公休假3天，与前、后2个双休日调休形成7天"小长假"，以方便城乡居民外出旅游，刺激消费，拉动国家经济快速增长。黄湾镇直机关、学校按国家规定放假，张灯结彩，庆祝国庆节。

四、婚嫁

清代，镇内的婚姻形式，大多是包办和买卖婚姻。只要男女双方家长同意，经媒人说合后，即可互换红绿柬，上开"乾造坤造"和生辰"年月日时"八字，男家留绿柬，嫁女留红柬，便成婚姻。有的随柬附送红绿布2匹，贫家只附送点心4包，地主、豪绅家加倍送礼。除此之外，还存在着几种特殊婚姻形式，等郎媳（即郎出不归，媳要无限期地等待）、童养媳（即贫家少衣无食，将幼女送给婆家收养为童养媳）、早婚（男家人口少，孩子娇惯，刚到十四五岁便为其成婚）、冲喜（即男方有病医治无效，用为其成婚的办法来刺激病人的精神，希望得到转机，称冲喜）、抢亲（即用暴力手段将女方抢占为妻妾）、指腹为婚（家长双方在孩子未出生就许下婚约）。民国年间，辖内仍然实行封建婚姻制度，男女婚姻不自由，其联姻程式有说媒、过柬、出嫁、迎娶、陪嫁、拜堂、闹房、回门等。

说媒，即媒人说合。一般是一方或是双方之亲朋、挚友充任媒人，为了说合成功，往往带有极大欺骗性。当时，主宰婚姻大权的是父母，而不是男女青年自己，一旦父母允许，婚姻便成。父母相信"年命"，子女婚事，必须请算命先生"合年命"，即根据男女生辰年、月、日、时等八字推算，属相是否相克。有"自古白马怕青牛、龙虎相见一旦休"之说，个别情投意合的家长，仍然结"包被亲"（定娃娃亲）。

看门户。现依然沿袭旧俗。就是男女定亲之后未见面之前，由媒人定下日子，女方到男家看门户。一般由媒人、女方婶子或大娘带女方去看，主要看男方家庭住房和家具条件。男方家都要准备丰盛的宴席，招待女方客人。饭后，还要给女方定亲礼，还要约定男女双方买定亲衣的日期。定亲礼，随着人们收入的提高而不断增高，20世纪80年代，定亲礼一般为500至600元，20世纪90年代，有1000元左右，2010年至2014年，有8000至10000元，如果钱要得多，就不买定亲衣。

过柬。现称"过红"。中华人民共和国成立前，一般过红下礼都是红布6尺，红带子1副，针线零碎物若干，一般礼物则是衣料、酒、肉鱼、糕点等。现在都是开着四轮机、小货车，放上桌案，桌案上放着半扇猪肉（一般百斤左右），肉上贴着红纸，还要有 2 只鸡、2 条鱼、2 床红绿被面以及烟、酒、糖、糕点若干箱等，同时还要跟红礼（群众称"坠红礼"），20 世纪 80 和 90 年代坠红礼在 2000 至 3000 元，2000 年后，在 5000 至 6000 元，至 2014 年，要到 30000 至 40000 元（群众叫折钱，兑现钱后，嫁妆是娘家买）。

出嫁。男女嫁娶之前，媒人先到女方家征求喜期的意见，若同意嫁出即用红纸开出女方的出生日期交给男方，谓之"要生辰"，然后男方请人选择吉日（俗称看日子）。同时要写出 2 份喜帖，详细写出喜期、喜房朝向、喜庆位置、新人坐帐方向等。一份男方保留，一份送给女方，称"下喜帖"。这时双方皆开始筹办嫁娶事宜，女方准备嫁妆、嫁衣等。

催妆。喜期（也叫正日子）前一天叫催妆。装箱，由 2 个全福人（儿女双全的妇女）来承担，装完箱后，在箱内 4 角放上 5 果，即红枣、花生、粟子、核桃、白果（意为早生子），然后上锁，把钥匙交给经办人，就算礼成了。

上轿。结婚这天，男方要备花轿一乘，去迎娶新娘，大户人家还备鼓乐、排仪仗，以示气派。当娶亲的花轿来到门前，出嫁的新娘要"上头"，就是坐在椅子上，身穿大红袄，腰系花裙子，脚穿红袜子、红绣鞋，请人把辫子挽成发髻，有钱者佩戴首饰，用纱布蒙上头和脸，怀里抱一面铜镜子，铜面对着胸口，"上头"结束，由自己的胞兄或近房的兄长抱起送上花轿。未上轿之前，要带一小块肉，出庄后约有里把地的距离，把肉丢掉，俗称离娘肉。上轿时，出嫁女方不论对婚事满意与否，都要放声大哭，不哭不吉利。当花轿抬起时，鸣炮奏乐，女方家庭要选派男性跟轿护送，俗称"稳轿"。当花轿行至两地一半路时，要把怀中的铜镜面子转向前方，"稳轿"者开始返回，鼓乐队和嫁妆都是随轿同行。实行家庭联产承包责任制后，很长一段时间都用四轮机送亲，现在都雇用轿车，有钱大户雇十几辆跟随，以示富有、气派。都是由男方带着轿车到女方家接亲，男方为女方撑起红伞，搀扶上轿车。

送亲，送亲者俗称大宾客。要从本姓有功名人中选派，或由舅舅、姑父、大爷、大叔、本族家中的哥哥等送往，以显尊贵。同时还选派送嫁妆的男客人 6 至 7 人，送嫁女客 6 至 7 人，各一桌人，单独为大宾客摆上一桌宴席，由男方家庭选配 6 人作陪。大宾客 1 人坐正面席位，另三面是男方陪客，一般都是有一定身份、地位的尊长者。

迎娶。喜期既定，风雨无阻，男方要筹办新房、做新衣、赁花轿、雇鼓乐、下请帖、接亲戚等，准备工作因家境财力或繁或简。迎娶新人前一天叫"催妆日"，男方要给女方送"催妆衣""下礼"，同时要贴喜联，接亲戚，请厨师备筵席，接花轿请鼓乐，缝喜被铺喜床，喜联多为玫瑰红色。大门和门头贴对联和横批，门两侧贴双喜，一般是竖排连写。家族近房只贴"双喜"。喜日大早要发轿去接"新人"。花轿来回不准走同一道路，遇到沟、河、桥皆要放炮。新人娶到家里之后，喜庆即进入高潮。

陪嫁。闺女出嫁，嫁家得陪送嫁妆，嫁妆数量和质量，视家境财力而定，一般陪箱、桌、灯、盆 4 件和衣服等，条件好的家庭外加小杌桌、小凳子、小柜子、盆架，称"小八件"，再好些的家庭陪"八大件"，地主家庭陪送的嫁妆不仅数量多，而且质量好，有的甚至陪金银器，送佣人、丫头，陪送田产，以示富有。中华人民共和国成立后，镇内陪送嫁妆沿袭旧习，不同年代显不同特色。20 世纪 80 年代，嫁妆质量开始提升，陪送自行车、电风扇、电视机等。20世纪90年代，有的开始陪送摩托车，有的还陪送四轮机。2000年以来，直到2014年，陪嫁妆逐渐升级，家用电器为空调、冰箱、洗衣机、电动车，还有的陪电脑甚至小汽车等。

迎亲。一般是2人，年长者拿烟，年轻者拎茶，恭敬相迎。

挽亲。由一老妇（儿女双全者）以示吉利，一未婚少女架着新人。慢慢悠悠的，碎步向前挪走，挪到大院内。

拜天地。新娘花轿到婆家，落轿后，新娘须吃罢"长生面"才能下轿。在下轿以前，要铺好席子，让新人走在席子上。这条席子走完，另一条席子铺上，一直到院子里拜天地，俗曰"新人下轿不沾土，快把芦席地上铺"，中华人民共和国成立后少见。接着即举行"撒帐""拜天地"，进入喜庆高潮。"撒帐"就是用小麦、大麦、红枣、花生、粟子、核桃等掺在一起，装在斗里，由撒帐的人抱在怀里，抓起来向新娘子头上、身上撒去，边撒边唱《撒帐歌》。当新娘走到院内香案前时，新郎的父母呼喊新郎的乳名出来拜天地，新郎、新娘并肩站在一起，由司仪主持行叩拜礼，即一拜天地，二拜父母，三是新郎、新娘对拜，这些称为拜堂成亲，接着就把新人送入洞房坐帐。

坐帐。新娘按旧俗规定的方位在床上端坐，其他人开始闹房。闹房者，不分老幼，俗称"三天之后分大小"。闹喜人无论说什么，新娘只能听着，不能问话，更不能发火，旁边有嫂嫂、姐姐陪护着。

辞房。大宾客临走时要辞房，辞房时由迎大宾客的人陪同大宾客一道走到有公婆母在场的洞房里，交代娘家接送日期。在辞房之前，闹房人一律避开，俗称静房。大宾客辞房后，要回到客房与陪客者道别，相继行礼送别。

闹房。新人入洞房后，新郎抱着撒帐用的"斗"，里面装有大麦，上面插着一杆秤，前来挑包头，即用秤杆把蒙在新娘脸上"盖头"挑掉，闹喜的亲邻、儿童便是前呼后应地开始闹房。下午给新娘子"开脸"，一般由近房的姑嫂进行，先把香粉涂在脸上，用棉线打成活扣子，扯掉脸上的汗毛。开脸时，手里拿着红鸡蛋在新娘脸上边滚边唱："红鸡蛋满脸转，今年请俺喝喜酒，明年请俺吃喜面。"

送房。送房在晚上举行，正房摆上一桌酒席，送房人先入座，后由两人把新郎、新娘请到正位入席，送房即开始。通过喝"交心酒"，闹喜逗乐，送房时还唱着《观新人歌》。送房一般至深夜，在一片欢乐的气氛中，新郎、新娘入洞房。还有的人在窗下"听私房话"，继续闹房，至深夜兴尽始散。

瞧客。瞧客的日期是新娘过门的当天，由送亲的大宾客去探房时约定的。一般是第三天瞧，是女家有地位的人（最好是新娘长辈和平辈的两辈人），到男家去瞧看新娘，男家还要请他们族中与女方来客辈分相当的人作陪。瞧客是新娘婚后第一次见到娘家人，因此是一件大事，比较隆重，婆家中午会摆上最丰盛的酒宴招待。

回门。新娘出嫁第一次回娘家叫"回门"。镇内回门习俗为单回门，现都是夫妻一起回门。回家过一个中午，下午返回。现在都改第三天瞧客为第三天回门。夫妻一起回门，男方向女方父母要见面礼，有的站在门外，一直等要礼金，不给就不进门。有的女方还是向着娘家，不给钱也硬把丈夫拉进屋。

婚后1月接。娘家要接女儿回家，新娘在娘家过9天或10天回家。

国家颁布《中华人民共和国婚姻法》后，包办买卖婚姻的逐渐废除，男女恋爱自由，婚姻自主，逐渐向文明、简朴方向发展，不烧香，不拜天地。机关、学校等单位的人多是旅行结婚或举行集体婚礼等。但本镇多数仍沿袭旧习举行结婚仪式，仪式改革有：接新娘改花轿为轿车；不再举行拜天地仪式，改为"做堂席"，为的是向长辈和直系亲属磕头，长辈和直系亲属给新娘、新郎磕头礼，礼归新人所有；新娘不再用红纱蒙头面；旧的订婚帖式已不再用。20 世纪 80 年代，区内订婚彩礼逐步升级，由"三转一响"发展到家用电器、高档衣物和高额聘礼，折成一次给多少万元。女方嫁妆发展到中、高档家具和家用电器。因而，家境困难或品貌不佳的男青年寻偶困难。随着外出打工的青年越来越多，不少青年在外自由恋爱，在外地结婚人数越来越多。

五、生育

1. 婴儿十二天为小满月

小婴儿小满月，新妇娘家和一般亲邻送奶糖。娘家送红糖、鸡蛋、麻花、花布、衣帽、鞋、坐车、睡车、床等，一般亲邻给钱，还送 2 笆斗小麦，以示年年有余粮。至今，送奶糖规格越来越高，有的娘家也讲究"好看"、要面子，给闺女家送电冰箱、洗衣机，送大猪蹄拐（约三四十斤），还有的送电瓶车、空调等。男方家办酒席招待，并以红鸡蛋（煮熟染成红色）、香烟、糖果回敬。

2. 移尿窝

小儿满月后，姥姥接回家，给小孩移尿窝，并给剪（不准剃）除胎毛（指头发），叫剪头，执剪人必须是"全福人"。

3. 过生日

小孩子从满周岁起，开始过生日，一般是自己家买些鸡、鱼、肉、蛋和生日蛋糕等给小孩子过日，以后每逢周岁都过。

4. 剃毛头

有些小孩子，家庭认为是"娇子"，满月剪头时不给剪光，脑后留一片，叫"后拽"（意思是能拉住），到 6 岁或 12 岁时剃掉。剃毛头时，邀请至亲好友和邻里，设酒席庆贺，大家出礼品，名曰"贺礼"。一般在每年的农历二月二日进行，俗称二月二剃毛头。现在还有的到电视台点歌、点小品、点电影祝贺。

5. 调襟子

此俗在清代、民国流行，中华人民共和国成立初期也很少存在，现改为剃毛头。从前都穿带大襟的褂子，娇小的孩子，都穿左襟子，待长大后由外婆、妗子拿布做一件大褂子，改为右襟子。调衣襟时间一般在 3 岁、6 岁、9 岁或 12 岁。现镇内还仍有调襟子习惯。

六、祝寿

旧时，称六十大寿为"花甲之庆"，七十大寿为"古稀荣庆"。人们习惯于农历六月初六过六十六大寿。寿诞之日，一般人家子女们给老人庆寿。地主老财、乡绅望族，借做寿之机，大肆庆祝，搜刮乡民，亲友乡邻都要向寿星送寿匾、寿帐、寿联等。寿诞之日，要摆供桌、设酒席、鸣炮奏乐，向寿星拜寿。现在，镇内祝寿习俗大多沿用旧俗，但礼仪从简，许多都是全家人聚在一起，给寿星拜寿。

七、丧葬祭奠

旧时，人过六十岁，尽管身体尚健，儿子就要为老人准备寿材、寿衣了。人死了后，殡礼十分繁杂，其过程大致如下。

1. 倒头

老人快要咽气之前，将寿衣穿好，人一咽气叫"倒头"。此时将灵床移至堂屋明间正中，男的叫"寿终正寝"，女的叫"寿终内寝"，并用火纸蒙在死者脸上，把烙好的"打狗饼子"（用面粉烙的小饼用柳条穿上）放在死者袖中。床前放留烧纸的"老盆""点油灯""倒头饭""丧棍"（用柳树小木棒包着白纸）等。

2. 报丧

老人逝后，立即将死讯告知至亲好友。父母去世，儿子身穿孝服，腰系麻绳，头披白布，手执丧棍，在亲房长辈的带领下，先到姥姥、舅舅家跪拜，报告父母的死讯，俗称"报丧"。舅家的亲友闻讯后，即来烧"倒头纸"。

3. 服制

人逝后晚辈即戴孝。儿子身穿孝袍（不订纽扣、系带子），腰系孝绳，头披孝巾（三尺三寸），脚穿孝鞋（用白布缦上，若父母双亡全缦，否则留后跟不缦）。孝女披头巾，身穿孝服，缦白鞋，扎白裤腿、白头巾和白裙腿。近年来，孝鞋都不缦了，都是统一购买胶底白鞋，发给直系亲属。孝妇孝巾系三尺三，闺女孝巾系三尺一，女婿孝巾系二尺七寸，其他人孝巾因亲疏不同而各异。孙戴孝帽上订红布条，曾孙戴孝帽上订红绿布条。孝子从"倒头"之日起，一直到灵柩入土，必须每日每夜守灵，白天蹲在灵柩旁，夜间睡草铺，叫"寝苫枕块"。

4. 入殓

入殓叫盛殓，在入殓前要在棺材底部垫被，缝三角形"吉枕"，并在死者身上放七枚制纸，再用棉花球蘸酒给死者擦洗五官，名曰"开光净面"。然后盖上棺盖，棺盖盖上之前，儿女亲友们，围着棺材大哭，最后一次告别。全镇推行火化后，都是把火化骨灰放在棺材里，让亲友围绕棺材看看，做最后的告别。

5. 送殡

送殡的繁、简视贫、富而定。贫者草草1天，富者礼节纷繁，所谓"旗表礼训""书主定诰"以及"僧道超度"，出进3天。搭好棺棚，将灵柩移入棺棚正中间，棺棚门旌帘上头悬一块大横匾联。两边用木板各靠一个小门，小门上各悬一块小匾联，大小匾上的内容因人而异。棚棺前摆设供桌，供桌前摆着祭桌。祭桌上摆上供品，有"四牲祭"或糖祭等，祭桌前面地上放席和孝垫，供吊客祭奠之用。祭桌两边各放一条苇席，供趴棚的孩子们跪在上面叩头之用，趴棚的孩子是死者族中的晚辈男孩（有的用4人，也有的用2人，一般是两辈人）。灵棚大门上面悬一块大匾，匾上内容因人而异。大门和里面两个小门贴有对联，对联也是因人而异。灵棚前面竖两幛幡，大幡是筒状，一般为七球五框，也有用一球五框的。送殡前一天晚上，家奠辞灵，孝子和亲朋祭奠、举哀。孝奠以同族中晚辈致祭，行奠礼，追悼死者，祭奠形式有三揖九叩、六揖九叩、九揖九叩、二十四拜等。吊唁有清吊、浑吊之分："清吊"是一般人家只收纸箔不收礼（包括钱、帐子），一切从俭；"浑吊"是礼和纸箔都收，哪怕一刀火纸，只要去行吊礼，也同样给孝帽子，入席喝酒，亦叫作"大破孝"，就连账桌先生、吹鼓手、帮忙人等全部戴孝，酒席丰盛。

6. 社火

社火是古代"俑"的遗迹，即用竹和木条、芦苇等扎成骨架，上糊色纸的衣服，而人头多用泥塑成，社火的种类繁多，有人、马、牛、鸡、鸭、鹅、桌、椅、楼、台、阁、花、草（现在有的用电器、小汽车）等。送殡时，由人拿着（也有的用四轮机拉）跟在灵柩后面，有的在灵柩前面，安葬时在坟前付之一炬。

7. 出殡

出殡也称棺下田。出殡时由鼓乐前导，孝孙挑"领墓旗"（人称引魂幡），孝子摔老盆，拿着哀棍，领棺下葬。亲友随后，送至挖好的墓穴（俗称打井）内埋葬。妇女则在家里哀哭，待灵柩入穴登位后，请风水先生"调向"，将社火烧化，送殡亲友烧纸。孝子把死者领下穴后，上土时喊"垛土"，然后叩头，用衣角兜着一锨土，孝婿用捧斗（或芭斗）扛着土转脸就走，不能回头。帮忙打井的人群，有的向女婿示意，叫给挖土者们上烟（现都直接要钱买烟或买饮料），不然就多挖几锨土叫他费大力气扛回家。有的还真怕多扛土，给他们每人一包烟或统一给一些钱，之后立即见效。

8. 圆坟

在死者埋葬后的第3天（俗称3天圆坟）早饭后，孝子带房内人，戴着孝，把坟茔增高、增实、切圆，俗叫圆坟。孝女、闺女等妇女送水饺，埋放在坟茔四周，作供口，然后烧纸、哀哭，向死者致祭行礼，表示崇敬，并求保佑。现在因儿女们都急着返城务工，基本都是葬后即圆坟。

9. 五七

旧时，从老人倒头日数起，每七天为一七，每七天儿孙们要到坟上祭奠、烧纸、磕头。五七三十五天，烧过五七纸后就算祭奠全结束，此俗现在仍然沿袭。

八、殡葬改革

中华人民共和国成立后，县级基层人民政府号召破除迷信，移风易俗，丧事新办，逐渐革除旧俗。悼念死者的形式为开追悼会、送花圈，家属臂戴黑纱、胸挂白花等。20世纪90年代以后，镇里加大推行殡葬改革，提倡火化，废止土葬，平坟还田。随着经济发展，一些村庄丧葬的规模与礼仪有复旧之势，每遇丧事，大操大办，浪费严重，火化后仍沿袭旧俗，用棺木进行土葬。政府和民政部门正通过加强精神文明建设活动，引导群众文明办丧、节约办丧。

九、迷信陋俗

1. 驱邪治病

中华人民共和国成立前，镇内以装神弄鬼为职业的人称巫师，男巫叫神汉，女巫称巫婆，还有的称大仙。村庄中有人生了疾病，误认为是鬼神作祟，常请神汉、巫婆为其祛邪治病，而巫婆、神汉则故弄玄虚，胡言乱语，骗吃骗喝，骗钱财。中华人民共和国成立后，政府和公安机关取缔神汉、巫婆的活动，发动和组织群众学科学、用科学，举办破除迷信展览，让过去有恶迹现已洗手不干的神汉、巫婆进行现身说法，介绍他们过去行骗的目的和手段，借以教育群众，破除迷信，迫使神汉、巫婆停止活动。

2. 看相算命

中华人民共和国成立前，镇辖内有以占卜、相面、算命为职业的人员，他们流荡江湖，哄骗钱财。他们谎称通过观看人的相貌、掌纹可以判定一个人的吉凶祸福，凭人的生辰八字，用阴阳五行可以推算出一个人的命运好坏，不少善良无知的人们受到愚弄。中华人民共和国成立后，这种现象基本绝迹，但有时也还有少数看相算命的在镇内村庄出现。

3. 忌讳

中华人民共和国成立前，辖内迷信忌讳有下列几类：妇女生了孩子之后，时间未满1个月，禁止到别人家中去，一旦误入他人家门，就被认为是"血气扑门，不穷就死人"，为了除恶免灾，一定要为其"添锅"，放炮并挂红布才算了结；闺女出嫁之后，不能随便回娘家；正月十五不见娘家灯；三月三不回娘家；腊月初八（腊八节）不回娘家；老人的烟嘴、玉器等心爱之物禁忌女孩子抚摸；过年时，一旦贴过春联，女孩子就不得再进入别人家门；春节期间初一不吃荤，初一至初五日，妇女不动针和线；初八不梳头，穿孝服、戴孝帽者禁止入他人住宅。

第五节　宗　教

1. 道会教

明清时期，镇境内的道会教比较盛行，民国时期出现几位有名的反动道会教会长，主要活动在大朱、葛沟等村庄。1948年初，道会教在宋河和双陈等村庄活动，搞破坏，均被政府镇压。从20世纪50年代以后，信仰道会教者在全镇绝迹。

2. 佛教

民国期间，镇内共有大小庙宇8庙，其中，瓦庙、砂坝街庙、晏路口庙较有名气。有七八名出家男佛教徒（男称和尚、女称尼姑）入庙生活。其中，砂坝庙面积较大，有三名和尚入庙生活。新中国成立前后，镇内庙改为学堂，教徒还俗，佛教活动绝迹。

3. 基督教

民国初年，基督教传入县内，民国三十年，在韦集设立聚会点，镇内有一部分教徒。20世纪六七十年代，基督教受冲击，教徒停止活动。1979年以后，党的宗教政策得到进一步贯彻落实，区内的基督教骨干开始进行宗教活动，到1985年，全区在部分村庄设聚会点6处，基督教徒有100余人。到2003年，全镇聚会点有11个，教徒有300余人。2014年，教会点13个，教徒500多人，几乎村村都有教会点，教徒大多数都是中老年妇女，也有一部分青年妇女和中年男子参加。其中，砂坝村乔园、蒋李聚会点人数较多，影响较远，2个聚会点人数近百人。

基督教徒活动的主要形式是做礼拜，但活动聚会日期不固定，有时随时通知，随时聚会。特殊情况全天聚会，中午在聚会点吃午饭。教徒们都在本村或邻近村教堂做礼拜，由教堂主（称牧师）领引，用《圣经》的某些章节向信徒宣传教义，领信徒唱《圣经》、赞美诗，都以唱为主，或者由信徒自己祈祷。除每星期一次的常规性做礼拜外，还有特殊的礼拜，如为死者举行追思礼拜，在某特定日（圣诞节、复活节、升天节等）举行节日礼拜等活动，来纪念耶稣。

4. 天主教

天主教于清宣统元年（1909年）传入灵璧。20世纪六七十年代，天主教停止活动。1979年，党的宗教政策得到落实，县成立天主教爱国会，天主教再次恢复活动。1985年，天主教在庙李村设一个聚会点，共有教徒10多人，主要是中老年妇女。1995年以后，天主教随着党的"信教自由"政策而不断得到发展。近年来，极少一部分男女青年人也进入教堂。2003年，全镇天主教聚会点有10个，其中，设在自然庄上的小聚会点有9个，共有190人，大都是中老年妇女，也有部分中老年男性。至2014年，由于受韦集马庄所建的灵南中心大教堂带动，全镇天主教堂发展到11个，教徒有400余名。自镇委设宣统委员以后，全镇宗教工作由宣统委员负责管理。

镇内天主教的教务活动，主要是做礼拜，每周一次（星期日上午），农闲时下午也活动。礼拜是固定不变的活动，礼拜时，多由本地教堂主（有时上面来神甫）讲述《圣经》，宣传教义教规，或由神甫领唱《圣歌》，唱赞美诗，或由信众自己祈祷告诫。另外，还举行特殊的礼拜，如为死者举行追思礼拜，也举行耶稣复活节、耶稣升天、圣诞节、圣母节等礼拜（统称大展礼）。

第十三章 村 庄

村庄记载，以行政村为单元，分庄记述。村庄来历与变迁是调查所得，家族溯源来自族谱（家谱）传说、有关资料记载等。行政村、自然庄中的各种数据，是群众和村组干部提供。到2014年，全镇共有14个行政村、130个自然庄（集）、118个姓氏。

第一节 行政村与自然庄

一、晏路村

晏路村史称晏路口。民国期间设乡政府时，取前两个字，称晏路，沿用至今。晏路位于黄湾镇政府东北5千米处，村委会驻地晏路街。全村辖9个自然庄、9个村民组、983户、4693人，耕地面积为11663亩。朱砂沟流入村内1.5千米，灵固路穿村2.1千米。从清、民国时期以后，是灵璧、泗县两县通往固镇、蚌埠的要道，是兵家必争之地。抗日战争时期，晏路街曾被日、伪军占领，日、伪军在此建炮楼。民国年间，灵璧保安第三大队的一个中队驻扎在这里，设立国民乡政府。民国元年，县国民政府在此设立"晏路口初级小学"。民国二年，灵璧邮局在此设立邮政代办所。

1949年后，晏路一直是公社、乡政府驻地，县政府在此设立"晏路完全小学"。1958年，灵璧县在此设"晏路初级中学"，后设拖拉机站、供销社、粮站。1992年，晏路乡撤销。1997年10月，黄湾责任区刑警中队在晏路街挂牌。2000年11月，灵璧县粮食局第一公司灵南第一分公司搬迁到晏路办公。自2008年到2014年，黄湾法庭、司法所、兽医站、农机站、公安交警中队先后在晏路街挂牌。

1999年8月，该村与大杨村合并。2001年6月，与高田村合并。2005年2月25日，经县政府批准，将高、田、徐3个自然庄划入胡桥村。与井王村、徐巷村的大周庄合并，合并后仍为晏路村，到2014年，行政村建制不变。村内主要种植小麦、

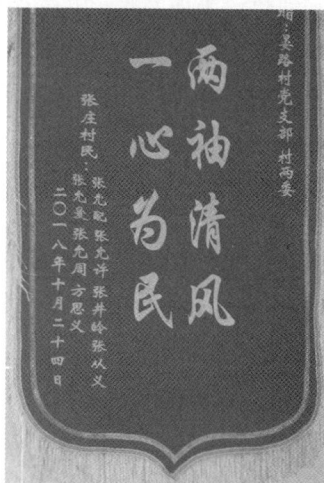

村民赠晏路村党支部、
村两委的锦旗

玉米、花生、芝麻、棉花等杂粮。养殖业主要有牛、猪、羊、禽类。大杨、井王充分利用汪塘水面多的优势，发展鱼、蟹养殖。张成虎自办良种牛冷配站，促进全镇黄牛品种改良。养猪、养羊大户向合作社和公司经营的规模化发展。招商落户的大杨节能砖厂投产。村内有水泥预制、汽车维修、秸秆加工厂等多家工业户。街内设有百货、食品、饮食 20 余家经营大户。村设卫生室、完小、初小、教学点、幼儿园各 1 所。

1. 井王庄

井王庄位于黄湾街东北角 8 千米处，民国以后行政隶属变更频繁。民国时设井王保，解放初期属高桥乡、晏路乡（公社）。1970 年以后，设黄湾公社、区、镇后，隶属黄湾。1968 年，曾与单营大队合并，1960 年，独设大队。20 世纪 70 年代再与单营大队合并，后单设大队。2005 年 2 月 25 日，经县政府批准与晏路村合并至2014 年。传说，明朝洪武年间，王姓祖先王刚、王强、王胜弟兄 3 人，从山西喜鹊窝迁移至此处建庄生息。原老庄南湖打一眼水井，路过人群常在井旁喝水，人称"井路王家"，后取"井王"两字称庄名、保名、生产队、大队、村名，沿用至今。王姓一直占全庄人口之首，华、井两姓居第二位，两姓人口相仿。华姓原从灵城老银行处迁入，已有八辈。井姓从县北迁入。庄人还有陈、田、武、方、廖、刘、周、胡、白等姓氏。

庄内自然条件较好，由砂石路面铺修水泥路，路两侧原建瓦房和平房，到 2014年，多数户改建二层楼房。全庄农田水利建设一直领先，20 世纪 70 年代初扒通庄南 3千米长的中沟，投资 7 万余元建东处电灌站。1993 年，县黄淮海开发立项，建立西处电灌站，修筑宽 9 米的中型水渠，先后建中、小桥涵 30 多座，投资 1 万多元建起节制闸。1991 年秋、冬大旱，全庄小麦实施漫灌，平均单产达 700 多斤，单产高出周围村300 多斤。在 20 世纪 90 年代是全县农业生产一面旗帜，曾几次规模连片调整种植水稻、棉花、西瓜、花生等。1997 年 6 月 29 日，时任国务院副总理朱镕基、原省委书记卢荣景、原省长傅锡寿以及宿县地委和行署多名领导先后对井王庄进行种植业调整和农田水利建设等项考察。井学荣，1988 年被评为全国售粮模范，受到国家领导人接见，著名书画家张建中、省书法家刘夜峰得知后，分别向他作《大鹏展翅》画和题字相赠。至 2014 年，庄设村民组 1 个，共有 276 户、1216 人、3730 亩耕地。大专以上文化水平的有 36 人，高中文化的有 30 人。王献华（女），在国务院直属单位工作。王秀梅（女），在 2014 年被评为安徽省优秀教师。

2. 大杨庄

大杨庄史称杨湖，位于晏路街东南，为排房式分布，呈圆方形。因杨姓定居早，皆姓杨，故名大杨庄，村庄和耕地都呈低洼状，易受涝灾。据庄人说，清朝期间，杨姓先祖从向阳乡河沿王村迁入，初期定居在李庄西湖，只有五六家，后又定居在此。后来此处地震塌陷成一个大湖，宋代杨家将在此居住过，得名叫杨湖。20 世纪六七十年代，村民在挖田沟时，挖出不少砖头、瓦片以及战争时留下的箭头。该庄在 1979 年前属韦集镇，1980 年，划属晏路乡，独设大队、村。1999 年 8 月，并为晏路村。据传说，庄北部曾是一片千亩大湖，每年冬季就引来成群大雁，有"冻死大雁拾成堆"的荒草湖。1984 年至 1986 年，村里在大办乡镇企业时，投资 18 万元建起 2 座轮窑厂，

1998年倒闭，烧砖挖掉300余亩土地，形成水面，均由村民承包养鱼、蟹。2014年底，通过招商引资重新建节能砖厂，已竣工投入生产。现有杨、袁两姓，杨姓占人口最多。设1个村民组，辖105户、500人、1661亩耕地，原设有初小，后改为教学点，高中文化18人，大学文化17人。袁桂兴，参加抗美援朝战争，荣立三等功1次。杨德建，中学高级教师。

3. 小郭庄

小郭庄位于晏路街南1.5千米处，村民聚居为排方式，呈圆形分布，南北5排房。原居住都是土木和砖木结构房屋，2005年以后，建楼房户较多。该庄在清朝初期，居住着郭、左两姓人家，左姓有钱有势，被称为左百顷（有百顷土地），后因和徐姓人家打输了官司，搬回灵璧县城居住，郭姓占多数，故称郭庄。现有郭、郑、韩、王、姬、周、何、吴、刘、田10姓人家，属众姓庄，郭姓人口仍占多数。2014年共70户、380人、430亩耕地，中专以上文化的有26人，高中文化的有18人。郭允，1996年入伍，副团级，现任阜南县人武部副部长，少校军衔。郭再胜，黄湾中学高级教师，2008年被评为县优秀教育工作者。

4. 小郑庄

小郑庄位于晏路街南约1千米处，为排房分布，东西建两排房较长。近年来，集中向南北水泥路2旁建2层楼房较多。因郑姓在清朝迁入居住最早，初建庄几户人家，故叫小郑，此名沿用至今。清末，石姓从固镇县石湖迁入，现占全庄人口的60%。庄人石新芝，参加抗美援朝战争，军人世家。小郑庄还居住田、陈等姓，陈姓从向阳乡苏圩村小陈庄迁入。原设2个村民组，后并为1个村民组。2014年秋季，全庄土地统一流转经营。共有60户、280人、780亩耕地，庄人有高中文化20人，大学文化7人。

5. 大周庄

大周庄位于晏路街西2千米，呈东西长方形，为前后多排房，自2005年以后，农户建楼房增多。周姓明朝时期，从固镇县连城迁居，有400多年。原庄里居住老户周姓人家，故名大周，属老户庄，有韦姓1家。民国时期曾设大周保。1956年，并属新华初级合作社。1957年至1961年，属新华高级合作社。1962年，属徐圩大队。1966年，并入胡桥大队。1969年，划归徐圩大队。1979年，设大周大队。1980年，属晏路公社（乡）。2001年，并入徐巷村。2005年2月25日，并入晏路村，至2014年，全庄共有800人、172户、2040亩耕地，在外工作人员和大专以上文化水平的有30人、高中文化水平的有76人。周恩海，研究生，合肥卷烟厂厂长、省烟草专卖局副局长；周群（女），安徽省电视台著名主持人、国家一级播音员，多次获省和国家奖励。周瀚礼，黄湾中学高级教师，2014年被评为市、县优秀教师。

6. 张庄

张庄位于晏路街西部朱砂沟东侧，呈长方形三排房，现居民户建楼房增多。据庄人和红星大张人座谈（说法不一），此庄和红星大张同属一祖，在明孝宗弘治元年（1488年），张氏先祖从固镇县九湾迁出兄弟2人，老大迁到此庄定居，老二迁到红星大张落户，故叫张庄。张庄有周、张2姓，张姓的占多数。全庄共有80户、343人、900亩耕地，设1个村民组，大学文化水平的有7人，中专、高中文化水平的有16人。

7. 大奚庄

大奚庄原是独建村庄，后逐步发展与张庄连建一起。20世纪60至70年代形成东西排房式，都是土房草顶。1985年以后，建砖瓦房。2005年以后，开始兴建平房和楼房。2010年以后，大多数户建楼房。据庄人说，在明朝末期（1691年），奚姓先祖迁入此处定居，现已13辈。因建庄最早的是奚姓，称奚庄。中华人民共和国成立初期，人口发达，先后向晏路街西侧分支迁入少数户建庄，被称为小奚，该庄称大奚。在设生产队时期，公社和大队把该庄命名为大奚生产队，公社时期是有名的生产队。东侧小奚庄叫小奚队、组（后与晏路街连建，合并为街外村民组）。后大奚庄不断向外迁出人口，至2014年，全庄共81户、429人、900亩耕地，设1个村民组。有高中文化的有30人、大学文化的有14人。

8. 晏路街

晏路街于清末起集，到2014年集市仍然兴旺。老街是南北街，两边建的是对面土墙草顶，街道很窄。1992年建镇后，特别是2000年以后，镇、村对晏路街建设不断投入，拓宽街道，铺修水泥街面，街道两侧建楼房。灵固路改道后，晏路街一分为二。街道居住形态分南北双排房，原建瓦房和平房，已改建为二层新楼房。街为东西两条新街，共75户、381人，耕地面积为648亩，设1个村民组，居住着朱、石、周、杜、韦、李、任、侯、奚9个姓氏的村民。大专及以上文化水平的有34人、高中文化水平的有41人。周恒，中国作家协会会员，市作协副主席、县作协主席，多篇（部）小说发表、出版、获奖，任县中医院副主任医师。任启文，县医院主任医师、急救中心主任。任世超，1984年，任县商业局局长，高级政工师。周克华，曾任县公安局副局长。

9. 原小奚庄（现被称为街外）

原小奚庄定位为集市西侧，南北街道两侧，南到灵固路，北至养猪场，街聚居东西两排房，原建时西处是平房，东处多瓦房，呈南北长形分布，原叫小奚庄，奚姓在中华人民共和国成立初期从大奚庄迁居建庄最早，因西有老户庄大奚，故叫小奚。大队建制时期，曾设小奚小组、生产队。灵固路改道后，村委会把此处的小奚庄改称街外村民组（晏路街外庄），居住杜、周、奚户氏，奚姓人口仍然占多数。2005年以后，居住户基本都建起楼房，共有64户、364人、574亩耕地，现设1个村民组，大学文化水平的有6人，中专、高中文化水平的有25人。

二、朱圩村

朱圩村位于黄湾街东南3.5千米，东与韦集镇丁李村、南与砂坝村、北与胡桥、西与庙李村接壤。辖8个自然庄、14个村民组，共780户、3271人，耕地有7879亩，村委会驻地代圩庄。民国时期及以后，隶属多变，1946年，曾设老户朱保，属砂坝乡。1949年，设老户朱村，属李集乡。1956年，成立朱光社，属砂坝乡。1969年，与代圩合并，设代圩大队。1969年，并为砂坝大队。1972年，划为代圩大队。1975年，大朱与代圩分为2个大队，属黄湾公社。1978年至1992年，属砂坝公社（乡）。1992年至2014年，属黄湾镇。2000年，大朱再次与代圩村合并，取2个村名各用1个字，名为朱圩村至今。村内东、西、南三路横穿3.5千米，朱砂沟流入4千米，水利基础较好，交通便利。村内主要农作物有小麦、玉米、大豆、花生、芝麻等。养殖业有猪、牛、羊和家禽。村内设老户朱完小 1 所及附属幼儿园、卫生室各 1 所。商业户和粮油收购个体户 5 家。2014 年底，"三水木板厂"落户该村。2014 年底到 2015 年，新村部办公楼建成并投入使用，开始建光伏发电站。

明代灵璧至蚌埠古道（老户朱段新修水泥路）

1. 后小朱庄

后小朱庄为东西走向，约 1 千米，南北建房 6 排，共建楼房 60 栋，楼房占房屋总数的 80%。此庄于清朝时期从老户朱分迁建庄定居，又处在老户朱偏东北处 1 千米处，庄小，人口少，故名后小朱。全庄共 98 户、290 人、600 亩耕地，设 2 个村民组。有研究生 1 人、大专及以上文化水平的有 4 人、中专文化水平的有 6 人、高中文化水平的有 3 人。

2. 老户朱庄

老户朱庄有南北 12 排房，居住分散，近年来在黄韦路和庄内水泥路旁建楼房的户占总户数的 80%。全庄皆姓朱，据《朱氏宗谱》记载，朱氏先祖于明朝永乐年间，从山西省曲沃县迁入兄弟 8 人，在此建庄生息，后成为本族发源地，邻县、市朱姓均是该庄分支，故名老户朱家。从清末到解放战争期间，老户朱一直是灵蚌公路、泗固公路（土道）结合点，是当地抗日、抗匪名庄，在灵南影响较大。民国时期设老户朱保，曾建街逢集。现庄有 290 户、1060 人、3600 亩耕地，设 4 个村民组。清末考取秀才 1 人。现有研究生 2 人、本科生 20 人、大专生 30 人，中专、高中文化水平的有 15 人。朱长宽，知名中医、医世之家，在县人民医院任中医医师，1956 年出席安徽省第一次社会主义建设积极分子代表大会。朱怀喜，系省内医学专家、教授，兼省高干病房主任。朱怀良，曾任县卫生防疫站站长，主任医师。朱守强，1990 年 12 月入伍，1994 年 7 月，参加集团军有线通信专业尖子比赛，获两项个人第一名，荣记二等功 1 次。正科级 2 人。朱长楼，曾任县委信访办主任，正科级。朱士金，曾任淮南贾旺煤矿副矿长。朱守堂，曾任蚌埠造船厂工会主席。朱士新，黄湾医院副主任中药师，2003 年被市委、市政府评为抗击非典先进个人。

老户朱新大街

3. 前小朱庄

前小朱庄呈东西走向，建主房 2 排，东西长 500 米，建楼房的有 24 户。在清末至民国初年间，因从老户朱庄分支建庄居住，坐落在老户朱东南面，庄落小，皆姓朱，故名前小朱。庄居 51 户、210 人，有耕地 390 亩，设 1 个村民组。本科学历的有 4 人，中专、高中文化水平的有 12 人。

4. 大陈庄

大陈庄呈东西走向。清朝年间，祖先陈继礼从韦集镇桑陈家庄迁移此处定居建庄。1982 年，搬迁路东建房，已形成居住区。庄内居住陈、戚、赵 3 姓，陈姓人多，也因比前小陈人户多，建筑面积大，故叫大陈。现东西长 1000 余米，水泥路两旁建楼房户较多，现庄有 76 户、440 人、900 亩耕地，设 2 个村民组。民国后，大、小陈庄人才辈出，陈守楚系黄埔军校毕业。陈步雷，于 1986 年 9 月考入北京大学法律系，博士后，博士生导师，教授。现有研究生学历 4 人（其中博士研究生 2 人），本科学历 20 人，大专学历 8 人，中专、高中学历 18 人。陈长正，曾任舒城县水利局局长。陈长报，中学高级教师，2013 年被评为县优秀教师。

5. 小陈庄

小陈庄呈南北走向，2009 年，随着庄内修通水泥路，在路旁建楼房户较多。因比大陈人户少，故名叫小陈。据《陈氏宗谱》载，大、小陈两庄系 300 多年前，从韦集桑陈庄迁入建庄，已有 13 辈。小陈庄现共有 67 户、341 人、699 亩耕地，设 1 个村民组。现大专及以上文化水平的有 8 人，中专、高中文化水平的有 20 人。陈志，1991 年12 月入伍，1995 年，在部队荣立二等功一次。

6. 戴圩庄

戴圩庄，有两排房，东西长约 1 千米。中华人民共和国成立以后，一直都是村委会驻地，现有戴、董、姬 3 姓。明末清初戴姓迁此处定居。在清朝末年，庄外建 2 道围墙，3 道围沟，2 头迎门架起土炮，圩内居住戴氏 3 房户，故叫戴圩。清末乱世，附近十里八乡的群众，每到晚上都赶着牲畜前来投宿，以避匪避盗保安全。清朝时期，庄里出一名武秀才。据庄人传说，该庄在中华人民共和国成立前经常组织打"响场"。就是用木板搭抬棚，板下系很多大小铃铛，马拉着石磙子在板棚上跑，打响铃声震四方，以显示庄人富裕、热闹、安全。现建起楼房户占多，共有 55 户、240 人、590 亩耕地，设 1 个村民组。大专及以上文化水平的有 9 人，中专文化水平的有 3 人。

7. 小傅庄

小傅庄呈东西长形，居住傅、王、胡三姓人家。王、胡两姓，共两户，傅姓最多。据《傅氏族谱》记载，明朝洪武六年，始祖同胞 5 人，从江西省抚州府临川县奉旨移迁到灵璧东南傅道口建庄生息，现已有 28 辈。清朝年间，傅长刚从傅道口迁到此处建庄，初建庄很小，故叫小傅家，后来庄逐步扩大。2009 年以后，通过"一事一议"，在南北路东、西各形成两排住房，楼房户居多，并修通水泥路。全庄有 68 户、350 人、500 亩耕地，设 2 个村民组。大专及以上文化水平的有 13 人，中专文化水平的有 3 人，高中文化水平的有 11 人。

8. 潘庄

潘庄呈东西走向，约 500 米。据庄人说，潘姓原在清朝时期从禅堂东南潘集迁入，在此建庄居住已有 12 辈，故叫潘庄。现有潘、高两姓，潘姓人口居多。庄有 75 户、340 人、600 亩耕地，设 1 个村民组。大专及以上文化水平的有 11 人，中专文化水平的有 5 人。潘树平，任县法院副庭长。

三、砂坝村

砂坝村位于镇政府偏东南 10 千米处，为镇辖边远村。南与固镇县濠城镇、石湖乡隔水相望，东连垓下古战场金银山村，北邻朱圩村，西毗庙李村。全村辖 12 个自然庄、11 个村民组、777 户、3668 人，耕地面积为 7110.9 亩，村委会驻地砂坝街。

砂坝村光伏电站

1954 年，设砂坝乡人民政府。1969 年，与代圩大队合并。1978 年 3 月，设砂坝公社，1984 年，人民公社建制取消，砂坝公社建制改为乡建制。1992 年春，撤区建镇，砂坝乡撤销，划归黄湾镇至今。2001 年，与大郑村合并，以朱砂沟为界，沟东为砂坝村，沟西为大郑村。因该村处在沱河岸边，遭水害比其他村严重，生产条件差，处于落后状态。从 20 世纪 60 年代起，省、地、县、区先后派 10 多次工作队进驻。其中，1970 年至 1972 年，县委派李焕芝（后任五河县长）为首的工作队驻乔园庄指导工作，工作队组织大小队干群，人力开挖 8 条中沟，从砂坝街至乔园北 5 条，蒋李到窑厂 3 条。每隔 250 米开挖一条，每条 5 米宽，3 米深，并规划"一沟一渠一路，两行柳子一行树"的生态型配套工程。现在，这 8 条沟仍为农业发展起到重要作用。1975 年至 1976 年，省委派出省医学院工作队驻村帮助工作。2014 年，省委在实施扶贫攻坚中，选派合工大干部驻村开展帮扶工作。县委、县政府也同时选派包扶干部进驻。砂坝村内自然条件较好，南靠沱河、东有刘沟、中有朱砂沟、西有葛沟，三沟南北贯通汇入沱河，村内水泥路修铺到各自然庄。种植的农作物主要有小麦、大豆、玉米、花生、芝麻等。养殖猪、畜、羊、禽等。村办工业有大郑节能砖厂。门窗加工、农机修配等服务辐射周边乡镇。粮油收购、屠宰、食品、日用百货的店有 10 多家，成为镇南部商贸中心。2014 年，建新村部，4 条街道安装了路灯。村设有幼儿园、小学、卫生室、粮食分站。

1. 小陈庄

小陈庄，呈东西走向，原建土房、瓦房，现改建楼房的增多。因庄不大，统姓陈，故叫小陈。据庄人介绍，清朝时期，陈姓祖先陈义环原从固镇曹老集东陈营迁入，有 300 余年，已 13 辈。民国初年后，部分迁往五河县漠口陈巷、搬往乔园、郑园、砂坝街居住，已有 100 多年。2014 年全庄共计 16 户、144 人、154 亩耕地，原独设生产队、村民组，后与郑园合并设 1 个村民组。高中文化的有 3 人。

2. 郑园庄

郑园庄，原庄前、中、后三排房，东西长方形分布。2011 年，在开展村庄改造复垦中，前排老庄被拆除，迁往水泥路两侧建楼房，现已建成 2 排楼房。该庄原叫范庄，庄里住范、韩 2 户，因范、韩无后，清朝时期，郑姓人入住后，遂更名叫郑园。园，是顺从而叫，因西有乔园，东有陈园，就顺从叫郑园。据新版郑氏宗谱记载，郑姓始祖郑珏从大郑庄分支迁入居住，生有五子，后繁衍形成现在的郑姓家族。现全庄居住郑、陈、张 3 姓。郑、陈人数基本相等，张姓 1 户。全庄有 63 户、262 人、608 亩耕地。大专及以上文化水平的有 9 人，高中文化水平的有 21 人。

3. 刘新庄

刘新庄，是 20 世纪 50 年代初始建村庄，全庄统姓刘，由此叫刘新庄。庄原建二排房，2005 年后，形成路东 2 排，路西 3 排，在东西水泥路南侧建 2 层楼房户增多。东西长约 0.75 千米。1950 年春，由于刘沟涯老庄人多，住房少，宅基偏窄，无法增建房屋，为了照顾几户军属户，村队干部决定，在老庄北 300 米处，东西高地上建草房 10 多间。后来老庄人陆续前往建房居住，经过 60 多年的发展，现已形成较大的刘新庄。全庄共有 40 户、180 人，耕地有 280.6 亩。大专及以上文化水平的有 6 人，高中文化水平的有 4 人。

4. 刘沟涯庄

刘沟涯庄位于砂坝街东约 1 千米处。庄内建房 3 排分布，近年来建楼房户增多，生产队时期分 5 个核算小队，现有 94 户、420 人、716 亩耕地，设 1 个村民组。据《刘氏宗谱》记载，始祖刘朝用在明朝洪武七年（1374 年），从山西平阳府曲沃县迁入，在砂坝东一条大沟西涯建庄农耕，距今已 600 余年。在该庄西南的沱河北岸，至今还保留完好的三始祖之墓，并立有历代修墓之碑，最早的有清朝时期立的碑，供瞻仰。大沟无名，刘姓建庄后沟从人姓，故叫刘沟涯。后刘姓子孙众多成为大庄，以沟命名为庄名，由此叫刘沟涯庄，全庄皆姓刘。至 2014 年底，从刘沟涯始祖庄，分支迁出至四五个县、市 20 多个村庄居住，刘姓家族总人口约有 3 万之众。固镇县刘集镇就是从刘沟分支迁居建起的刘姓镇集，这里还居住着从濠城镇、怀远、蚌埠等地迁来的刘姓族人。刘洪晏，军人世家，1948 年参加淮海战役，1950 年参战大别山剿匪战，三代共 5 个军人。刘万喜，中华人民共和国成立前夕任院寺乡乡长。刘万绪，1969 年参加全县运动会象棋比赛获冠军，1971 年，参加宿县地区象棋比赛获第三名。刘奎，1984 年秋参加宿县地区第六届运动会，获少年组象棋比赛冠军，入选宿县地区代表队赴省参赛。刘万斗，1958 年入选辽宁省摔跤队，多次参加国内外摔跤比赛，获得了好成绩。刘平，任宿州市工商银行主任，经济师。刘仕政，参战抗美援朝战争，回国后任团长。刘安民，任新疆建设兵团某师师长。刘法政，曾任辽宁阜新市公安局下辖分局局长。刘爱梅（女），1992 年被省政府授予劳动模范。刘忍，捐资 5 万元为群众修通水泥路，立碑颂扬。至 2014 年，全庄大专及以上文化水平的有 10 人，高中文化水平的有 25 人。

5. 乔园庄

乔园庄现基本与砂坝街连一起，老庄前后原建两排房，现前排居住户较少，后排水泥路旁建楼房户增多。街东形成两排房，基本建楼房。1983 年，随着砂坝新街规划扩建，该庄一部分户迁入北街和东街建房，与砂坝街连建在一起。据庄人介绍，该庄原乔姓居住最早，是老户人家，庄南有一大片菜园，故叫乔园。乔姓无后，仍叫乔园至今。现居住刘、辛、陈、李、闫、朱、郑、董 8 姓，属众姓庄。刘姓户占多，先祖刘上宽从韦集小刘庄迁入近百年，庄人刘殿伦是清朝贡生，任州官。刘明海，复旦大学毕业，正科级。刘仁楷，正科级。至 2014 年，全庄研究生学历的有 5 人，本科学历及大专文化水平的共有 7 人，高中文化水平的有 6 人。

6. 砂坝街

砂坝街呈南北走向，南到沱河堰，北到一支圩，长约 800 米，西街至砂坝闸，长 200 余米。砂坝街的建设，已在第四章"镇村规划与建设"的第一节"镇村建设"中详述。至 2014 年，已建成"十字"形楼房新街。现街居李、蒋、陈、刘、郑、薛、孟、华 8 姓人家，辖 108 户、438 人、723 亩耕地，设 1 个村民组。其中，从事各种经营的有 20 余户，其中外来入街经营的有 4 户，集日人流量近百人，会日人流量千人以上，是镇南部重点农贸集市。大专及以上文化水平的有 11 人，高中文化水平的有 13 人。李国庆正科级。李彪，县人社局任城乡居民社保中心主任。郑发票，被省教育部门评为先进个人。

7. 蒋李庄

蒋李庄呈东西走向，两侧都建楼房。该庄原建在沱河北堰，居住分散。1985 年，砂坝乡政府在实施砂坝新街规划建设时，将蒋李庄规划搬迁到闸桥以西路两侧建房。2009 年，镇政府在开展村庄整治时，再次组织仍在堰边、堰上的零散居住户搬迁，在小蒋庄东头路东和一支圩北面的粮站西侧，规划建居民点。从此，蒋李堰上老庄住房全部迁完，形成多处建楼房的居住小区。庄人有李、孟、徐、蒋四姓，因蒋、李两姓是老户人家，取"讲理"二字的谐音，故叫"蒋李"。据《李氏宗谱》中的史略记载，李姓原在明末清初，从县南李庄迁入一家，繁衍至今已有 13 辈，325 年。蒋姓从本村小蒋庄迁入，比李姓定居晚。全庄共有 89 户、430 人、724 亩耕地，大专文化水平的有 4 人，中专、高中文化水平的有 40 人。

8. 小蒋庄

小蒋庄现呈前后三排房，长方形，大多数户在水泥路两侧建起楼房居住，庄人多数姓蒋，李姓一户。清朝年间，蒋姓从县北张大路大蒋庄迁入，已有12辈，300多年。大郑、砂坝、蒋李部分蒋姓，都从该庄迁入，族人办事都在一起。现庄有25户、102人、247亩耕地，大专文化水平的有3人，高中文化水平的有6人。

9. 小郑庄

小郑庄呈东西走向，原在路南建前后两排房，后逐步在水泥路两侧建楼房。庄人统姓郑，清末时期，从大董迁入，已有200多年，已有8辈。因与大郑庄是同祖，建庄时入居户数少，庄子小，故叫小郑。全庄有31户、196人、318亩耕地，大专文化水平的有7人，高中文化水平的有7人。郑良先，曾任首都某部营长，1958年带领官兵参加人民大会堂等首都十大建筑建设。

10. 大郑庄

大郑庄呈南北排房式，形成南北长，东西窄，居住分散。现多数户建楼房。该庄原叫郑家祠堂，因迁居早，郑姓门户大，故叫大郑家。据《郑氏宗谱》记载，明洪武七年（1374年），郑姓先祖郑廷富携带4子，从山西曲沃县奉旨迁到此处建庄，已有600多年。方圆百余里居住的郑姓，均从该庄分支迁往。20世纪60至70年代，全庄设1个生产小队，农业生产先进，曾是全县农业学大寨的一面旗帜。生产队长郑良六，省劳动模范、省人大代表、县政协委员，1969年10月1日，其出席建国20周年大庆典活动，受到毛泽东主席等国家领导人亲切接见，从中华人民共和国成立初期至到20世纪80年代中期，一直担任大队、小队、村基层干部。郑桂松，曾任县农委副主任、技术监督局局长，正科级。郑锦之，曾任县农业局局长、文化局局长，正科级。现庄居郑、高、葛、蒋四姓。全庄共有91户、498人、987亩耕地，大专及以上文化水平的有18人，高中文化水平的有30人。

11. 大董庄

大董庄为分片排房式，东西长形分布，居住分散。据《董氏宗谱》记载，董氏先祖在明朝洪武年间，从山西曲沃县迁居在此建庄，后又分支到固镇县建一些村庄。因原比小董庄建庄早，故名叫大董庄。现庄居董、郑、丁、高四姓。董、郑姓人户占多，丁、高姓户少。全庄近年来，新建楼房户较多。现庄共有73户、335人，设1个村民组。大专及以上文化水平的有9人，高中文化水平的有25人。董尚国，高级飞行员，在首都机场任国际航班机长。郑良儒，曾任处长。郑勋之，曾任黑龙江省地质队处长，工程师。

12. 小董庄

小董庄呈前后排房式，因庄建在大董庄西边，比大董庄建庄晚，同属一祖，遂叫小董庄，素有"大董不大，小董不小"之说。该庄原建在沱河堰边，宅地偏窄，出入不便。1986年，经砂坝乡政府规划，批准该庄向北移500米处建新庄。1986年底，首迁四五户，后搬迁户逐步增多，现已在一支圩北建起董新庄，住户发展到13户。近年来，许多户在砂坝至龙水水泥路两侧建楼房，一户在圩北面的南北路两侧建楼房。新、老庄共有75户、379人、898亩耕地，设1个村民组。大专文化水平的有7人，高中文化水平的有 8 人。

四、庙李村

庙李村，位于镇政府南约 4 千米处，南靠沱河，与固镇县石湖乡隔河相望，东邻砂坝，北连胡桥，西毗三桥村，辖 8 个自然庄、8 个村民组、682 户、3237 人、7500 亩耕地。民国期间曾设庙李保、龙水保。龙水段党支部是中共在全镇建立最早的一个党支部。中华人民共和国成立以后，区划变更频繁。1958 年，并为代圩大队。1959 年，并为砂坝大队，属韦集区。1963 年到 1969 年，设庙李大队，属晏路公社。1970 年，与龙水、李集并为一个大队，属黄湾公社。1973 年，单独设立庙李大队（村），属黄湾公社（区）、砂坝公社（乡）、黄湾镇至 2014 年。2005 年 2 月 25 日，经县人民政府批准，庙李村与龙水村合并，村名仍为庙李村，村委会驻地从晏庄迁到姚庄。村内自然条件优越，东有葛沟，西有周孙沟贯村南北流入沱河，水泥路庄庄通，交通便捷。土地肥沃，主要种植小麦、玉米、花生、棉花、大豆、蔬菜、杂粮等作物。养殖以养牛、猪、羊和家禽为主。至 2014 年，全村养牛、猪、羊大户有 10 多户。1970 年以后，一直是县（区）、镇重点扶持的村。1973—1974 年，县粮食局派工作队进驻该村。1974—1976 年，县财政局派工作队驻村工作，帮助修闸、修路。2014 年，村设初小 1 所、卫生室 1 所、粮油加工和收购点 3 处，有 5 家商店，进入黄湾街经营的有 6 户。

庙李村党群服务中心

1. 薛桥庄

薛桥庄位于黄湾街东南约 2.5 千米处，前后 5 排房，东西长 500 米，建楼房的有 48 户，占总户数 80% 以上，人均占有耕地面积较多。据庄人传说，清朝时期，原薛姓在此建庄居住最早，庄西葛沟建有一座石桥，名叫薛桥。后薛姓迁出，其他姓不断迁入，才发展到现在的村庄。现庄有蒋、朱、张、吴、徐 5 姓人家。蒋姓从三桥村小蒋庄迁入居住，到目前已有 150 余年，人户占最多。朱姓原从朱圩村前小朱庄迁入，约有 150 余年。该庄是全区土地承包到户最早的生产队，在生产队时期是全区产粮先进庄。1981 年夏，庄人朱守诚、朱守忠、吴建国带头向国家卖粮超万斤，《人民日报》在显著位置刊登通讯，多家媒体转载，受到县里表彰。1982 年，朱守诚被评为安徽省售粮劳模，由县委书记徐振宾带队赴省参加表彰大会，多次被县（区）、乡评为优秀党员。至 2014 年，全庄共有 60 户、320 人、800 亩耕地，设 1 个村民组。大专及以上文化水平的有 8 人，中专、高中文化水平的有 10 人，在外工作人员有 2 人。

2. 叶庄

叶庄位于镇政府东南 3 千米处，南北 5 排房，形成方形，东西长 750 米，建楼房的有 74 户。据庄人传说，叶姓先祖在明朝时期，从山西省迁移在此处建庄，皆姓叶，故叫叶庄。现庄有叶、张、孙三姓氏，孙姓是从单营村大孙庄迁入。现有 84 户、486 人、1420 亩耕地，设 1 个村民小组。大专及以上文化水平的有 10 人，高中文化水平的有 25 人。规模养殖户有 3 户，种粮大户有 1 户。

3. 晏庄

晏庄距镇政府东南 4 千米处，一字形建房，1973 年，由老庄向北移 300 米建新庄。近年来，庄人向南北水泥路旁搬迁，形成 5 排房，东西约 500 米，南北 750 米，45 户建起楼房。设庙李大队时，该庄一直是大队（村）部、小学驻地。据庄人传说，晏姓先祖是在清朝时期从县北浍沟镇晏湾迁入建庄，已有 12 辈、300 年，与晏湾同祖，同续宗谱。因晏姓入居早，故名晏庄。现有晏、姚、张、王、范、华、郑、魏 8 姓人家，魏姓 1 户，其中，晏姓人口占 60%，姚姓是从姚庄迁入。现在共有 52 户、272 人、800 亩耕地，设 1 个村民组。有大学文化水平的有 10 人，高中、中专文化水平的有 4 人。

4. 龙水庄（史称龙水段）

龙水庄，明清到民国时期都称龙水段。距镇政府东南 6 千米处，坐落在沱河北岸边。因庄西沱河岸发现一个泉眼，日夜向外流水不止，又称龙眼。民工在开挖沱河时实行工程分段，分在此处就叫龙水段，由此得名。中华人民共和国成立后，设大队、生产队建制时，取前两个字，称龙水大队、生产队，由此沿用至今。龙水段党支部曾是中国共产党在全镇建立最早的党支部，李焕学 1931 年被灵璧独立区委书记戴文生发展为中共党员，不久成立龙水段党支部，李焕学任龙水段党支部书记，龙水段党支部是中共党组织在镇辖内最早活动点。1958 年，该庄向北移 1 千米，建龙水小新庄，共有 10 多户人家。1984 年，经砂坝乡政府批准，在向北 500 米处建第二排房，现 20 多户，4 排房，东西长 300 米，南北约 1 千米。庄里居住李、丁两姓家族。李姓在清朝初期迁入，比丁姓早迁居百余年。丁姓祖籍原在山东阳谷县，后移居固镇县濠城镇丁巷，又从丁巷迁入弟兄 3 人，2 弟兄居住在龙水庄，另 1 人迁入姚庄，繁衍至今，人丁兴旺。2014 年，全庄有 84 户、436 人、900 亩耕地，设 1 个村民组，建 2 层楼房的有 70 户。研究生学历的有 3 人，本科学历及大专文化水平的有 15 人，高中文化水平的有 22 人。丁浩，中学高级教师，2008 年、2013 年、2014 年 3 次被评为县优秀教师。

5. 姚庄

姚庄位于镇政府南约 5 千米处。原老庄在沱河岸北侧，后向北扩建，在黄龙路西侧建楼房户较多。黄龙路东有 3 排房，东西长 400 米，路西有 4 排房，东西长 600 米。据庄人说，在清朝期间姚姓最早迁入，故叫姚庄。后迁往姚桥，又转迁晏庄定居。丁、王、朱、徐四姓人家先后迁入定居，虽无姚姓居住，仍叫姚庄至今。至 2014 年，丁姓占多，先祖原从固镇县丁巷迁入。中华人民共和国成立后，该庄一直是村委会驻地。至 2014 年，共有 72 户、323 人、800 亩耕地，庄设 1 个村民组。研究生学历的有 2 人，本科及大专文化水平的有 7 人，高中文化水平的有 8 人。

6. 周王庄

周王庄距镇政府 6 千米，庄建七排房，东西长 700 米，建楼房的有 88 户，占总户数的 80%，现居住周、王两姓，东部姓王，西部姓周。周姓分为两个家族，在明朝洪武年间，从山西曲沃县奉旨迁入，到明末已繁衍至十多户，起名叫"齐路周家"。光绪年间的"怀"字辈一户，因买西位巷土地，而移居现三桥村位巷庄，现已有近百人。同治年间，"怀"字辈一户，移居固镇石湖乡。抗战期间，"玉"字辈 4 人，率各家经商，迁居到固镇县城老街，已有 60 余人。另一大户约在道光年间，从固镇县石湖乡小周家购买田地先移居姚庄，后因不堪忍受丁氏家族的排挤，而依附周王庄的一家周，从姚庄移来定居至今。王氏家族现有 200 多人。据传说，清咸丰年间，灵璧城东 15 华里，虞姬村王各岱，逃荒到砂坝沱河北岸居住，老人 3 子因与"齐路周家"庄主结为挚友，应朋友相邀移居该庄。为对王氏一家的到来表示欢迎，也因"齐路"的谐音"骑驴"不雅，经周氏族人商讨，把"齐路周家"改为"周王庄"，沿用至今。至 2014 年，有 110 户、440 人、890 亩耕地，设 1 个村民组。研究生学历的有 1 人，本科学历及大专文化水平的有 23 人，高中、中专文化水平的有 30 人，在外工作的有 4 人，周洪亮，正科级。

7. 小李庄

小李庄距黄湾街 6.5 千米，原庄建在沱河堰堤，因不断遭受洪水袭击，1984 年，砂坝乡政府对该庄进行统一搬迁，向北迁址 800 米，建瓦房入住。到 2014 年底，全庄建 7 排房，东西长 400 米，建楼房的有 45 户。传说，在清朝时期，李兆龙、李盘龙、李青龙、李汪龙兄弟 4 人原从五河县新集搬迁而来，在沱河堰上建起小庄，故叫小李庄。全庄共有 60 户、210 人，耕地面积为 390 亩，设 1 个村民组。研究生学历的有 2 人，本科及大专文化水平的有 18 人，高中文化水平的有 25 人，在外工作人员有 5 人。宋凯，小专庄人，国家赛艇运动员，2008 年，入选国家队参加北京奥运会比赛，县委领导带着慰问品和县供电公司志愿者到宋凯家慰问。李友道，大学文化，在天津工作，工程师。李成刚，曾在部队任副团级干部。

8. 庙李庄

庙李庄位于镇政府南约 4 千米处，原叫缸碴庙李家，庄建葛沟西侧，聚居前后排房多处，形成前排房长，后排房短的三角形，居住分散。共有 11 排，东西长 1000 余米，建楼房 130 户。据传说，民国时期，庄人在庄东北处的葛沟西侧，用两口大缸倒卡在地，砸留小门，里面立庙牌，供四周庄人前来烧香求神。庄人都姓李，故叫"缸碴庙李家"。李姓先祖清朝时期从灵西乡黑树李家迁入，另有两家李姓是从龙水段迁入。中华人民共和国成立后，设大队改叫庙李庄，庄名沿用至今。中华人民共和国成立后，由于招亲者不断入庄，现有李、张、丁、蒋、董 5 姓人家，李姓占 90% 以上。李敬佩，研究生，高级工程师，任某煤矿矿长，正处级。李忍，中央电视台科教频道编导。李敬农，黄湾中学高级教师。全庄共 160 户、750 人、1500 亩耕地，设 1 个村民组。研究生学历的有 3 人，本科及大专文化水平的有 27 人，高中文化水平的有 20 人，在外工作人员有 2 人，正科级 1 人。

五、三桥村

三桥村位于镇西南 2.5 千米处，辖 8 个自然庄、10 个村民组、773 户、3075 人，耕地面积为 7084 亩，村委会原驻地陈桥庄，2005 年，迁灵固路北侧建房办公。1969 年底，黄湾公社成立时，双桥、王桥、陈桥三个大队并为一个大队，合并后更名为三桥大队而得名，沿用至今。1979 年，分设三桥大队，辖张庄、陈桥、蒋庄 3 个自然庄。1999 年，小钱划入三桥。2001 年，经县政府批准，三桥村与炉店村合并，村名为三桥村。村内环境较为优越，灵固路穿村近 2 千米，村内水泥路通到农户，南北和东西两条水泥路形成"丁"字形，贯通全村。农户主要种植作物有小麦、玉米、花生、大豆、棉花、芝麻、蔬菜等。村内养殖猪、牛、羊、家禽等，养猪、养鸡形成一批大户。水利基础建设较好，水泥路修通各自然庄。村办林业育苗合作社形成规模，流转土地后的农民可入社经营。村内依靠交通便利优势，发展起一部分工商业户。村设有卫生室和小学。

安徽省森林村庄

1. 张庄

张庄呈东西走向，为排房式，居住张、朱、王三姓。在清朝时期，张姓从韦集镇腊条张迁入一户，后又从沱河南五里张迁入一户，因张姓迁入居住最早，人户多，故叫张庄。民国时期朱姓、王姓迁入。到 2014 年，张姓占全庄总人口的 80%。建楼房户占总户的 50% 左右。共有 127 户、491 人、1380 亩耕地，设 2 个村民组。大专及以上文化水平的有 10 人，中专文化水平的有 18 人，高中文化水平的有 20 人。

2. 蒋庄

蒋庄为排房式，东西走向，路南、路北建两排房，2010 年以后，建楼房户约占总户一半以上。庄居住蒋、席、马三姓。席姓占总人口 60%，因蒋姓建庄居住较早，故名叫蒋庄。蒋姓在明朝时期从固镇南蒋庙迁入，席姓从沱河集移居，马姓分别从固镇马林和韦集西南马庄迁入。蒋庄有 66 户、260 人、565 亩耕地，设 1 个村民组。大专及以上文化水平的有 196 人，高中、中专文化水平的有 21 人。

3. 魏巷庄

魏巷庄，庄内为分片排房式，呈东西走向。近年来，农户建楼房约占总户数 40% 以上。明朝时期魏姓在此建庄居住，庄中间有道巷，是沱河通往濠城小关道，路两侧建房形成大巷口，故名魏巷。后魏姓无后人，仍叫魏巷至今。许、刘、赵、朱、贺、周、张 6 姓先后迁入定居。朱姓占 50%。全庄有 302 人、84 户、996 亩耕地。大专及以上文化水平的有 11 人，中专文化水平的有 7 人，高中文化水平的有 30 人。

4. 前贺庄

前贺庄因都姓贺，处在后贺的前面，比后贺建庄早，故得名。为分片排房式，至 2014 年建楼房户约占一半，呈方形庄。据《贺氏宗谱》记载，前贺与后贺同为一祖，始祖居籍山西太原府洪洞县，公元 1465 年，始祖迁移到徐州之吕梁，先祖二公居之宿邑东北巍山村。前贺、贺桥皆是二公分支，形成现在的前贺庄、后贺庄，已有 22 代，共 78 户、325 人、664 亩耕地，设 1 个村民组。庄内大专及以上文化水平的有 9 人，高中文化水平的有 14 人。

5. 后贺庄

后贺庄，庄建呈东西长方形，居住分片排房式。近年来，建楼房户约占总户数一半。有贺、牛、王、刘四姓。贺姓人数最多，与前贺同属一祖。因处在前贺庄的后面，比前贺后建庄，故称后贺。至 2014 年，共有 114 户、486 人、1048 亩耕地，设 1 个村民组。大专及以上文化水平的有 9 人，中专文化水平的有 12 人，高中文化水平的有 29 人。

6. 炉店庄

炉店庄，为南北走向，分片排房式，原叫炉店李家。据庄人介绍：在清朝期间，从黄湾南李集迁入兄弟 3 人，初建小庄，建洪炉打铁，专生产犁头、犁面等农业生产生活用具，设店销售和赶市集销售，由于产品质量好，河南、山东、江苏等地前来购买，供不应求，故名"炉店李家"，庄名传得较响。中华人民共和国成立后，大队、村委会在该庄设生产队、村民小组，取前面两字，称炉店生产队、大队，村名沿用至今。2001 年以前，曾设炉店行政村，辖魏巷、前贺、后贺、炉店 4 个自然庄。2001 年，经县政府批准，撤销炉店村，并入三桥村。庄内有李、陈、马三姓。陈姓 1 家，是从陈桥迁入定居，李姓最多。2005 年至 2014 年，建楼房户占总农户一多半。有 84 户，373 人、799 亩耕地，设 1 个村民组。大专及以上文化水平的有 5 人，中专文化水平的有 7 人，高中文化水平的有 40 人。

7. 陈桥庄

陈桥庄，庄呈"丁"字形分布，南北 1 千米，东西 1 千米，土改前，此庄统姓陈。清朝时期，陈姓从张龙村大陈圩迁此建庄定居。庄前有一条沱河至韦集小关道，在扒姚沟时，沟西有一部分土地属该庄，为了便于生产，庄人集资在姚沟上修一座石桥，由此称陈桥，沿用至今。土改后，迁居一家李姓入住，现有陈、李两姓。2010 年以后，建楼房户增多，共有 131 户、507 人、1017 亩耕地，设 2 个村民组。大专及以上文化水平的有 39 人，中专、高中文化水平的有 23 人，在外工作的有 15 人，其中教师有 5 人。

8. 小钱庄

小钱庄，曾叫钱家庄，处 201 省道两侧，前后排房式，方圆形分布。在清朝时期，钱姓从长集迁入定居最早，故叫小钱。中华人民共和国成立后，大队、村委会设小钱生产队、村民组，小钱庄沿用至今。小钱庄的豆腐在全镇很有名气，民国时期以后，该庄磨豆腐不断，黄湾建社、区、镇后，小钱豆腐在黄湾街畅销，已成为镇内名优产

品。小钱庄有钱、陈、赵、周四姓，钱姓占人口一半以上。2014 年，全庄共 89 户，有
331 人、615 亩耕地。大专及以上文化水平的有 7 人，大专文化水平的有 10 人，中专、
高中文化水平的有 23 人。

六、王桥村

王桥村位于黄湾镇偏西南 5 千米处，东邻三桥、双桥，北、西连接张龙，南毗沱
河集。辖 9 个自然庄、9 个村民组、575 户、2667 人、4554 亩耕地。王桥村是灵璧通往
固镇、蚌埠的要道，历史上是兵家相争之地。民国时期维持会大队朱礼让驻在村内的
营园子，1948 年，解放军一个营进驻彭庄，攻打营园，消灭园内的全部匪军，解放沱
河集，为解放灵城扫平了道路。该村民国时期属沱河保、沱河乡。中华人民共和国成
立后到 1965 年秋，隶属沱河村社、大队。1965 年秋，固镇设县后，沱河区划入固镇
县，该村划入灵璧县，始设王桥大队，属陆集公社。1970 年，属黄湾公社，与三桥合
并，名为三桥大队。1973 年，与双桥合并，仍为三桥大队。1974 年划出，再次设王桥
大队。1970 年 10 月，黑泥沟以西的彭庄和西刘划出，独设彭刘大队，属红星公社。
1996 年 4 月，彭刘与王桥合并为王桥村。2002 年，原属双桥村的小陈庄划入王桥村。
从 1970 年以后，王桥村隶属黄湾公社、区、镇所辖。该村自然条件好，沱河东西流域
4 千米，黑泥沟南北贯流 2500 米，是村内排涝大沟。灵固路入村 1300 米，三南路入村
1.5 千米。村内跨沱河 2 座桥，跨黑泥沟 2 座桥，其中，改道新建桥总投资 600 多万
元。新建沱河大闸和原建大刘闸 2 座，是县、镇水利建设重点村。1957 年，固镇区在
王桥庄北兴办农场。1965 年以后，陆集公社改办农中。1970 年，黄湾公社拖拉机站接
管农场。1986 年 9 月，黄湾镇和区公所投资 6 万元建王桥轮窑厂。1979 年，卫生部门
在该村设立卫生分院。2009 年，国家投入资金，在该村扩建省级粮库。村内主要种植
小麦、花生、玉米、大豆、芝麻、棉花等，主要养殖牛、猪、羊、禽等。村设卫生室、
小学校。村内从事粮油收购、加工等商业经营的有 10 多户。

王桥黑泥沟闸

1. 贺桥庄

贺桥庄，曾叫沱河东贺家，建四排房，东西长约200余米，占地120亩。近年来，建楼房户增多。有贺、李两姓，贺姓是早入住建庄，庄东边开挖姚沟，把贺家土地分割沟两边，为了耕作方便，贺姓集资在姚沟上修一座石桥，故叫贺桥，沿用至今。据《贺氏宗谱》记载，贺桥庄与三桥村前、后贺庄同祖，先祖世籍山西太原府洪洞县，明代（1465年），长公迁移到徐州之吕梁。始祖二公迁到宿邑东北巍山村，贺桥和前贺属二公一分支在此生息繁衍。李姓在中华人民共和国成立后招亲入居。至2014年，共有53户、308人、508亩耕地，设1个村民组。大专及以上文化水平的有4人，中专文化水平的有1人，高中文化水平的有3人。

2. 大刘庄

大刘庄，统姓刘，建两排房，南排200米，北排30米，占地50余亩，建楼房8户，平房4户。共28户，175人，383亩耕地，设1个村民组（与小刘合并）。传说，清朝年间，始祖刘三众、刘三会兄弟两人迁入建庄，已有九辈之多，后向北小刘庄分支，因是老户庄，户人比小刘多，故叫大刘。全庄分为四支，与砂坝刘沟涯同属一家，一并续谱，统一排续班辈。沱河集大闸、黑泥沟闸、淮水北调新建工程，都落建在大刘庄境内。"沱河集闸"，当地称"大刘闸"，是国家淮水北调和县、镇水利枢纽工程，也是旅游观光景点。全庄大专及以上文化水平的有5人，高中文化水平的有3人。刘景平（女），1989年3月被授予省"三八"红旗手，2012年被宿州市委评为先进个人。

3. 小刘庄

小刘庄，清朝时期迁入建庄，原叫洼窝刘家，因建庄时地势比低洼，故称洼窝刘家，民国时期改叫小刘庄。中华人民共和国成立后，设大队、村委会，曾设小刘生产队、村民组。庄建于新改道的201省道两侧，两排房，百余米长，占地20余亩。原庄人居住土木和砖木结构房屋。2003年201省道改道从庄中通过，修路架桥拆除部分群众房屋和占用部分土地。2005年以后，建平房、楼房户增多。庄人大多数在固镇经商，有刘、马两姓。刘姓属大刘庄同祖，部分户从大刘庄搬入，与砂坝刘沟涯刘姓同祖。马姓原从韦集镇齐路马庄迁入40多年。现庄共有18户、109人、130亩耕地，原设1个村民组，2003年，并入大刘村民组。大专及以上文化水平的有5人，高中文化水平的有4人。刘景富，黄湾中学高级教师。

4. 西刘庄

西刘庄，曾叫刘哑巴庄，明末刘姓迁入建庄，靠沱河北岸。东西长形，房屋三排，长约200余米，占地80余亩，原建土木和砖木结构房，近年来，大多数建楼房和平房。其中，建楼房25户。有刘、陈、彭三姓，刘姓100余人，与大刘庄、砂坝村刘沟涯同族。陈姓于清乾隆四十二年（1777年），从北大陈圩迁入，现有120余人。彭姓有40余人。因处在村委会西面，刘姓定居最早，故叫西刘庄。全庄有65户、260人、550亩耕地，设1个村民组。大专及以上文化水平的有10人，高中文化水平的有5人。刘卓亮，中学高级教师、完中校长。

5. 彭庄

彭庄位于黄湾西南5千米，东西长形，建房四排，前三排200余米，后排300余米，占地 140 余亩，原是土木、砖木结构房屋。2005 年以后，建楼房、平房，其中建楼房 26 户。全庄设 1 个村民组，共 83 户、376 人、720 亩耕地。有彭、李、王、闵、刘五姓。因彭姓祖先在明朝洪武年间，从山西迁来建庄早，故叫彭庄。中华人民共和国成立前，彭姓曾向固镇石湖乡南彭桥分支两三户。王姓在中华人民共和国成立前从固镇县刘元迁入。闵姓在中华人民共和国成立前从固镇县仲兴乡南小闵迁入，现有 30 余人。至 2014 年，大专及以上文化水平的有 11 人，高中文化水平的有 2 人。闵明，黄湾中学高级教师。

6. 后陈庄

后陈庄，东西长 250 余米，三排房，2000 年以前，居住瓦房，占地 120 亩，设 1 个村民组。全庄共 83 户、345 人、733 亩耕地。陈姓先祖在清初从大陈圩迁入建庄早，故叫小陈庄。此庄处在村委会北面，故又叫后陈庄。有陈、李、张三姓，陈姓占多数，该庄原属双桥村。2002 年春季，划入王桥村至今。大专及以上文化水平的有 18 人，高中文化水平的有 12 人，建楼房的有 32 户，住平房的有 21 户。

7. 王桥庄

王桥庄，建东西六排房，呈长方形，200 余米长，设 1 个村民组，占地 70 亩，全庄有 80 户、360 人、538 亩耕地。据传说，该庄原叫小王庄，清朝初年，王姓祖先王字笔从前后王分支迁入建庄，得名小王庄，已有 15 辈。1953 年，扒黑泥沟时，在老庄前 30 米处建石磙桥，由此得名叫王桥庄，沿用至今。有王、刘、柯、孟、张五姓。刘姓与大刘、西刘、刘沟涯均属一家。孟姓原从双陈西南孟门迁入。大专及以上文化水平的有 10 人，高中文化水平的有 8 人，建楼房的有 30 户，住平房的有 7 户。

8. 小李庄

小李庄，部分村民建房与王桥、小陈连接在一起，共建 4 排房，其中楼房 18 户，平房 5 户，长约 200 米，占地 50 余亩。据庄人传说，李姓建庄早，故叫小李庄。也曾叫李巷子，因李姓先祖在明朝时期在此建庄，庄子中间有个巷子，故称李巷子。中华人民共和国成立后，大队和村委会建制后，设小李生产队、村民组，从此改称小李庄。从民国时期后陆续迁入温、王、柯三姓，1958 年迁入宋姓一户，现李姓占多数。至 2014 年，有 46 户、240 人、529 亩耕地，设 1 个村民组。大专及以上文化水平的有 7 人，高中文化水平的有 6 人。庄人李振超，入选中国书画家协会会员、省书法家协会会员。

9. 小陈庄

陈姓先祖在明朝末期，从张龙村旗杆圩子迁入 3 家在此建庄，由于初建庄小，故叫小陈庄。大队、村委会在该庄设小陈生产队、村民组。中华人民共和国成立后迁入孔、谢两姓入住。现陈姓占多数，至 2014 年，全庄有 44 户、230 人，耕地面积为 528 亩，大专及以上文化水平的有 8 人，高中文化水平的有 11 人。

七、张龙村

张龙村位于黄湾西部，离镇政府 4 千米处。辖 15 个自然庄和红星街，设 15 个村民组，共 1090 户、5621 人、11031.1 亩耕地。民国期间设张集保，解放初期先后设初级和高级社。1992 年以前，设红星乡，辖张集、王庄、宋河、陆集、红星、沱北、艾李、陈圩 8 个行政村。2004 年 3 月，经县政府批准，陈圩与艾李合并，更名为井栏村；张集与沱北合并，更名为张龙村。2005 年 2 月 25 日，经县政府批准，张龙村与井栏村合并为张龙村至今，村委会驻地设在红星街，是全镇最大的村。该村自然条件较好，黑泥沟南北贯通，黄宋路东西串联全村，东靠三南路，交通便利。水利条件较好，南靠沱河，与固镇县仲兴乡隔水相望。村内主要作物有小麦、玉米、花生、豆类及小杂粮等。主要养殖牛、猪、羊、禽类。2012 年以后，有养殖合作社 4 家。20 世纪 80 年代初，建红星街，以乡名命街名。2010 年以后，宋黄路两侧和街道两侧兴建楼房，成为镇西部商品物流中心。村设卫生室 1 处，设完小和附属幼儿园。

张龙党群服务中心

1. 井栏陈庄

井栏陈庄，清朝时期陈姓迁入建庄，初建叫陈庄，两排土墙草房、砖瓦房，现建起楼房户增多。陈姓迁入地不同，有 10 多户是从大陈圩子迁入，另一部分是从红星村陈圩庄移居，后该庄人在东侧路旁打有一眼井，井口上嵌着石栏护井，全庄皆姓陈，以井名命庄名，逐渐相传叫井栏，故称井栏陈庄。全庄共有 28 户、172 人、506 亩耕地，大专及以上文化水平的有 5 人，高中文化水平的有 8 人。陈立飞，在住房和城乡建设部工作，任中国建筑协会副秘书长。陈立建，任泗县住房和城乡建设局党组书记、局长。陈立凯，任蚌埠市住房和城乡建设局党组书记、局长。

2. 陈圩庄（旗杆陈圩子）

陈圩庄，原称旗杆陈圩子。相传清代，此庄有一陈姓，考中"举人"后，庄人敲锣打鼓放鞭炮，庆贺陈氏首出大人才。为了展示陈姓的辉煌，庄人一致决定在庄周围建起圩墙，营门前竖旗杆，使庄人看到营门的大旗杆就深感自豪，遂得此名。旗杆陈圩子名兴较远，原五排土房，20 世纪 80 年代建砖瓦房，从 2009 年以后，建楼房户增多。东西长约 0.75 千米。全庄皆姓陈。传说，清代陈祖是从韦集桑陈庄迁入定居，有300 多年。中华人民共和国成立前，该庄设陈圩保。1931 年 10 月，镇辖内设陈圩（旗杆陈圩）党支部（共两个，另一个为龙水段党支部）。中华人民共和国成立后，该庄成为多次区划变动后的区、乡、村的中心点，区乡基层政权都是选择该庄为驻地，是历史上的名庄。1949 年 10 月，首次设建沱河区，驻地就设在该庄。直到 1958 年，一直是沱河区和陆集乡驻地。1969 年，黄湾公社设建后，设陈圩大队，是西部片区中心工作点。1992 年，置黄湾镇，在该庄驻地设陈圩村。2004 年，经过县政府批准，陈圩与艾李村合并更名为井栏村。2005 年与张龙村合并更名为张龙村至今。全庄共有 102 户、507 人、1157.8 亩耕地。大专及以上文化水平的有 7 人，中专、高中文化水平的有共8 人。

3. 小戴庄

小戴庄，在清代时期，戴姓迁入定居。至 2014 年，呈东西走向的两排房约 700 米长，近年来兴建楼房户增多。北靠黄宋路，西连红星街，因戴姓在此建庄居住早，故名小戴庄。现有戴、张、陈三姓，陈姓占多数，原从大陈圩搬入双桥后陈庄居住，后又从后陈庄迁居此庄定居。2014 年，共有 60 户、292 人、749.5 亩耕地，大专及以上文化水平的有 13 人，中专、高中文化水平的有共 8 人。

4. 小张庄

小张庄，原庄建三排土房、瓦房，约 200 米长，近年建楼房户增多。全庄皆姓张，据传说，此庄张姓和龙头张、瓦庙张氏属一祖，200 多年前，清朝时期，瓦庙弟兄 3 分家，一支迁到到此处建庄。民国时期，因庄人居住户只有 20 多人，故叫小张庄。从 1984 年开始，红星乡扩建红星街（街地属小张庄），该庄已开始向红星街搬迁。至 2014 年，大多户已搬入红星街建楼房居住。现庄有 84 户、420 人、871.2 亩耕地，大专及以上文化水平的有 8 人，中专、高中文化水平的有 13 人。张玉贵，曾任徐州市火车站站长。张民，曾任区武装部部长。

5. 大陈圩庄

大陈圩庄，古称老庄圩，庄排房不齐，现改建楼房增多，全庄统姓陈。据考，陈姓先祖在明朝洪武年间，从歙县黄墩始迁到此定居，有 650 余年。其后裔从该庄迁出繁衍诸多村庄，如韦集桑陈、双桥前后陈、灵城西关陈姓、黄湾南小陈、陈桥、五里陈、王桥陈庄、固镇县石湖乡蔓草湖大陈等，故称为老庄圩。清末世乱，庄人围庄挖沟筑圩，设南门、北门、西门，附近村庄众人常来夜宿避匪保平安。由于陈氏族旺庄大，故称大陈圩庄，又称陈端圩子。2014 年，设 1 个村民组，有 680 人、137 户、1318.5 亩耕地，大专及以上文化水平的有 22 人，高中、中专文化水平的有 40 人。

6. 徐沟庄

徐沟庄，原建四排土房、瓦房，前排 200 米，后三排 100 余米。近年改建楼房户增多。庄有徐、赵、陈、崔四姓，徐姓占人口一半，因徐姓迁入建庄早，庄东头有一条从宋河通往南沱河的小沟，庄建沟西，故叫徐沟。据传说，清朝时期，徐姓祖先是从固镇徐姓分支老三迁到此处建庄，中华人民共和国成立前有 5 亩多地的徐陵一处。蚌埠徐家岗、固镇西七里沟、仲兴乡小徐庄都是从此庄分支迁去，徐氏村庄发展较多。赵姓是从本村小赵庄迁入，有百余年。陈姓是从大陈圩庄分支迁入，又有部分从此庄迁往卜庄定居。崔姓是从娄庄镇北时村大崔庄分支迁入。2014 年有 33 户、180 人、331亩耕地，大专及以上文化水平的有 11 人、中专文化水平的有 2 人、高中文化水平的有 7 人。在外工作的有 3 人，赵永红，在哈尔滨公安局工作，正科级。

7. 小赵庄

小赵庄，原庄建两排土房、瓦房，东西长800余米，2010年以后，改建楼房较多。有赵、徐、朱三姓，其中，赵姓人户最多，因赵姓迁居早，故叫小赵庄。据传说，赵家先祖，在明洪武年间，从山西洪洞县迁移到张集西赵宅建庄，后庄人分4支向外移居，第一支移到灵璧北小赵，第二支移到固镇九湾小赵庄，第三支移到固镇赵桥村，第四支移到此处建庄。现全庄共有68户、360人、605.3亩耕地。研究生学历的有1人，本科学历的有4人，大专文化水平的有6人，高中文化水平的有8人。

8. 西小张庄

西小张庄，在民国时期，张姓迁入建庄。建三排房，东西长200米，近年来建楼房的增多。庄人统姓张，属两家张。庄西头户与姚桥张姓属一家，庄东头人户与张集张姓属一家，迁入建庄100多年。两家人口基本相等。因东有老户小张庄，该庄又处在西边，故叫西小张庄。现有47户、290口人，耕地面积为437.9亩，高中文化水平的有8人。

9. 前王庄

前王庄，前后两排房，一排东西长400多米，二排东西长600米，近年来建楼房户增多，全庄都姓王。据传说，王姓先祖在清朝时期，从县北榆树王庄迁入，居住在后王，始祖两人分家后，老二分到前面建庄，老大留在原处。此庄原叫殷宅子，后殷姓衰败，王姓兴旺，又因在后王庄的前面，故改叫前王庄。全庄有51户、257人、557亩耕地。大专及以上文化水平的有3人，高中文化水平的有8人。王明伟，在上海市人武部工作，副团级职务。

10. 后王庄

后王庄距黄湾街5.5千米，居住王、赵两姓。大都姓王，赵姓有三家。前后建房四排，东西长600米。近年来，拆瓦房建楼房户增多，王姓与前王属一祖，先祖是从县北榆树王迁入。因王姓移居早，人户多，又处在前王后面，故叫后王庄。全庄有68户、320人、643.5亩耕地，大专及以上文化水平的有4人，高中文化水平的有8人。王学成，任淮北市杜集区委常委、副区长。

11. 张集庄

张集庄东西建房五排，南北长近千米，东靠宋黄路，近年来在水泥路旁建楼房较多。此庄是个古老村庄，据传说，原是两个庄，东叫小贾庄，西叫刘庄。据《张氏家谱》记载，在明初洪武年间，始祖张继明从山西曲沃县迁来在此居住，后来张姓兴旺，故叫张庄。张姓不断向外分支，宣统年间，先后向宿州南平集等地分支迁出。清同治年间，该庄起集，故叫张集庄，沿用至今，是镇辖内起集较早的一个村庄，但逢集时间不长就闭集。中华人民共和国成立后，设立大队、村时，都以此庄名命大队、村名。现庄有140户、720人、1377.6亩耕地，设1个村民组。硕士研究生学历的有1人，本科学历的有4人，大专文化水平的有3人，高中文化水平的有11人。庄人张友殿，音乐家，作词作曲150余首。张松，宿州市第一人民医院心脑外科主任医师，硕士。

12. 小田庄

清朝时期，该庄属小郭、小黄、小刘三个自然庄。小田庄也称小陈庄、小王庄。

东靠黑泥沟，两排房，近年来建楼房增多，东西长 600 余米。清朝时期是三个自然庄，即小郭、小黄、小刘。由于郭、黄、刘三姓不发支，后又改叫小田、小王、小陈。近年来，村委会把原三庄并为一庄，设 1 个村民组，更名为小田庄。有田、陈、王、张四姓。田、王两姓在清朝（1716 年）从五河县迁入，约 300 年。张姓从张集迁入。2014 年，共有 66 户、376 人、567 亩耕地。大专及以上文化水平的有 31 人，中专、高中文化水平的有 20 余人。王电宝、陈尚品，曾在解放战争时期参加百万雄师渡长江解放南京战斗。王继安，曾在淮北市公安局任正科级职务。冯登兰，曾在淮北市人事局任正科级职务。

13. 前李庄

前李庄，原叫大李庄，东西三排砖瓦房，基本形成正方形。至 2014 年，大多富裕户改建楼房。传说，始祖李度，在明朝万历年间，从山西省洪洞县迁入定居，繁衍生息，形成大李庄。后又开始分支，从大李分出向东北 500 米处建庄，名叫小李庄。中华人民共和国成立后，改称前李庄、后李庄。全庄有 34 户、180 人、291.2 亩耕地。大专及以上文化水平的有 7 人，高中文化水平的有 4 人。李玉斗，是宿州市首位农民造血干细胞成功捐献者，2015 年 11 月，被评为"宿州市好人"，后被评为"安徽好人"和"中国好人"。

14. 后李庄

后李庄，与前李同属一祖，因比前李建庄晚，又处在前李庄后面，故叫后李庄。东西呈长方形，建四排土房、瓦房，至 2014 年，改建楼房户较多。庄人多是姓李，艾、张两姓共三户。全庄有 70 户、340 人、606 亩耕地，硕士研究生学历的有 1 人，本科及大专文化水平的有 6 人，中专、高中文化水平的有 14 人。

15. 艾庄

艾庄不分排形，基本属分散居住。原建土房、瓦房，2003 年，开始建平房，2014 年后，约有一多半户建两层楼房。传说，艾姓始祖兄弟 2 人，在明洪武年间从山西曲沃县迁到此处，繁衍约有 30 代，老户人家，故叫艾庄。怀远县包集区的艾庄、宋河村艾姓均从该庄分支迁出。现庄有艾、陈、赵三姓，艾姓人口占 95%。全庄有 102 户、527 人、1010 亩耕地，大专及以上文化水平的有 10 人，中专、高中文化水平的有 18 人。

八、宋河村

宋河村位于镇政府西北 10 千米处，属镇西北边陲村。南与固镇仲兴乡隔水相望，北与娄庄镇相连，东毗王庄和张龙村。辖 8 个自然庄、465 户、2407 人、4240 亩耕地，设 8 个村民组，村委会驻地顾庄。民国时期隶属大山联保局陈圩保。原宋氏先祖在明朝前夕迁入此处建庄，庄前是沱河，故叫宋河。从此就有宋河庄、宋河乡，集体成立初级社、高级社、大队、村均取名于宋河之名。1948 年，设宋河村。1949 年 4 月，设宋河乡。1958 年，设宋河大队，隶属杨集公社。1969 年，划入黄湾公社。1968 年至1971 年，与张集大队合并，1971 年，又分设宋河大队。1980 年以后，隶属黄湾区红星公社（乡）。1992 年设宋河村至今。

宋河顾海莲养殖场

村内自然条件较好，水泥路通镇政府，通自然庄。灵西运河流入境内 2.5 千米，南沱河、西界沟利于排涝和灌溉。1977 年，全公社组织万余名劳力，人工开挖灵西运河。1978 年，县水利局投资 7 万元建宋河闸。实行家庭联产承包责任制后，村里组织群众打井，开挖中、小沟，修建桥梁和铺路，使村内生产条件大大改变。主要种植小麦、玉米、大豆、花生、芝麻等作物。养殖业有养牛、猪、羊和禽等。村有初小 1 所、卫生室 1 处、工业加工 3 户、商业 6 户。2014 年 7 月，淮水北调工程入村内 4000 米，建 6 座桥梁。

1. 小封庄

小封庄，呈长方形。原庄属土木、砖木结构住房，近年来搬到黄宋路两侧，建两层楼房的有 35 户，复垦土地 25 亩。有李、杨、刘三姓。据村人介绍，原封姓先祖在明朝年间在此建庄，居住最早，也是富裕大户。1911 年的辛亥革命前期，因战乱，没有后人在此居住，庄地筑有封陵之传说，至今仍叫小封庄。后其他姓氏迁入居住，现李姓居多。现庄有 55 户，293 人，699.8 亩土地，设 1 个村民组。大学本科及以上学历的有 2 人，大专、中专、高中文化水平的有 34 人，在外工作人员有 8 人。

2. 小殷庄

小殷庄为排房式分布，原庄土木和砖瓦结构房屋，近年来楼房户增多。全庄皆姓殷，据庄人介绍，殷姓先祖原在清朝时期，从固镇县大殷庄迁入，定居早，人户少，故叫小殷庄。现全庄共有 28 户、146 人、283.5 亩耕地，设 1 个村民组。大专及以上文化水平的有 2 人，中专、高中文化水平的有 5 人，在外工作人员有 2 人。

3. 宋河庄

宋河庄，排房式分布，原建土木、砖木结构房屋，现建楼房 20 户。庄内居住宋、左、赵、朱、石、艾、王、殷八姓，属众姓庄。据庄人说，宋氏先祖在明朝前夕，就在此处建庄，因宋氏是老户，庄前是条沱河，故叫宋河，后来其他姓氏陆续迁入。在成立乡、大队、村时，沿用宋河庄之名。现左姓人口占最多。据《左氏家谱》记载，左姓上祖于明初洪武九年，从山西曲沃县迁来入住，已 600 余年。至 2014 年，全庄有 58 户、286 人、496.2 亩耕地，设 1 个村民组。博士研究生学历的有 1 人，硕士研究生学历的有 1 人，本科学历的有 4 人，大专、中专、高中文化水平的有 30 余人，在外工作人员有 5 人。左明新，在美国留学，获博士学位，现在国家药品监督管理局工作，正处级。左佑铭,获硕士学位。

4. 小李庄

小李庄,呈东西走向,原庄土木和砖瓦结构房屋,现部分农户到黄宋水泥路旁建楼房。全庄皆姓李。据庄人介绍,李姓先祖在清朝时期,从五河县夹河迁入,约300年,原庄不大,故叫小李庄。现全庄有44户、235人、484.4亩耕地,设1个村民组,大学本科以上学历的有4人,中专、高中文化水平的有19人,在外工作人员有10人,其中正科级2人。

5. 卜庄

卜庄,也称卜陈庄,排房式,呈东西走向,原皆土木和砖瓦结构房屋,近年来,建2层楼房24户。卜姓先祖在明朝时期迁入,因卜姓居住早,故名叫卜庄。现居住卜、陈、王三姓,陈姓一部分从徐沟庄迁入,一部分从姚山陈庄,于明万历二十七年迁入。现卜姓居多。全庄共有40户、217人、256亩耕地,设1个村民组。大专及以上文化水平的有4人,中专、高中文化水平的有25人。在外工作人员有3人。陈义廷,中学高级教师,原灵璧一中副校长。

6. 陈庄

陈庄位于村委会西北部500米处,为排房式,近年来,建楼房20户。有陈、李两姓,据庄人说,在清朝时期陈姓迁入早、人口多,故叫陈庄。至2014年,设1个村民组,全庄有39户、185人、272.5亩耕地。大学本科及以上学历的有10人,大专、中专、高中文化水平的共23人。在外工作人员有8人,其中正科级1人。

7. 陈圩庄

陈圩庄,呈长方形,原建皆为土、瓦房,近年来,建起两层楼房约70户。居住陈、万两姓。万姓一家。据庄人说,陈姓分为两家,老居住5户,在宋朝时期从河南省开封讨饭到此落户定居。另一陈姓先祖是在明朝万历年间,从峨山乱陈庄兄弟分家迁入,其家族占全庄人口多数。因陈姓迁居早,且民国期间,以庄主陈老乐为首在庄外挖3道围沟、筑3道围墙,晚上梆声阵阵,岗哨林立,显示庄里威严、安全。附近十里八乡群众为了避匪避盗保安全,晚上赶着牲畜进入陈圩庄住宿,故名叫陈圩庄。2014年,全庄共有123户、655人、825.6亩耕地,设1个村民组。大学本科及以上学历的有4人,大专、中专、高中文化水平的共29人。

8. 顾庄

顾庄为村委会驻地。南北排房式,呈东西走向。近年来,近一半农户在黄宋路两边建两层楼房。有顾、殷、宋、徐、王、任六姓,顾姓人多。据史料记载和庄人说,顾姓先祖于明朝洪武年间,从山西迁居在此建庄,故名叫顾庄。顾学道,1942年参加工作,是黄湾辖内早期中共基层干部,曾任娄庄乡乡长,1945年为保卫基层政权壮烈牺牲,被评为革命烈士。2014年,全庄有78户、390人、894.2亩耕地,设1个村民小组。大学本科及以上学历的有3人,大专、中专文化水平的有5人,高中文化水平的有13人。

九、陆集村

陆集村位于镇政府西北7.5千米处,东邻红星村、柯湖村,北与娄庄镇峨山村接壤，南与张龙村相连，西毗宋河村。村委会驻地陆集。辖 6 个自然庄、6 个村民组、508 户、2508 人，耕地面积为 5836 亩。有史以来，村行政设置和隶属变更频繁，民国时期设和平保。1948 年底，设陆集乡，同设陆集村。1952 年，撤乡后隶属陈圩乡。后设陆集乡（驻陈圩庄）陆集公社。1969 年底，黄湾设立公社时，陆集公社撤销，设陆集大队。1983 年设村后，属黄湾公社、区、红星公社（乡），1992 年至今，属黄湾镇。2004 年 3 月 3 日，与王庄合并，为陆集村。村内地理环境优越，东有姚沟，西有黑泥沟。"峨黄路"南北穿村 4 千米，村内水泥路铺通各村庄。土壤肥沃，大部属黑土，适应各种农作物生长。农户主要种植小麦、玉米、花生、芝麻、大豆等作物；主要养殖牛、猪、羊、家禽等。到 2014 年，村有养牛大户 2 家，其中，合作社 1 家。养羊大户6 家。村内有商店 7 个、加工点 2 个、建筑队 2 个、修理点 4 个，村有小学 1 所、卫生室 1 所。

陆集村李强养牛场

1. 葛宅庄

明朝时期，葛姓在此建庄，故名叫葛宅庄。后葛姓绝后，李、马、陈、张、宋、杨 6 姓分别迁入居住，至今仍叫葛宅庄。庄建成东西四排房，长约 550 米。到 2014 年，多数建楼房。李姓占全庄人口一半，李姓始祖于清朝年间，从胡桥村李集庄迁入，至今约 11 辈。马姓从大山位娄迁入，约百年。现全庄共有 90 户、420 人、1050 亩耕地。大专及以上文化水平的有 6 人，高中文化水平的有 8 人。李强，创办养牛合作社，总投资 400 多万元，发展养牛存栏 160 多头，成为全县养牛大户。

2. 陆集庄

陆集庄，原叫陆圩子。庄建两排房，东西长 600 米；2012 年以后，庄人搬到三南路两侧建楼房 59 户，长约 1100 米。据《陆氏碑文》记载，陆氏始祖在明朝时期从山西省喜鹊窝迁移到灵城南七里定居。二世祖陆遇春在清初年间，从七里移到此处建庄，原庄比较小，庄四周打起圩子，故叫陆圩庄。据考，1914 年，起集逢集，故叫陆集庄。1949 年后，是乡、公社、大队、村委会基层政权驻地，1969 年，撤销陆集公社。1952 年以后，先后定 10 日两集（三、八）和 10 日三集（一、四、八）逢集。后慢慢被周边集代替，变成死集。傅姓 1 家，其余皆陆姓。2014 年，有 123 户、688 人、1150 亩耕地。大专及以上文化水平的有 17 人，中专文化水平的有 13 人，高中文化水平的有 34 人。陆广勤，曾任铜陵市人社局副局长；陆广轮，曾任市公安局副处级职务；陆加军，曾任宿州市公安局监察室主任，正科级。傅毅，黄湾中学副校长、高级教师。

3. 魏庄

魏庄，东西呈长方形，两排房约有 500 米，近年来，大多建楼房。居住魏、张、郭三姓。魏姓占 98%。据庄人传说，魏姓先祖魏思义于清朝年间，从娄庄镇大山魏娄迁入建庄，与单营村魏巷庄魏姓同属一家，先后分 3 批迁入，故叫魏庄。2014 年，全庄共 71 户、334 人、1100 亩耕地。大专及以上文化水平的有 22 人，高中文化水平的有 30 人。

4. 王庄

王庄，东西五排房，约 500 米，南北一排房约 200 米，多数户建楼房居住。据庄人传说，过去有个老太太，带着一个姓王的儿子在此落户，后儿子出走，下落不明，老太太死后葬在此处，故叫王庄。民国时期该庄属大山联保。1966 年以前，属娄庄区杨集公社，1966 年 5 月，王庄划入大山林场。1978 年 8 月，林场划属淮北市矿务局管理。王庄村民属农业户。1982 年 4 月 6 日，从大山林场划出，属红星公社（乡）。1992 年，属黄湾镇。从 1982 年以后，独立设村。2004 年 3 月 3 日，经县政府批准，撤销该庄行政村建制，并入陆集村至今。因该庄过去属峨山，峨山庙地多，没有地种的农户纷纷迁居至王庄租地种，形成众姓庄。庄有张、王、陈、吕、刘、奚、魏、郭、周、宋、李 11 姓氏。张和王两家，陈、吕、李三家人数基本相等。张姓从峨山西范庄搬居近 200 年。宋姓从宋河村迁到林场南湖小庄落户，后又搬到王庄，约有 150 年。陈姓分两家，一家从西陈圩搬来，约 100 年，另一家从娄庄山东村陈巷庄搬入。奚姓原从晏路大奚庄搬入。现全庄共 119 户、545 人、1100 亩耕地，原庄设 4 个村民组，后并为 1 个村民组。大专及以上文化水平的有 8 人，中专、高中文化水平的有 18 人，在外工作人员有 6 人。李学朝，安徽省路桥工程集团有限责任公司六安分公司董事长，高级工程师，副厅级。宋启龙，在任 42 集团军三级军士长，2013 年 12 月，荣立二等功一次。

5. 廖庄

廖庄东西建房四排，每排约 80 余米，大多数农户建楼房。庄人多姓廖，另有柯、赵两姓。据庄人说，明朝时期，廖姓始祖廖青云原从芦岭老廖庄迁入，故叫廖庄，有 690 余年，30 余代。全庄有 50 户、248 人、622 亩耕地。大专及以上文化水平的有 7 人，高中文化水平的有 10 人。

6. 董王庄

原在清朝时期董、王两姓在此建庄，形成小董、小王两个小庄，民国时期因两庄连在一起，合并成一个庄，后更名叫董王庄至今。董姓无后，仍叫董王庄。现庄建三排房，东西长 150 余米，多数建楼房。有贺、廖、王、刘、田五姓。王姓占三分之二，分为两家，一家从大山大王庄迁入，另一家从灵璧东北三山迁居于此。2014 年，全庄共 55 户、273 人、814 亩耕地。大专及以上文化水平的有 3 人，中专文化水平的有 1 人，高中文化水平的有 10 人。王华保，灵璧县公安局，正科级。

十、红星村

红星村位于黄湾镇政府西北约 6 千米处，西与娄庄镇峨山村、北与沱南村接壤，东与单营村相邻，南毗柯湖村。辖 7 个自然庄、10 个村民组、1 个街道、484 户、2417 人，耕地面积为 7386 亩，村委会驻地小孙庄（即红星街）。

红星村新街

"红星"，原名小孙庄，在民国时期设小孙保，隶属大山联防局，1949 年后，到 1954 年，属大山区，部分庄属山东乡，部分庄属陆集乡。1954 年春，在成立初级社时，区、社干部认为"小孙"名字不雅，经过商议，确定村名为"红星"。在建初级社时，就定名为"红星初级社"。此后，成立高级社、大队、村委会，沿用至今。1956 年至 1960 年，成立红星高级社，属晏路乡。1960 年至 1969 年，设红星大队，先后隶属晏路乡、陆集公社、韦集区。1970 年到 1979 年，属黄湾公社。1980 年至 1991 年，属红星乡。1992 年至今，属黄湾镇。红星村自然条件优越，西北紧靠大山，东姚沟、西黑泥沟，基本农田实现涝能排，旱能灌。墩马水泥路穿村 3 ～ 5 千米，庄庄水泥路铺修到农家门前，交通十分便捷。实行家庭联产承包责任制后，全村生产力发展较快，农民收入逐年提高。1994 年，被县委确定为小康示范村，后被市、县农机局定为农机示范村，市、县多次在红星召开秋种、夏收农机示范推广现场会。1998 年，安徽省人民政府拨款 500 万元，用于该村新农村示范建设，建成新型南北大街。村内涌现出一批农机大户、产粮大户。土地肥沃，大多属黑土，主要作物有小麦、大豆、玉米、花生及其他杂粮。主要养殖猪、牛、羊和家禽等。个体工业有服装、粮油收购与加工、建筑、木工、成品油供应点等。村内有红星街，沿街和墩马路兴办个体商业、服饰、通信网点、农资经销 10 多户。设有完小、幼儿园、卫生室。全村有社会名人多名。

1. 小田庄

小田庄位红星街北部约 0.5 千米，建两排房。2014 年，庄在水泥路两侧建两排楼房、平房。清朝时期，从固镇西北岗寺迁入一家田姓，领着 2 个儿子在此建庄农耕。因田姓迁居早，人户少，初建庄规模小，故名小田庄。1949 年前叫"拐弯田庄"，1949

年后，把庄西弯路改掉，称为小田庄。庄里居住田、张、刘、孙、王、汪、马、陈、娄九姓，田姓占全庄人口一半。1816 年，刘姓从固镇县东扁刘庄迁入居住，已有八辈，与砂坝刘沟、王桥刘姓，均属一家，因扁刘庄刘姓户就是从刘沟迁入。1950 年，创办小学，名为小田小学。1993 年，小学迁到小孙庄，随村委会更名，为红星小学至今。全庄有 52 户、229 人，耕地面积为 827 亩，设 1 个村民组。大专及以上文化水平的有 32 人。陈峰，黄湾中学高级教师，2004 年被评为市模范教师，2011 年被评为县优秀教师，2015 年因过度劳累累倒在课堂上，拂晓报两次报道他的事迹，被县委授予优秀共产党员称号。

2. 小孙庄

小孙庄一直是村委会和小学驻地。孙氏先祖在明朝洪武年间，1368 至 1399 年，由山西洪洞县大槐树迁到灵璧县东关外居住，因人口兴旺，到了永乐末年，兄弟三人分别迁到镇辖内，老大迁入单营大孙，老二迁入孙湖涯，老三迁入小孙，因老三人口没有老大、老二两兄长多，故叫小孙庄，沿用至今。庄有孙、张、朱、徐、刘五姓。20 世纪 80 年代建砖瓦房时，庄形成三排房，呈长方形分布，现搬迁在晏山路及瓦沱路两边。民国时期设小孙保，中华人民共和国成立初期是大山区驻地。1954 年以后，一直是初级社、高级社、大队、村委会驻地。现有 97 户、510 人、1300 亩耕地，大学本科、大专文化水平的共 32 人。孙长杰，1969 年，在部队被评为"五好战士"代表，出席时铁道兵司令部召开的表彰大会，10 月 1 日，参加建国 20 周年庆典活动。

3. 陈圩庄

陈圩庄位于红星街西约 0.5 千米，原建两排土房，20 世纪 80 年代后改建瓦房，现建楼房户较多，呈长方形。据庄人传说，清代，陈姓先祖从向阳乡晏寺迁入建庄居住，到了清朝末年，陈氏非常有钱，人口兴旺，陈氏财主（庄主）发动周围村庄群众，在庄四周开沟筑圩，以防匪盗，故名陈圩庄。中华人民共和国成立后"土改"时期，张姓一家迁入居住。全庄共 40 户、210 人、715 亩耕地，设 1 个村民组。大、中专文化水平的有 17 人。陈云飞，东南大学教授、机械工程学院副院长，2009 年，获国家杰出青年科学基金资助，获江苏省科技进步奖 1 项。

4. 西张庄

西张庄位于红星街西部偏北 1.5 千米处，居住分散，东西呈长方形分布。近年来，在墩马路两侧建楼房户较多。据庄人说，张氏祖居山东省，后迁居固镇九湾镇，张氏族人经济发达，人口兴旺，在 1478 年，迁居一户到峨山，一个老头带着两个儿子，一儿留在峨山，一儿迁到西张，两个庄同属一祖，现有 20 辈之多。因庄处在村委会西部，故名西张。有骆姓、田姓各一家。2014 年，庄有 63 户、310 人、1100 亩耕地，设 1 个村民组。大、中专文化水平的有 18 人。张朝龙，1997 年被评为省级劳动模范、1998 年当选为省九届人大代表，1999 年被选为宿州市第一届党代会党代表。

5. 骆庄

骆庄位于村委会西南约 2 千米处，建四排房，东西呈长方形分布。近年来，多数户建楼房。庄有周姓一家。据庄人传说，骆姓祖先原在明朝年间，从山西喜鹊窝迁入建庄，已有 600 多年，庄名随人姓，名叫骆庄。全庄共 76 户、400 人、1148 亩耕地，设 1 个村民小组。大、中专文化文化水平的有 39 人，高中文化水平的有 30 人。

6. 大张庄

大张庄位于村委会南约 1.5 千米处，2003 年以前，呈正方形分布，有三排房。从 2011 年开始拆迁，全庄农户迁往瓦沱路及骆罗路两侧建房，以楼房、平房为主。居住张、赵、何、刘、宋五姓。据庄人说，张氏祖籍居山东省，后迁到固镇九湾，因在九湾经济发达，人口兴旺，在 1488 年，从九湾迁出兄弟两人，老大前往晏路西张庄，老二迁到此处建庄，张氏子弟辛勤劳动，经济发展快，人口兴旺，到了清朝，从大张又迁出一户到南一里地建 1 个小庄，大张由此得名。民国三十五年，从峨山刘氏一户迁入大张。1961 年，赵氏迁入，1975 年，何氏迁入。到 2014 年，张氏人口占全庄总人口的 95%，张氏迁入建庄 550 年。全庄共 103 户、520 人、1620 亩耕地，大、中专文化水平的有 46 人。

7. 南张庄（始称小张圩子，又称前小张庄）

前张庄位于村部南约 1.7 千米处，呈长方形分布，建两排房，近年来建楼房较多。因该村有 3 个张庄，此庄处在大张庄前面，故叫前张庄。处在村部南又叫南小张庄。十世祖一公张维藩从九湾移居至此。张氏初建庄人口少，为严防匪患，庄主出地出资，发动周边群众筑起土圩子，每到晚上，四周群众家中的牲畜，牵来避匪保平安，也称小张圩子。有张、赵两姓，张姓居多。解放前该庄办过学校，1949 年后学校迁到小田庄。全庄共 53 户、238 人、676 亩耕地，设 1 个村民组。大专、中专文化水平的有36 人。

十一、单营村

单营村位于镇政府东北 6 千米处，东连灵固路，北靠北沱河，西邻红星村，南毗晏路村。辖 7 个自然庄，12 个村民组，4406 人，777 户，耕地面积为 11210 亩，坑塘水面为 286.5 亩，村委会驻地单营庄。从民国设保到中华人民共和国成立后设大队、村，都沿用单营庄名。民国时期设单营保。中华人民共和国成立后，隶属多变，中华人民共和国成立初期设单营村。1950 年以后，先后隶属高桥乡、晏路乡（社）、黄湾公社、晏路公社（乡）。曾设初、高级社及单营大队（村）。1992 至今，属黄湾镇。1996 年，高圩、大孙、位巷、单营四个村合并为一个村，1998 年，又分为四个村。2001 年 5 月，经县政府批准，四村合并一村，为单营村。村内自然条件较好，是全镇最有特色的棚菜村。墩马路从村中心穿越 4 千米，灵固路贯村 1.5 千米，朱砂沟南北流境 2 千米，北沱河东西流入 4.5 千米。村内省、县、镇、村四级公路网相通，交通便捷。沟河相通，岸线较长。2013 年，县、镇土地部门在该村开展农田整治，路、涵、闸、桥和井灌工程配套基础较好。村内土质肥沃，主要种植作物有小麦、玉米、花生、芝麻、大棚蔬菜等。主要养殖牛、羊、猪、禽等。村设小学校 1 处、幼儿点 1 处、卫生室 1 处、有部分工业和商业经营户。村集体自筹资金 140 万元，建起老年公寓。

1. 小罗庄

小罗庄，位于灵固路西侧，三排房，后面两排东西长 500 余米，原建土木和砖瓦结构住房。至 2014 年，建楼房 20 余户。据庄人说，清朝时期，罗姓从灵西罗桥村大罗庄迁入，始祖入居两户。高圩罗姓也是从大罗庄分支迁入，分支人多，叫二罗，分支晚，人户少，叫小罗，沿用至今。庄人有位、潘两姓。位姓一家，1972年从山东迁入。潘姓于1962年从井王庄迁入。该庄是全镇大棚菜生产专业庄。1984年，晏路乡农技员罗刚，从砀山学习种棚菜技术后，带头试种二分地获得成功，庄人纷纷学种。至2014年，全庄种大棚菜29户，面积达100多亩。全庄有42户、223人、480亩耕地。大专及以上文化水平的有13人，中专、高中文化水平的有5人。

小罗庄蔬菜基地

2. 单营庄

单营庄，于环村路两侧建两排房，东西长1.5千米，至2014年，建楼房48户。中华人民共和国成立以后，一直用该庄名为大队、村名，也一直是大队、村委会驻地。传说，明朝时期，有几家单姓在此居住农耕，故叫单庄。后来有一个营官兵进驻，当地人就顺称单营庄，沿用至今。有朱、陈、吴、王四姓，朱姓占多数。朱姓原从朱圩村后小朱分支弟兄二人，现为一大家族。陈姓在1516年从固镇仲兴大殷村前陈庄迁入，已有20辈。庄有养猪、鸡2大户。全庄有100户、530人、1400亩耕地。博士研究生学历的有2人，硕士研究生学历的有2人，大学本科学历的有17人，大专文化水平的有6人，中专文化水平的有11人，高中文化水平的有30人。陈奎，在某单位任正科级职务。

3. 孙湖涯庄

孙湖涯庄，原有南北八排房，2009年以后，在晏山路两侧建两层楼房户约有40户。老人回忆，明朝到民国时期，该庄地势非常低洼，常年积水，无法排出，形成大湖。在明朝永乐年间从灵璧东关外，迁入兄弟三人，老大到大孙建庄定居；老二迁到此处湖旁建庄定居，由此得名孙湖涯；老三迁到红星村小孙建庄定居。中华人民共和国成立后，开挖朱砂沟、葛沟等多处中、小沟，水患得到彻底根治，湖已不见，但庄名仍沿用至今。庄有孙、赵两姓，孙姓由两地迁入，一家从灵璧东关迁入，另一家从大孙庄迁入，皆属一祖。赵姓在1716年从界沟仓赵迁入，近300年，与沱河西赵家和柯湖村赵洼赵姓属一族。全庄有175户、830人、2500亩耕地。大专及以上文化水平的有8人，中专、高中文化水平的有10人，在外工作的有3人。

4. 小金庄

小金庄位于黄湾北位黄路东侧，南北四排房，东西约 400 米，占地 40 亩，现建楼房的有 45 户。传说，金姓先祖在清朝年间，兄弟二人从向阳金圩迁出，老大迁入灵西罗桥小田居住，老二迁入定居，建庄晚于老大，故叫小金庄，庄名沿用至今。庄里有金、赵、戴三姓。赵姓占一半，金姓人口和戴姓人口相当。赵姓原从孙湖迁来。全庄共 75 户、420 人、800 亩耕地。大专及以上文化水平的有 5 人，中专、高中文化水平的有 6 人。

5. 魏巷庄

魏巷庄，东西五排房，2010 年后，在墩马路两侧建楼房户较多，该庄原来叫朱井庄，朱姓衰落后，叫寇庄。魏姓比寇姓迁居晚，因魏姓人口兴旺，改叫魏巷庄至今。据 1996 年 5 月，续修的《魏氏续谱》记载，魏氏先祖在明朝洪武初年，从山西省喜鹊窝迁淮北。魏巷庄一支在 1841 年，从娄庄镇魏娄庄分支迁出魏坤、魏冉兄弟两人，到此建庄落户，已有七辈，现魏姓占多数。另居朱、王、闫、田、柯、顾、张、李、范、吕等姓，属众姓庄。全庄共 135 户、700 人、1680 亩耕地，设 2 个村民组。大专及以上文化水平的有 10 人，中专、高中文化水平的有 18 人，在外工作的有 2 人。

6. 大孙庄（史称孙家二郎庙）

原初建庄时叫大孙家庄，清朝康熙十三年（1674 年），在庄北侧的路边，庄人为二郎神建高大的庙宇，雕塑二郎神像，设供桌、香炉、牌位等供奉香火，故叫"孙家二郎庙"，后简称"孙二郎庙"。中华人民共和国成立初期，仍叫"孙二郎庙"。公社、区、乡、村建制恢复，该庄设行政村，设立大孙大队、村民委员会，大孙庄名，恢复原建庄时的称名。

大孙庄位于镇东北，原建房南北长约 500 余米，东西长约 300 余米，南北建房九排，皆属土木和砖木结构。近年来，建楼房有 110 多户，是镇内大庄大户。对先祖迁入时间和原地，说法不一，红星村小孙庄知情者说，孙氏先祖在明初洪武年间，从山西省洪洞县大槐树迁到灵璧东关城外建庄定居，财源滚滚，人口兴旺。到永乐年间人口向外迁出，辖内高桥西南分支迁出三兄弟。老大在大孙建庄定居，老二在孙湖涯建庄，老三在红星小孙建庄，因老大迁入人口多，故名叫大孙庄（首在孙姓族内称）。抗日战争时期，灵璧县城日伪军在此设据点，祸害百姓，无恶不作。1944 年冬，灵南区队向孙二郎庙日伪军开展歼灭战，歼灭县城派来驻守日伪军一部分，剩余部分慌慌逃往灵璧县城。民国时期，县国民政府在此庙设小学，是灵南最有名的小学。后来庙被毁坏无存。"大孙"在民国时期一直都是名庄，新中国成立后，行政区划设大队和生产队，名为大孙大队、大孙生产队，"大孙庄"一名沿用至今。中华人民共和国成立后，隶属变动频繁，1969 年，并入红星大队。1970 年，黄湾公社设建时，大孙庄并入沱南大队。1977 年，与红星大队合并。1981 年，独设大队、村，为大孙大队、村。1996 年和 2001 年 5 月，曾两次与单营合并至今。有谢、关、李、孙、魏、薛、徐、姜、穆九姓，属众姓庄、历史名庄。其中，孙姓占全庄三分之二，曾先后向周边乡镇、沱河街、庙李村叶庄等村庄分支迁出。全庄共有 161 户、803 人、2550 亩耕地，设 2 个村民组。大专及以上文化水平的有 64 人，中专、高中文化水平的有 134 人，在外工作的有 12 人。谢学强，任县档案局局长，正科级。谢学聪，任五河县纪委副书记，正科级。

7. 高圩庄

高圩庄，南北排房，坐落在北沱河堰下，呈长方形分布，居民住房原皆为土木、砖木结构房，至 2014 年底，全庄建楼房的有 68 户。传说，民国初期叫小王庄。1920 年，叫娄巷子，因娄姓迁居比王姓晚，王姓不发支，在娄姓住户西头有条巷路，巷西姓娄，巷东姓高，故叫娄巷子。20 世纪 30 年代，世乱匪多，以高学增为首组织庄人在庄四周筑圩，邻近的村庄群众都来住宿避匪，得名叫高圩庄，沿用至今。民国时期和大山周圩联保，中华人民共和国成立后属高桥乡。1961 年，属单营村。1970 年，属单营大队。1979 年，设高圩大队、村。2001 年 5 月，并到单营村。庄有高、罗、娄、张、王 5 姓。高姓占多，与胡桥村高庄高姓同属一祖。罗姓是从灵西大罗庄分支迁入。全庄有 89 户、900 人、1800 亩耕地。大专及以上文化水平的有 10 人，中专、高中文化水平的有 5 人。

十二、胡桥村

胡桥村位于黄湾街东北约 1 千米处，东与晏路接壤，南与庙李相连，西与双桥、柯湖、三桥毗邻，辖 13 个自然庄和黄湾街道、13 个村民组、1100 户、4110 人、8824 亩耕地，村委会原驻柯庄，1980 年迁驻程庄。民国时期该村属石炉保、葛沟保。中华人民共和国成立后区划设置频繁，曾划给新华社，1958 年至 1960 年，设胡桥大队，以"胡桥"名命大队、村名至今。16 个自然庄，隶属韦集公社，后与石炉相并。1980 年，黄湾区建置时属黄湾公社，设胡桥大队。1998 年，葛沟庄划属李集村。2003 年，村投资 11 万元（县委组织部补助 4.3 万元）在灵固路西侧建村部，村委会迁入新址办公。2005 年 2 月 15 日，经县人民政府批准，胡桥村与李集村以及原晏路村的高庄、田庄、徐庄合并，村名为胡桥村。

村内自然条件较好，处在全镇腹部，"三沟两路"贯通全村，东有朱砂沟，中有葛沟，西有周孙沟，农田排涝情况良好。201 省道东西穿村 4 千米，"三南路"过境 2 千

胡桥农民文化乐园

米，依靠两路和黄湾集镇为依托，为村内各业发展带来了得天独厚的条件。村内主要种植小麦、玉米、花生、大豆、棉花、瓜菜等。主要养殖牛、猪、羊、家禽等。2005年以后，村内农户逐渐向灵固路两侧和村庄水泥路旁集中兴建商住楼房。葛沟兴建新社区，设建水厂。至2014年，村群众依托黄湾街和两路优势，经营工商业、饮食服务业、修理业、农富产品收购等百余户，出现较多的富裕大户。设卫生室3处，建了规模较大的大风车幼儿园、朱军中药所、加油站等。

1. 徐庄

徐庄距黄湾街4千米，为排房式，主房三排，东西呈长方形分布，约350米。20世纪60至70年代，主形成排房都是土墙草顶，1985年以后，家家扩建砖瓦房。2005年以后，逐步实现平房和楼房。因徐姓在清朝时期迁入建庄早，皆姓徐，故叫徐庄。后因招亲迁居入赘，增吴、胡、田、王、郑诸姓。全庄有80户、247人，耕地面积为663亩，设1个村民组。有大专及以上学历10人，中专学历2人，高中11人。

2. 田庄

田庄距黄湾街3.5千米，为排房式，呈长方形，约500米，前后两排房，多数户居住两层楼房。传说，田姓在洪武初年，从江西迁入此处建房居住，全庄皆姓田，得名田庄。1971年，迁入1户龚姓。至2014年，共70户、283人，耕地面积为694亩，设1个村民组。大专及以上文化水平的有5人，高中文化水平的有10人。

3. 小高庄

小高庄距黄湾街3千米，为排房式，两排200米，呈长方形，2005年以前，村民多数居住砖瓦结构房屋。从2014年起，多数户居住楼房。该庄原叫崔楼，崔姓迁出后，高姓在清朝时期从蚌埠北高湾迁入弟兄两人，初建庄小，人少，故名小高庄。庄有程、龚、胡、丁姓，人数较少。现全庄30户，125人，368耕地，大专及以上学历12人，高中学历7人。高德刚，曾任灵璧县副县长、泗县县委书记、宿州市政协副主席。程红梅（女），任县委保密局局长，正科级。

4. 桑庄

桑庄原在民国时期有小金、小戴、桑庄3个自然庄。庄人说，金、戴在清朝时期先后迁入建庄，初建人少，故称小金庄、小戴庄。清末民初，桑姓迁入建庄，该庄已有三个小庄。中华人民共和国成立初期，设村时改称桑庄至今。庄东西长800米，南北长500米，呈长方形分布。主建四排房，至2014年，建楼房90户，平房5户。庄内有桑、金、戴、陈、潘、王、肖、朱等姓，属众姓庄。陈姓从沱北老陈圩迁入，桑姓原从固镇县桑圩迁入。潘姓系1841年从灵璧迁入，已有七辈，约150多年。全庄共180户、763人，耕地为1568亩，设1个村民组。大专及以上文化水平的有17人，中专文化水平的有15人，高中文化水平的有30人。王成远捐资近4万元，组织劳力首次铺修砂石路1.5千米。桑三滨，中学高级教师，2008年获宿州市第三届教坛新星称号。

5. 潘桥庄

潘桥庄位于黄湾街东南1千米处，清朝时期潘姓在此定居，庄东头葛沟有座石桥，故名潘桥庄。呈长方形分布，东西长500余米。后建双排房，现沿水泥路建楼房户占总户数一半以上。潘姓无后，仍叫潘桥庄。现庄居李、朱两姓，李姓多，李姓分为两家，一家从县南李家搬入，百年左右，另一家从韦集湖南村小赵庄迁入，90 余年。朱姓从朱圩村前小朱庄迁入，约 130 年。全庄共 34 户、133 人、370 亩耕地。大专及以上文化水平的有 7 人，中专文化水平的有 2 人，高中文化水平的有 6 人。

6. 小陈庄

小陈庄位于李集庄路东，为排房式，呈长方形，前后两排，东西 300 米。1967 年以后，从沟南建一排房。近年来，约一半户在南北路旁建楼房。据庄人介绍，清乾隆年间，陈姓从黄湾西前陈庄迁入陈朝义、陈朝恒等五户到此处定居，庄很小，故名小陈庄。现已 10 代，200 余年历史，发展到现在规模的新型村庄。许姓原居于沱河北岸的魏巷庄，至十一世，清嘉庆年间，连遭自然灾害，衣食无着，以草根树皮度日，地方官吏又催科、派差，民不聊生。许姓八支纷纷外迁，一支迁至现在五河县小圩镇，一支几经辗转，经潘庄迁至现在的小陈庄，十四世始迁祖名讳不祥。十五世，许明道（妻李氏）。十六世，一公许玉龙（妻曹氏），生一女，嫁入龙水庄；二公许玉凤（妻翟氏）。十七世，许有生（妻陈氏）。十八世许长明（妻陆氏）。其余几支，居住地不祥。许氏祖茔在魏巷南沱河堰里，路东四座，路西 40 座，1998 年殡葬改革全都恢复耕种。1950年，从沱河迁入 1 户吴姓。1972 年，从宿迁迁入一户梁姓。现有陈、许、吴、梁四姓，都与陈姓有重亲，陈姓仍占最多。全庄有 49 户、148 人、459 亩耕地，设 1 个村民组。大专及以上文化水平的有 12 人，中专文化水平的有 4 人，高中文化水平的有 13 人。

7. 李集庄

李集庄位于黄湾街南 1.5 千米处，庄建零乱，房舍不齐，居住分散。主房形成三排，东西约 400 米，南北近 500 米，新迁南北路旁建起楼房户约占总农户一半。据庄人介绍，李集原叫小李庄，初建庄在现庄南最高处，距张庄 200 余米。明代从南最高处迁在现址建庄。民国三年（1914 年），以富商柯凤芝为首起集，由此改叫"柯李集"，在灵南影响较远。1946 年至 1948 年，属瓦庙乡所辖。1950 年，设乡政府，挂牌"李集乡人民政府"，更名至今。1954 年，李集乡撤销，并入砂坝乡。1958 年，属龙光社。1958 年至 1963 年，属沱河公社所辖。1971 年设李集大队，1983 年改为村。2005 年与胡桥村合并。现居住李、胡、刘、朱、柯、王六姓。李、朱两姓人数占多。朱姓 14户，原从老户朱迁入，已有六辈。胡姓从胡桥迁入。王姓系 1961 年从韦集西大王家迁入。现全庄有 142 户、520 人、1344 亩耕地，设 1 个村民组。大专及以上文化水平的有18 人，中专文化水平的有 2 人，高中文化水平的有 32 人。李家金，淮海战役支前民兵，签有彭德怀名字的民兵证书。李文彬，1956 年 2 月被评为省第三届劳动模范，出席省劳动模范表彰会，持有奖章。

8. 葛沟庄

葛沟庄位于黄湾东街 201 省道东侧，该庄始建于明代，葛姓在此居住，故名葛家。清代，县府在庄东侧开挖一条南北小沟，称葛家沟。中华人民共和国成立后，葛家沟几经挖深拓宽。2003 年以前，庄呈长一字形排房，东西 300 米。近年来，该庄向北扩建楼房新街，形成美好乡村示范区，50 余套商住一体化的街面楼房，商户已入住营业。镇文化站、农技站、水厂等建设竣工，并投入使用。中华人民共和国成立前有一家葛姓，已迁往固镇。庄内居朱、周、李、奚、解、胡、肖七姓。朱姓从大朱迁入。民国末年，李、奚、朱姓，从沟东另建一排房，呈一字形，长 70 米。1941 年，设葛沟保。1998 年以前，属胡桥村，1998 年，与黄湾居委会合并。2003 年 3 月，划属李集村。2005 年 2 月 25 日，李集与胡桥合并后，又属胡桥村。全庄有 88 户、320 人、842 亩耕地。大专及以上文化水平的有 6 人，中专文化水平的有 4 人，高中文化水平的有 18 人。朱军，发明一种中药散剂，获国家知识产权局发明专利证书。

9. 新柯庄

新柯庄，于 1976 年春从柯庄分迁到黄湾东街，在绿肥场北建的村庄，依老灵固路，呈长方形分布，称新柯庄，设新柯生产队、村民组。原庄已消失，迁入黄湾东街建楼房居住。共有 29 户、58 人，其中一家姓王，耕地面积为 85 亩。高中文化水平的有 3 人。

10. 程庄

程庄，东西呈长方形分布，东西长 500 米，南北长 150 米，至 2014 年，建楼房的有 50 户。原程姓迁入建庄早，故叫程庄。有程、柯、胡、陈四姓。陈姓与桑庄陈姓同宗共祖。柯姓从柯巷、柯庄搬入。胡姓六户，从胡桥搬入。程姓先祖在清朝时期从灵北杨疃西迁入。现全庄有 120 户、460 人、717 亩耕地，设 1 个村民组。现程姓总人口占总人口的 70%。有博士、硕士研究生 4 人，本科及大专文化水平的有 12 人，高中文化水平的有 15 人。程立，复旦大学研究生，博士学位。程柯，东南大学研究生，硕士学位。孙慧（女），博士，上海财经大学研究生。张静（女），硕士，南京师范大学研究生。程仲富，某单位任正科级职务。

11. 柯庄

柯庄，原叫火烧集，又叫火神庙。呈长方形分布，东西长 200 米，南北长约 120 米。2005 年以后，多数户搬迁到 201 省道旁建楼房居住。据庄人介绍，柯姓先祖在明朝初期迁入建庄，后该庄前建一座庙，清朝中期是小集，集市较繁荣，后因一场大火，庙被烧为灰烬，集也停逢。庄人统姓柯，故名柯庄。柯姓与四周庄姓柯均是一家。全庄有 102 户、452 人，耕地面积为 619 亩，设 1 个村民组。大专及以上文化水平的有 16 人，高中文化水平的有 25 人。

12. 胡桥庄

胡桥庄原叫胡庄。庄后老灵固路上有座桥，庄里居住着胡、柯两姓家族，因胡姓早在清朝时期迁入，庄西葛沟上有一座石桥，称胡桥。原庄前后形成多排房屋，东西长 300 米、南北 180 米，呈后长、前短三角形。近年来，较多农户搬到 201 省道两侧建楼房。中华人民共和国成立后，设置大队和村建制，都以庄名为大队、村名。胡姓原从向阳老营胡迁入，柯姓从柯巷迁入，建庄 400 余年。全庄有 138 户、488 人、934 亩耕地，设 1 个村民组。有硕士研究生 2 人，本科及大专文化水平的有 15 人，高中文化水平的有 35 人，在外工作的有 12 人。

13. 新胡庄

新胡庄，于 1972 年从胡桥庄迁入此处建庄，设新胡生产队、村民组，故称新胡庄。庄呈东西长方形分布，至 2014 年，庄内瓦房与楼房各半，80% 户迁到高田徐水泥路两边建楼房居住。全庄有 28 户、115 人、161 亩耕地。大专及以上文化水平的有 3

人，高中文化水平的有 4 人。

十三、柯湖村

柯湖村位于黄湾镇北 1 千米处，辖 11 个自然庄、17 个村民组、846 户、4148 人，耕地面积为 8724 亩。柯湖，史称柯家湖。清代《灵璧县疆域》版图上，属于中乡辖区，捻军曾经入驻，该处地势低洼，成湖历史很久，荒草湖地常年积水，以致成湖，湖坡高地上，居住着柯姓人家，故称柯家湖。中华人民共和国成立后设置大队、村时，简称柯湖。中华人民共和国成立以后，区、乡、村不断组织劳力开挖大、中、小沟，治理湖洼地段，湖已消失，全村农田实现旱能灌，涝能排。1946 年至 1947 年，该村属瓦庙保、沱河乡。东部石炉庄属胡桥保。1964 年，划为陆集大队。石炉划入胡桥大队。1972 年，独设柯湖大队。1981 年，石炉庄从胡桥大队划出设石炉大队。1992 年设镇时，设柯巷、石炉、柯湖村。2004 年春，被县政府列为国家农业综合开发项目区，大、中、小沟全部得到疏通，村内实现沟、路、桥全配套，抗灾能力大大提高。2004 年 5 月，经县政府批准，将柯湖村、徐巷村（不含大周庄）合并为柯湖村，下辖 11 个自然村，村委会驻地赵洼。2005 年，省委组织部从省政法委派出第一书记驻村帮扶工作。村内主要农作物种植有小麦、玉米、花生、棉花、芝麻、山芋、瓜菜、大豆等杂粮。养殖业主要养牛、羊、猪和家禽。2005 年成立养猪协会，吸纳养猪户入会，引导他们向大户发展。村设小学 1 所、卫生室 1 所。依托黄魏路和黄湾街的优势，农户经商办企业增多。从赵洼到绿肥场地界，已建成楼房新区。先后建阳光幼儿园和加工企业。

柯湖村脱贫攻坚工作部署会

1. 东柯庄

东柯庄，呈南北排房式，东西约 500 米，2005 年以后，建楼房户增多。清朝前期，因柯姓原从石炉迁入建庄，而四周柯姓庄较多，对该庄叫法不一：沟东部村庄群众称沟西柯，南部称后柯，西部称东柯。设立徐圩村后，以村委会驻地定界，上报庄、村民组时，村委会定名称"东柯庄（组）"。庄有柯、胡两姓。柯姓居多，与石炉、瓦庙、双桥、西柯、王桥柯姓同属一祖。全庄有 95 户、410 人、773 亩耕地，设 1 个村民

柯湖村产业花生项目种植示范基地

组。大专及以上文化水平的有6人，中专、高中文化水平的有10人。柯增华，患肝癌绝症时，仍然坚守工作岗位，时任省委书记张宝顺批示，追授为全省优秀党员，获"安徽好人"称号。

2. 徐圩庄

徐圩庄，南北长形，约500米，呈分片排房式。2005年春季开始兴建平房、楼房，已建楼房户较多。据庄人介绍，清朝初期，叫黄庄，由于黄姓衰落迁出，徐姓在清朝初期迁入居住，赵姓后来迁入。因徐姓居住早，在清末为了防止匪盗入侵，庄周围筑三道圩，高3米多，四门四角放着土炮，为方便庄人生产，开南北两门。晚上四周村庄人，前往避匪，故叫徐圩庄。现居住徐、赵两姓，人口相等。徐姓原从蚌埠徐家岗迁入。赵姓在清末从灵璧西界沟迁入，已有九代，与沱河西赵、赵洼赵姓属同一祖。庄有83户、410人、780亩耕地，设1个村民组。大专文化水平的有5人，高中文化水平的有6人。赵玉凤，曾参加抗美援朝战争，荣立三等功一次，获朝鲜颁发的和平鸽奖章一枚。

3. 柯巷

柯巷庄，原是徐巷村委会驻地。南北有六排房，居住分散，东西长750米。近年来，改建楼房的住户增多。据庄人介绍，柯姓始祖原在明朝从山西省曲沃县迁入建庄，因原庄中树林茂盛，农户居住集中，两旁建有房屋，庄中有条巷子，故叫柯巷，沿用至今。中华人民共和国成立后，设大队和村，曾以"柯巷"为大队名和村名。至2014年，全庄有150户、680人（统姓柯）、1534亩耕地，设2个村民组。大专及以上文化水平的有10人，高中文化水平的有25人。

4. 石炉庄（石香炉）

石炉庄原名叫石香炉，位于黄湾街北1千米处。东西呈长方形分布，近年来，村民搬迁到黄位路两侧建楼房较多。该庄清末时叫沈庄，庄后曾有一座庙，庙前放一个大青石制成的大香炉，供人们前来烧香，天天烟雾缭绕。后来庙塌了，人们依然在青石炉上烧香求神，特称石香炉。中华人民共和国成立后，大队、村和生产队建制时，改称石炉村、队，沿用至今。1958年，石香炉被毁坏。2001年3月11日，有两户挖宅基地建房时，挖出北宋时期古钱币27.4公斤，已上交给县文物所，现居住柯、沈、张三姓，柯姓占三分之二。全庄有70户、366人、710亩耕地，设1个村民组。大专及以上文化水平的有 4 人，高中文化水平的有 10 人。柯庆来，任固镇县委办公室主任，正科级。

5. 赵洼庄

赵洼庄一直是村委会驻地东西呈长方形分布，近年来，较多村民搬迁到黄位路两侧建楼房。据考，赵姓先祖在明朝末年，从固镇沱河西赵庄迁入，因庄后低洼，汛期一片汪洋，故叫赵洼庄。中华人民共和国成立后经区、乡（镇）发动群众多年治理，已无积水，但庄名沿用至今。庄有赵、徐、叶、位、王、刘六姓，赵姓居多。全庄有 90 户、455人、740 亩耕地。大专及以上文化水平的有 10 人，中专、高中文化水平的有 10 人。

6. 王桥庄

王桥庄东西呈长方形分布，路南、北两侧建两排房，多数户已建楼房、平房。据考证，王姓在清朝时期从大山西移居，中华人民共和国成立前后，庄后有一座木桥，故叫王桥庄。现庄内居住王、马、赵三姓，王姓居多。全庄有 34 户、153 人、353 亩耕地。硕士研究生学历的有 1 人，本科及大专文化水平的有 4 人，中专、高中文化水平的有 10 人，在外工作的科级人员有 1 人。马良民，博士，在新加坡办公司，任总经理。马良忠，任灵璧县畜牧水产局纪委书记，副科级。

7. 柯湖庄

柯湖庄，1949 年后，一直是村委会驻地。东西呈长方形分布，排房不齐，近年来，建楼房户不断增多。据庄人介绍，很久前庄后是大湖，柯姓先祖在明洪武年间，从山西省迁入在湖岸上建庄，故名柯家湖。清代，官方图表上，标有"柯家湖"，据史料记载，咸丰八年（1858 年）9 月 12 日，任乾、李允两人率万余人捻军进驻柯家湖，成为历史上的名湖。民国时期贺姓从炉店移居而入，开染坊染布，叫贺家染坊，与三桥贺姓同祖。1949 年后，柯姓仍居多。在设大队和村建制时，始为柯湖大队、村和生产队名。现居住柯、贺、陈、霍、贾五姓。陈姓是从陈桥迁入，柯姓占总人口 60% 以上。全庄有 120 户、540 人、1196 亩耕地。大专及以上文化水平的有 10 人，高中文化水平的有 20 人，在外工作的有 4 人。

8. 小张庄

小张庄，东西呈长方形分布，排房不齐，建平房、楼房已超总户一半。据庄人介绍，原叫张草庙，庄西南有座庙，用草苫盖，庙内和四周野草丛生，庙地属小张庄，称张草庙。1949 年后，庙毁，改叫小张庄，沿用至今。庄人多姓张，张姓先祖在清朝时期，从固镇县九湾移居建庄早。柯姓 2 户，从王桥村移入定居。全庄有 45 户、246 人、568 亩耕地，设 1 个村民组。大专及以上文化水平的有 4 人，高中文化水平的有 11 人。

9. 龙头张庄

龙头张庄，东西呈长方形分布，现建楼房户增多。传说，1949 年前，庄人贫穷，皆扎蒸馍用的笼圈到四集出售，养家度日。皆姓张，后人将"笼"改成"龙"，"圈"写为"头"，故叫"龙头张"。张姓祖籍在山西省，清朝时期，张姓从五河县九湾移到此处建庄。兄弟三人，先在瓦庙居住，后三人分家，老大在瓦庙，老二在龙头张，老三到张龙村小张，就发展到现在的三个庄。现庄有 55 户、302 人、775 亩耕地，设 1 个村民组。大专及以上文化水平的有 6 人，高中文化水平的有 10 多人。

10. 小苏庄

小苏庄与陆集、红星村接壤。呈长方形分布，有两排房，东西 400 余米。近年来，建楼户增多。现居住苏、陈、朱三姓。据庄人介绍，苏姓先祖，明朝时期从山西省迁入建庄，因苏姓迁来最早，初建庄人户少，故叫小苏庄，沿用至今。后陈姓、朱姓迁入。至 2014 年，全庄有 55 户、280 人、700 亩耕地，设 1 个村民组。研究生学历的有1 人，本科及大专及文化水平的有 4 人，高中文化水平的有 4 人。苏晓凤（女），山东省威海市海洋局任科长，正科级。在外工作的正科级有 2 人。

11. 后柯庄

后柯庄，南北四排房，方形分布。近来兴建楼户增多，全庄统姓柯，与柯巷庄属同祖，清朝时期从柯巷分支搬入建庄，叫小柯庄。因处在柯巷庄和原村委会的后面，大队、村委会改称后柯庄，曾设后柯生产队。现庄有 60 户、302 人、595 亩耕地，庄设 1 个村民组。大专及以上文化水平的有 6 人，中专、高中文化水平的有 10 人，在外工作的有 3 人。柯庆忠，1985 年 6 月，从灵璧中学考入航空大学，1990 年毕业后，在飞行学院工作，现任第十三飞行学院副师级教员，空军大校军衔，安全飞行 3300 小时，荣立三等功 3 次、二等功 2 次，获全军院校育才银奖、空军飞行员银质奖、金质奖各 1 次。

十四、双桥村

双桥村位于镇政府西 1 千米处，东接黄湾街，南连三桥村，西邻张龙村，北毗柯湖村，村委会驻地双桥庄。全村有 9 个自然庄、744 户、3064 人，耕地面积为 5516.6亩，设 9 个村民组。自清末、民国时期以后，行政隶属和建制变更较多。民国时期设腊条张保。1949 年至 1951 年，设瓦庙村。1960 年至 1972 年，与王桥、三桥大队合并。1973 年，设双桥大队。1984 年，设双桥村。2001 年，经县政府批准，与姚桥村合并，叫双桥村。中华人民共和国成立初期属沱河乡。自 20 世纪 70 年代以后，到 2014 年，隶属黄湾公社、区、镇。村内自然条件较好，峨黄路贯穿东西，姚沟、周孙沟经村流入沱河。村内主要作物有小麦、玉米、花生、棉花、芝麻、大豆等。主要养殖猪、羊、牛和家禽等。2005 年以后，全村出现许多养殖大户。村设卫生室 1 所。因靠黄湾街较近，入街经营户多。2009 年以后，多数农户在峨黄路两侧建楼房，形成街道式的新型住宅区，至 2014 年，有 120 多户移居。

1. 小姚桥庄

小姚桥庄又称新姚庄。1978 年，首次 7 户共 47 人，迁址黄湾街西头的桥西侧建起小庄，独设生产队，故称叫新姚生产队（又称小姚桥生产队）。1983 年，省地名普查工作队定为新姚庄。该庄原从小郑庄搬迁来（小郑庄在 1980 年消失）。庄人在峨黄路两侧建起形成三排房，现与大姚桥连在一起，均建起楼房。庄里共有姚、张、王三姓人家，张姓居多。村委会把小姚桥与大姚桥并为一个村民组。

2. 大姚桥庄

大姚桥庄，1978 年以前称为姚桥。姚姓始祖于明末迁此建庄，清初，县府组织开扒姚庄西侧沟，沟经姚桥庄西侧南 200 米处，建一座石桥。沟、桥名均从姚姓称呼，故称姚沟、姚桥，沿用至今。姚姓在民国时期很富裕，经常组织打"响场"（用木板搭建高台，下面系很多铃铛，用马拉石磙，铃声阵阵，传出庄外）。从 2000 年开始，庄

双桥村体育场馆

人纷纷在峨黄路两侧建楼房，与小姚桥连接，形成街式新村。村委会将大、小姚庄合并为1个村民组，至2014年，两庄共130户、600人、680亩耕地。大专及以上文化水平的有12人，中专、高中文化水平的有6人，在外工作的有8人。

3. 瓦庙子（瓦庙东庄）

据传说，此处很早以前建公馆，叫济宁馆，瓦庙就建在济宁馆相邻处。隋末唐初，战火连绵，济宁馆被烧成一片废墟，瓦庙也被毁坏得残破不堪，经过多次集资维修，得以保存。瓦庙上脊用小瓦苫起来，占地面积约有3亩多，故叫瓦庙。鸦片战争后，双桥庄张学勤在瓦庙设塾馆。1947年，县国民政府在此设立国民乡政府，挂牌"灵璧县瓦庙乡公所"。1949年后，政府一直在此设立小学，挂牌"灵璧县瓦庙小学"。1998年7月，由原双桥、姚桥两个村群众集资42万元在此建起1306平方米的教学大楼，仍称瓦庙小学。2010年以后，生源不断减少，小学撤销。

1983年省地名普查中，该庄定为"瓦庙子"。瓦庙分为瓦东、瓦西两个自然庄。20世纪70年代和80年代，双桥大队、村委会，将瓦庙庄分为瓦东和瓦西两个生产队，实行村建制后，设2个村民组。近年来，将2个村民组并为1个村民组，名为"瓦庙组"。

瓦庙东庄，原叫柯长圩子，清朝时期柯姓迁入建庄，庄周围筑起圩子，称柯长圩子。后因庄前有瓦庙，庙北有一条南北路，以路为界，东侧称瓦东，西侧称瓦西。中华人民共和国成立后设生产队，后改称瓦东生产队，而得名。1984年，村建制恢复，称瓦东村民组。庄建三排房。至2014年，大部分户迁峨黄路两侧建楼房。居住张、柯两姓。张姓占多，据龙头张和瓦东张姓说，此庄张姓和龙头张属一祖，清朝从五河九湾迁入三兄弟，先在瓦庙定居，后兄弟分居，老大在瓦庙，老二在龙头张，老三迁入张龙村小张庄，三庄张同属一祖。全庄有62户、304人、262亩耕地。大专及以上文化水平的有7人，中专、高中文化水平的有5人，在外工作的有4人。张华永，多篇论文在国家和省市教育部门评比获奖，2005年获得安徽省优秀班主任称号，2011年获得宿州市骨干教师称号，2014年获得灵璧县优秀教师称号。

4. 瓦庙西庄（瓦西庄）

因处在瓦庙北路界西侧，故称瓦庙西庄。在双桥大队和村建制时，设瓦西生产队和村民组，简称瓦西。呈东西排房，西部前后多排建房。近年来，搬迁峨黄路两侧建楼房26户。居住范、张、黄、李四姓，李姓占多数。村委会将瓦西、瓦东合并为一个村民组。现全庄有63户、303人、260亩耕地。大专及以上文化水平的有6人，中专、高中文化水平的有6人，在外工作的有3人。

5. 五里庄

五里庄，原叫五里张家，清朝时期有一户姓张在此建庄居住早，属沱河行政管辖，距沱河集五里路，由此叫五里张家。后庄随灵固路而建，居住分散。从20世纪60到80年代，大队、村委会设五里生产队、村民组，沿用至今。近年来，修水泥路1300米，在东西水泥路边建楼房27户。居住张、陈、马、柯、赵、李六姓。张姓占全庄一半。清末，陈姓从张龙村大陈圩迁入。现有126户、398人、928亩耕地，设1个村民组。大专及以上文化水平的有5人，中专、高中文化水平的有10人，在外工作的有3人。陈太彬，曾任某部队参谋长，淮北市委常委、武装部长，享受正厅级待遇。

6. 双桥庄

双桥庄原名叫腊条张，因庄后有一行腊条树，庄人统姓张，故名腊条张。清朝期间，张姓祖籍在固镇九湾，迁入建庄有300多年，与韦集镇腊条张、固镇沱河张圩均属一家张。1953年"土改"时期，因庄南百米远有东西、南北2座桥，三步可迈2座桥，地方干部将腊条张改叫"双桥"。20世纪70年代以后，双桥庄是大队、村委会驻地，以"双桥"为大队、村委会名，至2014年。庄修砂石路1300米，现搬迁北面东西路两侧建楼房30户。全庄有146户、537人、600亩耕地。大专及以上文化水平的有6人，中专、高中文化水平的有7人，在外工作的有10人。

7. 西柯庄

西柯庄与双桥庄相连，原建一排草房，至2003年，建三排瓦房，东西长百余米。近年来，搬迁北面东西路两侧建楼房20户。全庄统姓柯，处在村委会驻地西边，故叫西柯庄。据柯姓族人介绍，原在清末期间，从石炉庄分支迁入定居，已有八辈。村委会将该庄与双桥合并为1个村民组。至2014年，全庄有42户、210人，耕地面积为420亩。大专及以上文化水平的有8人，中专、高中文化水平的有6人，在外工作的有6人。

8. 前陈庄

前陈庄始建于明朝末年，原建房属土木和砖木结构。至2014年底，迁往西面南北路两侧建楼房20户，庄人统姓陈。因处在后陈庄前面，当地群众称前陈。据《陈氏家谱》记载：陈子时，从张龙村大陈圩出任明朝四品钦差大臣，明末告老还乡，死于清顺治年间。还乡时就定居在前陈庄，生有三子八孙，由此就繁衍形成今日前、后陈庄。全庄有87户、360人，耕地面积为630亩。大专及以上文化水平的有14人，中专、高中文化水平的有8人，在外工作的有12人。

9. 后陈庄

后陈庄，全庄统姓陈，因为庄处于前陈后面，故叫后陈，人们习惯将两个庄合称呼为"前后陈"庄。清代，先祖从前陈分居此处建庄，已繁衍发展到现在的规模。因前后陈庄都是同属一祖，人们还习惯把前后陈称为"双陈"。全庄靠近峨黄路，原建东西三排房，属土木和砖木结构，现基本都建两层以上楼房，迁往西面南北路两侧建楼房5户。小戴庄陈姓是从该庄分支迁居。村委会将后陈与前陈合并为1个村民组。全庄共88户、352人，耕地面积为640亩。大专及以上文化水平的有14人，中专、高中文化水平的有7人，在外工作的有10人。

第二节　村庄消失

全镇老村庄（街）消失，是从1980年以后实施搬迁开始的，聚居多个朝代的老庄（街）开始消失。1980年，实行家庭联产承包责任制后，砂坝公社党委决定对清代就逢集的砂坝老街，向北整体搬迁500米，重建新街。从1982年开始，砂坝公社先后对原建在沱河大堤上，蒋李、小董、龙水、小李等自然庄，实施大搬迁。原河堰边上的5个老庄（街）消失。到1984年，老街住户全部迁出。从2007年开始，县政府按照上级的部署，组织土地管理部门，对"半空壳"和基本"空壳"的老庄实施搬迁复垦，国家财政对搬迁重建户给予补偿，非常符合广大群众心愿。2009年，老街址土地复垦。1980—2014年黄湾镇消失村庄（街）情况见表13-2-1。村庄消失原因有很多，有的不利于防洪防溃，有的为了改善居住环境，有的为了实施上级政府开展新农村和新街建设规划而实施搬迁。

表13-2-1　1980—2014年黄湾镇消失村庄（街）统计表

村名	迁出年份	消失庄（街）名及原址	原　因	搬迁户数	复垦面积（亩）	国家补助（万元）
宋河	2009	小封庄、西小庄	新村规划	8	25	—
砂坝	1984	砂坝、老街	新街扩建	10	90	—
	2010	蒋李、南老庄	规划建新村	25	80.5	—
	2013	郑园、路南老庄	规划建新村	15	68.5	—
陆集	2013	陆集、峨黄路东侧老庄	规划重建	31	126	198
柯湖	2012	赵洼、石香炉老庄	规划重建	93	305	315.24
	2010	小张、老庄	规划重建	86	173.2	189.2
红星	2011	大张、老庄	规划重建	78	117	109
	2012	小孙、老庄	规划建街	68	106	203
	2013	小田、老庄	规划重建	48	97	200
	2013	西张、老庄	规划重建	32	54	102
双桥	2009	双桥、老庄	规划重建	30	120	90
	2009	前后陈、老庄	规划重建	80	200	120
庙李	1984	小李、原沱河堰	防洪迁移	20	110	—

第十四章　人　物

黄湾是一个文化底蕴深厚的地区。历代都为国家培养出一批批优秀人才，有军事家、飞行专家、医学家、作家、法学家、经济学家等，还有受到毛主席等中央领导人亲切接见的英模人物。改革开放后，在这个伟大的新时代里，又育出一大批最优秀的英模人才，他们都是树立在黄湾厚土上的丰碑。此章记载的已故人物是按照出生年月先后排序，人物简介采取分类记载。

第一节　人物传略

1. 陈子时

据《陈氏宗谱》记载：陈子时（1566—1645），男，字献忠，大陈圩（古称沱河北老庄圩）人（现属张龙村），回乡在双桥村前陈庄建庄定居。四品钦差大臣，陈子时自幼勤奋好学，后成为两榜进士，皇帝授职四品，多次受皇上差遣，到多省查灾治乱治贪，曾赴任河南知府，后嘉封河南巡抚官衔。明末，年龄高迈，告老还乡，定居在今双桥村前陈庄，带领子孙乐守田园。公元1643年皇太极驾崩，大清顺治皇帝登位，长江、淮河两岸反清复明起义队伍如火如荼，顺治帝为了笼络民心，维护统治，便下诏书，启用明臣陈子时赴江南任钦差治乱。此时，陈子时年龄已七十有九，虽然明朝大势已去，但陈子时内心不服清朝统治，可已无回天之力。他一箭双雕，到达苏州不久，就谎称生病交旨还乡。后病卒于清朝顺治二年孟冬月，葬在今黄湾西瓦庙北侧百余米远的陈氏陵墓，墓后被扒毁，村内上了年纪的人至今都还记得，陈子时坟墓高大，前后陈族人在节日到坟前烧纸。陈子时在任期间，勤政为民，兴修水利，鼓励农民开荒种地，执法如山，减免徭役，强令地主减租减息。他的一生经历嘉靖、隆庆、万历、泰昌、天启、崇祯等多个王朝，为官清正，权不谋私，没有积蓄，也没有亲属沾光升官。得到历朝皇帝宠爱。崇祯九年（1636年），思宗朱由检御制金匾赐予告老返乡四品钦差大臣陈子时。灵璧县曾有多名知县到陈子时的墓前祭拜，并向陈子时后代题字赠匾。道光二十七年（1847年）七月一日，灵璧县知县朱甘霖制匾题字赠前陈庄陈子时后裔——陈氏族人，此匾现还在保留悬挂（见志书前面的古匾）。

2. 朱长宽

朱长宽（1900—1978），男，字心甫，朱圩村老户朱庄人。当地名中医，堂号"恒益"，被当地称为医家、世医之家。朱长宽自幼读私塾，青年学医成才，在老户朱庄开

"恒益药店"。家有田地顷余，他一边务农一边行医，生活十分节俭，医德高尚，医术高明，在灵南威望较高。他看病行医不分穷富，同等对待，对待困难户以最低价医治，赢得赞誉，方圆几十里的病人皆来求医。中华人民共和国成立前，当地瘟疫经常发生，他每次都不顾个人安危，经常骑着毛驴走村串户为群众治病防疫。他在李集、沱河开过药店，热心为民众诊病施药，深得广大百姓尊重，其立场坚定，爱憎分明，热爱共产党。1949 年后，他被灵璧县人民医院录用，成为县医院中医术较高的中医师，为全县老百姓治愈较多的疑难杂症，多次受到省、地、县政府嘉奖，出席全省卫生部门劳模大会。1978 年 6 月，朱长宽在灵城卒于脑出血。朱长宽病逝后，县政府、各乡镇政府为他敬献花圈，县政府领导参加追悼会，众多被他医治的群众也自发参加追悼大会。

3. 李化民

李化民（1919—1946），男，韦集镇小徐村（现金银山村）人。1942 年，任中共灵南区院寺乡乡长，灵南区公安区员、副区长、区长、灵南大队长等职务。他经常组织武装力量在晏路、砂坝、沱河、大山、韦集等地抗击日伪军、国民党军。多次组织在砂坝、灵固路开展阻击战，使灵南解放区不断巩固和扩大。

1945 年，抗日战争胜利，国共两党和谈破裂，内战爆发，灵南区队改为灵南大队，李化民任大队长，李耀任政委。他率领全区军民坚持在灵南一带与国民党反动派的两广蛮兵周旋作战。1946 年 7 月的一天，千余名两广小蛮兵从固镇到沱河集，又向王桥、陈圩、陆集方向进行扫荡式的烧、杀、抢、掠，搜捕区、乡干部和家属。这时，地方约有二三百群众和武装人员被围困在大山以南（陆集北王庄一带）的青纱帐里，如不迅速突围，后果不堪设想。李化民与李耀立即研究决定，由李耀政委率领军民向北大山撤退。李化民仅带五名警卫战士掩护断后，以迷惑敌人争取时间，便于军民北撤进山。战斗中李化民身重三弹，腿被打断，寸步难行。这时，警卫员李绍典背起李化民没跑多远，李绍典中弹倒下。李化民叫李绍典把他放下，从身上掏出七块银圆和一支手枪，递给李绍典有气无力说："我不行了，俺俩不能都牺牲，这钱是我交的最后一次党费，这枪要交给李政委，绝不能落给敌人，李政委带人可能突围成……功了……"说完气绝身亡。李化民牺牲时年仅 27 岁。中华人民共和国成立后安徽省民政厅为其家属颁发"烈士证书"。

4. 李焕学

李焕学（　—1990），男，庙李村龙水庄人。1931 年 1 月，中共灵璧县独立区委（县级）书记戴文生秘密来到龙水段发展党员，创建党组织，李焕学经戴文生介绍入党，是镇内入党最早的党员。在戴文生的帮助下，李焕学创建了龙水段第一个党支部，并担任书记。戴文生离开后，李焕学按照戴文生部署，在当地开展党的工作。先后到砂坝、老户朱、高田徐等村庄宣传共产主义，考察发展共产党员 7 人，在群众中点燃共产主义的火种。11 月，李焕学作为党员代表出席中共灵璧区委在灵城西南白糖湖召开的党员代表大会，会议主要精神是部署发展党员壮大党组织领导力量。由于大山暴动失败，戴文生遭到通缉被迫外出到淮南，这时，李焕学也被迫到滁县东傅家湾。后定居在五河县三铺乡，身在他乡仍然积极创建和发展党组织，曾任党支部书记、乡长、区长等职。李焕学于 1990 年夏，在五河县三铺乡病逝。

5. 郑良六

郑良六（1920—2006），男，砂坝村大郑庄人，1971年6月入党，高小文化。1948年，担任村长；1954年到1956年，任小社社长；1957年到1961年，任联防队队长；1962年到1981年，任大郑生产队队长。1968年，被评为省劳动模范。1969年9月24日赴北京，10月1日，在天安门观礼台上参加庆祝中华人民共和国建国20周年庆典活动。10月11日，在人民大会堂受到毛泽东、周恩来等党和国家领导人的接见。10月15日返回。1971年，当选为中共灵璧县委委员；1978年，当选为县政协委员，是年，被选为安徽省第五届人大代表。在"文化大革命"后至1981年，任县政协委员、人大代表、大郑大队副书记兼副大队长、大郑生产队长。1980年，任砂坝公社管委会副主任等。

郑良六在担任大郑生产队长期间，大郑生产队是宿县地区、灵璧县农业学大寨的一面红旗。他多次随地、县、社组团到山西大寨参观学习，受到时任国务院副总理陈永贵、昔阳县领导、大寨大队党支部书记郭凤莲的接见。他把大寨经验运用到大郑生产队生产实践中，带领全队社员艰苦奋斗，改变农业生产条件，使大郑生产队年年获得好收成，居全社第一。大郑生产队多次被评为地、县先进集体，多次获得拖拉机、脱粒机、平板车、马匹等物资奖励。

郑良六性情耿直，擅做善事。他对外地和四周生产队的群众非常关爱，凡在青黄不接找他借粮的，从不拒绝，都及时安排仓库保管人员，开仓济困。有许多断炊户他都不认识，既然来了，他都开仓借粮。从1966年到1979年，借给方圆几十里的困难户的粮食斤数记不清，多个记账本都记得满满的，保管员收存的借粮字条，用绳扎一小捆。2006年1月，郑良六在家病逝。

6. 陈端峰

陈端峰（1922—1992），男。1937年4月参加八路军，1940年3月入党，历任战士、班长、排长、连长、营长、团长、副师长。1958年至1962年，在南京军事学院学习，大学文化。1966年3月，复员到省机械工业厅任副厅长，1969年，调任省电力局局长。1978年，调省化工厅任厅长、党组书记。1982年离休，正厅级。陈端峰17岁参加八路军，在山东省微山湖打游击，后参加铁道游击队。1945年以后，参加淮海、渡江等重大战役，身经百战，多次荣立战功，评定为二等一级残疾。

1975年秋，陈端峰在任省电力局长时，按照省委、省政府的部署，带领局直机关40多名干部，进驻黄湾公社开展社会主义教育活动，任工作队队长。他看到群众生活很艰苦，生产力低下，想在社教期间一定要为群众办些事实，改变农业生产和生活条件。经过思考，规划出办电方案，即在黄湾建变电所。他多方协调，筹集资金、调运器材。公社组织人员运石头、打基础，全社干群仅出力、不出资，工程进展仍然顺利。1976年4月底，变电所工程竣工。5月1日，黄湾街安全通电。部分大队在5月上旬通电，这是社教中取得的丰硕成果，是陈端峰及其社教人员作的巨大贡献，这一业绩已载入黄湾史册。1992年11月，其在合肥病逝。

7. 赵玉凤

赵玉凤（1924—2010），男，柯湖村徐圩庄人，没有上过学，12～15岁讨饭，16

岁寻找党组织，后任戴文生（灵璧县中共党组织创始人）的通讯员。1949年后，任晏路乡、韦集乡副乡长、乡长。朝鲜战争爆发后，1951年3月，参加中国人民志愿军，赴朝作战，荣立三等功一次，获勋章一枚、朝鲜人民共和国颁发的"和平鸽"纪念章一枚，被评定为三等甲级伤残军人。1955年5月，复员回乡，组织部门安排他任韦集区副职干部，被谢绝，要求到晏路粮站当收粮员。1958年，从晏路粮站调到省商务厅工作。1959年，他要求下到商务厅保卫科当门卫。1963年，全省动员城里干部下乡支援农业生产。1963年4月28日，赵玉凤从省下乡办公室，开出支农介绍信，背着行李离开了合肥。他既不到县里报到，也不给地方领导打招呼，持介绍信，到自家所在的生产队里，开始走上了务农路。2010年，其在家病逝。

8. 陈太彬

陈太彬（1926—1997），男，双桥村五里张庄人。自幼勤奋好学，生性刚正不阿，曾就读于灵璧中学、南京中学、黄埔军校。一生南征北战，戎马生涯，精通兵法，著有《历代战役汇编》一书，在部队中当教材使用。陈太彬在灵璧中学读书期间，正值日本侵略中国时期。一日，他联合几位学生，把一名正在施暴的日军痛打一顿，遭到通缉，离开灵璧，前往南京中学就读。南京被日军占领后，陈太彬参加革命，加入了中国共产党，由于他文化较高，后被送到黄埔军校学习。在部队工作中，他曾任班长、排长、连长、营长、副团长、团长、师长、军参谋长等职；后调到淮北市任市委常委、武装部长，享受正厅级待遇。1997年，其在淮北市病逝，享年71岁。

9. 井学荣

井学荣（1932—2016），男，晏路村井王庄人，1932出生，读私塾9年，1983年入党。1982年，承包村农科队土地70亩，当年向国家卖余粮2万斤。1983年，向国家卖余粮5万斤。1984年，被县、地区、省评为产粮大户。1982年至1988年的7年间，向国家卖余粮近70万斤。其中1988年卖10万斤，是宿县地区第一产粮大户。1988年农历十一月二十八日，赴北京参加国务院召开的全国百户售粮表彰大会，被评为全国售粮模范，受到田纪云、陈俊生、罗干等中央领导人的接见。时任国务院秘书长罗干向井学荣颁发荣誉证书、奖杯、奖金和5吨尿素奖励票，并在紫光阁与国家领导人合影留念。会议结束返回合肥，受原副省长张润霞接见，省政府向他颁发奖金、3吨尿素及彩电票。著名书画家张建中、省书法家刘夜峰得知他的事迹后，分别为他作《大鹏展翅》画并题字相赠。2016年8月，其在家病逝。

10. 朱守诚

朱守诚（1936—2014），男，庙李村薛桥庄人，中共党员。1979年，积极出谋划策与生产队长朱守忠在薛东生产队推行包干到组到户生产责任制。1981年夏，他带头与朱守忠、吴建国三户各向国家售粮超万斤。他自己卖粮10500斤，成为全省第一个向国家售粮超万斤的大户。1982年，朱守诚被评为省售粮模范，时任灵璧县委书记徐振宾带队，赴省参加表彰大会，省委、省政府颁发奖状、奖品。1988年，被评为全省产粮大户。自1982年到1993年间，朱守诚多次被县、镇评为优秀共产党员。2014年1月，其在家病逝。

11. 柯增华

柯增华（1955—2013），男，柯湖村东柯庄人。1977年5月参加基层工作，2001年

12月，加入中国共产党，先后任东柯大队团支部书记，徐圩大队治保主任，徐圩村副主任，柯湖村党总支部委员。柯增华在患肝癌晚期时，仍然以乐观精神坚守工作岗位，为群众上门服务，累得病情恶化，感动了广大基层干群。2012年12月21日，安徽省委书记张宝顺批示："柯增华同志事迹十分感人，是在实践中涌现出来的又一位农村基层干部的先进典型，是广大党员干部学习的榜样。"2012年12月，中共灵璧县委授予他"优秀共产党员"荣誉称号。2013年1月，中共宿州市委授予他"优秀共产党员"荣誉称号，并作出向柯增华学习的决定。2013年4月19日，柯增华在家病故，黄湾镇委、镇政府为他召开隆重的追悼会；2013年12月，中共安徽省委追授他为"全省优秀共产党员"，后被评为"安徽好人"；省、市组织部组织柯增华事迹报告团，巡回报告。

第二节　烈士英名录

表14-2-1　黄湾地区烈士英名录

姓　名	性　别	乡、村	入伍时间	单位与职务	何时何地牺牲
孙恒才	男	晏路	1942	凤阳县棋盘乡民兵	1943，凤阳县
陈敞来	男	红星	1942.10	灵南大队战士	1943.10，灵璧县
孙恒贵	男	晏路	1941	凤阳县棋盘乡民兵	1943，灵璧县
张洪振	男	红星	1942	独立团战士	1944，灵璧县
顾学道	男	红星	1942	娄庄乡乡长	1945，灵璧县
陆彩领	男	红星	1941.3	灵南大队通讯员	1945，灵璧县
陈尚春	男	红星	1943	宿东大队战士	1945.10，江苏省
柯万点	男	黄湾	1942.5	八十一团排长	1946，嘉山
陈尚文	男	红星	1942.2	十二团二连号长	1946，洪泽湖
王怀文	男	黄湾	1945	民兵大队长	1948.12，灵璧县
魏明后	男	晏路	1947	一三四部队排长	1953，朝鲜
周玉奎	男	黄湾	1949.3	六〇四部队副班长	1953，朝鲜
周化友	男	晏路	1948	志愿军连长	1953，朝鲜

注：乡指20世纪80年代黄湾区下设的乡。

第三节　人物简介

一、副县（团）级以上人员

1. 高德刚

高德刚，男，1953年12月生，胡桥村小高庄人，大学文化。1973年7月入党，同时担任高田大队党支部书记。1977年1月任中共灵璧县委常委。1978年7月任黄湾公社党委副书记。1980年1月至1982年1月，任砂坝公社党委书记。1982年2月至10月，任黄湾区委副书记。1982年11月，任共青团灵璧县委书记。1985年8月任灵城镇党委副书记。1987年8月。任高楼区委书记。1991年3月任灵璧县人民政府县长助理，同年9月，任泗县人民政府副县长。1992年12月任中共泗县县委常委、泗县人民政府常务副县长。1996年11月，任中共泗县县委副书记、泗县人民政府代理县长，同年12月，当选为泗县人民政府县长。2000年5月任中共泗县县委书记。2002年，任中共宿州市委副秘书长。2004年，任宿州市政协秘书长。2007年至2013年，任宿州市政协副主席。1987年，被中共宿县地委宣传部授予理论学习先进个人，1994年12月，被授予全国第三产业普查先进工作者，1995年12月，被安徽省人民政府授予党政领导支持财税工作先进个人。

2. 柯庆忠

柯庆忠，男，1966年8月出生，柯湖村后柯庄人，大学文化。1985年6月，从灵璧第二中学考入航空大学，1988年8月，加入中国共产党。1990年，毕业后一直在飞行院校工作，现任中国人民解放军空军第十三飞行学院副师级教员，空军大校军衔。安全飞行3300小时。荣立三等功3次、二等功2次，获全军院校育才银奖、空军飞行员银质奖、金质奖各1次。

3. 李敬佩

李敬佩，男，庙李村庙李庄人，1967年10月出生。1990年7月，毕业于中国矿业大学，本科学历，硕士学位，高级工程师。1994年9月入党，历任童亭矿基建一区技术员、技术科技术主管、副科长，掘进四区区长，掘进三区党支部书记、副总工程师，矿党委委员，掘进副矿长，涡北矿掘进筹备处副主任，涡北矿掘进党委委员、副矿长、总工程师，许疃矿党委委员、袁店一矿矿长。2014年，任祁南煤矿矿长，正处级，多次被评为省、市先进个人，2012—2013年度，荣获全国优秀煤矿矿长荣誉称号。

4. 郭 允

郭允，男，1976年11月出生，晏路村小郭庄人。1996年9月入伍，2000年5月入党，大学文化，曾在第12集团军装甲第2师装甲第6团，任副团长，现任阜南县人武部部长，少校军衔。

5. 石 龙

石龙，男，晏路村小郑庄人，1976年出生，1993年12月入伍，中共党员，现任武警北京总队中校，副团级，先后荣立三等功5次。

6. 王继安

王继安，男，1929年4月出生，张龙村人，中共党员。1948年9月，在大山区队任战士，1949年4月，在灵璧县独立团警卫连任文书，曾荣立三等功。1954年，任灵城派出所所长，1955年5月，任灵璧县公安局治安股长。1958年11月，调至淮北矿务局，先后在张庄矿和朔里矿任保卫科长、公安科长。1983年5月离休，享受县级待遇，离休后任朔里矿关工委副主任。曾多次被评为省、市先进工作者、优秀共产党员、"五好"职工，曾出席省先进工作者表彰大会。

7. 陆广勤

陆广勤，男，1942 年 10 生，陆集村陆集庄人，中共党员。1958 年 8 月参加工作，就职于蚌埠市玻璃厂。1959 年 12 月，在上海市协诚昌冶炼厂实习。1960 年 10 月，在安徽省科学分院任技工。1962 年 8 月，在安徽省公安总队安庆大队服役，其间连续四年被评为"五好战士""学习毛主席著作积极分子"，受到安庆大队政治部通令嘉奖。1966 年 10 月，转业到青阳县人武部任干事。1968 年 9 月，调到铜陵市工作，先后任市公检法军管会干事、市民政劳动局干事、市人事局科长、主任等职。后任铜陵市人事局老龄委员会办公室主任（副县级），曾多次被市委、市政府授予先进个人称号。

二、教授、科学家

1. 朱怀喜

朱怀喜，男，1936 年出生，朱圩村老户朱家人，中共党员。曾上过两年私塾，在老户朱上小学，从固镇中学毕业考入安徽医学院（现安徽医科大学）。由于表现突出和学习优秀，毕业后任安徽医科大学第一附属医院心血管科医生，晋升为副主任医师、主任医师，教授职称，任科室主任、省委老干部病房办公室主任等职务。退休后被学校返聘，仍在岗位上从事医学研究和教学工作。他长期以来，一直精心从事心血管病治疗和研究工作，以精湛的医疗技术，治愈众多的危重病人，得到广大患者高度好评；还以传帮带和参加学院教学以及受邀到各地作学术报告等多种形式，为国家培养出大批医学人才，所领导的科室多次被评为先进，其本人也多次受到省卫生厅和学校表彰。

2. 陈步雷

陈布雷，男，1967 年 2 月出生，汉族，朱圩村大陈庄人，中共党员。1986 年 7 月，毕业于灵璧县第一中学。1990 年毕业于北京大学法学院法律系，1990 年获法学学士学位，1997 年获法学硕士学位，多次获得北京大学奖学金。在北京大学法学院就读期间，担任院研究生会主席，被评为 1996 年度北京大学优秀学生干部。1990 年 7 月，任蚌埠市公安局科员。1990 年底至 1994 年 9 月，任蚌埠市人大常委会秘书。2000 年获法学博士学位，经济学博士后。后任北京市第一中级人民法院知识产权庭主任科员。2001 年 12 月以后，任中国劳动关系学院法学系副教授。2004 年 9 月至 2006 年 9 月，在中国人民大学应用经济学博士后流动站工作，被聘为中国人民大学劳动关系研究所研究员。2005 年 2 月至 4 月，应邀到美国哥伦比亚大学、美国国家劳资关系委员会做访问学者。其间，曾应联合国人权机构邀请，到联合国总部参加学术交流和法学咨询活动。现为中国劳动关系学院副教授，中国人民大学劳动关系研究所研究员，中国法学会社会法学研究会理事，法理学研究会理事、国家最高立法机关社会法领域立法顾问，美国福特基金会和美国驻华使馆中国法律专家，《新京报》社论和"观察家"专栏特邀撰稿人，兼职律师。

3. 陈云飞

陈云飞，男，1967 年 11 月出生，红星村陈圩庄人，教授，博导。1975 年至 1979 年，在红星村小田学校上学，1980 年，考入灵璧中学。1983 年 9 月至 1988 年 7 月，在合肥工业大学机械设计专业学习，1988 年 9 月至 1991 年 3 月，在合工大机械专业就读，获硕士学位。1991 年 9 月至 1995 年 3 月，在东南大学机械专业学习，获博士学位，任东南大学机械系、机械学科组副主任。1995 年，任东南大学机械工程系讲师、副教授。期间，赴美国加州大学伯克利分校，在机械系实验室工作。2002 年，回国后享受"教育部优秀青年教师"计划资助。2003 年任东南大学机械学院教授、博导。2004 年入选教育部首批"新世纪优秀人才支持计划"。2007 年入选江苏省六大高峰人才和"333 人才"第三层次。2009 年获国家杰出青年基金，主要从事微纳机电系统、摩擦学、微纳生物医疗器械等方面研究工作。现任东南大学机械学院院长。

三、商会长、企业家

刘忍，男，1982 出生，砂坝村刘沟庄人，到柬埔寨务工 10 多年，经过艰苦创业，从一名务工经商者，变为企业家，在金边等城市开了多家企业并任总裁，成为当地知名企业家。在国内上海、合肥、灵璧县城也投资办起企业，带领国内 200 余名人到柬埔寨务工脱贫，积极参与柬埔寨国家建设，被推选为安徽省在柬商会会长、灵璧县商会会长，当选为省政协（海外）委员。习近平总书记到访柬埔寨时，他作为华人和商会代表出席欢迎会，受到习总书记亲切接见。他积极为促进中柬两国友谊和经济发展作出突出贡献，资助 60 名柬埔寨青年到合肥学习，投资 6 亿元在金边市西港（西哈努克港）建立游乐城和高级大酒店，在柬埔寨和合肥引起强烈反响。常到合肥等城市开展招商引资，积极在县城和镇村开展扶贫献爱心活动，参与投资省城开发建设，受到省领导多次接见，中央电视台和安徽电视台多次报道他的事迹。2016 年春节前，他专程到黄湾镇敬老院组织一场向五保老人献爱心慈善捐赠活动，他不仅向敬老院捐赠从泰国带来的高级大米、植物油等食品，还以皖北刘氏宗亲协会会长身份，组织向敬老院捐款，来自五河、蚌埠、淮北的刘氏分会长，当场捐款 4000 多元。刘忍还向家乡贫困户和贫困老人捐钱，让他们都能过上幸福美满的好日子。为刘沟两个自然庄捐款 5 万元辅通水泥路，村民自发给他树碑褒扬。

四、国家级会员、播音员、运动员

1. 周　恒

周恒，男，1955 年出生，晏路街人，作家、医学家。其父周玉品是本地有名望的老中医。其在父亲的影响下，从小就立志继承父亲中医事业。20 世纪六七十年代在晏路中学读完高中，后参军赴河南省服役 5 年。退伍回乡后，被推荐到安徽中医学院进修三年，毕业后任灵璧县中医院骨伤科医生，现任骨科主任，是安徽省手法接骨学科带头人。先后在北京《中国骨伤》杂志上发表医学论文近 30 篇，系安徽省中医骨伤科专业委员会理事、省颈椎病防治专业委员会理事，被《中医药临床杂志》评选为医家。他自幼酷爱文学创作，在部队服役期间就发表过多篇短篇小说。1982 年以后，先后在《人民日报》《中国微型小说选刊》《安徽文学》《清明》《安徽日报》《拂晓报》《小说林》等报刊上发表中、短篇小说 80 余篇。2005 年以后，先后在北京作家出版社出版长篇小说《汴城》《汴山》《汴水》《喇叭》4 部。2009 年，在全省小说对抗大赛中获一等奖。2009 年秋，市作家协会在灵城召开"周恒长篇小说研讨会"。现任灵璧县作家协会主席，宿州市作家协会副主席、执行主席。2009 年，被吸收为中国作家协会会员，安徽省签约作家。他多次陪同市、县作家来到母校黄湾中学讲学。

2. 张友殿

张友殿，男，1975 年 12 月 29 日出生，张龙村张集庄人。中国著名词曲作家、音乐人、策划人，中国季圣明德书院发起人，中国明德圣贤教育导师，感恩教育和品德教育导师，中国音乐家协会会员，中国艺术家协会会员，中国音乐著作权协会会员。2001 年，由中国唱片总公司出版首张个人演唱专辑《献给老年人的歌——夕阳美》；2009 年 9 月，由中国唱片总公司出版中国首张环保歌曲作品专辑《融进一份爱》；2011 年，由中国唱片总公司深圳分公司出版中国首张慈善公益歌曲作品专辑《有爱就有希望》；2012 年 6 月，由中国音乐家音像出版社出版友殿"名人演唱"经典作品专辑《让爱循环起来》；2012 年 8 月，出版第一本励志著作《艺术人生——魅力人生新起点之一》一书。现任北京善行好运影视文化传媒公司总经理、北京和谐星空国际文化传媒有限公司艺术总监、北京心美慧音文化发展有限公司董事长兼教育监审会主席、山东儒家文化研究会副会长、山东邹城孟子文化研究院副院长、"让爱循环起来——感恩教育"中国行宣讲团团长、"爱行天下——爱洒人间"中华圣贤文化文化中国行大型宣讲团团长。

代表作品：《爱启航》（耿莲凤演唱）、《大地真美》（蒋大为演唱）、《因为爱》（毛阿敏演唱）、《爱的家园》（韦唯演唱）、《我爱你》（阎维文演唱）、《中国梦引领未来》（阎维文演唱）、《美丽中国》（阎维文演唱）、《和梦一起飞》（阎维文演唱）、《父母恩情》（阎维文演唱）、《手拉手》（阎维文演唱）、《大爱中华》（宋祖英演唱）、《共和国的春天》（谭晶演唱）、《婆婆就是妈》（谭晶、伊泓远、陈笑玮演唱）、《人民共和国》（王丽达演唱）等。600 多首作品在全国各电视节目、大型晚会和演唱会上传唱。

3. 李振超

李振超，男，1954 年出生，王桥村小李庄人，中国书画家协会会员。1976 年高中毕业，先后在晏路中学和王桥小学任教，1978 年任电影放映员。1988 年入党，1991 年任炉店村党支部书记。1996 年，任王桥村党支部副书记。自幼爱好书法美术，1972 年参加上海戏剧学院书法美术专业班培训。2002 年被选为灵璧县钟馗画院院士。2003 年被选为中国书画家协会会员。2011 年被选为宿州市书法家协会会员。2011 年 5 月被选为宿州市美术家协会会员。2013 年 4 月被选为省江淮诗书画研究院士。2014 年被选为安徽省书法家协会会员。其书画作品多次在全国大赛中获奖，多幅钟馗画入选专辑出版，书法作品被遴选编入《灵璧县志》。任灵璧县第十二届人民代表大会代表。

4. 周 群

周群，女，国家一级播音员。1973 年 5 月 22 日出生，晏路村大周庄人，安徽电视台播音员、主持人。自幼在合肥上学，毕业于安徽大学中文系。先后任安徽广播电台、安徽电视台播音员。2002 年，当选安徽省青年联合会委员。1992—1995 年，在合肥人民广播电台主持《吉祥鸟》节目。1995 年，进入安徽电视台文体部，主持《今晚我们相会》节目。1999 年 4 月，被选中担任《超级大赢家》主持人。2005 年 3 月，在《剧风行动》栏目，担任主持人兼制片人，获安徽省播音与主持作品一等奖，全国播音与主持作品三等奖、"金话筒"百优节目主持人。2008 年，北京奥运会期间，被借调到中央电视台主持《奥运有我》《圣火欢乐行》等多档奥运节目。著有《裙角轻扬》一书。2010 年，周群主持安徽卫视元旦晚会和录制《津夜嘉年华》特别节目——旗袍的故事。2012 年，入围第二十六届中国电视"金鹰奖"最佳女主持奖。

5. 宋 凯

宋凯，男，国家运动员。1982 年出生，庙李村小李庄人。1998 年，市体校赛艇教练刘成，把他从黄湾中学选拔到市体校赛艇队，1999 年，参加省赛艇锦标赛，取得少年组第四名。2000 年，进入省水上项目专业队后，获得全国赛艇青年组第一名、全国赛艇成年组第二名、世界青年赛艇锦标赛第二名。2004 年，入选国家赛艇队集训。2007 年，在辽宁国家赛艇训练基地训练，备战奥运会。

在波兰举行的 2008 年北京奥运会赛艇预选赛男子四人单桨决赛中，他作为领桨手参加的中国组合获得亚军，获得北京奥运会入场券。

2008 年，北京奥运会赛艇男子四人单桨晋级赛中，共 11 支赛艇队参加。宋凯作为领桨手，和张星、赵林泉、郭康组成的中国队，在第二小组的第 5 道。前 1500 米中国队都居于第三位，最后 500 米，中国队凭借强劲的冲刺，超越第一位的加拿大队和第二位的阿根廷队，率先冲过终点，获得小组第一名，顺利晋级。在半决赛中，宋凯和他的队友，开始位居第二，尽管在最后 500 米时，加拿大拼命追赶，但中国队最终成绩为 6 分 07 秒 15，以 1 秒的优势取胜。

五、英模人员

1. 袁桂兴

袁桂兴，男，1927 年 7 月出生，晏路村大杨庄人，1951 年 1 月入伍，6 月 6 日开赴朝鲜战场，参加抗美援朝战斗。6 月 11 日，他第一次参加乔仁山大战，获得大胜利。第二次参加黑土岭歼灭战，在全连受到重大伤亡且弹尽的情况下，他依靠拼刺刀守住阵地，获得胜利。两次大战他都表现得机智勇敢，按时完成战斗任务。一次，连长命令他带领 4 名战士（其中在路上解手走失 1 名），在漆黑的夜晚去袭击敌人营部（称摸营），在营部附近遇到敌方 3 名军官，我方人员将全部敌人消灭后，火速换上他们的军官服装，摸掉岗哨，进入营房。房内共有 18 名敌人，见到是"自己部队军官"，不仅恭恭敬敬，还都听从指挥。由于袁桂兴机智灵活并果断指挥，18 人全部被俘，缴获较多先进装备和生活物资，受到上级表扬。1952 年 4 月一天，他随着全排去排除地雷，敌机向他们进行狂轰滥炸，敌阵地也连射 5 发炮弹，全排死伤严重。袁桂兴不顾自己安危，紧紧抱住 1 名新兵掩护在身下，子弹和弹片从自己身上飞过，顿时就被埋在厚厚的土石里。班长和连里干部都认为他长时间没有回来，一定是牺牲了，派两人去收尸，结果袁桂兴奇迹般地无大碍，从土石中爬了出来，不仅没有牺牲，还扛着敌人的一挺重机枪返回，只是左腿被炸皮肉之伤，所在部队向他发放了 2 个月的"挂花费"。班长和排连干部非常惊讶，一齐上去拥抱，赞他是神人。对于袁桂兴的突出表现，火线上班、排、连研究为他上报请功，被团里批准为荣立三等功一次，发给三等功纪念章一枚和奖金。抗美援朝胜利后，国家向他颁发抗美援朝纪念章一枚，朝鲜人民共和国向他颁发和平鸽纪念章一枚。于1956年3月5日复员回乡，一直默默无闻在家务农。

2. 李文彬

李文彬，男，1929出生，胡桥村李集庄人。1950年土改时任乡农会委员。1951年至1955年任李集乡副乡长。1951年，在治理唐河时被评为宿县地区治淮一等劳动模范。1952年，被评为地区治淮总队一等劳模。1953年，加入中国共产党。1956年2月，出席安徽省第三届劳动模范表彰大会，获省劳模奖章一枚。1956年至1957年，任龙光社监察主任。1958年至1961年，任庙李大队党支部书记，后兼任韦集区民工连党支部书记。1982年离职。

3. 孙长杰

孙长杰，男，1951年10月出生，红星村小孙庄人，初中文化。1968年4月1日入伍，驻四川省渡口市，参加成昆铁路、渡口支线等重大工程施工。1969年7月入党，曾任战士、副班长、班长、代理排长。入伍5年来，年年被评为"五好战士"，多次受到连、营、团嘉奖。1969年9月6日，被师部选为全师唯一的"五好战士"代表，出席北京铁道兵司令部召开的活学活用毛主席著作积极分子、"四好连队"、"五好战士"代表大会；10月1日，孙长杰和出席铁道兵"三代会"的代表，被军委和总政治部安排到天安门广场出席建国20周年的国庆观礼活动，10月11日，在出席铁道兵司令部召开的表彰大会上，受到毛主席等国家和军队领导人亲切接见。1973年3月，其退伍回乡，在村务农至今，先后担任生产队长、村干部。1994年，被县委评为优秀党员。多次被社、区、乡镇评为优秀共产党员。

4. 张朝龙

张朝龙，男，1952年出生，红星村西张庄人，中共党员，中专文化。1969年入伍，历任战士、班长、代理排长、连党支部委员，1978年退伍。1980年1月始，先后任红星乡团委书记、企业办主任、计生副乡长、代理武装部长、乡党委委员。1992年任红星村党支部书记。1997年被地委、行署评为奔小康先进工作者，同年被省政府授予劳动模范。1998年被选为省九届人大代表。1999年被选为宿州市第一届党代会代表，同年被省人大常委会评为优秀人大代表，被省财政厅评为纳税先进个人，先后被市委、省委组织部评为优秀党支部书记。2000年被省司法厅评为民事调解先进个人。2002年被任命为镇党委委员。

5. 刘万广

刘万广，男，1953年12月出生，砂坝村人，中共党员，高中文化。1986年被评为记者和政工师职称，2005年6月入选宿州市作家协会会员，2016年9月被评选为"宿州好人"。2018年2月14日，皖宣通字〔2018〕14号文件通报，被省委宣传部、省文明办评选为"安徽省最美文化人"。每年在国家、省、市、县四级主流媒体发表新闻和文学作品都在100余篇，都有作品在省、市获奖，连续多年被省、市评为优秀和先进，共获各种奖励证书120余件。其中，省级和国家级奖励证书20余本，获安徽省好新闻一、二等奖15篇，有7篇收录在系列丛书中。1997年6月29日，朱镕基副总理视察黄湾时跟随记录，写出多篇文章在中央和省级发表。其中，《副总理送来及时雨》获全国三等奖。1998年夏，写出《粮价调后第一磅》在人民日报二版头条发表，县政府专开表彰会进行奖励，被安徽省委宣传部评为年度最佳好新闻一等奖。改革开放40年来，写出20余篇农村改革的重头文章，被收录在国家和省级组织编写的系列丛书中。其中，体现大包干到户的《三户农民喜卖万斤粮》，在《人民日报》1981年7月1日二版显著位置发表后，20多家中央媒体转载（播），收录在改革开放20年红旗出版社出版的丛书《求是》中，获全国三等奖。在写出众多反映历史农村重大改革的调研文章中，有20多篇被中央和省市领导批示。2003年4月反映农村民主理财的《红星村农民二次"掌大印"》被中央办公厅印发《信息专刊》，发给中央领导阅。2013年以来，写出柯增华患绝症仍然坚守工作岗位、陆荣飞为保护学生受重伤文章，先后被省委书记张宝顺、省长李斌、教育部长袁贵仁作出批示，树为全省典型开展学习。

6. 刘景平

刘景平，女，1957年12月出生，王桥村大刘庄人，高中文化，1976年入党。1974年任村团支部书记。1979年任黄湾公社、黄湾镇妇联主任。1992年任黄湾镇妇联主任。2004年5月，任黄湾敬老院院长。参加工作后，多次被评为省、市、县"优秀工作者""优秀共产党员"。1989年3月，被省妇联授予"省三八红旗手"称号。1992年6月，被省儿童少年工作协调委员会评为"热爱儿童特别奖"先进个人。2012年，被宿州市委授予"争先创优先进个人"。

7. 刘爱梅

刘爱梅，女，砂坝村刘沟庄人。1964年3月出生，1982年参加工作，曾任黄湾供销社营业员、生资部经理，砂坝分销站站长等职。1990年在任生资门市部营业员时，为供销社创利80余万元。1991年被县政府授予全县"十佳营业员"称号，被宿县地区供销合作社、地区劳动竞赛委员会评为先进工作者，被县妇联评为"巾帼建功"先进个人。1992年，被省人民政府授予劳动模范称号。

8. 朱守强

朱守强，男，朱圩村大朱庄人，1973年10生，高中文化。1990年，应征入伍，在某部队直属通信营通信连服役，历任战士、班长。1995年退伍，被安置在灵璧县石油公司工作。在部队服役期间，受到上级嘉奖三次，1994年7月，参加集团军有线通信专业尖子比武，获两项个人第一名的好成绩，荣记二等功一次。

9. 陈 志

陈志，男，1974年3月出生，朱圩村小陈庄人，中共党员，大专文化。1991年12月，应征入伍，1992年加入共产党。历任战士、副班长、班长。1995年，荣立二等功一次。1997年7月，退伍回乡，被安置在镇计划生育办公室工作。2002年9月，参加市、县人口与计划生育法律法规知识竞赛，荣获一等奖。2005年4月，当选朱圩村党支部书记、村委会主任。2006年6月，被选为灵璧县十一次党代会党代表、十五届县人大代表，现为向阳乡副乡长。

10. 陆荣飞

陆荣飞，男，1978年8月出生，固镇县人，黄湾中学教师。1996年8月参加工作，中共党员，本科学历。2012年5月21日晚，在黄湾中学北门外，一伙滋事的社会青年手持砍刀、铁棍等凶器，伺机侵害学生人身安全。下班回家的陆荣飞见状，急忙上前，一边劝阻社会青年停止滋事，一边疏散学生尽快回家。事态平息后，陆荣飞转身回家。在他走至不远时，这伙滋事的社会青年又疯狂地追到他的背后，举刀就砍。他的左手肌腱、动脉血管、手腕筋脉均被砍断，胸前刀伤直逼心脏。因伤势严重，陆荣飞连夜被学校转送到徐州仁慈医院救治，经过4个多小时抢救才脱离危险。这起事件引起各级领导高度重视，省、市、县和教育部领导分别作出批示、指示，要求要广泛宣传陆荣飞的事迹，号召广大教师向他学习。时任省委书记张宝顺批示："陆荣飞老师舍身救学生的事迹要广泛宣传，号召广大教师向他学习。"宿州市委、灵璧县委都分别作出开展向陆荣飞同志学习活动的决定。先后被授予灵璧县模范教师、道德模范、见义勇为先进个人、争先创优优秀共产党员、"宿州好人"、宿州市优秀教师、宿州市道德模范、宿州市"五一劳动奖章"、安徽省优秀教师、"江淮好老师"、安徽省第九届见义勇为"安徽移动弘扬正气奖"一等奖、全国优秀教师、2013年度"全省十大教育新闻人物"，并被选为安徽省第十二届人民代表大会代表。

11. 李道义

李道义，男，庙李村龙水庄人，2002年12月入伍，中共党员，海军某部队人力资源科军官，副营级，2012年，荣立二等功一次。

12. 宋启龙

宋启龙，男，陆集村人，1982年5月出生，2000年12月入伍，中共党员，现任某集团军电子对抗旅训练中队某班班长，三级军士长，2004年12月到2009年12月，分别荣立三等功共计4次，2005年7月、2007年7月分别两次被评为"优秀共产党员"，2006年7月，被原广州军区评为"训练尖子"，2009年5月，被集团军评为"优秀四会教练员"，2010年10月，被总部评为"优秀四会教员"，2011年11月获全军"优秀士官人才奖"一等奖。2012年被军区评为战士学理论先进个人，2012年5月，被集团军评为军事训练先进个人，2012年5月，被军区评为优秀士官，2012年7月，被军区评为"训练标兵"，2012年10月，获全军优秀士官人才奖二等奖，2013年12月，荣立二等功一次，2016年12月，被评为南部战区陆军"百名好班长"。2017年1月11日，回家探亲的宋启龙路过灵璧县城南关桥头时，一个年轻女子轻生，跳入桥头西侧河中。宋启龙面对冰凉刺骨的河水和很深的淤泥，不顾个人安危，纵身跳入河中迅速游到落水女身边。由于河水较凉，轻生女子身体顿时变得僵硬起来。宋启龙用尽全力支撑着双方身体不往下沉，并不断安抚、激励该女子，最终将其救出。2017年11月，宋启龙被评为宿州市见义勇为模范。

13. 李玉斗

李玉斗，男，1984年9月出生，张龙村前李庄人。黄湾中学初中毕业后，靠种地和打零工，补贴家用。长期热心公益事业，在务工期间，每年定期参加义务献血、献血小板活动，每次献血都在400~600毫升。2012年，他献血时留下了8毫升血液样本，加入了中华骨髓库。2015年7月，他接到了上级红十字会通知，自己的骨髓与江苏常州一名40多岁农民白血病患者的HLA（人类白细胞抗原）初步配型吻合，自己的造血干细胞可以挽救患者的生命。经过血液检测、全面体检后，李玉斗被告知他与患者HLA高分辨配型成功。他毫不犹豫答应捐献，并积极配合造血干细胞采集准备工作。

在秋季大忙季节时，舍弃自家利益，多次往返皖北矿建医院，进行全面的身体检查。通过严格调整饮食和休息，科学调理自身各项指标，使身体达到最佳捐献状态，并于11月初，住进省立医院，接受采集前各项准备。11月19日上午9时，李玉斗在省立医院血液科三病区干细胞采集室，经过4个多小时的血液分离，成功分离出261毫升的造血干细胞混悬液。这袋"生命种子"立刻运往江苏省常州市第一人民医院，移植到一位农民急性淋巴白血病患者体内，使患者得到重生。李玉斗是全县、全市首位农民造血干细胞捐献者。省、市、县红十字会领导及县、镇领导登门慰问。他被评为11月份"宿州好人"，同时，被评为11月份"安徽好人"。2016年3月，被评为"中国好人"。

14. 王翠平

王翠平，女，1985年7月出生，中共党员，本科学历，2003年中师毕业后走上了三尺讲台，被分配到黄湾镇最边远的红星村教学点任教。15年来她扎根最艰苦的教学点支教，不忘初心，匠心育人，克服了种种困难，既当留守孩子的老师，又当"妈妈"，培育出一批又一批品学兼优的留守孩子。八次被评为黄湾镇"先进个人"，7次被评为灵璧县先进个人、优秀党员。2017年9月被省教育厅评为"最美教师"。她的论文和开展的师德等演讲，多次获市、县奖。在2018年5—6月，省工会组织的"中国梦·劳动美·安徽篇章——学习贯彻习近平新时代中国特色社会主义思想和党的十九大精神"全省职工演讲比赛中，一路领先，她在预赛和总赛中都荣获第一名。

第四节　人物名录

下面所录人物为参加解放战争和抗美援朝战争、正科级以上、副高级以上职称，对象是镇辖村军人、在外地工作及镇内单位人员。

一、参加战争人员

表14-4-1　参加解放战争和抗美援朝战争复员军人情况一览表

所在村庄名	姓名	性别	出生年月	入伍和复员时间	职务及参加主要战役、战场战斗经历	现享受属别	立功荣获奖章、授予勋章和重大战争战役纪念章数
张龙村小田庄	王店宝	男	1925.8	1949年至1955年	战士；渡江战役；解放南京等重大战斗	复员优待	渡江战役、南京解放纪念章2枚
	陈尚品	男	1922年	1949年至1955年	战士；渡江战役；解放南京（与王店宝同时参军同部队）	复员优待	渡江战役、南京解放纪念章2枚

（续表）

所在村庄名	姓名	性别	出生年月	入伍和复员时间	职务及参加主要战役、战场战斗经历	现享受属别	立功荣获奖章、授予勋章和重大战争战役纪念章数
陆集村陆集庄	陆广传	男	1931.9	1949年至1954年6月	通信员；参加地方战斗；编入后正规部队任战士，开进朝鲜	复员优待	中央慰问团奖章等3枚
晏路村大杨庄	袁桂兴	男	1927.7	1951.1.6日至1956年3月	战士；入朝参加乔仁山、黑土岭等重大战场作战；腿被炸伤、带3人摸营，击毙3名敌军官、俘虏敌人18人	复员优待	荣立三等功奖章1枚、抗美援朝纪念章、和平鸽纪念章3枚
砂坝村刘沟庄	刘红晏	男	1926.2	1948年10月至1954年10月	战士；徐州第五航空总队飞行员预备学员；参加淮海战役、大别山剿匪等战斗	复员优待	淮海战役纪念章1枚、大别山剿匪胜利纪念章1枚
	刘凡政	男	1934.7	1951年至1954年	入朝任炮兵班长；参加多次战斗致脑伤	复员优待	抗美援朝纪念章、和平鸽纪念章2枚
双桥村后陈庄	陈长洪	男	1926.12	1949年至1954年	通信员；参加抗美援朝战争多次战斗	复员优待	抗美援朝纪念章、和平鸽纪念章2枚
柯湖村东柯庄	柯增礼	男	1934.4	1951年至1957年1月	战士；1951年参加志愿军，入朝参战1年多，参加多次战斗	复员优待	国家颁发抗美援朝纪念章和朝鲜国家颁发和平鸽纪念章2枚
后柯庄	柯金胜	男	1925.8	1949年至1957年2月	任解放军41团14班副班长（后代理班长指挥）步枪手；参加大别山剿匪天天打仗1年多；全团消灭国民党74师和众多匪徒	复员优待	全班评为先进集体

注：此表统计至2016年8月1日。部分人员奖章遗失。

二、正科级以上人员

表14-4-2 黄湾镇在外工作员情况一览表

所在村、庄	姓 名	性别	工作单位	行政职务	级 别	毕业院校、学历、专业技术职称
晏路村晏路街	任世超	男	灵璧县商业局	局长	正科	政工师
	周克华	男	灵璧县公安局	副局长	正科	高中
	任雪梅	女	灵璧县供销社	副主任	正科	大专
大周庄	周恩海	男	安徽省烟草专卖局	副局长	正处	研究生、工程师
井王庄	王献华	女	国务院直属单位	处长	正处	清华大学
小郭庄	郭允	男	阜南县人武部	副部长	副团少校	大学（军校）
小郑庄	石龙	男	解放军某部队	副团长	少校	大学（军校）
朱圩村老户朱庄	朱怀喜	男	安徽医学院	主任	副处	安徽医科大学、教授
	朱长楼	男	灵璧县信访办	主任	正科	大专
	朱士金	男	淮南市贾汪煤矿	副矿长	副处	工程师
	朱士爱	男	淮南矿务局	科长	正科	工程师
	朱守堂	男	蚌埠造船厂	工会主席	正科	工程师
大陈庄	陈步雷	男	中国劳动关系学院	—	正处	北大、博士、教授
	陈长正	男	舒城县水利局	局长	正科	工程师
砂坝村刘沟庄	刘安军	男	新疆建设兵团农10师第4团	团长	正处	本科（军校）
	刘安民	男	解放军某部（新疆）	师长	正师	国防大学、中央党校结业
	刘法政	男	辽宁省阜新市公安局	分局长	正科	高中
刘新庄	刘安山	男	蚌埠市民政局干休二所	—	正科	大专（军校）
乔园庄	刘仁楷	男	灵璧县民政局	书记	正科	大学
	刘明海	男	中共上海市委党校	主任	正科	复旦大学
砂坝街	李国庆	男	辽宁省锦州市公安局车辆管理处	处长	正科	高中

（续表）

所在村、庄	姓 名	性别	工作单位	行政职务	级 别	毕业院校、学历、专业技术职称
大郑庄	郑桂松	男	灵璧县技术监督局	局长	正科	高中
	郑锦之	男	灵璧县文化局	局长	正科	安徽农大、农艺师
大董庄	郑良儒	男	内蒙古自治区	处长	正处	大学
	郑勋之	男	黑龙江省地质局地质处	处长	正处	大学、工程师
	董尚国	男	首都机场国际航班局	机长	正科	大学（军校）高级飞行员
庙李村周王庄	周洪亮	男	向阳乡党委	副书记	正科	高中
庙李庄	李敬佩	男	祁南煤矿	矿长	正处	中国矿业大学、总工程师
小李庄	李成刚	男	昆明某部	副团长	副团	大学（军校）
龙水庄	李道义	男	解放军某部	正营级	—	—
张龙村小张庄	张玉贵	男	徐州火车站	站长	副处	工程师
前王庄	王明伟	男	上海市人武部	科长	副团	大学
后王庄	王学成	男	淮北市杜集区	常委、副区长	副处	大学
小田庄	王继安	男	淮北市公安局	科长	正科	大专
	冯登兰	女	淮北市人社局	科长	正科	大专
徐沟庄	赵永红	男	黑龙江省哈尔滨市公安局	—	正科	中国人民公安大学
井栏陈庄	陈立飞	男	国家住房和城乡建设建设部	副部级、中国建筑协会副秘书长	副部	复旦大学、中央党校结业、高级工程师、高级建筑师
	陈立建	男	泗县住房和城乡建设局	党组书记、局长	正科	大学
	陈立凯	男	蚌埠市住房和城乡建设局	党组书记、局长	正处	大学
宋河村卜陈庄	陈义周	男	宿州市林业局森林保护站	站长（副局）	副处	南京林业大学、高级工程师
	陈义廷	男	灵璧一中	副校长	正科	高级教师

（续表）

所在村、庄	姓　名	性别	工作单位	行政职务	级别	毕业院校、学历、专业技术职称
宋河庄	左明金	男	国家卫生部药检司	司长	正厅	博士后
陆集村王庄	李学朝	男	安徽省路桥总公司六安公司	董事长	副厅	西安交大、高级工程师
董王	王华保	男	灵璧县公安局	主任	正科	大学
董王	王翠兰	女	灵璧县老干部局	副局长	正科	安徽农业大学
陆集庄	陆广轮	男	宿州市公安局	—	副处	高中
陆集庄	陆家军	男	宿州市公安局监察室	主任	正科	大学
陆集庄	陆家民	男	宿州市交通局快客站	站长	正科	大学
陆集庄	陆广勤	男	铜陵市人社局	副局长	副处	大学
红星村陈圩庄	陈云飞	男	东南大学机械工程院	副院长	正厅	合肥工业大学、教授、博导
小田庄	张维国	男	重庆中国科学院	—	正科	大学
大张庄	张帅	男	重庆西南政法大学	—	正科	大学
单营村单营庄	陈奎	男	灵璧县卫生局	—	正科	高中
大孙庄	谢学强	男	灵璧县统战部	副部长	正科	大学
大孙庄	谢学聪	男	五河县纪律检查委员会	副书记	正科	大学
大孙庄	谢德科	男	灵璧县物价局	副局长	正科	大学
胡桥村李集庄	朱守美	男	铜陵市城关镇（副县级镇）	副镇长	正科	大专
小高庄	高德刚	男	宿州市政协委员会	副主席	副厅	中央党校（函授）大学
小高庄	程红梅	女	灵璧县委保密局	局长	正科	大学
程庄	程仲富	男	灵璧县委信访办	主任	正科	高中
程庄	程立	男	上海复旦大学	研究员	正科	博士
程庄	陈柯	男	东南大学	科长	正科	硕士
程庄	孙慧	女	上海财经大学	研究员	正科	博士
程庄	张静	女	南京师范大学	办公室主任	正科级	硕士

（续表）

所在村、庄	姓　名	性别	工作单位	行政职务	级　别	毕业院校、学历、专业技术职称
柯湖村后柯庄	柯庆忠	男	第13飞行学院	教员	副师职、大校军衔	解放军第13飞行学院、大学
王桥庄	马良忠	男	灵璧县畜牧水产局	副局长	正科	本科
石炉庄	柯庆来	男	固镇县委办公室	主任	正科	大学
小苏庄	苏晓凤	女	山东省威海市海洋局财务科	科长	正科	研究生
王桥村西刘庄	刘卓亮	男	九顶中学	校长	正科	大学、高级教师
彭庄	王全福	男	滁州市林业局	党组书记、局长	正县	安徽农业大学、高级工程师
双桥村姚桥庄	张廷秀	男	灵璧县燃料公司	经理	正科	大专

注：此表统计含少部分退休人员，经组织、人社部门调入国企的工作人员。

三、副高级以上职称人员

1. 小学高级教师

表14-4-3　黄湾中心校小学高级教师

姓　名	性别	出生年月	职　称	评审时间	评审单位	进入单位时间
张　赵	男	1964-02-28	小教高级	1998-12	宿州市人社局	1988-09
张允虎	男	1973-04-01	小教高级	2005-12	宿州市人社局	1993-08
王发金	男	1972-12-04	小教高级	2013-02	宿州市人社局	2013-02
朱守龙	男	1953-02-28	小教高级	2003-12	宿州市人社局	1974-02
代成生	男	1956-12-24	小教高级	2003-12	宿州市人社局	1974-03
张　杰	男	1958-08-10	小教高级	1993-03	宿州市人社局	1975-01
高德秀	男	1953-11-05	小教高级	2003-12	宿州市人社局	1975-03
陈义云	男	1958-04-11	小教高级	1998-12	宿州市人社局	1976-02
骆井席	男	1955-03-10	小教高级	2003-12	宿州市人社局	1976-03
王玉平	男	1955-09-16	小教高级	1998-12	宿州市人社局	1976-09
李敬民	男	1955-11-07	小教高级	2004-12	宿州市人社局	1977-09

（续表）

姓 名	性 别	出生年月	职 称	评审时间	评审单位	进入单位时间
殷时霖	男	1955-07-24	小教高级	2001-12	宿州市人社局	1980-08
朱守永	男	1962-05-15	小教高级	1998-12	宿州市人社局	1980-10
陆国胜	男	1955-10-10	小教高级	2001-12	宿州市人社局	1982-08
骆明金	男	1957-12-27	小教高级	2002-12	宿州市人社局	1982-08
刘红梅	女	1963-03-06	小教高级	1998-12	宿州市人社局	1983-08
刘茂林	男	1957-12-03	小教高级	2003-12	宿州市人社局	1983-08
刘桂花	女	1969-08-07	小教高级	1998-12	宿州市人社局	1988-08
张友谊	男	1971-09-08	小教高级	1999-12	宿州市人社局	1990-08
奚成风	男	1971-08-09	小教高级	2001-12	宿州市人社局	1990-08
王 健	男	1973-06-05	小教高级	2002-12	宿州市人社局	1991-08
王 林	女	1973-12-17	小教高级	2003-12	宿州市人社局	1992-08
任作鹏	男	1974-01-05	小教高级	2004-12	宿州市人社局	1993-08
王春星	男	1973-10-11	小教高级	2004-12	宿州市人社局	1993-08
陈拥军	男	1953-12-06	小教高级	2007-12	宿州市人社局	1975-03
朱士忠	男	1955-06-13	小教高级	2007-12	宿州市人社局	1977-09
张桂芳	女	1960-03-03	小教高级	2006-12	宿州市人社局	1977-10
苏计超	男	1956-12-31	小教高级	2006-12	宿州市人社局	1978-01
代成军	男	1960-02-11	小教高级	2007-12	宿州市人社局	1978-09
刘 强	男	1961-07-25	小教高级	2006-12	宿州市人社局	1979-09
吕凤侠	女	1962-09-18	小教高级	2006-12	宿州市人社局	1980-09
陈义芹	男	1959-03-30	小教高级	2007-12	宿州市人社局	1981-09
张学侠	女	1962-08-23	小教高级	2006-12	宿州市人社局	1982-02
赵 奎	男	1962-03-06	小教高级	2007-12	宿州市人社局	1982-02
董翠玲	女	1966-03-26	小教高级	2006-12	宿州市人社局	1982-09
柯永进	男	1964-05-17	小教高级	2007-12	宿州市人社局	1983-01
周 达	男	1963-08-19	小教高级	2007-12	宿州市人社局	1983-03
温厚道	男	1961-08-01	小教高级	2007-12	宿州市人社局	1983-08

（续表）

姓 名	性 别	出生年月	职 称	评审时间	评审单位	进入单位时间
刘玉兰	女	1963-11-04	小教高级	2007-12	宿州市人社局	1983-09
奚前进	男	1961-02-18	小教高级	2007-12	宿州市人社局	1983-09
晏东利	男	1963-10-19	小教高级	2007-12	宿州市人社局	1983-10
陶 颖	女	1963-06-06	小教高级	2006-12	宿州市人社局	1984-07
杨翠荣	女	1967-07-20	小教高级	2007-12	宿州市人社局	1984-09
顾振生	男	1963-04-08	小教高级	2006-12	宿州市人社局	1985-01
朱修光	男	1967-10-22	小教高级	2006-12	宿州市人社局	1986-07
陈红卫	男	1968-07-04	小教高级	2001-12	宿州市人社局	1989-07
井俊娥	女	1975-05-18	小教高级	2004-12	宿州市人社局	1994-08
朱士永	男	1976-03-12	小教高级	2005-12	宿州市人社局	1994-08
叶家智	男	1975-11-02	小教高级	2005-12	宿州市人社局	1994-08
石贵阶	男	1976-08-17	小教高级	2006-12	宿州市人社局	1995-08
陈 钊	男	1977-09-13	小教高级	2006-12	宿州市人社局	1996-08
陈义志	男	1963-08-12	小教高级	2008-12	宿州市人社局	1980-09
高晓燕	女	1966-03-04	小教高级	2008-12	宿州市人社局	1982-02
李波	男	1962-10-02	小教高级	2008-12	宿州市人社局	1983-08
姚成艾	男	1958-04-15	小教高级	2008-12	宿州市人社局	1984-02
王 坤	女	1976-04-08	小教高级	2007-12	宿州市人社局	1994-08
陈彦霖	女	1974-06-08	小教高级	2007-12	宿州市人社局	1995-11
刘海	男	1976-10-26	小教高级	2007-12	宿州市人社局	1996-08
陈海利	女	1979-08-20	小教高级	2008-12	宿州市人社局	1997-08
赵新利	男	1977-06-23	小教高级	2007-12	宿州市人社局	1997-09
庄 敏	女	1978-09-15	小教高级	2008-12	宿州市人社局	1997-09
赵丽君	女	1978-05-17	小教高级	2008-12	宿州市人社局	1997-09
张欢迎	女	1980-07-14	小教高级	2009-12	宿州市人社局	1997-09
叶 勇	男	1979-12-12	小教高级	2007-12	宿州市人社局	1998-08
郑发票	男	1979-08-05	小教高级	2008-12	宿州市人社局	1998-08

（续表）

姓 名	性 别	出生年月	职 称	评审时间	评审单位	进入单位时间
金 达	男	1978-09-10	小教高级	2009-12	宿州市人社局	1998-08
张 永	男	1981-08-29	小教高级	2009-12	宿州市人社局	2006-09
马翠香	女	1980-09-08	小教高级	2009-12	宿州市人社局	1998-9
徐大艳	女	1978-09-20	小教高级	2008-12	宿州市人社局	1999-09
李 浩	男	1979-11-19	小教高级	2009-12	宿州市人社局	1999-09
童玲玲	女	1980-10-06	小教高级	2009-12	宿州市人社局	1999-09
扬亚玲	女	1980-10-06	小教高级	2009-12	宿州市人社局	1999-09
张大鹏	男	1975-02-13	小教高级	2009-12	宿州市人社局	1999-09
郑 伟	男	1979-10-28	小教高级	2009-12	宿州市人社局	1999-09
左培永	男	1978-09-07	小教高级	2009-12	宿州市人社局	1999-09
陈晓静	女	1980-07-07	小教高级	2009-12	宿州市人社局	2005-01
陈月娥	女	1979-05-23	小教高级	2009-12	宿州市人社局	2005-01
李海燕	男	1978-07-12	中级专技	2012-12	宿州市人社局	2014-03

2. 中学高级教师

表 14-4-4 黄湾中学高级教师

序 号	姓 名	性 别	出生时间	职 称	评定时间	评定单位
1	刘云虎	男	63.09	副高	1997.12	安徽省人社厅
2	丁 刚	男	71.1	副高	2012.12	安徽省人社厅
3	傅 毅	男	65.11	副高	2006.12	安徽省人社厅
4	郑金明	男	75.06	副高	2012.12	安徽省人社厅
5	华兴恒	男	61.07	副高	2002.12	安徽省人社厅
6	郭再胜	男	69.11	副高	2003.12	安徽省人社厅
7	李敬农	男	68.04	副高	2003.12	安徽省人社厅
8	刘景富	男	56.10	副高	2003.12	安徽省人社厅
9	尹成德	男	57.11	副高	04、12	安徽省人社厅
10	李翠平	女	65.03	副高	2004.12	安徽省人社厅
11	殷时春	男	54.02	副高	2004.12	安徽省人社厅

（续表）

序 号	姓 名	性 别	出生时间	职 称	评定时间	评定单位
12	张超	男	69.06	副高	2004.12	安徽省人社厅
13	赵英华	女	64.02	副高	2004.12	安徽省人社厅
14	陈峰	男	69.10	副高	2005.12	安徽省人社厅
15	罗贤武	男	66.08	副高	2004.12	安徽省人社厅
16	尹家增	男	67.11	副高	2004.12	安徽省人社厅
17	陈长报	男	70.05	副高	2005.12	安徽省人社厅
18	杨德建	男	63.08	副高	2005.12	安徽省人社厅
19	张华永	男	68.03	副高	2005.12	安徽省人社厅
20	曹大爱	男	66.07	副高	2006.10	安徽省人社厅
21	陈永	男	64.07	副高	2006.10	安徽省人社厅
22	蒋璧	男	69.06	副高	2006.10.	安徽省人社厅
23	柯林	男	70.07	副高	2006.10	安徽省人社厅
24	刘夫凯	男	63.06	副高	2006.10	安徽省人社厅
25	周瀚礼	男	66.01	副高	2006.10	安徽省人社厅
26	刘胜	男	70.04	副高	2006.01	安徽省人社厅
27	丁浩	男	71.07	副高	2007.11	安徽省人社厅
28	胡飞	男	58.09	副高	2007.11	安徽省人社厅
29	柯庆春	男	69.10	副高	2008.12	安徽省人社厅
30	代翠侠	女	72.08	副高	2008.12	安徽省人社厅
31	柯春红	女	76.03	副高	2009.12	安徽省人社厅
32	桑云	女	76.12	副高	2009.12	安徽省人社厅
33	杨峰	男	74.01	副高	2009.12	安徽省人社厅
34	张明	男	70.10	副高	2009.12	安徽省人社厅
35	单彩琴	女	70.03	副高	2008.12	安徽省人社厅
36	周勇	男	66.05	副高	2008.12	安徽省人社厅
37	李斌	男	74.03	副高	2009.12	安徽省人社厅
38	李训彩	男	73.11	副高	2009.12	安徽省人社厅
39	张磊	女	70.10	副高	2009.12	安徽省人社厅
40	周贵云	女	71.10	副高	2010.12	安徽省人社厅
41	李进	女	69.11	副高	2010.12	安徽省人社厅
42	魏薇	女	73.03	副高	2010.12	安徽省人社厅

（续表）

序号	姓名	性别	出生时间	职称	评定时间	评定单位
43	闵明	男	63.09	副高	2010.12	安徽省人社厅
44	闵祥云	女	75.10	副高	2010.12	安徽省人社厅
45	桑三滨	男	77.11	副高	2010.12	安徽省人社厅
46	汤自英	女	74.08	副高	2010.12	安徽省人社厅
47	陈先锋	男	61.10	副高	2012.12	安徽省人社厅
48	李红梅	女	76.12	副高	2012.12	安徽省人社厅
49	闫兴旺	男	77.10	副高	2012.12	安徽省人社厅
50	李红	女	76.10	副高	2012.12	安徽省人社厅
51	张俊峰	男	67.12	副高	2012.12	安徽省人社厅
52	朱敏	女	76.08	副高	2012.12	安徽省人社厅
53	田长江	男	79.11	副高	2012.12	安徽省人社厅
54	陈长斌	男	61.10	副高	2012.12	安徽省人社厅
55	王克传	男	78、10	副高	2012.12	安徽省人社厅

3. 镇籍在外获高级职称工作人员

表14-4-5　镇籍在外获高级职称工作人员

序号	姓名	性别	出生时间	职称名称	评定时间	评定单位	工作单位	原籍
1	张松	男	—	主任医师	—	安徽省人社厅	宿州市第一人民医院	张龙村张集庄
2	张浩元	男	—	主任医师	—	江苏省高级职称评委会	江苏省卫生厅医药监督所	张龙村
3	张廷杰	男	1936年12月	高级统计师	—	—	退休	张龙村张集庄
4	朱怀良	男	—	主任医师	—	省高级职称评委会	县卫生防疫站站长	朱圩村老户朱庄
5	朱阔	男	1955年	副高	—	省人社厅	县医院放射科科长	朱圩村老户朱庄
6	郑崇英	女	1968年	小教高级	—	蚌埠市人社局	蚌埠市	砂坝村郑园庄
7	刘春	男	1967年	中学高级教师	—	安徽人社厅	灵璧二中	砂坝村刘沟庄

（续表）

序号	姓 名	性别	出生时间	职称名称	评定时间	评定单位	工作单位	原 籍
8	刘 平	男	1965 年	经济师	—	省工商银行	宿州市工行	砂坝村人刘沟新庄
9	刘爱荣	女	1968 年	小教高级	—	宿州市人社局	韦集镇中心校	砂坝村刘沟庄
10	任国庆	男	1971 年	经济师	—	安徽省人民银行	灵璧县人民银行	晏路村晏路街
11	任启文	男	1953 年	主任医师、科主任	2000 年	省人社厅	县医院	晏路街
12	周 群	女	1973 年	国家一级播音员	—	国家广电总局	安徽电视台	晏路村大周庄
13	王现动	男	1968 年	中学高级教师	—	安徽人社厅	灵璧县一中	晏路村井王庄
14	周 恒	男	1955 年	副主任中医师、骨科主任	—	省人社厅	县中医院	晏路街
15	苏 平	男	—	经济师	—	深圳市人社厅	深圳市大企业顾问	柯湖村小苏庄

4. 镇直单位获高级职称工作人员

表 14-4-6　镇直单位获高级职称工作人员

序号	姓名	性别	出生时间	职称名称	评定时间	评定单位	工作单位
1	朱士新	男	1974.3	副主任中药师	2014.6	省人社厅	黄湾医院
2	贺万民	男	1943.5	高级农技师	1995.3.28	宿县地区高级职称评定委员会	农技站
3	张儒民	男	1954.5	高级农技师	1995.3.28	宿县地区高级职称评定委员会	农技站
4	刘万广	男	1953.9	高级农技师	1995.3.28	宿县地区高级职称评定委员会	农技站
5	任 飞	男	1968.4	高级保管员	2010.3	国家粮食局职业技术鉴定中心	国家粮库

（续表）

序号	姓名	性别	出生时间	职称名称	评定时间	评定单位	工作单位
6	王 明	男	1979.8	高级保管员	2008.1	国家粮食局职业技术鉴定中心	国家粮库
7	姬 玉	男	1975.10	高级保管员	2010.3	国家粮食局职业技术鉴定中心	国家粮库
8	单庆海	男	1973.11	高级保管员	2010.3	国家粮食局职业技术鉴定中心	国家粮库
9	庄素华	女	1967.8	高级质检员	2007.6	国家粮食局职业技术鉴定中心	国家粮库
10	张 永	男	1978.2	高级质检员	2007.6	国家粮食局职业技术鉴定中心	国家粮库
11	丁秀芹	女	1978.10	高级质检员	2014.5	国家粮食局职业技术鉴定中心	国家粮库

附　　录

一、扶贫攻坚

全镇扶贫攻坚工作是从 2014 年 5 月 4 日开始，当日，县扶贫开发领导小组办公室下发关于《灵璧县扶贫开发建档立卡工作实施方案》的通知，要求到 8 月 15 日以前全面完成扶贫开发建档立卡工作。全镇按照要求，迅速行动，开展对贫困人口识别工作，按时完成建立贫困户和贫困村电子信息档案，共 1570 户、4539 人，向贫困户发放《扶贫手册》，对砂坝、朱圩、柯湖、红星四个贫困村识别建立档案，落实各级干部结对帮扶包保工作。2018 年实现脱贫 284 户、934 人，还有贫困户 314 户、575 人，贫困发生率由 2014 年的 8% 下降到 2018 年的 1.07%。

安徽科技学院"百队千人"新思想宣讲团到黄湾镇文化扶贫

（一）领导机构

1. 镇成立扶贫开发领导小组

按照县统一部署，镇成立扶贫开发领导小组，由镇委书记任组长，党政班子成员任副组长，镇直单位负责人为成员，39 人组成，下设扶贫工作站。县下派专职扶贫副书记 1 名。

2. 扶贫工作站

为加强扶贫工作站工作，镇委先后 5 次对扶贫工作站人员进行充实和调整，设站长 1 名，由党政办公室主任兼，设工作人员 3 名。2018 年 10 月起，工作人员增加 8 名，专设办公室 1 间，办公设备齐全，实现上对接县扶贫局各科室，下联 14 个村扶贫工作室。

3. 村设扶贫工作队

村级成立扶贫工作队，由包村党政班子成员任队长，贫困村由省、市下派主要领导任队长。村两委干部为成员，并设扶贫书记、专职干事。按照县委部署，各村招聘扶贫专干 14 名，县、镇下派工作专干 14 名，"双专干" 28 名，县聘扶贫小组长 102 名，包保到每一个自然庄。在村部成立扶贫工作室，实现标准化办公，坚守上下班制度。

（二）落实干部包保责任制

2014 年以来，全镇对扶贫工作不断加大干部包保到户工作力度，省、市、县下派驻村包保干部 122 名，其中，省直单位包户干部 1 名，包保户数 2 户；市直单位包户干部 1 名，包保户数 5 户；县直单位包户干部 118 名，包保户 407 户；乡镇包户干部 194 名，包保 641 户。

省、市、县、乡四级总计 314 名包户干部，包保 1055 户。村级包户干部 106 名，包保 391 户。

（三）精准帮扶

1. 发展产业

各级包保到户干部，坚持驻村到户指导贫困户发展产业，增加收入。针对不同户所具备的生产技术和生产能力，安排开展养殖、种植、加工等项产业，实现户户有项目，人人能致富。镇村组针对贫困户所发展起来的各项产业，精准到户核查项目，按照政策向贫困户兑现发放产业扶贫资金。

2015 年，国家财政下拨产业扶贫资金 100 万元，主要用于朱圩、砂坝、红星、柯湖四个村贫困户精准到户发展产业项目。

2016 年，落实财政产业扶贫资金 533 万元，用于 14 个村 402 户贫困户，精准到户发展产业和入股分红项目。

2017 年，落实财政扶贫资金 699 万元，用于 14 个村 1787 户贫困户，精准到户发展产业和入股分红项目。

2018 年，落实财政产业扶贫资金 407 万元，用于 14 个村 1418 户贫困户，精准到户发展产业和入股分红项目。

（1）特色种养业。2018 年春，按照县扶贫部门安排，镇政府在砂坝、朱圩、柯湖、红星四个贫困村实施核桃园种植扶贫项目。严格采取统一规模植树，调整租包农户土地，统一机械打穴，统一组织栽植，四个村共完成栽植核桃树 400 多亩，每个村均栽百余亩。各村精心管理，经过嫁接后的核桃树长势较好。

（2）光伏发电。2015 年始，镇内首次开始实施光伏发电扶贫项目产业。红星村和朱圩村首先各投资 96 万元，分别各建起 120KW 光伏发电站。

2016 年，胡桥村投资 112.32 万元，建起 156KW 光伏发电站。双桥村投资 71.28 万元，建起 99KW 光伏发电站。王桥村投资 34.56 万元，建起 48KW 光伏发电站。

2016 年第二批，柯湖村投资 101.52 万元，建成 141KW 光伏发电站。三桥村投资 60.48 万元，建起 84KW 光伏发电站。砂坝村投资 116.64 万元，建成 162KW 光伏发电站。张龙村投资 56.16 万元，建成 78KW 光伏发电站。

2017 年，贫困村村级光伏电站集中建在砂坝村，每村 60KW，总规模 240KW，投资 172.8 万元。

全镇共有 363 户光伏受益户，每户每年均受益 3000 元以上（含国家补助电价）。

2. 金融扶持

镇农商银行积极落实小额贷款扶贫政策，深入贫困户调查，做好贷款发放及发展产业各项服务。2015 年，发放小额信贷共计 10 户，发放金额 42 万元。2016 年，发放扶贫贷款 16 户，总计 65 万元。2017 年，发放扶贫贷款 2066 户，发放款 945 万元，国家财政贴息 23.724779 万元。2018 年，发放扶贫小额贷款 286 户，共计 1254.1 万元。贫困户小额贷款主要用于种植业、养殖业和小型作坊加工业。

3. 健康脱贫

省、市、县先后制定出台实施健康脱贫政策，各级卫计委严格落实健康扶贫各项任务，对贫困户看病落实"350"和"180"医疗报销政策，建立健全贫困户健康双层档案，全部实现医生签约免费服务。杜绝因病致贫和因病返贫现象。2016 年，全镇补助贫困户医疗费共 1025 人（次），金额达到 7.135 万元。2017 年，补助贫困人口医疗费用共计 23151 人（次），金额 279.618 万元。2018 年，补助贫困人口医疗费用 26858 人（次），报销费用达 324.127 万元。

4. 教育脱贫

2014 年以来，全镇中小学和幼儿园认真贯彻落实教育扶贫政策，保障每个贫困家庭子女都能完成学业，杜绝因贫上不起学和辍学现象的发生。2017 年，学前教育补助 102 人，补助金额 6.06 万元；中小学教育补助 464 人，补助金额 29.15 万元；高中教育补助 62 人，补助资金 18.6 万元。2018 年，学前教育补助 156 人，补助金额 12.48 万元；中小学补助 562 人，补助金额 34.1 万元；高中教育补助 64 人，补助金额 17.7 万元。

实施"雨露计划"，2014 年，补助 14 人，资金 2.8 万元。2015 年，补助 16 人，资金 4.8 万元。2016 年，补助 22 人，资金 6.6 万元。2017 年，补助 114 人，资金 33.9 万元。2018 年，补助 161 人，资金 27.45 万元。

5. 就业增收

镇政府组织人社所，按照县人社局统一部署和安排，针对性开展对贫困户进行扶智培训，保障他们经过培训学习到了技术，就上了业。2015 年，组织贫困户参加服装培训 22 人。2016 年，组织到县就业局技能培训 15 人。2018 年，组织 20 名贫困户参加汽车修理和缝纫技能培训。镇村设公益岗，招录贫困户当环卫工 100 名，组织贫困户参加村务服务、巡查巡护、产业辅助等公益岗 565 人。一些村还建扶贫工厂吸纳贫困户就业。镇村两级包保干部，还积极为贫困户就业做好牵线搭桥等项服务工作，广泛与民营企业联系，更多吸纳贫困群众就业并拿到工资。2016 年，全镇贫困群众在村内和镇内就近务工人数达到 260 多人。2017 年，有 300 多人。2018 年，有 370 多人，人均每月工资可达到 700 至 1600 元不等。

6. 兜底保障

2014 年，全镇办理低保救助生活补助 1090 户、2053 人。2015 年，补助 1117 户、2094 人。2016 年，补助 784 户、1436 人。2017 年，补助 7627 户、1431 人。2018 年，补助 1036 户、2448 人。

到 2018 年，全镇共有一、二级残疾人 600 人，办理补贴和护理补贴的有 600 人，享受"两补"达 100%。

7. 包保单位到户扶贫

省、市、县、镇直单位对所包保的村中贫困户，都视为亲人，针对贫困户生活和生产上所急需的资金和物品，及时到户送钱、送物、送技术、送致富信息、送温暖，为更多的贫困户解除生活和生产上的困难，见表 1。

表 1　黄湾镇省、市、县、镇直单位到户送钱送物统计表

年　度	村　名	单位名称	发放户数	发放资金（元）	物品折款（元）	总计（元）	备　注
2016	朱圩	县审计局	104	0	6000	6000	贫困村
2017	朱圩	市直工委	82	2000	3000	5000	
	朱圩	县审计局	82	0	13000	13000	
	朱圩	县公安局	82	0	10000	10000	
2018	朱圩	市直工委	63	0	5000	5000	
	朱圩	县公安局	63	0	7000	7000	
合计	—	—	476	2000	44000	46000	
2015	红星	县物资协会	30	0	4500	4500	贫困村
2016	红星	县物资协会	15	0	2250	2250	
	红星	县经信委	98	0	7840	7840	
2017	红星	县物资协会	22	0	2640	2640	
	红星	县经信委	246	0	19680	19680	
	红星	安徽机电职业技术学院	20	0	6000	6000	
2018	红星	安徽机电职业技术学院	80	0	12800	12800	
合计	—	—	511	0	55710	55710	

（续表）

年　度	村　名	单位名称	发放户数	发放资金（元）	物品折款（元）	总计（元）	备　注
2016	三桥	黄湾农商行	12	0	960	960	
2017	三桥	灵璧县人民医院	3	0	480	480	—
合计	—	—	15	0	1440	1440	
2017	宋河	黄湾财政所	6	0	1200	1200	—
合计	—	—	6	0	1200	1200	
2016	单营	黄湾供销合作社	15	0	1275	1275	
	单营	黄湾粮食储备库	8	0	840	840	
2017	单营	黄湾粮食储备库	8	0	840	840	
2018	单营	黄湾粮食储备库	8	0	1040	1040	—
	单营	灵璧县人民医院	5	0	385	385	
合计	—	—	44	0	4380	4380	
2018	陆集	黄湾中学	—	0	1000	1000	—
合计	—	—	—	0	1000	1000	
2017	庙李	黄湾镇国土所	5	0	750	750	
2018	庙李	黄湾镇国土所	12	0	1200	1200	—
合计	—	—	17	0	1950	1950	
2014—2016	柯湖	灵璧县安监局	30	0	22500	22500	
2017	柯湖	灵璧县安监局	33	0	39600	39600	
	柯湖	宿州市邮政局	5	5500	0	5500	
2018	柯湖	灵璧县安监局	1	2000	0	2000	贫困村
	柯湖	宿州市邮政局	5	2400	1000	3400	
	柯湖	灵璧人民医院	3	0	600	600	
合计	—	—	77	9900	0	73600	
2016	砂坝	灵璧法院	137	0	10960	10960	
2017	砂坝	合肥工业大学	137	27400	0	27400	
	砂坝	灵璧法院	20	0	2000	2000	
	砂坝	灵璧政协	7	2800	0	2800	贫困村
2018	砂坝	合肥工业大学	4	0	600	600	
	砂坝	灵璧法院	50	9000	2400	11400	
合计	—	—	355	39200	15960	55160	

（续表）

年　度	村　名	单位名称	发放户数	发放资金（元）	物品折款（元）	总计（元）	备　注
2016	双桥	黄湾镇王桥粮库	14	0	1400	1400	
2017	双桥	黄湾镇双桥村委会	72	0	7200	7200	—
合计	—	—	86	0	8600	8600	
2018	胡桥	黄湾镇民政所	13	0	2600	2600	
合计	—	—	13	0	2600	2600	

8. 改善居住环境

2017 年，对 318 户建档立卡的贫困户进行危房改造，其中，重建 231 户，修缮 87 户，财政拨款补助 5142000 元。2017 年对 302 户脱贫户进行危房改造 114 户，重建 73 户，修缮 41 户，财政总计拨款 1706000 元。

2018 年，对 158 家贫困户进行危房改造，其中，重建的为 123 户，修缮的为 35 户，财政总计拨款 267 万元。

9. 环境保护

2016 年，落实河长制，定期巡河。"三线三边"实现常态化，坚持开展农村垃圾、厕所和污水"三大革命"。2016 年，投入 50 万元，清运陈年垃圾 600 多车，胡桥村垃圾堆放点得到彻底清除。从贫困户中选聘 100 多名村庄环卫工人，设立公益岗，对各个自然庄环境卫生实行包保责任制。做到"三配"和"三定"：配发环保服装、车辆、用具；为环保工人制定工作责任制度、定环保责任区域、定点收运垃圾。2018 年对贫困户落实公益岗，组织所有贫困户参与夏、秋季秸秆禁烧工作，增加收入，保护环境。

10. 精神文化扶贫

2017 年到 2018 年，在重点贫困村以开展精神脱贫为主线，实施村部文化阵地和自然庄文化扶贫墙建设，让广大群众得到精神上的满足，使文化惠民、文化助力脱贫在潜移默化中得到实现。结合美丽乡村建设，在双桥村投入 5.8 万元（含上一年基础建设），建起文化广场、娱乐场、体育场，晚上村民们集中跳广场舞，白天随时都可开展文化娱乐活动。在胡桥村建起 3000 平方米的农民活动广场，可供镇、村开展多样文化活动。2017 年，全镇文化建设投入为 19.8 万元。2018 年全镇投资 50 多万元，从镇到村长年不断组织开展各种精神扶贫活动，14 个村设立精神扶贫农家书屋和阅览室、文体活动室，方便群众读书学习；组织送扶贫戏下乡演出 7 场，放电影 9 场，中小学举办文艺会演 6 场。

（四）扶贫工程建设

1. 供电升级整改

2014 年，按照县里安排，在单营、晏路、砂坝、红星四个村实施扶贫供电升级整改，总架设高压线路 5.2 千米，低压线路 23.8 千米，整改自然庄供电台区 11 个，总投资 350 万元。

2015 年，在胡桥、双桥、三桥、宋河四个村的部分台区，实施供电提升改造，架设高压线路 4.85 千米、低压线路 25.88 千米，整改台区 13 个，总投资 375 万元。

2016 年，在朱圩、柯湖的石炉、红星部分供电台区开展整改，架设高压线路 3.68 千米、低压线路 17.25 千米，整改台区 8 个，总投资 212 万元。

2017 年，在单营、胡桥、三桥、红星等部分台区开展农网省级改造，架设高压线路 4.25 千米、低压线路 28.35 千米，整改台区 14 个，总投资 385 万元。

2018 年，在红星、双桥、庙李、柯湖四个村部分供电台区实施改造，架高压线路 3.85 千米、低压线路 27.65 千米，整改台区 15 个，总投资 585 万元。

5 年中，共整改高压线路 21.83 千米、低压线路 122.93 千米，整改台区 61 个，总投资 1907 万元。

2. 水利

（1）农田水利建设

2014 年，全镇开挖中小沟 4 条，总投资 20 万元。2015 年，开挖中小沟 2 条，打井 30 眼，总投资 11.2 万元。2016 年，开挖中小沟 4 条，打井 10 眼，总投资 24 万元。2017 年，开挖中小沟 4 条，打机井 30 眼，总投资 32 万元。2018 年，开挖中小沟 5 条，修建中小涵桥 24 座，总投资 68 万元。5 年来，开展水利扶贫总计开挖中小沟 19 条，打机井 70 眼，修中小涵桥 24 座，总投资 155 万元。

（2）饮用水工程

2015 年，实施农村饮水安全工程，在胡桥村葛沟社区建自来水厂，占地 2800 平方米，工程设计供水总人口 27859 人，水厂总投资 1325.43 万元。到 2018 年，共有砂坝、红星、柯湖、宋河、陆集、胡桥、张龙、朱圩、双桥、三桥十个村铺通供水管道，5000 多户用上自来水。其中，贫困户免费安装自来水占总户数的 100%，实现饮用水安全。

3. 易地搬迁复垦

镇政府双桥村成立土地整治复垦办公室，配备工作人员 6 人，负责全镇土地复垦和易地农户搬迁工作。

2014 年，实施易地搬迁土地复垦工程，主要开展村庄有：晏路村大奚庄、小郑庄，朱圩村的老户朱庄，柯湖村的柯湖小学，红星村的骆庄，胡桥村的小柯庄。实现土地整治复垦面积 389 亩。

2016 年，实施对双桥村的瓦庙庄、庙李村的龙水庄、张龙村的小戴庄有效复垦，总复垦面积为 330 亩。

2018 年，实施对朱圩、双桥、张龙、晏路、胡桥、红星六个村的部分村庄有效复垦，实现总复垦面积 1650 亩。

4. 财政奖补民生工程

2011 年到 2015 年，全镇实施"一事一议"民生工程量大，各村铺修环村水泥路 64 条，总长达到 84526 万米。砂坝街和单营村还实施太阳能路灯亮化工程，安装路灯 150 盏。

2017 年，实施"一事一议"财政奖补支出：全年财政奖补项目共计 11 个，新建水泥路项目 4 个，安装太阳能路灯项目 7 个，总投资 221 万元，其中，财政奖补资金 204 万元，村级自筹资金 17 万元，新建水泥路 3.85 千米，安装太阳能路灯 280 盏。

2018 年，"一事一议"民生工程主要转向实施太阳能路灯亮化工程，在红星村骆庄至大张组 2000 米水泥路段，安装灯 40 盏；在朱圩村付庄、代圩、老户朱水泥路 2500 米路段，安装路灯 50 盏；在晏路村大周、小郭、大杨、张庄水泥路 3000 米路段，安装路灯 60 盏；在砂坝村的桥园北路、大小董 2500 米路段，安装路灯 50 盏；在双桥村的双桥组和前后陈组，2500 米路段，安装路灯 50 盏；在 201 省道南至前贺、陈桥庄东 2700 米路段，安装路灯 54 盏。王桥村的彭刘和后陈、柯湖村的后柯、小苏、徐圩庄，均都实施安装路灯亮化工程，全镇总计安装路灯 421 盏，财政总投入 168.4 万元。

5. 取得成绩

2014 年，建档立卡贫困人口为 1570 户、4539 人，2015—2018 年，经过多次"动态调整"，建档立卡贫困人口为 1446 户、4664 人。2014 年，实现脱贫 54 户、172 人。2015 年，脱贫 231 户、921 人。2016 年，实现脱贫 267 户、985 人。2017 年，脱贫 297 户、1080 人。2018 年，脱贫 284 户、934 人。镇贫困发生率由 2014 年的 8% 下降至 2018 年的 1.07%，各村具体数据见表 2。

表 2　黄湾镇 2018 年底贫困人口发生率统计表

序　号	行政村	农业户籍人口数	2018 年底未脱贫人口数（人）	2018 年底贫困发生率
1	红星村	2653	26	0.98%
2	柯湖村	4435	44	0.99%
3	砂坝村	4062	38	0.94%
4	朱圩村	3194	33	1.03%
5	单营村	4388	59	1.34%
6	胡桥村	7118	75	1.05%
7	陆集村	1948	16	0.82%
8	庙李村	3430	48	1.40%
9	三桥村	3312	53	1.60%
10	双桥村	3142	50	1.59%
11	宋河村	2894	26	0.90%
12	王桥村	2176	28	1.29%
13	晏路村	4889	41	0.84%
14	张龙村	6288	38	0.60%
—	合计	53929	575	—

二、朱镕基视察黄湾镇纪实

1997 年 6 月 29 日，时任中共中央政治局常委、国务院副总理朱镕基到黄湾镇视察。

当日凌晨，群众同往常一样，用四轮机、手扶机、三轮车装满小麦去黄湾粮站出售。8 点前，从不同方向而来的售粮车已聚集在粮站门前，双排已超过 200 米。镇、村干部按粮车先后，编号排队，进入粮站各仓房磅点。

9 点多，一辆白色的面包车及轿车，驶进黄湾粮站 6 号仓东侧水泥场上。朱镕基副总理下车面带微笑向群众招手致意。陪同朱副总理考察的有省领导卢荣景、方兆祥，宿县地委书记耿光宽等领导。在黄湾粮站等候的灵璧县委书记刘统海、县长吴贞堂、黄湾镇委书记任兴文、镇长金国爱以及黄湾粮站站长孙家民等。朱副总理很高兴地与大家握手问候。在省、地、县领导陪同下，朱副总理迈步，挥手，向 6 号仓前的卖粮群众走去。干群们看见是朱镕基副总理来了，顿时欢腾起来，鼓掌欢迎朱副总理的到来。村党支部书记张朝龙向群众说："同志们，朱副总理来看望我们了。"一边鼓掌，一边欢呼："总理好！"朱副总理笑盈盈地挥手、鼓掌，并说："同志们辛苦了，同志们好！"朱副总理登上 3 米多高的 6 号大仓的仓顶，站在仓顶中部，看着满仓金黄色的小麦，顺手抓起一把，高兴地说："好粮！好粮！"当朱副总理走下梯子，来到仓门磅秤前，询问黄湾粮站站长孙家民，全镇群众种多少小麦，能收多少粮，能卖多少余粮？孙站长一一作了汇报。朱副总理满意地点了点头。这时，他又顺手抓起磅上准备过秤的小麦，问："中央制定的用保护价收完农民余粮的政策你们落实得怎样？收粮的保护价是多少？"当粮食部门的同志回答是五毛四至五毛五一斤时，朱副总理摆着手说："全世界也没有这个价，要落实政府规定的保护价。"这时，全场掌声四起。面对数百名卖粮群众，他擦了一下汗，十分动情地说："党中央非常理解你们，决不能让你们卖粮难。国家现已制定出保护价政策，敞开收完你们家中的余粮，做到常年不限收、不拒收，随到随卖，决不压级压价，不打白条。"卖粮群众，又鼓起一阵阵的掌声。他对站在身边的孙家民说："建仓扩容，资金不够由国家统一解决，农民卖多少，你们必须收多少。"他又转过身子对群众说："你们不能卖过头粮，拿钱到市场上买口粮就不划算了。"又激起一阵掌声。

10 点多，朱副总理离开粮站，前往井王村，边走边向群众挥手告别。数百人挥着双手向他告别。在车门前，他拉住孙家民手一同上车，朱副总理问孙家民黄湾粮站近几年来的收购、顺价销售经营、政策性亏损、国有粮站改革等，孙家民一一回答。

10 点 30 分，朱副总理到井王村。在村委会门前走下车后，就被干群围住了。村妇联主任邓红兰抢先去与朱副总理握手。朱副总理问她："你认识我吗？""认识。""怎么认识的？""俺在电视上认识您的。"说得副总理和陪同人员大笑起来。朱副总理详细询问村里群众种粮、卖余粮、收入、农民负担、电价及产业结构调整等情况，镇、村干部讲得清楚，说得明白。朱副总理点了点头，要到几户农民家里看看。镇委书记任兴文、镇长金国爱与各级陪同领导一起，到王献朝家里。老王高兴地合不拢嘴，他双手紧握着朱副总理的手，流着喜悦的泪水说："您是朱总理！您是朱总理！朱总理来我们家了。这是俺们全家人一辈子的福！"老王激动地说。朱副总理问老王家几口人，承包多少土地，种了多少粮，收了多少粮，能卖多少，种地投入多少钱，全年预计总收入多少？朱副总理和老王一笔一笔地算账。交谈后，老王把朱副总理领到西房的粮仓前，指着一大折和码起的小麦堆说："这是俺家今夏收的小麦，共种 17 亩小麦，收粮14000 余斤，留足口粮、种子，还要向国家卖余粮 10000 余斤。"朱副总理称老王是种田能手。

在基层干部带领下，朱副总理来到王献参家。一进门就询问老王全家年收入、支出、上缴乡村提留负担、电价、集体事业建设等收支情况。朱副总理和这位中年农民，一项项、一笔笔细谈细算。当他听说，经过整改，电价下降至不到 8 毛钱一度时，满意地点点头。对乡统筹、村提留都在国务院规定的上年人均纯收入 5% 以内，朱副总理感到满意。他回过头对省、地、县陪同的领导说："农民负担只能快速减轻，不能加重。国务院要制定减轻农民负担的新政策。"已是 11 点多了，这时，工作人员向他提示时间，朱副总理与基层干群一一握手话别。这时，镇、村干部要求与朱副总理合影留念，朱副总理愉快地答应了，留下一张珍贵照片。朱副总理上车，大家呼喊着："总理再见！总理再见！"朱副总理向群众不停地挥手致意……

三、赵莹莹捐献器官回报社会

2018 年 4 月 3 日凌晨，安徽医科大学第一附属医院为一位小女孩完成了器官捐献移植手术，合肥普瑞眼科医院为其完成了眼角膜捐献移植手术，她的生命将用另一种方式得到延续，重放异彩，这是灵璧县黄湾镇柯湖村徐圩村民组赵莹莹，其捐献了双角膜、肝脏和两个肾，共计 5 个器官，手术非常成功，医生们都受感动地向其爷爷赵新仪说："你孙女捐献的器官和角膜将给五个家庭带去新的希望。"在场的都落下感激的泪水，赵莹莹成为宿州市捐献器官最多的人。

赵莹莹，9 岁，上小学二年级，是个聪明伶俐，特别可爱的小女孩，由爷爷赵新仪、奶奶韩美兰带大的。2013 年 9 月赵莹莹患上糖尿病，确诊为一型糖尿病，10 月到徐州儿童医院住院治疗，先后又到江苏宿迁等地治疗，花去 3 万多元治疗费。2015 年第一次出现并发症昏迷。2017 年 9 月，再次出现并发症从宿迁转到徐州治疗；在两家医院花去 1.8 万多元。村委会根据赵新仪家因病返贫的情况，在 2014 年底为他家落实了建档立卡扶贫，先后为赵莹莹报销大部分治疗费，使赵新仪全家十分感激。2016 年底，赵新仪按照政策规定和自家收入情况，自愿申请脱贫，一再要求不拖累政府，他说："致富靠自己，不能靠政府一辈子。"感动了镇村所有干部，赵新仪家成为全村首位自愿脱贫的示范户。2017 年以来，由于赵莹莹病情不断加重，需要的治疗费较多，县、镇卫计部门在落实健康扶贫政策中，仍然对赵新仪家庭实行脱贫不脱钩，给予医疗费用报销，使赵新仪更加感激党的扶贫政策，决心回报政府扶贫之恩和这个好社会。

2018 年 3 月中旬，赵莹莹住进安徽省立儿童医院治疗，医院针对她的病情恶化情况，下发病危通知书，到最后通知能治疗时间只有 48 小时。赵新仪得知后，心情极为难过，他想：孩子是挽救不过来了，从上学到治病都是国家给钱，是国家扶贫政策好，才使孩子得到最好的医治，费用得到报销，使自己不返贫，这是给孩子最大的告慰，一定要使孩子再"活"下来，把她（器官）捐献出去。赵新仪将要无偿捐献孙女器官的事向医生说明后，医生和有关部门都非常感动，纷纷赞扬他的大爱无私精神。赵新仪随之又与家人商量，得到全家人的理解和同意。他强忍着悲痛地说："俺家不图名、不图利，只图小孩还'在'，还'活'着。除心脏保留外，其余的（器官）都可无偿捐出去。孩子（器官）无论捐给谁、救活谁，俺都是不求报恩，不要分文，不要信息，只求她活着（指孙女器官在其他受救的人身上得到延续）。"

四、战事略记

1. 攻克晏路口伪据点

1942年，灵璧县伪军保安第三大队的一个中队，驻扎在晏路口据点里。12月3日，八路军第11旅31团第1营，对晏路口伪据点发起进攻，经过激烈战斗，据点被攻克，俘获大队长张耀先及百余伪军。

2. 晏路口夺粮战斗

1943年夏收期间，为了保护群众顺利收获成熟的庄稼，中共大山区委抽调民兵，组成护卫队，在晏路口周围村庄与群众共同抢收小麦，收完后，伪军数十人赶着马车前往杨庄（大杨）抢粮。早有准备的民兵和群众迅速对其进行包围，瞬间解除伪军武装，数十人全部被俘。

3. 高桥伏击战

高桥位于灵城南约10千米，跨北沱河，是灵璧到固镇公路上的第一座桥。1945年8月10日，隐蔽在灵城的共产党员李明盘送出一份"日军和伪县长刘中檀等今晚可能南逃"的情报。大山区队接到命令后，区队长戴文生率领区队迅速赶到高桥，分成3个战斗小组，分别埋伏在高桥两侧。晚上10点许，有200多日伪军出城沿灵固公路南逃，这时区队人员已做好一切战斗准备，当敌人进入伏击圈后，戴文生一声令下，枪声齐鸣，顿时日伪军乱作一团，沿沟慌忙弃物而逃。区队缴获日伪军一批枪弹及其他物品。

4. 智斗"唐老虎"

土匪头子唐广金，手下有三四百人，驻扎在槐巷圩（今固镇县）。唐广金常在周边村庄吃派饭，饭后，抢民衣、扒民粮，拒者必遭痛打，无恶不作，凶如猛虎，群众称其为"唐老虎"。

1946年春末的一天，唐广金召集匪徒到砂坝、乔园、刘沟、郑园、小陈等庄吃过派饭后，抢衣扒粮，装满八辆太平车，强迫农民将车辆集中到郑园庄南韦砂路大道上，运往驻地槐巷圩。灵南区区长李化民得知后，他思索着，"唐老虎"百余人，区队人员又远离，身边仅有4名战士，这一仗只能智斗。他迅速赶到距敌人200多米的王楼庄后，再次侦察敌情，此时，他接到情报，敌粮车辆已经汇聚在郑园庄南大道上，准备运走。在这千钧一发时刻，李区长果断决定，5人兵分三路，一路两人快速通过南沱河堰里，在刘沟庄南鸣枪，二路两人通过郑园到小陈庄鸣枪，李区长一人越过刘沟西小沟到刘沟庄后鸣枪，三处枪声，形成包围之势。唐广金听到三处枪声，已在包围之中，弃车夺命南逃，着衣抢渡沱河，直奔槐巷圩子，衣、粮物归原主。

五、土地利用

2014年8月，在全省开展土地利用分类详查中，公布黄湾镇到2014年8月各项用地实况。全镇集体土地总面积为11805.61公顷，农用地为10362.12公顷，其中耕地为9726.61公顷。

(1) 全镇建设用地为1443.49公顷。

(2) 村庄建设总用地为1443.49公顷。

(3) 农民宅基总用地为1394.38公顷。

(4) 工矿用地（主要是砂坝、晏路、王桥村）为49.11公顷。

(5) 育林用地为567.03公顷。

(6) 城镇及工矿用地为1505.42公顷，其中建制镇用地为54.12公顷，风景名胜特殊用地为7.81公顷。

(7) 交通运输用地为510.17公顷。

(8) 公路用地为81.21公顷。

(9) 农村村庄用地为428.96公顷。

(10) 水域及水利设施用地为1308.16公顷。

(11) 河流水面用地为211.18公顷。

(12) 坑塘水面用地为145.62公顷。

(13) 内陆滩涂用地为214.71公顷。

(14) 沟渠用地为537.44公顷。

(15) 水工建筑用地为199.20公顷。

(16) 其他用地为68.48公顷。

(17) 设施农用地为68.30公顷。

(18) 田间田坎用地为0.18公顷。

六、地名考

1. 老槐树与喜鹊窝

民间传说"我们的家乡哪里来，山西洪洞大古槐"，或曰"来自喜鹊窝"，或说"来自大槐树底下"。在全镇许多姓氏的家谱书中，记载着祖先原从山西省曲沃县的老槐树喜鹊窝迁入本地。老槐树与喜鹊窝源在何处？

据家谱、志书考证，元朝末年，黄河中下游一带遭毒雾之害，毒雾茫茫四十余天，不见天日，致使瘟疫流行，死人众多。加上战乱频繁，继之水、旱、蝗、疫各种灾害并发严重。据不完全统计，仅旱灾在山东就发生18次，河南17次，两淮18次，另发生大蝗灾19次。这样，上述地区灾民死伤流亡十分严重。华北、中原一带出现"春燕归来无栖处，方圆百里无人烟"的惨状。山西省是蒙古名将察汉铁木耳父子的根据地，又凭山河之险峻，幸免战祸之害，社会安定，人口稠密。明朝建立后，政府为了发展经济，增加国库收入，巩固其统治，下令晋民东移。主要向河南、河北、山东、江苏、安徽等地进行大批移民。安徽移民点主要是灵璧、泗县、宿县、固镇、五河等地。江苏移民点主要是徐州、南京等地。从洪武初年，开始大规模的移民，有的地方先后移民八次、十五次、十九次之多，时间长达20年，有的长达45年。据考证，全镇大多姓氏祖先是在明初洪武六年至二十二年间移到本地。《郑氏宗谱》记载洪武六年迁来。《刘氏宗谱》记载洪武7年移居刘沟。《朱氏宗谱》记载，朱姓先祖是在永乐二十二年移入大朱，至今已600余载，各姓氏已成为今天兴旺发达的大家族，成为发展全镇经济的主力军。

据各姓氏祖传所云，在山西省曲沃、洪洞两县，有两大禅寺（广济寺、广慈寺），寺旁是交通要道。明政府的移民机构就设在这里，对移民付给路费及安家费，以及移民证件——介绍信。因为寺院较高，院内有棵古老的汉槐树，大约12人才能合抱，树上有诸多老鸹窝。当时移民文盲较多，时间一长，不知详细的家庭原住址，只记得临走印象最深的老槐树、老鸹窝。所以，在今天看到的许多家谱上，多数姓氏都记载从山西老槐树、老鸹窝迁来。后来许多姓氏中，就连当地居住的老户人家都忘记了祖先是从什么地点迁来，也顺多数姓氏祖宗传说，是从老槐树、老鸹窝之地而来。

2. 村、庄名称

镇内村落名称的由来主要依据的是交通位置、地形地貌、功能属性和居住环境等几个方面。黄湾镇地处淮北平原，有自然村落130个，这些村落大都叫庄，有的叫集，有的叫沟，有的叫湖，有的叫圩，有的叫桥。不同的称谓，皆有各自依据。

（1）庄。封建社会的皇室、贵族、官僚、地主等在自己所占的地方设立庄园组织。这种土地占有形式萌芽于东汉、东晋、南北朝时期。唐代中叶以至明朝，庄园多分官庄、皇庄、地主庄园和寺院庄园。为了经营方便，大庄园又把大量土地分成许多小庄园，分别租给佃户或雇主耕种。全镇称"庄"的村落很多，典型的有陈庄、潘庄、张庄、王庄、李庄等。

（2）集。北宋时间，在手工业和农业都有很大发展的基础上，商业也有了较大发展，作为自然经济的补充，便出现了集市，简称"集"。镇内较早的出现的定期集市有张集、柯李集、陆集等。

（3）沟。明初，全镇境内形成一部分排水沟，靠近沟旁始建村落的就顺叫沟，如刘沟、葛沟、徐沟等。

（4）湖。在清代县志版图上，镇辖内最早形成的湖是柯湖，地势特别低洼，荒草湖面积较大，靠近湖边建村落的就称湖，如柯湖、杨湖、孙湖等。

（5）圩。圩的含义，就是低洼地区周围防水的堤，村落在中心，周围是圩堤，以圩命名。这些村落多在地势低洼、多水的地区。但是，在全镇也有些村落处于高地点称圩的，这些村落在清朝和民国的时期，为了抗匪避窃，从四周挖筑大圩沟，称圩的村落较多，如代圩、陈圩、高圩、徐圩等。

（6）桥。全镇以桥命名的村落较多，起源于葛沟、姚沟、黑泥沟。有沟的村庄为了交通方便，捐资或集资修建起桥，以桥命名村落名，如王桥、贺桥、姚桥、潘桥、陈桥、双桥、薛桥、胡桥等。

七、家谱

　　续写家谱是全镇各姓氏家族中的传统。续写家谱没有固定格式，没有固定期限，一般都是在本姓续出的班辈字已快用完，为防下代班辈出现乱排时，族中有威望、有文化的人，便组织在一起研究续家谱，序排出新的班辈。全镇发现最早的家谱是《刘氏家谱》，纂写于明朝弘治十年（公元 1479 年）。随各姓家谱，录下部分家谱排序的班辈。没有录入的姓氏班辈，是因无法找到有依据的家谱书等纸质史料。

　　1.《刘氏家谱》新书排辈，共 40 字 40 辈谱

　　　　　　安全永敬，恒存天昌。
　　　　　　宽恕忠厚，延成荣祥。
　　　　　　兰桂金有，俊秀保良。
　　　　　　亲贤文义，瑞华尚广。
　　　　　　福齐振献，和平远方。

　　2. 胡桥村《柯氏家谱》排出的班辈，共 20 字 20 辈谱

　　　　　　华顺荣安乐，德明从化宏。
　　　　　　祥生春景秀，黄呈强亚龙。

　　3.《胡氏宗谱》新排出的班辈，共 40 字 40 辈谱

　　　　　　浩惠康祥保，稷泰然群道。
　　　　　　祝贺乔发情，迁爱戴其纯。
　　　　　　雅颂科观行，操廉洁敬奉。
　　　　　　孔宽古月光，照润烁舒欢。

　　4.《潘氏宗谱》班辈统一排出 20 字辈谱

　　　　　　振兆灵华万，朝秀永佩明。
　　　　　　树林韶西祖，世喜乐公朋。

　　5. 大郑家郑氏新出版家谱序排 32 字辈谱

　　　　　　良桂崇祥，庆乃延昌。
　　　　　　善守成立，万世荣光。
　　　　　　荣林众魁，兴继华强。
　　　　　　修齐平治，忠孝安邦。

　　6. 大董《董氏家谱》统排辈谱

　　　　　　士怀玉尚照，井从祥书顺。
　　　　　　延保安帮奇，才久相传礼。
　　　　　　义光贤树贵，善远荣康。

　　7. 龙水庄丁氏 40 字辈谱

　　　　　　广彦宋大继，凤治加兆建。

怀太永开玉，钧树汉灿培。

韶光星云亮，东亚启中华。

仁义传承运，道德贯昌荣。

8. 周王庄的《周氏家谱》辈谱

云联兴远启，庆历保绵延。

文俊弘云志，武功耀洁天。

彦贤开新泰，成业慰汝南。

9. 周王庄的《王氏家谱》辈谱

家弘怀春，计占奎学振。

10. 庙李村小李庄《李氏家谱》15 字辈谱

兆天广怀殿，现友敬成修。

远永尚功名。

11. 朱圩《朱氏家谱》辈谱

青松镌碧柱，丹桂共腾芳。

永继宗祖志，喜庆吉业祥。

12. 朱圩村傅庄《傅氏合修族谱》，1996 新出版家谱排序出 32 辈，自 20 世启用

岩邑征兆，治国存良。

兴公僖荫，郭厚传芳。

慈善勤谨，忠孝远扬。

循奉先范，盛达裕康。

13. 张龙村等《陈氏家谱》清代排序出 20 字辈谱

太尚长守义，道德传家昌。

万世礼忠厚，惟有荣胜光。

2003 年新续出 80 字辈谱：

达功展杰良，和乐庆吉祥。

垂范泽久远，千载美名扬。

仁智敦国学，安定颂时康。

皓月郎照曜，乾坤奇辉煌。

信仰诚宝贵，孝悌念显强。

克俭致炳焕，昭慕自兴帮。

博硕贤秀俊，风雅列华章。

颖川枝叶茂，祖恩永流芳。

14. 《戴氏谱牒》第五次序修，新排出 20 字辈谱

序衍明朝统，家传奕世谋。

英华含馥郁，根本在纯儒。

15. 全镇李姓家族分设不一,家谱序排班辈也不统一,砂坝、蒋李的李家宗族史略记排出 16 字辈谱

> 文化华国,治世安帮。
>
> 兴家立业,继续永康。

16. 据《魏氏续谱》1996 年出版载:魏氏新命班辈 40 字辈谱

> 晋令向安,忍善崇凡。
>
> 紫持佩礼,效贞爱玄。
>
> 思若勤绪,章泽英建。
>
> 乐训雅存,富冠群远。
>
> 炳绍锦颂,允同昊宽。

17. 宋河村《陈氏族谱》新排出 20 字辈谱

> 任巨爱英俊,青云奇书成。
>
> 礼训孝望道,圣贤振后宗。

18. 宋河村《左氏家谱》新排班辈谱

> 礼宪章谨奠,家道长兴广。
>
> 育英哲贤士,盈庄俊德敦。

19. 庙李村晏庄《晏氏宗谱》班辈用字排序 32 字辈谱

> 烨勇子文,武敬玲含。
>
> 尚兴大朝,增金荣贵。
>
> 怀忠为本,世代盛昌。
>
> 广朋善友,礼道呈祥。

20. 三桥村《贺氏宗谱》新出版班辈谱

> 有万新登,德振名良。

21. 胡桥村许氏(高阳君、敦本堂)班辈谱排序

> 立德知裘福,家声克振如。
>
> 宏文开万世,宝学吉贤书。

新续修谱(一)礼义承祖训,勤廉孝圣延。英广兴祥运,后嗣应思源。

　　　(二)茂功恒久远,秉真永华年。恕道传忠厚,铭旺可敬先。

22. 灵璧红星村张姓族人十世始迁于九湾二甲张,祖根濮阳,堂号百忍,族谱排序

> 振永怀万,广朝学国。
>
> 宽厚明敏,启正统绪。
>
> 修齐治平,勤俭传世。
>
> 积善恒昌,恩泽锦远。
>
> 积业久长,乾坤朗泰。
>
> 繁茂增香,名岳孔固。
>
> 一邦之光。

八、民间传说

1. 龙水由来

在庙李村龙水庄西南 500 米处的沱河北岸，有一个泉眼，流水淙淙，水清味甜，常年泉水不断，人们称之为龙水。

何谓龙水？相传，东海龙王三太子小白龙，整日游手好闲，不务正业。一天，玉皇大帝降旨让小白龙给黎民百姓下场和风细雨，滋润禾苗。小白龙心中不悦，偏下了一场暴风骤雨，一时刻就完事了。这场暴风骤雨后，老百姓房倒屋塌，地没人亡。这事，天神禀报了玉皇大帝，玉帝听罢，勃然大怒，立即降旨，把小白龙捆绑带上龙霄宝殿。玉帝拍案，厉声喝道："好大胆的小白龙，朕让你下场透雨，你竟敢胆大包天，是何道理？"小白龙连忙辩解："小臣哪敢违命，我听玉帝让我下场骤雨，便遵旨照办了！"玉帝一听，更是火冒三丈："你还无理狡辩，拉下去，斩了！"这下可把小白龙吓蒙了，连忙叩头："玉帝息怒，小臣实在不敢，确实是听错了，万望玉帝开恩！"由于小白龙苦苦哀告，加上众天神的求情，玉帝把小白龙贬到了洨水（今称沱河龙水庄西500 米处）北岸罚罪。小白龙被贬到洨水北岸以后，时直六月天气，酷暑炎热，小白龙双目紧闭，犹如死龙。周围百姓善良，有的拿草席、有的拿锅盖为其遮阳蔽光。东海龙王得知此事，在暗中帮忙。从此处地下开一清泉，为小白龙冲身，以苟延小白龙活命。一日清晨，大雾弥漫，小白龙乘雾腾空而去，留下一潭清泉，由此叫龙水。在开扒沱河时，此处被称为龙水段，自有人家居住就称龙水庄，沿用至今。后人为此作诗："龙水段内有龙潭，潭内常年流清泉。泉水淙淙声不断，断然佳品最甘甜。甜香醇正味美好，好似仙境桃花源。园从何时谈论起，起源首道卧龙潭。"此诗就在龙水段流传很久。

2. 杨湖由来

据晏路、大杨等村人传说，大杨庄，史称杨湖。很早以前，晏路口以东、大杨庄以北地势低洼，渍水成湖，原因是地震塌陷成为汪洋大湖，湖面据说看不到边。老人还说大杨庄址就是原来渔池县的北门，也是交易市场，群众常拿农产品去换用品。又因宋代杨家兵将入驻此处，设点将台，酣战数日，称之杨湖之战。杨家军撤走后，此湖叫杨湖。后杨姓迁入在此建庄定居，沿称至今。后来人们在开挖田沟时，还在多处挖出碎箭头等碎兵器以及碎瓦片等古物。

九、国民乡设置及人员

民国时期为区、乡（镇）保、甲制。1945 年，镇内设国民乡政府 4 个，即沱河、瓦庙、晏路、砂坝乡公所。每个乡公所编制设正、副乡长各 1 人，助理员 1 人，办事员 1~3 人，乡丁 2 人，厨役 1 人。各村设保，设正、副保长各 1 人，保丁 1 人。1948年，四个乡公所的部分人员随蒋介石去了台湾，见表 3、表 4。

表3 1944—1948年国民乡公所人员名单

姓 名	乡 名	职 务	任职起止时间
陈尚保	沱河乡	乡长	1944—1945
李云超	砂坝乡	乡长	1945—1948
吴立志	沱河乡	乡长	1946—1948
陈尚保	瓦庙乡	乡长	1946—1948
陈广会	瓦庙乡	副乡长	1945—1948
李华昌	瓦庙乡	副乡长	1945—1948
苏太昌	瓦庙乡	助理员	1945—1948
陈长庚	瓦庙乡	乡丁	1945—1948

表4 1945—1948年晏路国民乡公所人员名单

姓 名	职 务	籍 贯	任职时间
胡子文	乡长	胡桥	1945.8—1947.3
郑万民	副乡长	灵璧	1945.10—1947.3
周学仲	副乡长	晏路	1945.10—1948.2
郑学仁	武装部长	晏路	1945.8—1946.10
田华民	武装部长	周圩	1946.10—1948.12
王子勤	乡长	城后	1947.3—1948.2
周玉振	副乡长	大周	1947.3—1948.12
奚德修	乡长	大奚	1948.3—1948.12
周学仲	助理员	晏路	1948.2—1948.10
陈会渠	联防局长	陈桥	1946—1948
柯凤鸣	联防局长	石炉	1946—1948

十、大事记

2015 年

4月，峨黄水泥路建成并通车。

5月，双桥、朱圩、宋河村部改建竣工并投入使用。

5月8日，镇召开六届四次人民代表大会，王剑当选人大主席团主席，赵晨阳当选为镇人民政府镇长。

10月，玉米田间秸秆收获粉碎加工机械，在部分村推广使用。

同月，镇内玉米收购价跌至每 50 公斤 73～75 元，比上年同期降低 30%。

同月，位于砂坝村沱河大桥建成通车。

11 月 19 日，张龙村青年农民李玉斗在合肥省立医院捐献造血干细胞，成功植入江苏常州一位患者体内，使患者获得重生。李玉斗被评为 11 月份"宿州好人"。

11 月 26 日上午"中国·灵璧钟馗画艺术晋京展"在炎黄艺术馆开幕，由省文化厅、宿州市人民政府主办。全县唯一农民书画家——王桥村李振超钟馗画应邀参展。

12 月 9 日，宿州市红十字会常务副会长刘晓璐、县政协副主席薛丽雅、镇委书记许曙光到张龙村看望和慰问李玉斗。

26 日，张龙村李玉斗被评为 11 月份"安徽好人"。

12 月底，红星、朱圩两村光伏发电站建成并投入发电。

12 月底，镇自来水厂建成，并对黄湾街和部分村实施铺埋供水管道线。

12 月底，由上级财政投资 300 多万元，建黄湾中学学生餐厅，可容纳近千名学生就餐。

2016 年

1 月 9 日，合肥工业大学党委副书记周军带领学校扶贫领导小组成员及 2 名专家，来到砂坝村进行扶贫调研工作。

1 月 23 日，县政协主席王怀启到砂坝村对特困户进行慰问，并在村小学会议室召开脱贫攻坚社情民意恳谈会。县法院、工商联、农委、水利局等部门负责人出席会议。镇委、镇政府领导，砂坝村组干部、党员和群众代表、部分贫困户参加座谈。

2 月，据县统计局公布，2015 年，全镇农民人均纯收入为 9885 元。

3 月 27 日，镇召开第六次党代会，大会应出席代表 101 人，实到代表 98 人，许曙光同志代表中共黄湾镇第五届委员会作工作报告。胡业龙同志代表中共黄湾镇纪律检查委员会作工作报告。大会选举产生新一届中共黄湾镇委员会，许曙光当选为书记，赵晨阳、张卫杰当选为副书记，侯宜飞、胡业龙、谭召连、马铭、袁少春、王成名当选为委员。胡业龙、张海威、孟婷婷三位同志当选为黄湾镇纪律检查委员会委员，胡业龙为中共黄湾镇纪律检查委员会书记。大会选举许曙光、赵晨阳等 16 名同志为黄湾镇出席中国共产党灵璧县第十三次代表大会代表。

3 月，张龙村李玉斗被评为"中国好人"。全镇被评为"中国好人"的有 1 人，"安徽省好人"的有 3 人，"宿州市好人"的有 6 人。

5 月 5 日，镇召开第六届人民代表大会第五次会议，大会应到代表 78 人，实到代表 74 人，赵晨阳同志代表镇人民政府作《政府工作报告》。王剑同志代表镇人大主席团作《人大工作报告》。大会选举司维永为镇人民政府副镇长。

5 月，淮水北调镇内工程全部竣工，开始试调蓄水。

5 月，灵固路拓宽修建工程在晏路村全面推进。

5 月底，采取股份制经营、吸纳民间资金注入，总投资 1000 多万元的砂坝粮站重建工程竣工，是镇内首个国企与私营合营企业。

6 月 10 日，王桥省级粮食储备库砂坝分站挂牌设建，成为镇内第三处粮食购销经营站。

6月23日，由县委宣传部、县文明委组织的全国道德模范、身边好人，到黄湾中心小学与留守儿童开展互动。县委、县政府、县委宣传部、县文明委和镇委、镇政府领导出席。全国道德模范、全国人大代表彭伟平以及中国好人、安徽省好人、宿州市好人10多人参加活动。

7月25日，全镇党支部换届选举结束，村级选举产生26个党支部，镇直机关和民办企事业选举产生24个党支部。选举党支部书记50人、支部委员105人。

8月，全镇部分新型花生收获机械投入田间使用。

10月19日到28日，全镇遭到多年未见的连阴雨天气，有2万余亩低洼地小麦受到水渍，较多农户玉米生芽，损失50多万斤。

11月，韦集至砂坝至龙水至黄湾共17.5千米水泥路两侧加宽工程竣工，从原来的3.5米加宽到5米。

11月，全镇完成在全国统一开展的第二次地名普查任务。经过3个月进村入户普查，全镇自然村庄名132个，村委会名14个，集名5个，镇名1个。

11月底，已有单营、晏路、砂坝、朱圩等村安装太阳能路灯230多盏。

12月，黄湾集东侧菜市街重建工程基本竣工，铺修水泥路街宽22米，长708米，总面积为15576平方米，工程总投资为500万元。

2017 年

1月7日，镇召开七届一次人民代表大会，赵晨阳当选为镇人民政府镇长，张卫杰当选为镇人大主席，谭召连、朱楼、司维永当选为副镇长。

同月，全长11.6千米的S201省道高桥至晏路一期工程建成通车。

同月，投资50万元，清运胡桥村陈年垃圾600多车，使堆放点的陈年垃圾得到彻底清除。

同月，全镇130名贫困人口被聘为环卫个人，他们身穿黄马甲、骑着三轮电瓶车穿梭在村庄中清运垃圾。

同月，及时完成中央环保巡查安徽时交办的石料厂及县政府安排的庙李村养殖场等多家拆迁任务。

2017年2月，在广州服役的陆集村王庄宋启龙，回家探亲在灵城南关桥头，不顾寒冷跳入刺骨的冰水中，救出一位轻生的青年妇女，被评为宿州好人，所在部队给他记三等功1次。

3月，全镇掀起"三大革命"整治高潮，在三桥、双桥等村改厕试点同时推进。

3月，投入914.5万元扶贫资金，实施到户产业扶贫项目和关联贫困户的项目，使贫困户能致富的产业得到发展。

4月，投资200万元的黄湾南北大街改造竣工，投资80万元的农贸大市场建成并投入使用，增设100多个农副产品销售摊位。

同月，全镇"河长制"全面实行。

同月，张龙村王德光被评为"宿州好人"。

6月，单营村位巷庄到砂坝村郑园庄5米宽水泥路全面竣工，总长17千米。

同月，全镇12万亩小麦收获和夏种结束，秸秆禁烧实现零火点。

7月1日，财政所长王现理等3名被县委评为优秀党员，两个村和镇直一个单位被评为先进党支部。

8月1日，全镇军属优待金发放到户，军属优待金人均增长到8800元。

9月1日，陆集教学点青年女教师王翠平被省教育厅评为"最美教师"。

10月18日，党的十九大召开，全镇广大干群认真收听收看习近平总书记所作的《决胜全面建成小康社会　夺取新时代中国特色社会主义伟大胜利》报告。全镇上下掀起学习和贯彻党的十九大报告精神的新高潮。

11月，全镇318户贫困户的危房改造基本完成，发放危房改造资金514万元。

12月，全镇重点贫困村顺利通过国家、省、市精准扶贫验收工作。实现301户905人稳定脱贫，名列全县前列。

同月，双桥、胡桥村美丽乡村建设顺利通过省市验收。

12月，黄湾镇中心卫生院申报创建"二级综合医院"。

12月，省电视台报道砂坝村在柬埔寨经商的青年农民刘忍投资人民币6亿元，在金边市西哈努克港建游乐城的事迹。

2018年

2月6日，黄湾镇中心卫生院被确定为市级二级综合医院，颁发"医疗机构执业许可证"。

2月14日，刘万广被省委宣传部、省文明办评为"最美文化热心人"。

4月，宿州市卫计委向黄湾镇中心卫生院挂"二级综合医院"牌。

同月，黄湾医院张建国在2017年度宿州市基层医疗机构能力提升工作中成绩显著，被授予"十佳院长"荣誉称号。

5月，黄湾中心卫生院被宿州市总工会授予"宿州市五一劳动奖状"。

5月25日，镇七届人民代表大会第二次会议召开，实到代表64名，谭召连代表镇人民政府作《政府工作报告》，张卫杰作《人大工作报告》，王现理作《财政工作报告》。

6月15日，陆集教学点青年女教师王翠平在省总工会组织的"中国梦·劳动美·安徽篇章——学习贯彻习近平新时代中国特色社会主义思想和党的十九大精神"全省职工演讲比赛决赛中荣获一等奖，并在同月，被评为"宿州好人"。

7月20日，全镇开展村级党（总）支部换届选举工作结束，14个村共选举产生64名为党（总）支部成员。

8月，日前，省林业厅公布2017年度安徽省"森林村庄"名单，三桥村被授予"森林村庄"。全省"森林村庄"评选活动从2013年启动，有着一整套完善的评选标准，每年都有一批村庄上榜，三桥村是全镇首个上榜村。

8月16日—18日，因受"温比亚"台风影响，全镇降雨量达到历史极值。18日18日—22时的5小时，降雨量247.5毫米，是相当于6倍暴雨强度的特大暴雨。南北两河和镇内大沟全部外溢，花生和玉米14万亩被淹，部分养殖棚和农房被9到10级大风刮毁，电力设备多处损坏，全镇开展奋力抗灾。

8月19日，首届"中国医师节"，镇中心卫生院和各村卫生室百余名医务工作者，首次举行庆祝自己节日活动。

10月16日，镇第七届人民代表大会第三次会议召开，应到代表68人，实到代表58人，大会选举胡僧为黄湾镇人民政府镇长。

10月19日，合肥工业大学党委副书记、校长梁樑到该校所对口扶贫的砂坝村实地调研定点扶贫工作，县委书记刘博夫，副县长闫超、李宏国，镇党委书记赵晨阳，镇长胡僧陪同调研。

11月初，全镇玉米受灾得到国元农业保险公司理赔，玉米总投保面积为116087.3亩，投保农户为7766户，理赔总金额为7201091.75元。

11月初，黄湾东西主大街开工修铺，长840米，预算总投资为800万元。

12月，全镇退役军人信息采集工作基本结束。在两个多月中，广大退役军人踊跃参与，共参加登记791人，是设镇以来最全面、最系统、人数最多的一次退役军人信息采集。

十一、《黄湾镇志》供稿单位与人员

表5 《黄湾镇志》供稿单位与人员

供稿单位	撰稿人员	供稿单位	撰稿人员
胡桥村	陈守双	庙李村	周达
红星村	刘 云	—	—
陆集村	陆家奎	宋河村	李学英
朱圩	陈义连	绿肥场	王奎利
镇中心校	郑发票、王玉平、张允虎	—	—
黄湾中学	郭再胜、殷时春	镇幼儿园	朱守永
朱圩小学	刘 强	派出所	吕春志、陈才德
王桥粮库	李景潭	晏路交警中队	柯永峰
黄湾司法所	周萍（女）	黄湾规划所	张 伟
黄湾中心医院	朱士新	水利站	徐艳（女）
农机站	李维栋	社保所	陈文飞
兽医站	徐 辉	林业站	张庆凯
阳光幼儿园	王梅（女）	大风车幼儿园	李 伟

十二、编纂始末

《黄湾镇志》的编纂，分为3个阶段：第一阶段从2002年4月14日开始，至2005年底；第二阶段是2013年到2015年；第三阶段是2016年1月至2018年12月。

1. 2002—2005 年

2002 年 3 月 17 日，县委、县政府两办联合下发《关于开展地方志续修工作的通知》，要求切实做好《灵璧县志》的续修和乡镇志编纂工作。4 月 14 日，镇委、镇政府召开会议，讨论落实两办文件精神，镇政府下发《关于成立黄湾镇志编纂委员会》文件，开始启动修志工作。按照县地方志办公室的部署，对《黄湾镇志》篇目进行设计，主编经过反复思考，镇志篇目设计特点，应不同于其他志书，村庄由来、百家姓入居繁衍史，以及家族家谱和班辈的代代排续，需要设章，分村设节，分姓寻根，分家寻祖，分代寻辈，承前启后，这是镇志的特点。所以在本志中把"村庄"定为一章。经过反复斟酌，改了多遍，最终设计篇目为二十六章，并及时向镇领导和县地方志办公室报审后，得到同意。

4 月 20 日，主编按照篇目制定出征集提纲，开始对大量最难的村庄资料进行入庄征集，所辖 130 个自然庄史，采取庄庄不漏，百家姓中氏氏不少的征集。采取方法是：一寻看；二座谈；三家访。查家谱、家堂、家史、碑文等有价值的史料。组织庄中长者和有文化的家族代表、家谱编纂人员座谈。对知情的家族长者，登门家访。一般一两天进行 1 个自然庄，有的需要往返多趟，雨雪天不停步，烈日下迈快步，到年末，基本完成村庄资料征集。2003 年初，开始对涉及省城、外县、市人员和对县城单位、周边乡镇、镇直各机关单位、建制村级、工矿企业进行资料征集。至 2004 年春节后，各章节资料基本征集结束。

按章节分门别类理顺资料，横排竖写，常常是通宵达旦。到 2004 年底，一部二十六章及附录的《黄湾镇志》初稿写成，40 余万字。县地方志办把本志作为典型在全县史志工作会议上发言介绍，样本在史志工作培训班上示范交流。随后又送到省地方志办审查，当时主持工作的省方志办主任朱文根审阅后认为"黄湾修镇志走在全省之前"，并表示祝贺。

《黄湾镇志》完稿后，安排县地方志办副主任李建处打印和初审，经过自审和村、镇直单位联动审核，再送上级方志办专家审，数次易稿，较为完整后，一直在等待出版发行。时任县方志办主任焦秀銮（女）非常关心，亲自带领办公室全体人员前来与主要领导商谈出版工作，几经努力没有实现。王伟任主任后，又专程前来与镇领导协商出版事宜，多方努力亦无进展，一直搁浅。

2. 2013—2015 年

2013 年，新任镇长（主持党委、政府工作）许曙光同志，主动约谈再修镇志工作，并仔细审阅镇志的样本，决定邀请县地方志办领导前来共商续修镇志。经过互动后，镇委、镇政府和县地方志办领导决定：一是成立修志领导组织，二是续征 2004 年至 2014 年的 11 年资料，三是多方协调保障质量，待志书稿完善后，经县方志办审查合格，应及时组织出版。

镇编纂领导小组成立后，从 2014 年 4 月份开始，按照县方志办和镇领导小组的意见，主编对原来章节进行合并，全面细致、再次设计征集 2004 年到 2014 年的 11 年资料提纲。镇编纂领导小组多次召开编纂会议，商定资料征集和篇目设置。按照新设计篇目，对镇直单位下达资料征集提纲，村级征集召开会计会议，部署内容和完成时间，使资料征集进度较快。镇编纂小组全盘统筹，按照所征材料，对部分章进行合并，把原来的26章进行合并，合并后为14章。到2015年底，第二次完成志书编写工作。

3. 2016年1月至2018年12月

从2016年1月开始，重点是抓好审定工作。先是主编自审和编纂小组审，以出样稿和电子稿同审的办法，先后进行四次易稿调整。在此基础上，再次出样稿向镇党委、镇政府和县地方志办公室报审。在倾听领导意见之后，对部分章节内容进行补充调整。反复改动，多次上报，镇政府决定人物章中的人员标准，重点章节实绩、数据等统一定格，彰显政府志书的权威性。

新一届党委、政府十分重视对志书编纂的领导，是提高志书编纂质量和出版水平的核心力量。党委书记许曙光亲自指导镇志征集、编写和打印工作，为其解决许多困难，推动整体工作顺利开展。他紧紧抓住点滴时间，仔细对志书进行审查，在求精上提出建设性的意见。2014年9月，刚到任主持镇政府工作的赵晨阳副书记，对镇志编写工作十分关注，多次约主编谈论编纂进展，提出志书在资政育人中的重要性，多方解决在征集中遇到的困难；对提高志书质量倾注了大量心血，每易稿后，不仅看原稿，还看改后稿，首审把关，提出修改方案，并多次协调县地方志办领导前来指教。尤其是在2016年6月后，他在主持党委、政府工作十分繁忙的情况下，都是利用休息时间审阅镇志，对部分章节不断提出新标准加以修正、再修正。镇委副书记、镇长胡僧对各章节仔细审看后，给予充分肯定，并对部分内容指出修改意见。宣统委员司维勇，安排召开征集会议，带队组织到各单位下发征集提纲，有效推动征集工作进展。党委委员、武装部长王山虎，对篇目设置和章节进行修改，亲自下村征集资料，召开村会计会议，部署征集任务。党委委员、党政办公室主任胡业龙，多方给予保障和支持。袁少春任镇宣传委员后，接力对镇志进行审查。党委和政府的坚强领导，有效推动了资料征集前进的步伐，在章节编纂上少走"移动"路，在政治观点上不走"差错"路，本志各章节内容达到了完善完美，合乎镇情、村情、实情，是黄湾文化遗产的结晶。

在第一次和第二次征集资料、编纂全过程中，一直得到各级领导，镇直各单位负责人，各村、组干群的大力支持与协助。他们是：省政法委葛瑞冬处长，省方志办朱文根主任，原省电力局领导等；以王伟为主任的县地方志办公室全体成员，县直各局、委办领导及办公室人员，原农委主任王彦民，原文化局局长郑锦之，现任文化局副局长朱宗君，现任水利局副局长何志成等。曾担任辖内区、乡、社、镇的本籍和外籍老干部，参加战争的老兵，现在部队服役的部分官兵，镇党政办公室所有工作人员，提供了多方帮助。各村党支部书记、会计及两委成员给予鼎力支持，部分离任的村支书、主任、会计，他们在职时都为志书资料征集付出努力，以及各家族长者、撰写家谱贤达人员等，热情提供史料，一并表示衷心的感谢！

《黄湾镇志》的出版发行，填补了镇内历代无志书的空白，是全镇人民政治生活中的一大喜事，向全镇人民展示了具有独特历史文化、有学术价值的镇情书，资政育人，历史价值永存。同时，也为续修镇志、谱修村志和众多家谱、家史及其他各部门志，提供了大量有价值的资料。《黄湾镇志》是一部功在当代、惠及黄湾千秋之巨著！

　　《黄湾镇志》虽承蒙上级主管部门领导和专家多次莅临指导和认真审定，十易其稿，但因其涉及的内容非常广泛，历史较长远，而编者的学识浅薄，文字水平有限，加之投入的人力、财力、物力及辅助工作人员都特别缺乏，志书中疏漏与瑕疵在所难免。竭诚又期待方志大家、社会贤达及广大读者指陈得失，多提宝贵意见，以利补漏遗缺。

《黄湾镇志》编纂委员会

2019 年 1 月